Matteo l'idiota Volume 1-3

Mastriani, Francesco, 1819-1891

Proprietà letteraria.

TIP. DELL'ANCORA.

EPOCA PRIMA

IL BUON VECCHIO TEMPO

1750.

PARTE PRIMA

I.

La taverna del Cerriglio.

Tenendo a sinistra per quella strada che, ora è gran tempo da noi discosta, addimandavasi la strada *de' Profumieri* , la quale si ebbe in appresso il nome *de' Guantari*, che pur mo ritiene coll' aggiunto di *vecchi*, arrivasi a quel quadrivio che tiene a manca Monte Oliveto, anticamente nomato *Strada di Ribera*, di fronte S. Maria la Nova, quondam d'Albino, e a destra la via del Castello o *delle Corregge*, siccome l'appellavano i nostri antecessori.

Diremo, per quelli de' nostri lettori che ignoràno le antichità del nostro paese, che la Chiesa di S. Maria la Nova è così chiamata per la ragione che essa fu fatta edificare da Re Carlo 1. d'Angiò in sostituzione di altro tempio da lui fatto demolire, che s'intitolava *S. Maria Assunta* ovvero *S. Maria de Palatio*, e che era nel sito dove ora è il Castel Nuovo. Un'antica torre, fortezza della città, fu ceduta dal Re Angioino ai Frati Osservanti di S. Francesco per costruire il convento annesso alla detta Chiesa di S. Maria la Nova.

Un' osteria, o, meglio, una taverna era su in quella strada, a ridosso della quale era l'antica torre che oggi è convento. Questa strada pigliava suo nome dalla taverna detta del Cerriglio, forse da un piccol cerro che dovea ombreggiarne lo ingresso. Era famosa questa osteria nel tempo, donde prendiam le mosse per questa nostra istoria, vale a dire, nell'anno 1750 o in quelle circostanze più o meno, ciò che significa molto più di un secolo addietro.

Ora, que' felicissimi Partenopei di cui la maggior parte erano agiati artieri compresi nella classica e speciale denominazione di *maestri*, i quali traevano la domenica e gli altri giorni festivi alla *Taverna de lo Cerriglio*, e quivi, sbevazzando e menando buon tempo, si rifacevano e compensavano delle fatiche durate nel corso della settimana; que' felicissimi sebezii scialacquatori, diciam noi, erano allora assai lontani dal supporre che ad altri cento piccoli anni avrebbero avuto l'onore di formare il subbietto delle nostre indagini e delle nostre curiose investigazioni.

Era in quel tempo la taverna del Cerriglio reputata più che altra degna di essere frequentata da persone di qualche levatura civile; e, per lo vero, uomo costumato e manieroso era il padrone o l'oste con tutta la sua famiglia; alquanta

pulizia e nettezza era nel servizio; e la roba che
si mangiava non era del tutto indegna d'apparecchiarsi su qualche mensa di gentiluomo; massime quando l'oste vi ci ponea del buon volere.

Egli è vero che la taverna era più spesso,
anzi consuetamente, bazzicata da quel ceto di
persone che si addimandavano *suggechi*, e ciò
erano fruttaiuoli, pizzicagnoli, tortai ed altri di
somigliante conio; ma egli è da por mente bensì
che siffatta famiglia di venditori *matricolati* (1)
viveva con una certa tal quale comodità, e toccava quasi quasi il ceto de' *maestri*, che, appresso a' *galantuomini*, godeva l'onore del *don*
vicino al nome di battesimo.

Ciò non pertanto, avvegnachè l'acqua della
taverna fosse un'acqua esquisita, giacchè era
quella stessa che dava alimento alla fontana detta
della *Quaquiglia*, messa avanti alla Garitta di
Porto e alla cucina del refettorio de' frati fran-
cescani; ben possiamo asserire che, tranne per
l'uso della caldaia o della pentola, nessun avventore della taverna potea dire di che sapore
fosse l'*acqua de'monaci*, siccome la si chiamava; e nè pure di quegli avventori che si davano un poco il fumo di civili. Il vino era l'a-
nima del negozio, e affè mia che il fiasco non
riposava. Per grazia del cielo, la tisi dell'uva
non travagliava in quel tempo il liquore di messer dio bacco; e i divoti di questo nume aveansi
l'agio di sacrificargli con poca spesa; e, se non
era tutto vino quello che era nero, almeno non
era tutto prodotto della chimica, come a questi

(1) Era la *matricola* una specie di permesso che lor
si dava di esercitare la loro industria.

avventurati giorni, in cui è piaciuto al cielo di farci sbocciare al mondo. Buon per noi che anche ai prodotti chimici ci stiamo adusando.

Era l'oste onorata progenie di colui che ebbe il vanto di aprire al pubblico la nuova taverna. Il *Si Angiolo* era per lo appunto il grazioso *angioletto* che presedeva alle sorti della osteria, e che aveva il nobile carico di sfamare tutta l'onesta gente dell'ottina e de' dintorni.

Se la cronaca non mentisce, il si Angelo era un bell'uomo che avea contato un dieci o undici anni bisestili; il che gli metteva addosso il compito d'una cinquantinella d'anni, i quali egli portava su con vispezza e gagliardia.

Egli non era stato tampoco un moccicone in sua giovinezza, anzi, avea coltivato il fatto suo e tratto l'acqua al suo molino; onde avea saputo ràggruzzolare due carlinelli da metter da banda pel pane della vecchiezza. E Dio che prospera le cose degli uomini prudenti e assennati gli aveva accorsato *il locale*, per modo che il Sì Angiolo, siccome diceano le femminelle del volgo, si maneggiava qualche cosa del suo, ovvero, applicando questa volta con molta proprietà l'adagio comune, diceano che l'oste si avea *aggiustato quattr'uova nel piatto*.

Il Sì Angiolo era marito e padre avventurato. Un pezzo di femmina della forza di due cavalli era la sua mogliera, che si nomava la *Sì Rosa*. Semplice e buona, ella non nascondeva la età, come fanno tutte le figliuole di Eva da venti anni in sopra, e spiattellava gli anni suoi aggiugnendovi più che levandone; appunto come se fossero stati i fatti del prossimo suo cristiano. La Sì Rosa dicea dunque lesto lesto che avea compiti i quarant'anni alla festa della Candelara.

La domenica, quando usciva per adempiere a' doveri di religione, la Sì Rosa trinciava del *donna*; e avreste dovuto vederla con una cuffia sul capo, la quale imitava addirittura la torre del Carmine co' suoi merli; e cogli oriuoli di più ragioni che le pendeano da' lunghi lacciuoli d'oro, e cogli enormi suoi orecchini a rosette, che difendevano la sua faccia come due fiaschette di un fuoco d'artificio.

Se qualche cosa era a riprendere alla Sì Rosa era una tal quale tardità, che riconoscea sua ragione naturale nel grosso volume della sua macchina corporea., non troppo fatta per la speditezza. Ma, avvegnachè fusse alquanto della natura della talpa, non si rimanea in casa colle mani in mano, ma a tutto quello che era di mestieri provvedeva, e vegliava sul denaro, sì che malagevolissimo egli era di fuorviarle un tornese. E quando avea ordinato il tutto per l'economia domestica, e curato un pocolino la sua acconciatura, e messo a tracollo il più favorito de' suoi laccetti, s'impiombava sopra un seggiolone innanzi al banco della sua osteria, dove accogliea con una paroletta aggraziata i vecchi avventori e con un sorriso i novelli. E con tutto che fosse ignorante come le due sue scarpe, mai non fallava nel trarre giù i conti delle entrate o delle spese e nello spicciolar lo scotto di ciaschedun avventore.

Inoltre di queste belle qualità che si aveva addosso la Sì Rosa, un'altra ne possedeva, cima di tutte le altre, per la quale moltissimi traevano alla Taverna del Cerriglio; e questa era che la *principale* conoscea a menadito i fatti

1*

di tutto il genere umano, che abitava in quelle
circostanze. Per la qual cosa, quando a qualcuno occorresse di sapere la tal cosa o l'altra
di Tizio o di Sempronio, questo bastava che si
fosse prestamente ridotto alla Taverna del Cerriglio, e avesse avuto per due minuti di trattenimento colla *principale*.

Ma, dinanzi che andiamo più oltre, è da avvisare che dal Sì Angiolo e dalla Sì Rosa erano
venuti fuori una mezza dozzina di figliuoli, dei
quali forse ci daremo alcun pensiero se ne avremo l'opportunità e la voglia; e accenniamo solo
che tra questi mocciosi, piuttosto brutte e lerce
creature, avea un fiore di figliuola d'un quindici anni che era una maraviglia di bellezza a
vedere, e che la madre tenea chiusa a quattro
chiavi in casa per tema che la gente pigliasse
più gusto a guardar la figlia che la mamma.

Ma lasciamo alla buonora la famiglia dell'o-
ste, e facciamoci un poco d'appresso a' crocchietti stabiliti attorno alle diverse tavole appa-
recchiate in una stanza a terreno che era la prima a sfilzare, varcato l'uscio dell'osteria, dappresso al quale sedeva il Cerbero femmina coi
lunghi orecchini.

Era una domenica di dicembre, sul declinar
del giorno, dell'anno 1750. L'aria di fuori si
andava imbrunendo; e il Sì Angiolo riforniva d'o-
lio un gran lume d'ottone a quattro becchi, di
cui ciascuno avea forse l'ufficio di rischiarare
ciascuna delle quattro tavole allungate a'quattro
angoli di quella stanza. Senza contare un *riverbero* di stagno inchiodato sovra una delle pareti, e che proiettava assai luce in quello spazio!

Le quattro tavole erano tutte quattro occupate da consumatori di maggiore o minor forza, di cui qualcuno era lì seduto in sin dal mezzodì. E qui vorremmo tener per poco la penna del sommo Gualtiero Scott per dipingere al vivo il carattere di ciascheduno di quei volti umani, a cui il vino dava quel colorito che si ammira sulle facce delle figure dipinte ne' quadri notturni della scuola fiamminga.

Una di queste tavole era occupata da una sola persona, mentre alle altre tre non mancavano al più poco quattro avventori. Ci era una ragione per cui quella tavola era rimasta all'unico occupante, e noi la diremo in confidenza: questa era che colui che vi era appoggiato su col gomito parea che ispirasse una certa paura a tutti gli altri, soltanto a riguardarlo. In fatti, que' bevitori gittavano su lui un'occhiata furtiva, e poscia mormoravano tra loro sommessamente, e ammiccavano con significato. Certo, quel tale dovea di forza, di valentia o anche di ferocia passar gli altri ad entrar dinanzi in trista riputazione, perchè quella gente ivi accolta il facesse segno delle sue sospettose osservazioni, e il sogguardasse in quella guisa che uno sogguarda a' movimenti d'una bestia feroce.

Ed egli pareva acconcio a dare a que' curiosi gran copia di parlare intorno a sè, però che non pareva apparecchiato ad abbandonare il campo. Due gran fiasconi impagliati posavangli davanti, dispostissimi a dargli tutto il loro sangue siccome pur l'uno avea già fatto.

Come prima un novello avventore entrava in quella stanza, gli veniva in faccia quell'uomo di sinistra apparenza; onde, non si sapendo pur

chi quegli si fosse, di lui tostamente rimuove-
vasi, e sen giva a pigliar posto o in altra stanza
della bettola o, se interveniva che alcun amico
iscorgesse ad una delle tre tavole, vi si ponea
dappresso, scambiando cogli altri le consuete cerimonie. E, di poi, senza dir più parola, si rivolgea a riguardare quel mal cipiglio, e a bassa
voce richiedea dell'esser suo. Allora si udiva
balbettare nel crocchio queste misteriose parole:

— Il *Baciliere*!., l'appiccato!!

E quegli che aveva interrogato, imbiancato
nel viso, dava segni di maraviglia grandissima
e quasi di paura; e la conversazione seguitava
su un verso timido e fioco. E la *principale* era
assediata di domande, alle quali questa volta
ella sembrava un poco imbarazzata a rispondere,
giacchè, forse per la prima volta in sua vita,
ella non era precisamente informata di ciò che
le si domandava.

Erano circa due ore dacchè questo strano insolito avventore era lì capitato, e non pareva apparecchiato a partirsene. Non sappiamo se addato si fosse che tutti pigliavan di lui pensiero,
e lui rimiravano a forma di bestia rara, e di
lui ragionavano come d'un fenomono assurdo;
ma il fatto è che, o se ne fosse avveduto op-
pur no, sembrava concentrato ne' suoi pensieri,
i quali soltanto i due fiasconi aveano la possanza
d'inaffiare se non di distrarre.

Ed è pur mestieri che di presente facciamo
un piccolo ritratto del personaggio che avea l'o-
nore di richiamare gli sguardi e i pensieri degli orrevoli avventori della taverna del Cerriglio.

Egli era un uomo di cui ci sarebbe difficile

indovinare l'età, giacchè vi sono alcuni, ne' quali l'assenza della parte attiva della intilligenza
crea una specie d'intransitività di tempo; però
non leggermente puossi dire a che periodo della
vita eglino sono arrivati. E così era di questo
tale, cui ciò nulla di meno poteasi a prima giunta
assegnare un trentacinque o trentasei anni, o almanco in queste vicinanze. Bruna era la faccia
e rozza, coperta di nera e incolta barba, quale
in quel tempo si lasciavano crescere i briganti
e i facinorosi. Il carattere della sua fisonomia era
la malvagità congiunta a ferocia e a furberia:
grossolane erano le sue membra, fierina la guardatura, radi i capelli. Portava addosso gittata
sovra l'un de' lati una vecchia giacca di velluto
bruno. A dispetto del freddo, uno dei nerboruti
bracci era solamente ricoperto da una maglia di
lana, che tenea le veci di camicia; e questa
maglia era rigata come la pelle del leopardo, a
cui quell'uomo assomigliavasi forse per la ferocia. Un paio di calzoni color pulce gli arrivava
a' garetti, dove erano ligati da due nastri cile-
stri, strana lindura in colui, la quale sentiva un
poco del villereccio e del campestre. Un berretto
di lana anche turchino rovesciato alcun poco su
gli occhi compiva l'acconciatura del nostro personaggio.

In tutto lo spazio di tempo che questi era rimasto appo quel tavolo, pochi segni d'impazienza avea fatto; ma ora, a seconda che andavasi
facendo sera, l'uomo-leopardo sembrava tollerare di mala voglia lo indugio di qualche persona che egli aspettava. E, per non sentire più
innanzi la noia dello aspettare, erasi cacciata
una pipa di creta da uno de' tasconi della giac-

ca, ne avea colmo di tabacco il vasettino, a-
vealo acceso con un pezzo di carta, e, fatta
della sua bocca il cratere del Vesuvio in eruzio-
ne, gittava certi buffoni di fumo che a forma
di grossi nugoloni ricoprivano il palco di quella
stanza.

Lo scoccar dell'avemmaria nelle domeniche e
negli altri giorni di festa era il tempo in cui gli
avventori del *Cerriglio* si partiano per le case
loro; imperocchè è da avvisare che, posto che
nelle strade di Napoli non erano fanali di sorta
alcuna, quelli che bramavano ritrovar la loro dimora, e non aveano un servitore che li guidasse
con torchio acceso, faceano della necessità virtù,
e si riducevano a' loro domicilî non sì tosto ca-
lato il sole.

Onde la maggior parte di quella gente che a-
vea gavazzato alla bettola del Sì Angiolo au-
guravano la felice notte alla Sì Rosa, gittavano
un'ultima occhiata su quel tale, e pigliavano
ciascheduno la sua via.

La qual cosa colui non faceva; bensì parea
che aspettasse qualcuno con crescente impazienza, la quale si traducea ne' concitati sbocchi di
fumo che venian fuori della sua pipa, e nel-
l'alzarsi continuo che or facea e sospignersi al-
l'uscio e guardare all'intorno della strada.

Non è a dire su quali carboni ardenti stesse
la *principale* per non aver potuto cavare una
cosa di bocca a questo mistero di uomo, e come con mal piglio rispondesse a chi d'altro le
favellava.

Finalmente, un sospiro di gioia fu messo da
quell'uomo.

Spuntava da su la Chiesa di S. Maria la Nova

la persona che egli aspettava, e che venne accolta col buon giorno di una sconcia parolaccia.

II.

Un piccol servigio da amico.

— *Bennaggia il Comparello!* rispose il nuovo arrivato al poco gentil saluto di colui che stava aspettando. Era quella la formola consueta del suo primo cerimoniale.

Due tocchi di matita sull'uomo che arrivava.

Figuratevi un ometto poco più d'un alto urangutang, colla faccia spelata e colorata come un mattone accenso, con un parrucchino color pomice messo in sulla cervice a mo' dell'erba dei presepi incollata sopra un pezzo di sughero: occhi accismati come quelli d'un gufo; naso d'uccello sinistro; bocca che chiudeva un cimitero. Una specie di saione, mezzo pretile, mezzo a foggia di mago, copriva quel lurido corpo dove un'anima era perduta; un certo mantello che ricordava la cappa spagnuola del tempo de' viceré copriva quel saione, e un cappello a tre spicchi copriva quella testa.

Questo umano aborto entrò nella bettola accartocciato in sulla persona, come chi si sforza di difendersi dal freddo; e quel tale *Bennaggia il Comparello* fu proferito nella maniera di chi pur si acciapina d'un involontario indugio.

— Santa notte! disse poi, torcendo il capo verso la *Principale*, senza pur levare gli occhi dal suolo in quel modo che tengono i pinzocheri che si abbattono in donne.

— Uh! Don Gasparro!! sclamò la Sì Rosa con

sembiante di gran maraviglia! Che vuol dir questo! Voi qui, ed a quest'ora!

Don Gasparro o Don Gaspare (era questo il nome dell'omicciatto) fece un cotal suo solito risolino, senza nemmanco guardar sul viso alla femmina, e si pose a dar retta all'*amico* che per quella buona pezza di tempo lo aveva con malissima voglia aspettato.

— Io mi teneva scornato da te, tizzone del diavolo, dissegli questi dando una spinta in su al suo berretto — cosa che se l'avessi tu soltanto pensata, ti sarebbe costata la succida pelle che ti copre.

— Abbiate pazienza, *Don Aniello*, rispose Don Gaspare con isguaiata umiltà, *non est mea culpa* se son tardato alla parola; è stato *pro communi bono... Melius tardis quam unquam.*

— Ah! ah! bifonchiò tra i denti la Sì Rosa sentendo queste parole che ella non capiva; ci siamo colla lingua del diavolo: è impossibile di farlo parlare diversamente.

Forse colla perspicacia naturale alle donne, e per la smania di ficcarsi addentro a'fatti altrui, la Sì Rosa avrebbe potuto diciferare qualche cosa del guasto e volgar latino che il Don Gaspare avea sempre sulle labbra, per isconcia assuefazione, o, meglio, per astuzia di birba; come avremo l'agio di osservare in appresso, o forse, per vaghezza d'una lingua avuta in sommo onore in quel secolo.

A quelle parole restò dapprima alquanto smemorato il Don Aniello, come quegli che non ne comprese un fico; ma subitamente rincagnatosi,

— Non mi stare a frangere i visceri co' tuoi cujussi di cui non ispicciolo una sillaba. Parlami tondo e grosso e in buon napolitano del Mandracchio; ma fatti in quà, tiriamoci di questa banda; che la *maestra* tien gli orecchi più lunghi della coda del *Comparello*.

— *Aures foeminae... sunt...*

Un'occhiata di Don Aniello fece tornare in gola le altre parole latine che l'omicciatto accingevasi ad eruttare. Diede questi appresso una guardatina all'intorno per vedere se fosse persona; e, come fu assicurato che persona non era più a quell'ora nella bettola, stimò poter lasciare un pocolino da parte il suo latino per ragionare sommessamente coll'amico intorno alla faccenda che si aveano per le mani, e per la quale avean posto di concerto il luogo e l'ora assegnata.

— Sono due anni che non ci vediamo, disse Don Gaspare quando si furono messi ad altra tavola più discosta dal banco della *Principale*.

— Eh! eh! fece l'altro con un ghignetto che diceva assaissimo.

— Eppure, tutto il genere umano contro uno avrebbe scommesso che non ci saremmo più riveduti; non è vero, Don Aniello?

— Tu dici il vero; e, quando la mattina del 7 novembre 1748 mi congedai da te nelle carceri della Vicaria, avrei dato del matto giù pel capo a colui che fosse venuto a dirmi che, dopo lo spazio di oltre a due anni, ci saremmo riveduti tutti e due, in buona salute, e padroni dell'aria e del suolo di Napoli.

— E tu dovevi...

— Essere appiccato, come fui.

Qui Don Gaspare die' due o tre colpetti di quel suo riso da bertuccia.

— Ben vedi, Don Aniello, che giova un amico... voglio dire, che gli amici non sono mai soverchi.

— E massime quegli amici che godono l'onore di certe altre *amicizie...*

Altri cinque o sei colpetti di quel tale risolino dalla banda dell'omicciatto.

— Ma veniamo a noi. Sa il diavolo come son dovuto impazzare per trovare il tuo maledetto covile nel *fondaco Cetrangolo*. Come diascine ti saltò in capo di andarti a pescare un'abitazione in que' vicoli malaugurati? Arrogi, che io aveva dimenticato il tuo rispettabile cognome. A proposito, fammene pur ricordare.

Don Gaspare parve che di mala voglia apprendesse questo desiderio dell'amico; e rimase col niffo in aria, facendo le veci di chi sta distratto all'altrui parlare.

— E così? A che malora pensi? disse Don Aniello, dandogli un vigoroso scuotimento alla spalla. Ti ho chiesto di sapere il tuo cognome che mi è uscito di mente.

— Ah!.. è vero... tu mi chiedevi... che cosa? del mio cognome... Perdona, amicone del cuore... *sunt enim cogitationes quaedam* ... che vuoi... figurati che ho il capo così balestrato da qualche tempo che di leggieri m'interviene di svignarmela col pensiero... *Pavidus sum.*

— Ti afferri il *comparello* pel tuo parrucchino, canghero di nottolone; ti ho pregato di far di meno delle tue bestemmie latine... Bada che io non ho l'abito della pazienza, la quale non è mia virtù capitale.

— Dammi la tua venia, amicone, interruppe con voce d'ipocrita unzione il latinista; ti ho detto che non sempre io sono in me; ti narrerò poscia le mie disgrazie. Per ora stammi a cuore di ricevere i tuoi comandi, pe' quali mi sono *affrettato* a qui muovere.

— Sì, gufolino mio, ti sei propriamente *affrettato!* Se non avessi avuta la compagnia di que' due fiaschi che vedi lassù quella tavola, mi sarei seccato come una zucca al sole.

— A proposito di fiaschi, innanzi tutto, non ci sarebbe male, io credo, che inaffiassimo le nostre parole con un poco di *asciutto*... Mi ricordo di quel verso di Orazio Flacco che dice...

Un'occhiata feroce di Don Anielio sotterrò Orazio Flacco nella gola di Don Gaspare.

— Due caraffe del *monte*, gridò il primo al garzone della bettola che era nella stanza contigua, e con quell'aria di splendidezza onde un gran signore si appresta a fare un lauto dono a qualche suo amico.

Le due caraffe del *monte* furono subitamente arrecate sul tavolo assieme a due bicchieri di vetro, il cui fondo era doppio della metà.

Don Gaspare era lietissimo che con sottile artificio era riuscito a disdir la domanda dell'amico riguardo al suo cognome, che egli avea talune ragioni a tener celato; e forse forse sarebbesi anzi indotto a spiattellarne uno falso del tutto che a dire il vero. Don Aniello, pensieroso d'altro, più non ripensava al cognome di Don Gaspare che a quello della persona più indifferente che fosse per lui nel mondo.

— Come vuoi che io mi abbia ad ingollare cotesto vino senza alquanto di cibo? disse Don Gaspare. Ti confesso che sono un tantinello affamato; la corsa che ho fatto, il freddo e l'ora

tarda mi hanno scavato un vuoto nello stomaco
che senza qualcosa di sodo non potrei trovar neppure un bricciolo di fiato in corpo.

— È giusto, rispose l'altro benignamente; ho
a richiederti d'un piccolo servigio da amico; ed
è uopo che il paghi anticipatamente. Dì, su,
che ti senti voglioso di mangiare?

— Oh non sono mica leccone. Ogni ragione
di vivanda mi si accomoda; ti fo arbitro della
scelta; ciò non pertanto, se ci fosse un poco di
guazzetto di maiale rifreddo, il metterei innanzi
a qualunque altro ben di Dio. Che vuoi, amicone del cuore, io vado pazzo pel porco; è l'a-
nimale di mia predilezione.

— E l'amor del *prossimo suo*, osservò Don
Aniello; e poi dette una spalmata in sul tavolo,
per richiamare il garzone.

Al quale, come presto si fu presentato, quegli ordinò che arrecasse un piatto di guazzetto
di maiale, con una buona fetta di caciocavallo
napolitano.

— Questo sì che si chiama trattar bene gli
amici: ecco il modo di avviar le faccende. Col
ventre vuoto, la mente è vacua.. *mens vacua
in corpore vacuo..* Non ti parlo de' ciccioli che
sono la mia passione, e di cui vorrei far festino
per tutta la mia vita. Che ne dici, Aniello, potrei anche sperare una manata di ciccioli?

— Si faccia il tuo piacimento; giacchè di presente io debbo tenerti amico pel servizio che ho
a richiederti.

— Oh.. parla senza risparmio.. Mi faccio de-
corticare per te. Mo ci vuole! gli amici ci stanno
o non ci stanno; ed io mi vanto di conoscere
le leggi dell'amicizia al pari di chiunque altro.

I ciccioli furono ordinati, e tostamente apparecchiati a gran soddisfazione di Don Gaspare, il quale avea qualche cosa della natura del maiale, siccome l'altro, il *Don Aniello*, come addimandavalo l'amico, e come abbiamo pur fatto notare, avea qualche cosa della natura del leopardo.

—Or via, è da spicciarci, che l'ora si fa tarda, e la Principale sembra che di mala voglia tolleri la nostra presenza a quest'ora nel suo *locale*, osservò Don Gaspare, poi che vide schierato sul tavolo quello che gli abbisognava per cacciar via l'appetito che arrecavagli dolce molestia. Veniamo al *quatenus*.

E ciò detto, affondò i luridi canini nella carne di maiale, dalla quale esalava un odore da far sconciare un'incinta.

—Prima di tutto, disse D. Aniello, è mestieri ch'io faccia teco i miei congratulamenti intorno ai tuoi progressi nell'*arte* che da qualche tempo eserciti con tanta riuscita, e di cui mi desti due anni fa un saggio non dubbioso.

—Ah!.. tu sai...

—So che la gente si è arricchita, la tua mercè.

—Fole!.. mio caro; la gente che dice questo mi fa troppo onore: io non merito coteste lodi; sono un poveruomo che vivo dando qualche lezioncella di lingua latina a' monelli dei *suggechi* che stanno nelle mie vicinanze, i quali mi mandano qualche cosarella de' loro fondachi; a mò d'esempio, il pizzicagnolo mi regala una fetta di presciutto, il venditore di maccheroni un mezzo rotolo di nastrini o di vermicelli o di cannelloni, il fruttaiuolo due castagne o lesse o bruciatelle ; e così tiro innanzi, come a Dio piace, facendo la vita più stentata di questo mondo. E il più delle volte mi mancano eziandio questi provecci; onde sono costretto a ricorrere alla carità di questo buon frate Nicola che sta nell' annesso convento.

Un ghigno d' incredulità balenò sulle labbra di Don Aniello , che , dimenando il capo,

— Sì, si, dammi a imbeccare cotesta pappa, ei disse; so quello che interviene tra te e il frate. Altro che carità !

— Che crederesti mai ?

— Credo a ciò che debbo credere. . Or si tratta farti conoscere che io non vivo neppure la più melliflua vita di questo mondo, la quale anzi è cento volte più trista di quella che tu dici di menare.

— Eppure.. voi.. esercitate , parmi, un ufficio lucroso; non può difettar di merce il vostro negozio. Di morti agli ospedali non è penuria ; e i *bacilieri* vivon bene in questi tempi di verno , in cui le lezioni di notomia fioriscono , e i cadaveri si vendono a prezzi alti. Come stiamo a prezzi ?

— Non occorre informarti di ciò; si vive una vita da dannato , una vita sozza e poco aggradevole ; la società de' morti non fa sempre piacere. D'altra parte, siamo parecchi a esercitare il disgraziato mestiere, e guadagno diviso diventa povertà.

— Ben detto; avete ragione; non ci è peggio che dividere con altri il frutto delle proprie fatiche.

— Or dunque, or si tratta semplicemente ch'io voglio abbandonare questo maledetto mestiere, come ogni altro, e menare una vita un poco più comoda e onesta.

— Ecco un bel desiderio che vi scalda il cuore, ottimo Don Aniello, come questo boccone di guazzetto mi scalda lo stomaco, osservò Don Gaspare il quale lavorava sempre di mascelle, dando a brevi intervalli un baciozzo alla bottiglia.

— In somma, seguitò il leopardo, mi sono seccato di esser povero, e voglio esser ricco.

— Da bravo, Don Aniello! *Tenues conamur grandia*! Bisogna levar su un poco la testa e sforzarsi ad esser qualche cosa: bisogna sollevarsi un poco dalla terra, e, avvegnachè voi vi siate già una volta *sollevato da terra* con gran successo e rumore, pure non nuoce tentarlo un' altra volta.

La crudele ironia contenuta in queste parole allusive all' afforcamento di Don Aniello non i-sfuggì a quest' uomo, il quale, spregiandola, seguitò :

— Oggimai si tratta che voglio fare un volo assai diverso da quello fatto *due anni fa*. Ti ripeto, civettone mio, che voglio divenire un gran signore, capisci? Goder anch' io un poco di quello che godono messeri li ricchi, e passare *onestamente* e tranquillamente il resto de' miei giorni.

— Vi ripeto che questo bel desiderio è degno di voi. Anch' io l' ho detto spesse volte a me stesso : Non è possibile che quel galantuomo di Don Aniello viva sempre tra quella compagnia di morti ; merita una ventura più felice.

— E sai tu perchè ti ho dato la posta qui per abboccarmi teco?

— Affè mia, che con tutto quel poco d' abilità che vi piace attribuirmi nell'arte degl'indovini, non saprei mo divinar la mente vostra. Ciò nonpertanto, potete bene immaginare con quanta buona voglia io abbia accolto il vostro comando, e di cui ignorava la natura.

— Or bene, Gasparruccio mio; dirotti la cosa nel modo più semplice che per me si potrà: Tu devi farmi ricco.

— Io?

— Sì, tu. A che cotesta maraviglia? Non hai tu arricchito tanti altri che non erano tuoi amici?

— Cioè, spieghiamoci bene: egli è vero quanto voi dite sull'aver io arricchito qualcuno; ma è da avvisare che non sono stato propriamente io quello che ha prestato un sì leggiero servigio.

— O tu o altri pel tuo mezzo, poco a me cale; il fatto è che io voglio esser ricco; e tu devi farmi tale. Hai capito?

— Ho capito lucidissimamente; e voi non potevate spiegarvi meglio di quello che vi siete spiegato; ma la faccenda non è sì facile come la vi pensate, mio carissimo signor *Baciliere*.

— O la è facile, o tu la renderai tale, a mo' che hai fatto per gli altri. Non ammetto difficoltà e malagevolezze. Ho d'uopo di quarantamila buone piastre di Spagna. Dopo di avere assaggiato una volta il cappio della forca, non mi suona di assaggiarlo per la seconda volta; onde io non voglio esser più nè ladro nè omicida, ma voglio lucrarmi queste quarantamila piastre in santa pace, e senz'aver da contare col bargello. Hai capito?

— Perfettissimamente; ma ora più s'ingarbuglia e arronciglia il nodo gordiano. 40mila piastre guadagnate in santa pace, e senza paura del bargello! Questa non è già una noce da sgusciare, o un pinocchio da mandar giù nella strozza. Ci potrebbero esser per esempio due dita di difficoltà.

— Difficoltà!

— Ma, per Bacco, se la cosa fosse così fattevole come la vi tenete, io per lo primo avrei assaporato di cotesto delicato bocconcino anzi di farne parte ai buoni amici. *Prima charitas incipit a me*. Eppur vedete, ch'io non ho l'apparenza di possedere un capitale di quarantamila piastre!

— Alle corte, incomincio a perder pazienza. Tu pari che non mi abbi ancora ben compreso; e bisogna spippolarti la cosa qual'è. Mi occorre di sapere tre numeri de' cinque che sabato verranno fuori dall'urna del lotto. Mi hai capito mo?

— Vi ho capito mo, siccome vi avea capito innanzi, rispose Don Gaspare facendo una larga breccia nella fetta di caciocavallo che gli era davanti in un piattellino, sul quale eran rozzamente dipinti uccelli e fiori. E so io forse i numeri che usciranno sabato?

— Non farmi mo il semplicione. Non fai tu la professione di cabalista? Non hai tu arricchito notar Giacomo della strada Pontenuovo, e Don Gaetano l'usciere della Sommaria?

— I numeri sono venuti fuori perchè ei doveano uscire e non già perchè io gli ho fatto venir fuori, o perchè io avessi saputo quali doveano esser tratti. Vi giuro che è stato un caso, una combinazione avventurata; ma non è merito mio.

— O tuo, o del *Comparello* che ti aiuta, e

2*

tu m'intendi, o di fra Nicola, che tu dici che ti fa la limosina, io voglio esser ricco, e tu devi per tutto domani a mezzogiorno darmi i tre numeri che mi abbisognano.

— Per domani a mezzogiorno!

— Appunto.

— Ma cotesto è un assurdo. Io vi darò i numeri, ma non ne assicuro la riuscita.

— Bada che se i numeri non usciranno, io ti faccio la festa senza meno, e ti manderò a trovare...

— Zitto per carità!

— Dunque?

— Dunque, a domani a mezzogiorno. *Ubi te videam?*

— Non capisco.

— Dove vi rivedrò?

— Ti farai trovare nel tuo domicilio *fondaco del Cetrangolo.*

Ciò detto, si alzò; chiamò il garzone, pagò lo scotto della roba che Don Gaspare aveasi ingoiata, e:

— Ci siamo intesi? dimandò a costui con occhiata significativa.

— Perfettamente.

Il leopardo era sparito nelle tenebre della strada; il maiale era rimasto a tavola.

III.

La Cuccuvaia di Porto.

Ad ogni buon Napolitano non dee suonar nuovo del tutto il nome che abbiamo posto in fronte di questo capitolo, giacchè non poche volte lo abbiam ritrovato sulle labbra de' nostri genitori e di tutti quelli che vivono nelle memorie del passato secolo. E, perciocchè alcuni de' nostri leggitori ignorano forse quello che s'intendesse col suindicato nome, diremo succintamente che nella piazza di Porto vedevasi una fontana (1), detta del *Gufo* (in napoletano *Cuccuvaia*), forse perchè in uno degli antri scavati nella pietra di mezzo, e tra le deità giacenti, era l'immagine d'un gufo, che avea dato nome alla fontana. Parecchie di queste belle statue furono guaste o tolte via nelle popolari turbolenze del 1647; e pare che soltanto la statua del brutto uccello vi rimanesse.

Comunque fosse la cosa, nel tempo della nostra istoria, colle parole *Cuccovaia di Porto* non s'intendea già la fontana del gufo, bensì una persona, la cui faccia, per mirabile combinazione, somigliava a quella del barbagianni ivi scolpito; e questa persona era l'omicciatto da noi presentato a' nostri lettori nel capitolo precedente sotto il riverito nome di Don Gasparro.

(1) Fatta costruire nell'anno 1545 dal vicerè Don Pietro di Toledo: opera del celebre scultore Giovanni da Nola.

Come la gente avesse scorto siffatta stramba somiglianza tra le spettabili sembianze di D. Gasparro e quelle dell'animale che avea l'onore di essere ritratto in marmo dal celebre Giovanni Merliano da Nola, non sapremmo dire; ma è credibile e probabile che ciò fosse avvenuto, perchè il nostro latinista, il quale avea sua dimora nelle circostanze di quella fontana, e però era costretto di passare e ripassare per dinanzi al gufo, offrisse una contraffazione naturale del notturno cantore dei cimiteri, la quale fosse eziandio così spiccata da dar negli occhi de' monelli e dei vicini e di quelle donne che allora in quel passo fabbricavano bottoni.

L'applicazione de' soprannomi è virtù insita de' napolitani è, in generale, di tutte le genti meridionali che hanno la fantasia alacre e immaginosa. Un soprannome rimane appiccato ad una persona meglio che una margine in sulla carne, e tal fiata, quando alcun fatto straordinario e maraviglioso o altra particolarità curiosa s'annesta a quel soprannome, esso rimane alla posterità congiuntamente a' fatti più o meno favolosi che vi si abbarbicano.

La Cuccuvaia di Porto era dunque il nostro Don Gasparro, comechè altri supponga diversamente e asserisca esser per quella significata una vecchia che facea di molti malefici, pretendendosi che l'oro facesse con istregonerie. Noi pertanto che siamo andati scavando nelle più riposte cronache del tempo, abbiamo ragioni da credere che il Don Gasparro e non altro si fusse quello che veniva additato sotto il poco lusinghiero nome di *Cuccuvaia di Porto*. E tanto maggiormente teniamo per questo avviso, quanto davvantaggio

ci avvien di considerare che non pur le forme
sconce e ridevoli del volto aveano potuto indurre
all'applicazione del cognome sulla persona del
lercio latinista, ma eziandio la goffa ipocrisia
ond'egli studiavasi di tenersi lontano da ogni u-
mano ed onesto consorzio, sovra modo se donne
ci fossero, alle quali ei sembrava avesse dichiarato contraggenio e guerra; e le donne, che tutto
perdonano fuorchè la poca sollecitudine che si
ha di piacer loro, si erano a quella guisa vendicate, coll'apporre al misantropo Gasparro quel
leggiadro soprannome.

A destra della fontana del Gufo è il fondaco
Cetrangolo, forse così addimandato per un grande
arancio che quivi cresceva, e dove siccome abbiam detto, abitava Don Gasparro. Era il fondaco la dimora d'un gran numero di famiglie di
marinai, le cui donne, sedute pel consueto dinanzi agli usci delle loro botteghe, lavoravano
bottoni d'argento. Or queste donne, innanzi alle quali dovea continuamente transitare l'omicciatto per uscire dalla sua casa o ridurvisi, il
guatavano in cagnesco, gli regalavano epiteti e
aggiunti poco onorevoli; e moveangli addosso i
loro mocciosi figliuoli, de' quali chi gli tirava
le falde della breve cappa, chi sottilmente affi-
biavagli addietro, la mercè d'uno spillo, un car-
tellone su cui era scritto *Cuccuvaia di Porto*,
e chi gli mordeva i polponi delle gambe, a mo'
di ruzzo infantile, imitando il cane arrabbiato.
Don Gasparro si acciapinava rare volte; rispondeva a quelle male creanze levando, con affet-
tata umiltà, gli occhi al cielo, e tirando innanzi
pel suo verso; sì che potea dirsi un santo, tanta
era la pazienza con che soffriva i bistenti e i

travagliucci che gli davano quelli mascalzoncelli del suo fondaco.

Non tutti però volean male a D. Gasparro; giacchè in questo mondo sanno i furbi e gl'ipocriti cavar pro dalle loro simulate virtù e vincere ascendente su gli animi de' dappoco e dei gaglioffi. Ei si vorrebbe un grande e sottile studio del cuore umano per sapere immediatamente discernere il buono dal tristo, il fango dall'oro; e Don Gaspare governava a suo talento gli animi di coloro che un santo e dabben uomo reputavanlo. Ciò erano, per lo più, gente di bassa mano, siccome bottegai e giornalieri, i quali affidavano al Don Gasparro l'educazione letteraria de' loro figliuoli. E Don Gaspare si cavava di briga insegnando loro quattro verbi e un migliaretto di adagi latini che avea pronti ed apparecchiati ad ogni proposito. Bensì queste lezioni ei dava sempre a domicilio degli allievi; però che egli avea somma sollecitudine a rendere inaccessibile la sua dimora ad ogni occhio profano; e pochissimi aveano potuto vantarsi di aver veduto i domestici lari del celibe latinista.

Ne' quali pertanto commetteremo la indiscrezione di addentrarci alcun poco, invitando i nostri lettori a seguirci; imperocchè non senza profitto sarà una tal visita.

La casa del professore di lettere latine signor Don Gaspare era dunque situata in quel vicolo che fiancheggia la fontana del gufo, addimandato il *fondaco del Cetrangolo*. Il numero del portone non sapremmo dirvelo, giacchè sapete che a quei tempi non si era ancora accolta la costumanza di apporre i numeri agli usci da via; ciò nondimeno diremvi che era il quarto por-

toncino a destra del fondaco, e proprio quello
che era allogato modestamente tra due casipole
di marinai, dipinte a quadrelli rossi. Cinque piani
formavano l'intero palazzo, a' quali ascendevasi
la mercè d'una scalinata che bisognava indovinare tra le tenebre più fitte in pieno meriggio:
ad uno straniero era impossibile ritrovar l'uscio
di qualcuna di quelle abitazioni; e talvolta riusciva difficile puranche al nostro professore, quando ritornava a casa con più caraffe in corpo del
consueto.

Tutto ciò che di più succido può immaginarsi
era stivato e conservato nel cortiluccio del portone e su per le fetide scale, che non erano
state spazzate da cento e più anni. Veniva di là
a qualche distanza un puzzo intollerabile da far
morire asfissiato; e questo erasi renduto così
abitnale a' nervi olfattori del Don Gasparro, non
meno che degli altri abitanti di quel palazzo, che
non più era avvertito, o, se era, non arrecava
più loro veruna molestia.

Don Gasparo era al quinto piano, il quale com-
ponevasi come gli altri d'una saletta, d'una camera da letto e d'una cucina; era inoltre a fianco alla saletta un bugigattolo, cui il padrone
di casa regalava l'onorevole nome di *studio;* mentre, dacchè la casa era su piedi, non ci era stato
giammai anima d'inquilino che l'avesse adoperato a somigliante officio; e sempre era servito
a quell'assegnamento, a cui suolsi ordinare il più
modesto sito di un'abitazione e il più celato a-
gli sguardi de' profani visitatori.

Quantunque gli altri abitanti di quel palazzo
avessero consagrato il detto buggigattolo a tut-
t'altro officio che a quello di stanzino da studio,

purnondimeno il Don Gasparro faceva onorevole eccezione, giacchè era propriamente uno studio quello suo, nel quale egli spendea le ore serotine, senza altra distrazione che quella che gli dava un vecchio gatto, suo compagno di meditazione, il quale, abusando del dritto di stretta parentela animalesca, veniva in tutta confidenza ad adagiarsi sul venerando tavolo ove spremeasi il cervello del dotto latinista del *Cetrangolo*.

Abbiam detto che Don Gaspare passava nello studio le ore della sera, le sole che gli rimanean libere dalle sue applicazioni quotidiane. Ma a che razza di studi versava la sua mente? Uno sguardo attorno ci farà conoscere qualche cosa.

Il tavolo su cui egli scriveva era coperto in tutta la sua lunghezza da un cartone *quondam* bianco, ed oggi pressochè interamente occupato da cifre, da segni algebrici, da numeri situati in ogni verso, da ottagoni, pentagoni ed altre figure matematiche zeppe anche di numeri, da segni del zodiaco, da animali di strana forma, da simboliche dipinture, da strambe configurazioni. In mezzo a questa curiosa farragine vedeansi dipinti il sole e la luna con tutto il corredo di stelle; la luna vi era in tutte le sue fasi; e tutto sempre ricoperto da cifre arabiche le quali non superavano mai il 90.

La sfera armillare posava sul tavolo, e accanto ad essa un mucchio di libercoli, i cui titoli erano *La sapienza di Casamia, L'Oracolo del nuovo Delfo, La scienza de' numeri dell'abate B..., I sogni spiegati, L'arte di diventar ricco, Le corna del diavolo nel lotto, La Smorfia illustrata, La Cabala del mago Sabino*, e tanti altri di questi inetti opuscoli che la civiltà ha ormai condannati alle risa ed al disprezzo. Un gran librone manoscritto era dall' un capo del tavolo, nel quale erano registrate tutte le estrazioni venute fuori fin dal 1682, anno in che primamente fu stabilito in Napoli il giuoco del lotto.

Un quaderno di carta rigato a dodici sezioni era quello su cui maggiormente lavorava a tutt'uomo il nostro cabalista; in testa a ciascuna sezione era un numero, e sotto di esso erano ordinatamente registrate le sorti diverse cui quel numero era andato soggetto nelle diverse estrazioni, le combinazioni d'ambi e terni per esso formate in unione di altri due numeri della sua medesima decina; e tante altre corbellerie di questo genere.

Leggevasi a pie' di ciascuna di queste colonnette un motto, un epiteto, un'osservazione, un comento più o meno riferibile alla maggiore o minore docilità mostrata da quel numero a' voleri ed alle esigenze della scienza del cabalista; come a mo' d'esempio, sotto l'uno leggevasi *amico fedele e costante*, sotto l'altro *volubile e leggiero*, sotto un altro *esattissimo alla disciplina*. In somma, quelle cifre rappresentavano un collegio di scolarelli menati più o meno in regola dalla sferza del pedagogo; e quel quaderno era in iscorcio il compendio del *libro di condotta* di ciascuno allievo, donde doveasi aspettare da' genitori un premio o un castigo adeguato.

Non si creda soltanto il tavolo contenesse emblemi simbolici; le pareti erano eziandio teatri di esposizioni numeriche alle quali il profano volgo nulla avrebbe capito; ma i numeri che erano incollati sulle pareti di quello stanzino erano disegnati in più vaste proporzioni e sorretti da

certe figure che ti metteano addosso maraviglia
e paura. Imperocchè immaginatevi che avreste
veduto, il numero 1 tutto nero con un motto
a lettere bianche nel mezzo, il 2 che gittava
dalla sua proboscide fuoco e fumo, il 3 che i-
mitava la falcata luna in campo azzurro, il 4
che figurava le due corna d'un demonio, il 5
disegnato a foggia di strano rettile, il 6 che stringeva nel suo grembo il capo di Medusa, il 7
che dava la perfetta immagine della forcina di
Belzebù, l'8 che presentava due orbite d'occhi
infuocati, il 9 che era foggiato a guisa d'una
cometa colla coda, e finalmente il 0, onde rap-
presentavasi la palla del mondo con tutti gli ac-
cidenti di terra e di acqua.

Ma questo curioso panorama, che sembrava
contar già qualche anno di vita, era stato in
qualche modo abbandonato per altri studi più
severi a cui si era dato il nostro cabalista. Noi
non vorremo attediare i nostri lettori con porli
a parte di queste inettezze ridevoli; ma, perciò
che ci siamo addossato il compito di dipingere
i costumi del tempo, in cui accade la storia che
narriamo, è pur mestieri che facciam svelato
tutto ciò che di ridevole si abbatte spesso col
tristo e col malnato e a quali aberrazioni può
menare la cupidigia del denaro.

Don Gaspare raccoglieva con amore e sollecitudine tutt'i sogni che gli venia fatto di sentir
raccontare, sia nelle case dove egli bazzicava,
sia per la via; la qual cosa costringeva a soffer-
marsi e dar l'orecchio a' parlari delle donnicciuole. E quando avea raccozzati in sacca due
o tre sogni, sen tornava lietissimo a casa; e la
sera tutto il suo studio si aggirava a discoprire

qual numero *simpatico* sorgesse dall' accozzaglia de' fatti e delle immagini che si erano prodotte ne' cervelli della gente. E quando quel numero *simpatico* si accordasse al numero del *ciclo solare* o dell' *epatta*, ovvero fosse quello che nel gran catalogo era segnato col formidabile epiteto d' *immancabile*, il cabalista non capiva più in sè per la gioia.

Hassi a sapere, e ciò è più importante, che la storia dello arricchimento delle due persone menzionante da Don Aniello, arricchimento prodotto mercè la *scienza numerica* di Don Gaspàre, non era mica una fola; quelle due persone in fatti si erano arricchite col semplice guadagno di due terni al lotto con numeri dati da Don Gaspare.

In qualsivoglia modo ciò fosse accaduto, il fatto non era men vero; siccome non potea minimamente revocarsi in dubbio che altre persone del pari avean contato tra le mani qualche centinaio di scudi per l' opera della *Cuccuvaia di Porto*, che, sotto tal considerazione, era stata la provvidenza di molti. Ed egli basta che pur un solo di fatti di simil natura accada colà dove è assembrata una generazione di persone povere ed ignoranti, acciocchè si creda in perpetuo alla scienza del *donatore* di numeri. Onde, Don Gaspare venne in apparenza risguardato come un *fattucchiero* di prima forza; e molti non si arrischiavano a chiedergli numeri, per tema di aver che fare con messer lo demonio.

Ma se Don Gaspare arricchiva gli altri indovinando un terno tra cento che ne dava, non però arricchiva sè stesso, giacchè, a somiglianza de' medici che prescrivono medicine ed essi non mai le pigliano quando sono infermi, ovvero a somiglianza dei cuochi che raramente mangiano la roba da lor cucinata pei loro padroni, egli non giuocava giammai o rarissime volte; e, se interveniva che egli giuocasse alcuna fiata, quell'una ei perdeva senz'altro il denaro che avea posto alla prenditoria. E tal costume tengono in generale quasi tutt'i cabalisti o donatori di numeri, il guadagno de' quali è riposto più nelle regalie e largizioni che lor fanno i loro clienti, se questi hanno unqua il piacere di prendere un ambo o un terno co' numeri loro regalati sotto suggello di massima segretezza.

Il domani della scena che abbiamo descritta nel capitolo precedente, Don Aniello, passata l'ora del mezzodì, dava un picchio violento all'uscio della casa di Don Gaspare; dacchè era andato per una buona mezz'ora a tentoni nelle tenebre di quella gradinata.

IV.

Isabella Mellone.

Fratanto, la mattina del giorno in cui Don Aniello dovea venire in casa di Don Gaspare, questi era uscito allo spuntar dell'alba, e, postergatasi la calle di Porto, sfilzava per la via del Castel nuovo, saliva per accanto all'Ospedale di S. Giacomo, toccava la strada di Toledo, e teneva a destra. Poca gente ancora era in su la via, giacchè gagliardamente soffiava l'aquilone, e, all'infuori di qualche lazzaro che fumava la sua pipa, o di qualche mazzocchiaia di

femminetta che traeva in qualche basso terreno
per lucrarsi il tornese, Don Gaspare non si avveniva in altri mattinieri. Egli camminava col
niffo in giù, non guardando nè a dritta nè a
manca, e tutto compreso da' suoi pensamenti che
Dio sa quali si fossero.

Ed ecco che egli giunto era nel gran largo
fuori Porta Regale (1), dove, perciocchè in ogni
mercoledì solea tenersi mercato di biade e di altre vettovaglie, fu posto il nome di *Mercatello*,
e qualche tempo innanzi, era questa la piazza
in dove i galantuomini soleano esercitare i loro
cavalli e addestrare i loro figliuoli all'arte di ca-
valcare.

E, stante che quel dì era propriamente un
mercoledì, già da qualche ora innanzi giorno
erasi aggrumata in quella piazza gran moltitudine di venditori di legumi e di altri cibi, e già
vi aveano ordinato le loro baracche. E, a seconda che il giorno si avanzava, veniva alla spic-
ciolata alquanta gente con lanternini in mano,
i quali attestavano che da remoti quartieri erano
partite quelle persone, quando tuttavia durava
il buio della notte.

Don Gaspare camminava a mano sinistra, tenendosi dalla banda del Convento di S. Domenico Soriano, e stava tutto sovra pensieri, ri-
muginando in mente sua e rifrustando al come
cavarsi di briga per la dimanda di quel maledetto *baciliere*; ed ecco una femminella, appuntati gli occhi sulla persona del cabalista, diessi
a gridare come trombetta: Uh! Santa Vergine
del Carmine, là *Cuccuvaia!* Passa la *Cuccuvaia*

(1) Porta *Sciuscella* oggi Porta Alba.

di Porto! Domineddio ci scansi! Penetrò questa voce ad un tempo negli orecchi di quanti lazzarelli ivi erano ; ed eccoti altrettante strida diaboliche, che ripeterono a un dipresso le medesime parole di quella donna ; e questo non fu niente, giacchè di botto vedesti spalancare usci, aprirsi finestre, e formarsi un codazzo di gente appresso al mal capitato, che destava l'universale curiosità.

Avvegna che non fusse quella la prima volta che D. Gaspare battea le strade di quell'ottina, pur non gli era giammai accaduto di sentire quello strombazzare attorno a lui. I fischi risuonarono agli orecchi suoi come strilli di demoni ; qualche ciottolino volò sul suo cappello a tre spicchi, e qualcuno si fermò nel mezzo della sua schiena. Don Gaspare, non sapendo che farsi in tanta confusione, salutava a dritta e a sinistra, accelerava il passo, imbrandiva la canna d'india, e accomandavasi a qualche santo per la salvezza della cute.

Ma que' lazzari e quegli altri curiosi che gli si eran messi addietro, come suol farsi per una bestia rara, conciossiachè levassero le più alte grida e vocioni di baie e sberleffi, non si arrischiavano a toccare neppur le falde dell'abito di gala che aveva addosso, paurosi essendo che quegli non lor cacciasse in corpo il diavolo in persona ; epperò, facendogli codazzo, il seguitavano, e, a guisa di torrente che s'ingrossa giù per le balze su cui ruina, quella folla di monelli s'ingrossava di vantaggio che Don Gaspare su traeva per quella piazza, e viemaggiormente quando sfilzò a destra per mettersi alla volta di Porta Regale.

Uscì in quella strada che addimandasi dalla
Madonna di Costantinopoli, e quì alcun poco incominciò a diradarsi la folla, ma non tanto che
non gl'impedissero quasi lo andare per lo spingersi che la gente faceva avanti a' suoi piedi per
curiosità di guardare la sua faccia. Sboccò il Don
Gaspare in sulla Piazza di Foria ; e la maraviglia fu estrema in tutti quelli che lo aveano seguito, allorchè il videro cacciarsi entro un portoncino a sinistra venuto in reputazione fino a
questi nostri giorni.

— Che è questo mo! dicea la gente stupefatta: ei
va forse a trovare quella santa donna! Ma sì che
egli va lassù, al secondo piano, dalla Mellone !

— Dalla Mellone ! lui ! La *Cuccuvaia di Porto !* E che cosa va a fare da quella donna ?

— Volesse mai convertirsi !

— Sì, sarebbe davvero curiosa !

E intanto questi cotali che a tal modo esala-
vano la loro maraviglia , aggruppatisi in su i
pioppi e i pini (1) che erano piantati in quel terreno, tendeano gli occhi per vedere di su i finestroni di quel portone , se Don Gaspare picchiava propriamente all'uscio di monna Isabella
Mellone.

E quando quegli in fatti dette una bussatina
a quell'uscio , si udì nella piazza un grido si-
multaneo, cui tenne dietro un bisbiglio e un vocio che non cessarono che appresso a un buon
pezzo che l'omicciatto era entrato in casa della
Mellone.

Avanti che ci facciamo ad esporre la conversazione che ebbe luogo tra queste due persone,

(1) Donde il nome di *Largo delle Pigne.*

così famose ciascheduna pel suo verso e tra le quali erano tanti diversi punti di simpatia e di somiglianza, è mestieri che presentiamo a' nostri lettori il ritratto di cotesta Isabella Milone (corrottamente *Mellone*) così celebre nelle cronache del passato secolo, e la cui fama è arrivata insino a noi.

D' incerti natali era questa donna, e di oscuri genitori. Fin da fanciullezza appalesava somma cupidigia di accumular danaro, del quale ella era così vogliosa ed avara, che in quella età di spensierata leggerezza, non ispendeva un quattrino nemmeno se le cavassero un dente. E sempre che fatto le venisse, cacciava le mani nel forziere d' una donna con la quale conviveva, e che, perciocchè una buona e santa figliuola reputavala, giammai di lei non suspicava minimamente, e spesso l' ira sfogava contro le serve, cui ella addebitava i furti commessi.

Insin dacchè era piccina, Isabella sperimentò che l'ipocrisia potea di molto giovarla a nascondere i vizi del suo carattere, e a spignerla innanzi; e si pose a tutta possa a coltivare la simulazione della virtù per forma che giungeva ad ingannare i più scaltri ed avveduti.

Moriva intanto la buona femmina appo la quale era vivuta la ipocrita Isabella, e tutto quel poco che possedeva, a questa il lasciava in retaggio; giacchè non avrebbe potuto, ella dicea, fare un più bell' uso del suo peculio che consacrarlo alla felicità di quella giovinetta, modello delle più esemplari virtù. Isabella ricoglieva il primo frutto della sua furberia, il quale grandemente invogliavala a seguitare nella intrapresa via, che dovea darle una trista celebrità.

Con mille artifici sottilmente combinati, pervenne ad acquistarsi, nella ottina dove avea stanza, fama di donna prodigiosa per santità, e a
poco a poco avea tratto in inganno non pure gli
sciocchi e gl'ignari, ma gli uomini meno corrivi
alle dicerie del volgo e più assennati per offici
ecclesiastici e civili.

La Milone si era procacciata una maniera di
clientela di discepoli, i quali venivano tutte le
sere ad ascoltare i suoi edificanti sermoni sulla
carità, sulla umiltà a sulle altre virtù cristiane.
I quali discepoli aveano per questa donna la più
cieca divozione e soggezione; ond'ella menavali
pel naso a suo talento, e scroccava loro di bei
quattrini, or sotto un pretesto or sotto un altro,
or vendendo loro a caro prezzo libercoli, abitini
e coroncine, ora col dire che era stata incaricata di una questua a pro di una famiglia povera vergognosa; ora smerciando altre chiacchiere che aveano tutto l'intonaco della verità, della
unzione, della filantropia.

Il più empio degli artifici di che si valea questa
volpaccia di donna era di dare a credere ai suoi
discepoli essere lei giunta a sì alto grado di perfezione per una grazia particolare che dal cielo
erale stata conceduta; diceva sè non essere della
stessa natura delle altre donne; averle Domineddio accordato privilegi straordinari, tra quali
quello che essa non avea d'uopo di nutrimento
alcuno per vivere, siccome non sentia il bisogno
giornaliero che sentono gli altri mortali di riparare le forze vitali nel sonno.

Simiglianti assurde pappolate e dicerie acqui-
stavano nondimeno gran forza di persuasione e
di verità dal sapersi che nissuno al mondo po-

tea vantarsi di aver veduto entrare in casa della
Mellone o di *Madre Isabella*, siccome la pur si
nomava, nessuna maniera di cibo e nè tampoco
stoviglie alcune o altro che accennasse a servizi
di cucina ; siccome parimente non ci era esempio che qualcuno fosse andato a visitarla di giorno , di sera e talvolta anche di notte (per accer-
tarsi del fatto) e non avesse trovato la Mellone
pronta e apparecchiata a riceverlo. Non era in
sua casa verun letto o altro arnese che potesse
farne le veci.

Diremo a suo tempo il come questa rea femmina venne alla fine smascherata della sua impostura e punita. Per ora seguiteremo a narrare
i particolari più segnalati della sua vita.

Raccontavansi su questa donna le cose più maravigliose di questo mondo. Alcuni asserivano esser lei stata veduta nello stesso tempo in due
siti diversi ; altri giuravano di essere stati gua-
riti soltanto coll'aver pronunziato il nome di lei;
qualcuno dicea di aver da lei ricevuto un consiglio pel quale avea vinto una causa disperata;
qualche altro sosteneva che ella gli avea fatto
guadagnare un bel terno, solo col dirgli tre parole che i cabalisti aveano saputo abilmente comprendere e tradurre; e finalmente non mancava
chi assicurava che senza l'aiuto di madre Isabella non avrebbe potuto mettere al mondo il
sospirato figliuol maschio, tanto desiderato e a-
spettato.

Le più ragguardevoli dame della capitale non
si reputavano ad onta di andarla a consultare su
qualche nuovo caso o accidente occorso loro o
per qualsivoglia impensata e difficile emergenza.
Tutto il dì e fino a ben addentro alla sera , a-

vreste veduto appo il portoncino della Mellone
un gran numero di portantine (assai adusate in
quel tempo invece delle odierne carrozze da no-
lo) e talvolta qualche carrozza coi seggi dorati.

Chiunque avea bisogno di un segretario, d'un
commesso, d'un domestico, andava dalla Mellone
per farsene proporre uno d'integerrimi costumi
e d'una moralità a tutta prova. Le male lingue,
alle quali pertanto non si prestava alcuna fede,
osavano dire che simiglianti servigi erano ben
pagati dall'una parte e dall'altra, e che formavano per lei una delle rubriche d'incasso; ma
questi bestemmiatori erano di quei maligni che
non mancano mai di gittare il nero sulle più o-
neste e sante reputazioni di questo mondo.

Or questa donna era quella che Don Gaspare
era ito a visitare quella mattina per lo scopo che
la loro conversazione ci farà noto.

Un dieci minuti dovè Don Gaspare starsene
aspettando all'uscio, prima che dischiuso gli venisse da una maniera da lurida fantesca sorda
e muta, che obbediva come macchina ai comandamenti della sua padrona.

Don Gaspare fu fatto entrare nella stanza dove pel consueto la Mellone ricevea sue visite.

Ella era seduta in su una vecchia poltrona verde, ed appoggiava i piedi scalzi su un predelli-
no di legno che era al tempo stesso una specie
d'inginocchiatoio. Avea il capo coverto da una
gran cuffia nera a merletti; e una veste di saio
anche nera chiudea la sua persona insino al collo, che era rivestito di quella maniera di cravatta che portano le così dette *monache di casa*. Una lunga coroncina a grossi grani di me-

tallo le pendea dal collo fino alla cintura della
vita ; e un' altra di più piccoli grani era nelle
sue mani. Su tutte le quattro pareti della stanza
erano quadri ; e su i cassettoni erano taberna-
colucci con entro immagini sacre ; e nel fondo,
un presepe di quelli che al passato secolo formavano oggetto di lusso e di eleganza, pe'quali
spendeasi dai ricchi un denaro da matto , e i
cui *pastori* eran sovente l' opera di abili artisti
scultori.

—Maria sia laudata ! disse Don Gaspare quando si trovò alla presenza della strana femmina,
e con quell' atteggiamento di profonda compunzione che soglion tenere i pinzocheri , massime
in compagnia di altra gente della loro stampa.

— *Amen!* rispose l' ipocrita donna cogli occhi
bassi ; e quindi si segnò due volte.

— La fama della vostra vita esemplare e il
grido delle vostre virtù mi chiamano quì, o madre Isabella ; acciocchè co' vostri lumi possiate
d' alcuna luce illuminare la mia anima ricolma
di abbomini e di colpe.

E qui Don Gaspare si teneva all' impiedi innanzi a quella donna, facendo del suo corpo un
arco in attestato di somma osservanza e divozione ; le braccia erano incrociate al petto, e il
capo penzolone.

— Chi siete voi ? dimandò l'Isabella.

— Io son Don Gaspare, il maestro di lingua
latina d' abbasso Porto , conosciutissimo in *illa
regione* , *et aliud quoque.*

— Che cosa siete venuto a far qui? Che chie-
dete da me ?

— *Qui fert malis auxilium , post tempus do-*

let, dice quel sapientissimo uomo di Fedro; ed io, madre Isabella, mi trovo per lo appunto in questo ballo.

E, quasi che si fusse pentito di aver detto la parola *ballo* al cospetto di quella donna di così intemerati pensieri, riprese la sua frase e disse:

— Voglio dire in quest'imbroglio.

Madre Isabella masticava alcun poco il latino, perchè allora questo dotto parlare non era del tutto dominio de' letterati; ma, ad onta di queste sue deboli conoscenze nella lingua del Lazio, possiamo assicurare i nostri lettori che ella non capì una iota delle parole proferite dall'uomo che era al suo cospetto. Bensì ella fece un piccol segno col capo come se avesse onninamente inteso quel motto e ne avesse approvato la sapienza.

— Ed in che cosa può un'umil creatura quale io mi sono esservi utile?

— Voi potete, madre Isabella, aiutarmi a trarmi da un duro passo nel quale mi trovo, appunto perchè, ripeto col Fedro, *qui fert malis auxilium*, *post tempus dolet*.

— Sedete, *figlio mio*, e narratemi filo per filo l'imbroglio in cui vi trovate, e dal quale volete che io vi tragga con quei pochi lumi che ho ricevuti, per grazia speciale, dal cielo.

Don Gaspare prese posto modestamente sovra una sedia, tenendo nelle mani il cappello e la canna d'India, che egli portava seco nelle grandi solennità di sua vita.

La Mellone, tenendo sempre gli occhi abbassati, avea dato furtivamente un'occhiata indagatrice sull'abito di lui, per fiutare sommariamente di che roba si trattasse, e se era da sperare qualche cosa dalle tasche del personaggio, avvegnachè la professione che egli avea detto di esercitare non fusse tale da prometter gran cosa.

Don Gaspare era vestito quella mattina da perfetto gentiluomo. Un abito che avea ne' suoi rovesci di grossi bottoni brillantati, un gran corpetto a fiori che gli arrivava ad una discreta misura, e di cui non appariva che la parte bassa; un paio di calzoni color verde affibbiati alle ginocchia da fibbie d'argento ; calzette di seta e scarpini con fibbie d'argento indorato; era questo il complesso dell'abbigliamento del nostro *facsimile* di galantuomo: aggiungi i merletti alle maniche e allo sparato della camicia ; aggiungi un codino bene incipriato, e la spada al sinistro lato, ed avrai il ritratto di questa creatura anfibia.

Pochissime volte il signor Don Gaspare vestiva in questo modo; imperocchè , pel solito, il suo vestire era alquanto sciamannato e succido.

Questa investigazione fu feconda di ottimi risultati nell'animo di quella femmina.

— Ditemi *in primis et ante omnia*, disse madre Isabella, se adempite con esattezza a' vostri doveri di buon cristiano ; giacchè io non posso intrattenermi con persone, della cui probità non sono perfettamente sicura.

— Tutti siamo peccatori quaggiù, madre Isabella, rispose l'ipocrita con torcimento di collo; tutti abbiamo la coscienza più o meno macchiata. E quando dico questo, è un mo' di dire, poichè ci è sempre qualche eccezione a fare : vi sono, verbigrazia, delle persone edificanti che si direbbe quasi quasi che non sono soggette alle umane debolezze. Ciò non pertanto, madre Isabella, non fo per dire , ma io mi confesso ogni otto giorni e vado alla cappella tutte le sere; di che potrete prender conto: che io le cose le faccio alla svelata. Nessuna donna al mondo può vantarsi che io le abbia dirizzato unqua uno sguardo o una parola; e, se non fosse stato il grido della vostra vita esemplare, madre Isabella, io non avrei posto il piede qua dov'è una donna.

— Bravissimo! Don Gaspare, voi siete scapolo, non è vero?

— Sono come la mamma mi fece, questi rispose.

— Che età è la vostra?

— Se ben ricordo, ho compito il mio quarantesimo quarto anno alla festa d'Ognissanti.

— Qual' è il vostro cognome?

— Ho un cognome curioso, madre Isabella.

— Vale a dire?

— Scorpione. Sono andato molte volte scavando l'etimologica origine di questo appellativo, ma non ho potuto indagare negli archivi di famiglia la ragione del mio cognome.

— Siete napolitano?

— Puro sangue, madre Isabella; sono nato a Capo di Chino, dove sapete che è buon'aria e salutare.

— Sta bene: or narrate quello che avete a dirmi, ed in che posso io esservi di qualche utilità. Soprattutto, badate di dir le cose tali quali elle sono; imperciocchè ben vi è noto ch'io leggo nel fondo de' cuori.

V.

Storiella di Don Gaspare

— Avete a sapere, cominciò Don Gaspare, che parecchi anni or sono passati ed una gran disgrazia mi colpì. La virtù, l'onestà, la buona reputazione non sempre difendono un galantuomo dall'umana malvagità. Nemici non ne mancano a nessuna creatura; ed io ebbi a sperimentare i tristi effetti della infamia d'un mio compare, al quale io aveva mosso lite per una sommetta di denaro di cui egli mi era debitore da tanto tempo, senza che io avessi giammai potuto carpirne un treccalli — Una mattina, mentre io mi accingeva ad uscire pe' fatti miei (abitavo allora in una romita caserella di sopra il Giardinetto di Montecalvario, in quelle circostanze dove al presente stanno costruendo un novello teatro (1)), veggo farmisi avanti un capitano del nostro buon Re Carlo, il quale mi prega di seguitarlo: scesi le scale appresso a lui, e figuratevi il mio sbigottimento quando scorsi dappresso al portoncino una pattuglia di soldati, che aspettavano il capitano e me. Fui posto in mezzo ad essi, e traemmo alla Vicaria; entrammo in una delle sale al secondo piano, nella quale venni assoggettato ad un minuto interrogatorio da un uomo in gran parrucca, il quale, poi che mi ebbe domandato del mio cognome, della patria, professione, genitori ed altre cotali mie attinenze; e poi che si ebbe, contro tutte le regole

(1) Il presente *Teatro Nuovo*.

della buona creanza, informato de' fatti miei, facendo registrare tutte le mie risposte ad uno stec-
cadenti animale che era al suo fianco, mi chiese se
io conoscessi un tale Leonardo Vinci, maestro di
cappella. Gli risposi che io non avea che fare
con maestri di cappella; e che non avea altre
pratiche all' infuora di quelle nelle quali io doveva abbattermi di frequente per le mie faccenduole — Questa mia risposta non parve che andasse gran fatto a sangue al parruccone di sinistro aspetto, che dimenò il capo in atto di chi
non aggiusta troppa fede alle altrui parole. E mi
guardò negli occhi con un' occhiata scrutatrice
che volea propriamente ricercare quello che io
ci avessi nella scatoletta del mio cervello, o per
appurare dalla mia faccia se io dicessi o no il
vero — Sicchè tu dici di non conoscere questo
signor Leonardo Vinci, maestro di cappella? —
Vi ripeto che no, signor mio, risposi con alquanta acrimonia perciocchè mi sentii dare un
rabbuffo in testa da quel sentirmi appellato col
pronome *tu* — Or bene, vediamo che cosa ne
pensa di ciò Don Tommaso Calcagni: si faccia
entrare — Io mi feci di tutt' i colori nel sentir
pronunziare il nome del mio compare, ch' io sapea per cattiva lana, e temetti qualche tranello
tesomi da questo mio moroso debitore. E nè
m'ingannai — Comparve il mio compare — Conoscete voi questo signore? fui chiesto dal parruccone, che mi additò il Don Tommaso — Egli
è il mio compare che io voleva fare arrestare
per una somma che mi dovea, e dalla quale si
liberò col *Cedo bonis* (1) — Non si tratta di que-

(1) Era dinanzi a' Regi Tribunali una colonna, sulla
quale veniva ad esporsi il debitore che voleva essere as-

sto, riprese il giudice; trattasi ora di smentire quanto egli asserisce, e sulla cui verità ha prestato giuramento — Indi, rivolto al compare, lo interrogò: Signor Don Tommaso Calcagni, conoscete voi il signor Don Gaspare Scorpione? — Eccolo presente, rispose quegli designando la mia persona — Di che siete venuto ad accusarlo in questo tribunale? — Di avvelenamento sulla persona del maestro di cappella signor Leonardo Vinci — Su quali prove fondate voi cotesta accusa contro il vostro compare Don Gaspare? — Primamente, fondo la mia accusa sull'essere stato io stesso testimone d'una borsa di danaro ricevuta dal mio compare, innanzi al teatro S. Bartolomeo, da un uomo ben vestito, che io suppongo essere un altro maestro di cappella; il quale diceva al mio compare: Prendi questo danaro in conto, e, quando l'amico sarà ito, un'altra borsa di questo peso ti aspetta. Ora, signor giudice, avete a sapere che il compare bazzicava in casa del maestro Vinci da gran tempo, giacchè insegnava il catechismo ad un suo nipotino; epperò non potea riuscirgli difficile il tentare un avvelenamento su qualche persona della famiglia — Come dunque, disse il giudice con feroce aggrottamento di ciglia, osate voi asserire, signor Don Gaspare, di non conoscere il defunto maestro di cappella Leonardo Vinci, morto in sospetto di avvelenamento? — Torno a dire, io risposi, che non conosco questo signor Vinci,

soluto del suo debito. Egli dovea, dietro alcune altre formalità, profferire il motto *Cedo bonis*. Onde, quante volte volea designarsi il caso d'un debitore che si fosse assoggettato a quell'umiliazione, dicesi nel linguaggio del popolo: *ha fatto zita bona*.

e nego tutto quello di che mi accusa il compare, dicendo esser questa la più infame calunnia ordita contra di me per vendicarsi della umiliazione da lui sofferta alla colonna della Vicaria — Sembra che questa mia dichiarazione chiara ed esplicita non avesse persuaso il mio signore colla gran parrucca, il quale, detto che ebbe alquante parole sommessamente ad una specie di bargello che aveva di dietro, mi vidi subitamente afferrato da due soldati e condotto nelle sottoposte carceri.

« Quando ebbero cinque o sei volte registrato il mio nome e cognome, venni introdotto in una maniera di antro oscuro più che di stanza, dove fui rinchiuso come una bestia feroce. Dovetti rassegnarmi alla mia sorte crudele, e maledissi cordialmente quello scellerato del mio compare — Non vi dirò, madre Isabella, tutti gl'interrogatorii a'quali fui sottoposto in appresso, e ne'quali si cercò di provare che io aveva fatto avvelenare il nostro maestro di cappella Leonardo Vinci: ciò menerebbe a lungo, e non entra nel subbietto del quale io debbo intrattenervi.

« Erano circa due mesi che io languiva in quelle carceri, quando una mattina sento schiudere la ferrea porta del mio antro, e, alla fioca luce che ivi penetrava da un alto forame, vidi entrare un uomo brutto di aspetto, con un barbone che parea un selvaggio: avea addosso, ad onta del freddo, solamente una camicia di traliccio e un paio di calzoni bigi mantenuti alla serra da una fascia rossa: la camicia lasciava scoperto un torace di Ercole ricoperto da una selva di peli bruni ed ispidi; il suo capo era avvolto in una specie di rozzo cercine, a foggia di turbante : era insomma nel tutto insieme di quest' uomo qualche cosa che ti mettea nelle ossa lo stesso brivido di paura come alla vista d'un tigre o di altra bestia inimica dell'uomo.

« Al veder comparire questa sinistra creatura, mi surse nell'anima subitamente il terribil pensiero che quegli si fosse il carnefice che veniva a menarmi al patibolo; laonde con terrore io mi rincantucciai sul mio giaciglio, e chiusi gli occhi per involarmi all'orrore che mi destava quell'apparizione.

« — Buon giorno a lei, signor Don Gaspare, mi disse quell'uomo con una voce che mi fece trasalire; dormite forse ?

« Io non risposi, giacchè non mi sentiva propriamente in vena di ligar conversazione con una bestia di quella natura; misi peraltro una maniera di miagolamento che il fece accorto che io non dormiva.

« Passò qualche momento in silenzio; indi udii rintronarmi all'orecchio un rimbombo di voce che dicea, pronunziando le parole alla distesa :

« — Sicchè... siete vivo o morto, mio *bello Gasparro?* Quando un *galantuomo* v'interroga, bisogna rispondergli! Sapete o non sapete la buona creanza ?

« Tutto avrei potuto immaginarmi fuorchè di ricevere una lezione di galateo da un *galantuomo* di quella specie; abbracciai con rassegnazione questa novella mortificazione; e borbottai alcune parole di scusa.

« — Mi aspettava l'onore d'una vostra visita, seguitò quell'uomo; e siccome voi non siete venuto da me, son venuto io da voi.

« Queste parole mi sembrarono così strane che egli dovè certamente leggere sul mio volto la maraviglia che esse mi cagionavano, perciocchè con un sorriso di vanità mi disse gittandosi a sedere sul mio giaciglio in tutta confidenza :

« — Possibile che tu non mi conosca, o non abbi inteso a parlar di me in questo *locale?* Non hai udito pronunziare con rispetto il nome di Don Aniello il *Baciliere?*

« Allora mi sovvenne di averlo inteso pur proferire con terrore e con quella specie di soggezione che l'audacia e la forza fisica impongono; e gli risposi aver di lui talvolta udito a parlare dal carceriere. Confesso che quella rapida transizione dal *voi* al *tu* mi umiliò grandemente; onde, assicuratomi che colui non era nè animale feroce nè il boia, presi animo, e fermai di dargli pochissima confidenza.

« — Nè ti ha detto il carceriere che mi sei debitore di otto patacche? mi disse portando una mana sulla barba in atto di grande smargiasseria.

« — Io son vostro debitore? dissi con maraviglia, e gli dava del *voi* e non del *tu;* giacchè quell'uomo mi comandava una invincibile soggezione.

« — Ma a che diascine pensa quello scimunito di Vitagliano? (era il carceriere che avea tal nome). Dovrei per castigarlo farmi pagar da lui; invece che da te, mio *bel Gasparro;* ma mi riserbo di dargli una lezioncina di cui si ricorderà quel guercio del diavolo.

« Ora, madre Isabella, vi confesso con tutta umiltà che quello di che massimamente io mi sentiva umiliato era il sentirmi chiamare con tanta insolenza d'ironia *bel Gasparro.*

« Non già ch' io mi sia giammai vantato, il ciel ne liberi, di essere un bell' uomo, cosa di cui sono lontano; ma il sentirmi così sberleffato da un malandrino galeotto di quella pasta mi esasperava i nervi per modo che avrei fatto cose da ossesso, se non avessi avuto una paura maledetta di quel manigoldo, a cui lo strozzare un uomo dovea essere così indifferente come lo schiacciare tra due dita una mosca.

« — Or dunque, mio *bel Gasparro*, ripigliò il cannibale, tu mi sei debitore di otto patacche, per pagarmi le quali io ti accordo otto giorni di tempo.

« — Io non ricordo questo mio debito, mio signor Don Aniello, osservai timidamente; fate che io rimembri il come, il quando ebbi l'onore di farmi da voi prestare coteste otto patacche.

« Don Aniello scosse il capo con un risolino sardonico, accarezzò cinque o sei volte la lunga barba; si accosciò come un turco; mi guardò un tratto, e mi disse:

« — Si vede che sei novizio e che non ti hanno bene istruito. Io sono il capo *cammorrista* (1) di questa carcere, e tutt' i carcerati mi dànno quattro patacche al mese, oltre qualche regaluccio di tempo in tempo per la mia pipa. Or, poichè son due mesi che stai nel *locale*, sono però otto patacche che mi devi; e mi rimetto alla tua generosità pel regaluccio; poichè so che di piastroloni non ti fa difetto. Pel corpo di Napoii! non si avvelena un uomo per niente!

(1) Abbiamo a lungo trattato della *camorra* in altra nostra recente opera col titolo I VERMI, *Studi Storici su le classi pericolose in Napoli.*

« L'impudenza di questo linguaggio mi avrebbe inferocito, se non mi fossi ricordato di aver
qualche volta udito buccinare di somiglianti scroc-
cherie che si commettono nelle carceri, e dello
imperio che vi esercitano i così detti *camorri-
sti*. Ciò nondimeno mi sarei fatto strappare una
mascella anzi che consegnare otto patacche a
quel mastino; chè se egli era forte e prepotente, io era furbo e accorto.

« — Ora comprendo, dissi a Don Aniello; ed
io non voglio essere dammeno degli altri. Giacchè questa è la consuetudine, io sono pronto a
pagar la mia tangente, che vi si debbe per tanti
riguardi : so che siete *magnus homo sed varius
in omni genere vitae*, come dice Cornelio Ne-
pote in parlando di Pausania. Ma egli è uopo
prendere in considerazione che io sono un poveruomo a cui la pecunia ha fatto sempre la guerra ; e per conseguenza....

« — Non dir bugie, mio bel Gasparro; andiamo *a franco* tra noi : ti ripeto che non si avvelena un uomo per una presa di tabacco; e tu
non faresti mica le cose *per amor di gloria*.
Quindi, ritorno a dirti che fra otto giorni mi
consegnerai le otto patacche e il regaluccio riserbato ; e saremo amici, e non avrai nulla a
temere in queste prigioni. Ma bada veh! che se
passano gli otto giorni ed io non ricevo il danaro, fa conto che alla sera del nono giorno sarai
buttato nel cimitero come una carogna. Ci siamo intesi? Addio, bell'ometto.

« — La grazia vostra, risposi — e la dura porta
del mio covile si rinchiuse appresso a lui.

« Rimasi tutto quel giorno e quella notte pensando alle insolenti pretensioni di quello smar-

giasso, il quale, qualora io non avessi sborsato
il danaro, non avrebbe titubato un attimo a mandare ad effetto la sua minaccia.

« Vi assicuro, madre Isabella, che io non possedeva il treccalli, e, ad onta delle accuse on-
d'io era stato arrestato, le quali mi faceano re-
putare ricco, io non avea da disporre nemmanco
d'un grano. Ma, con tutto che io avessi avuto
il contante a larga mano, non mi sarei sentito
il cuore di consegnare quattro ducati a quel grosso malandrino, che voleva scroccarmeli con tanta
sfacciata prepotenza. Posto ciò, stetti alcuni dì
e alcune notti pensando continuamente al modo
come trarmi d'impaccio, senza mettere a repentaglio la mia cute. Scavai nella mia memoria
tutte le massime latine che vi erano raccolte per
ripescarvi qualche lume che avesse potuto risolvere la quistione. E, dopo tre o quattro giorni,
credetti aver trovato quello di che avea bisogno,
l'idea che dovea servirmi a fare il risparmio
delle otto patacche.

« Quando spirava l'ottavo giorno assegnatomi,
feci pregare il *camorrista* di entrare un momento
da me, avendo a dirgli qualche cosa che molto
gli sarebbe premuta.

« In fatti, sul cader del giorno, udii schiudersi la mia cella, e ripresentarsi al mio cospetto
il *camorrista* che fumava una corta pipa di creta.

VI.

Seguito della storiella di Don Gaspare

« — Bravo ! egli esclamò nel cacciarsi entro la mia buia spelonca. Ero certo che questo giorno non sarebbe morto senza che tu mi avessi mandato a chiamare.

« — Piacciavi di sedere sul mio *letto*, signor D. Aniello, io dissi, però che ho a dirvi qualche cosa. Ma, innanzi tutto, accendiamo un lume, poichè si fa scuro in modo che non vedremmo la punta del nostro naso.

« Accesi un poco d'esca nel vasetto della pipa di Don Aniello, allumai un lucernino che mi era assegnato, e andai a sedermi di fronte a quell'uomo sovra un sasso che era nel mio antro, e che fingeva una sedia.

« Quella sera Don Aniello era vestito propriamente come i nostri *guappi*. La lunga e larga fascia di seta rossa che gli cingeva la vita copriva il basso del corpetto di seta bianca e la serra de' calzoni di casimiro ; formava un cappio corsoio al destro fianco, e un lembo scendevagli insino ad oltre il ginocchio. Grossi bottoni, la cui forma imitava un guscio di lumaca, rilucevano di falso oro sul suo corpettino. Egli avea nel suo vestimento qualche cosa del *guappo* e qualche cosa del *capodieci* (1). Molto mi sorprendea che gli si desse l'agio di vestire a tal modo nelle prigioni.

(1) Eran così chiamati que' capi di bottega più distinti e che eran, per così dire, posti al buon governo di una decima parte della loro ottina.

« — Tu non fumi? dimandommi gittandomi in faccia un nembo densissimo che avea tratto dalla sua pipa.

« — Signornò, risposi; non ho potuto mai avvezzarmi a pigliarlo per la bocca, il tabacco, mentre assai mi piacerebbe più che di pigliarlo pel naso; ma, d'altro lato, la mia povertà nol consente.

« — Brutto principio! sclamò l'amico quando udì ch'io toccava della mia povertà; giacchè suppose ch'io cercassi di apparecchiare il terreno alle scuse che dovea fargli per non potergli dare le otto patacche.

« — Ditemi, signor Don Aniello, per qual *crimen* vi trovate in queste prigioni?

Invece di rispondermi, il *camorrista* alzò le spalle, gittò l'una gamba sull'altra, e seguitò a fumare senza dir motto.

« — Un giorno o l'altro ti narrerò la mia storia, egli disse poco stante; ma di presente non ne ho nè la voglia nè l'agio. Dirotti per tanto sommariamente che, per quanto mi posso ricordare, quattro sono i gusci di materasse che ho scuciti.

« Un grido d'orrore mi sfuggì a queste parole; il sangue mi si gelò nelle vene; raccapricciai, rimasi mutolo, ed appuntai tremando lo sguardo su quella tigre umana.

« — Che è? seguitò questa; ti faccio paura, n'è vero? Via, zitelluccio mio, che i tuoi nervi non sono così delicati. Se io mi sono servito del coltello, tu ti sei valuto dello *speziale*, che, in fin de' conti, torna lo stesso. Se io ho spedito quattro anime all'altro mondo per abbondanza di circostanze, tu ne hai spedito una sola per man-

canza di opportunità ; e val la medesima cosa.
Per conseguenza, non farmi mo il coccodrillo e
il galantuomo. Anzi, a parlar franco, io credo
che è più feroce un uomo che ammazza di veleno che un altro che uccide di coltello ; quelli
che muoiono col primo soffrono la colica con tut-
t'i suoi spasimi, mentre gli altri che muoiono col
secondo non soffrono che un salasso un poco più
violento ; i primi fanno la *smorfia* e si fanno neri, i secondi sono bianchi e hanno gli occhi ser-
rati regolarmente.

« Io sentiva una ripugnanza terribile a tener
conversazione con un tal mostro ; ma la crudele
necessità lo comandava. Benchè pochissimo a me
premesse l'esser tenuto per avvelenatore nell'a-
nimo di quella fiera, ciò nondimeno temendo che
il mio silenzio potesse essere interpetrato come
una tacita confessione del delitto di cui io veniva incolpato, stimai necessario il disdirlo.

« — Pare che voi mi teniate senza più e in-
dubitatamente reo del delitto, di che sono stato
calunniato dal mio malvagio compare. Ma la mia
innocenza trionferà, signor Don Aniello, *prae-
clara fit autem innocentia mea*, e il falso testimonio riceverà il suo degno castigo.

« — Sì, imbeccami di coteste polpettine, innocente pollanchella mia, egli mi disse : che io
ti credo propriamente siccome acchiappo il tuo
latino con che mi stai infistolando. In ogni modo, questo non è negozio mio ; te la intende-
rai co' Capi di Ruota (1) o col Gran Giustizie-

(1) Le cause criminali erano giudicate da sei Giudici,
da due Consiglieri addimandati *Capi di Ruota*, da due
Fiscali togati e dal Procuratore fiscale.

re (1) ; non m'impaccio in questi imbrogli. Otto
patacche mi chiamano adesso, e tu mi capisci.
Ed ora che sai aver'io *scucito quattro gusci di
materasse*, comprenderai il perchè mi faccio pagare *quattro* patacche al mese da questi galantuomini che stanno nel *locale*.

« — Ah! capisco adesso, io risposi, — e, se a-
veste, verbigrazia, *scucito dieci gusci di materasse*, vi si dovrebbe dare, invece di quattro, dieci
graziose patacche al mese ; non è così?

« — Così è, rispose quegli imperturbabilmente
e in aria di soddisfazione, cacciando in fuora il
labbro inferiore, siccome sogliono fare li smar-
giassi quando altri li tocca sul loro debil lato.

« — Buon per noi allora, diss'io, che sien
quattro gli *spediti* anzi che dieci!

« — Pognam fine alle ciarle, surse a dir quella
iena, spicciati a dirmi quello che hai, e paga-
mi, Gasparuccio mio, chè tengo altro da fare:
domani uscirà la mia sentenza, capisci!

« — Come! esclamai con sorpresa ; domani i
giudici pronunzieranno sulla vostra sorte ; e voi
ve ne state con tanta indifferenza!

Don Aniello si fece una gran risata.

« — Come sei ciuco, Gasparuccio mio! Ti
pensi mo che a me prema di essere afforcato!
L'è una maniera di morte come ogni altra ; e
almanco si muore senza che ti stieno a infraci-
dire lo stomaco con *bobbe* di spezieria ; si muore
apparecchiato in grazia di Dio, e si ha il privilegio di sapere anticipatamente e con precisione

---

(1) Presedeva alla Gran Corte Criminale il *Gran Giu-
stiziere* od, in sua vece, un ministro col titolo di *Reg-
gente*.

il giorno e l'ora in cui si sfratta da questo porco mondo.

« Un tal linguaggio di cinismo mi fece raccapricciare; ed io feci tra me stesso la riflessione che quel supremo disprezzo della vita non può attecchire che in un animo tralignato ma nato forse a grandi cose.

« — Sicchè, ripresi con un pensiero secondario che mi apparve come una bella ispirazione, sicchè, domani... voi potrete sentirvi... condannare a morte?

« — Salute alle fibbie! quegli esclamò col suo solito cinismo. Onde vedi che non ho tempo da perdere, e che il denaro mi fa bisogno in queste ristrette. Caccia ormai le otto patacche.

« — Un momento, signor Don Aniello; io vi ho fatto incomodare per prestarvi un gran servizio, in compenso del quale voi mi bonificherete la mia tangente come saldata. *Nisi utile est quod facimus, stulta est gloria.*

« — E qual sarebbe cotesto *gran servizio* che tu mi presteresti, e che potrebbe valere otto patacche, senza contare il regaluccio?

« — Egli è (non vi spaventate, madre Isabella, giacchè quello che io dissi a quell'uomo, lo dissi semplicemente per finzione, e per tormi alle importune richieste di quel malandrino); egli è, risposi adunque, che io posso sempre che voglio parlare col diavolo e ottenere ciò che a me più talenta.

« Don Aniello accolse da prima con un risolino di scherno le mie parole, e dimenò il capo in atto d'incredulità. Colla faccia seria e solenne io seguitai :

« — Voglio sperare che di ciò non facciate mot-

to con anima viva, signor Don Aniello; imperocchè gli stregoni sono severamente puniti. Ma
io non sono propriamente uno stregone nè un
mago; ma per alcune infauste emergenze della
mia vita ho dovuto pormi in relazione collo *spirito maligno*, il quale mi ha poscia servito in
vari rincontri. Or dunque, se voi mi concedete
la franchigia delle otto patacche, metterò a vostra disposizione questo fido valletto, che potrà
rendervi più d'un servigio.

« — Accetto il negozio, rispose quegli dopo
alcun momento di riflessione; ma voglio in prima che tu mi dia un piccol saggio della tua padronanza sul diavolo.

« Questo era il nucleo che m'imbarazzava. Colui non era gaglioffo; ed io avea preveduto quello
che avrebbe potuto dirmi; teneva però bella ed
apparecchiata la risposta.

« — Ciò farei volentieri, io dissi; ma se io
adopero adesso a qualche servigio il mio *valletto*, non l'avrò ligio a' miei voleri nel prossimo
venerdì; giacchè è convenuto tra noi che una
sola volta in settimana egli mi può servire; ed
ha scelto il venerdì. Oggi siamo a martedì, egli
è certo che domani sarete condannato a morte,
e che venerdì si abbia da eseguire la sentenza:
allora siamo a cavallo: siate sicuro che voi vi
burlerete del 39.

« — Il fatto è che tu per ora vorresti burlarti
di me, mio bello Gasparro; ma io non mi lascio facilmente infinocchiare dal tuo latino. Mo-
strami un poco il tuo demonio, e allora vedremo di accordarci per una transanzione per le
otto patacche. Io non compro il gatto nel sac-

co ; e ci vogliono cento Gasparri per fare un dito di Don Aniello.

« Mi vidi alle strette con questo pessimo degli uomini. Mostrargli la mia arte magica, era impossibile ; giacchè era stato questo un sotterfugio, un' astuzia che io aveva inventata nel disegno di scappare a' suoi artigli ; pagargli le otto patacche era *più impossibile*, giacchè io non aveva nemmanco un tornese ; fermai di fare un appello alla sua generosità.

« — Miserere di me, Don Aniello, esclamai gittandomi alle sue ginocchia ; miserere di me! io sono un poveruomo, non posso darvi le otto patacche ; voi avete un cuor *nobile* e grande : assolvetemi di questa tangente, ed io vi prometto che se il vostro afforcamento avrà luogo venerdì, voi non sarete afforcato...

« — E seguita a burlarti di me, gufo schifoso ; avvelenatore di maestri di cappella ! Meriteresti che io ti stringessi un poco la cravatta e dessi anche a te un *sapore* dalla mia dolcissima fine ! Alzati, brutta creatura, potrei sgozzarti per aver tu osato farti beffe di me, e per non voler metter fuora otto patacche, mentre so che hai dell' oro e in copia. Ma io non ammazzo i conigli che strisciano ai miei piedi ; ti lascio cotesta sozza vita, ti assolvo della tangente ; ma bada che se qualche cosa ti accade in questa prigione, non avrai chi ti difenda, capisci ! Va, tu non vali un buffo della mia pipa.

« Dicendo ciò, mi gittò sul volto un globo di fumo ed andò via.

« Io non credeva a me stesso per essermene liberato così a buon mercato ! Che cosa m' importava che mi avesse chiamato *coniglio ?* Gli è véro che io mi sentiva umiliato agli stessi miei occhi di essermi posto in ginocchi dinanzi a quella belva ; ma quando pensava che nessuno mi avea veduto in quell' atto, mi consolava che per esso almeno ero sfuggito alle unghie di quell' avvoltoio.

« Seppi che, com' era stato preveduto, il domani i giudici aveano condannato a morte Aniello il Baciliere.

« Vi confesso umilmente, madre Isabella, che questa notizia mi arrecò non poco allettamento; imperocchè la presenza di quel mostro nelle prigioni era ormai un continuo spasimo di paura per me.

« Volle il caso che la sentenza di morte avesse ad esegnirsi appunto nel venerdì. Meco stesso mi rallegrai di non aver impegnato il *comparello* nel cattivo negozio che la mia furberia aveva inventato per tormi alla vessazione di Don Aniello.

« Seppi che Don Aniello era *in Cappella*. Vi assicuro, madre Isabella, che la sorte di questo disgraziato non mi cagionava il minimo sentimento di pietà : atteso che i suoi delitti reclamavano giustizia innanzi al cielo ; anzi io teneva che una morte era poca punizione per uno che avea tolto quattro esistenze dal mondo.

« Il venerdì la sentenza fu eseguita : Don Aniello *il Baciliere* fu afforcato ; ed il suo corpo fu gittato al cimitero del Ponte Ricciardo (1).

« Intanto, la mia prigionia si prolungava ; la causa del preteso avvelenamento procedeva lenta-

(1) Cimitero al di là de' Molini, dove a que' tempi si gittavano eziandio e le teste de' banditi e le membra di coloro che, per gravi misfatti, erano ridotti in pezzi.

mente; a lunghi intervalli io era sottoposto a qualche interrogatorio; e, per mala ventura, debbo dirvi, madre Isabella, che le cose prendeano per me un aspetto sinistro; ond' io vivea nella più grande malinconia di questo mondo, e mi soffocava il livore di veder trionfare quel ribaldo del mio compare.

« Non saprei dirvi con precisione quanto tempo era scorso dal dì che Don Aniello era stato impiccato; ma credo che un tre mesi erano passati.

« Avventurosamente, io era stato traslocato in altro sito delle carceri, angustò e lurido parimente, ma dove almeno erami concesso di guardar nella strada, attraverso una doppia inferriata. Questa novella mia *stanza* era quasi a livello della strada; onde io potea comodamente ligar conversazione colla gente che si trovava di fuora. Questo mutamento di *domicilio* avrebbe potuto farmi sperare di uscir presto dalle carceri, se, d'altra banda, non fossi stato informato del contrario.

« Una notte (memoranda notte!) io stava sonnacchiando sul mio fenile, quando udii una voce a me nota chiamarmi dalla parte della strada. Non potetti in quel momento risovvenirmi di chi fosse quella voce; ma balzai subitamente in piedi, aprii lo sportellino di legno soprapposto alla doppia inferriata, e

« — Chi è che dimanda di me a quest' ora ?

« — Aniello il Baciliere, udii rispondermi sommessamente.

« O madre Isabella, figuratevi la mia sorpresa, la mia paura, il mio sbigottimento! Era la sua voce, propriamente la sua voce; ma non ci era da dubitare. Comechè io non avessi giammai creduto alla possibilità de' redivivi, questa volta mi si offriva una evidente dimostrazione in contrario. Aniello era stato appiccato pubblicamente; il suo cadavere era stato gittato al cimitero del Ponte Ricciardo; e ciò nondimeno, egli era vivo là, dappresso alla mia inferriata!

« Rimasi per qualche tempo mutolo ed atterrito; io mi era bruscamente ricacciato entro al mio carcere all'udire quella spaventevol voce; ed era rimasto immobile, agghiacciato, non avendo la forza di fare un passo, nè di pronunziare una parola.

« Frattanto, quella voce si fece di bel nuovo sentire e mi chiamò novellamente.

« Mi detti animo, mi segnai due o tre volte, e mi feci dappresso alla inferriata.

« — Siete voi, Don Aniello, gli dissi tremando; propriamente voi, l'appiccato!

« — Son io, Don Gaspare, non aver paura; sono io in carne ed ossa, e sono venuto a ringraziarti e, in contraccambio de'tuoi favori, ho a dirti che ti ho renduto un gran servigio.

« — Voi siete venuto... a... ringraziarmi, di che cosa?

« — Oh bella! non sono io vivo, mercè l'opera tua? egli rispose; non serbasti tu la tua promessa a mio riguardo?

« Io rimaneva sbalordito, stupefatto; non sapevo a che pensare delle sue parole; non mi ricordavo d'alcuna promessa che gli avessi fatta; e nondimeno, io non volea perder di merito nell'animo suo; e, perciocchè egli ritenea che io gli avessi renduto un favore ed era pronto a restituirmene un altro, io non volea disingannarlo.

« Di repente, mi si affacciò al pensiero la scena che, alcuni giorni avanti al suo afforca-mento, ebbe luogo tra noi due riguardo alle ot-to patacche; rimembrai l'astuzia di che io e-rami servito, dicendo che, mercè l'arte magica, lo avrei salvato dalla forca; e raccapricciai d'or-rore nel pensare che quegli era vivo! e... fre-metti di spavento, giacchè avvisai ch'io fossi indemoniato, senza che l'avessi saputo!

« — Sono sicuro, mio caro Don Gasparro, ri-prese quella voce, che tu non rivelerai ad ani-ma viva la mia esistenza: una parola su ciò po-trebbe costarti la vita, imperciocchè io direi che sfuggii alla morte per cagione del tuo infernale valletto.

« — Ma dite, Don Aniello, dissi tremando, come avvenne...

« — Non ho tempo di narrar questo; ci ri-vedremo... Intanto, sappi che ti ho renduto un piccol servizio, in cambio di quello che tu mi prestasti in quel memorabil venerdì...

« — E qual favore...

« — Tra giorni tu sarai rimesso in libertà, egli mi disse; una mana lava l'altra.

« Misi un sordo grido di gioia.

« — In libertà! esclamai; possibile! Tra giorni sarei rimesso in libertà! uscirei di questo carce-re! ricalpesterei senza più le strade di Napoli!

« — Per lo appunto... Addio, Gaspare, ci ri-vedremo.

« — E dove, e quando?

« — Ci rivedremo.

« Don Aniello era sparito nelle tenebre: io rimasi stordito, come se avessi fatto uno strano e terribil sogno.

VII.

Seguito della storiella di Don Gaspare

« Rimasi in quella notte in piena veglia, comechè, gittato sul mio giaciglio, tenessi chiusi gli occhi. Mi rintronavano negli orecchi le parole del Baciliere; mi sforzai di richiamarmi al mio stato presente dubitando sempre che quanto mi era avvenuto non fosse un orribil sogno. Tutta la notte ebbi innanzi agli occhi lo spettro di Don Aniello, giacchè io non poteva affarmi all'idea che questi fosse vivo.

« Considerai la cosa opera diabolica, e mi tenni posseduto dallo spirito infernale. Quella notte la mia prigione si popolò di larve spaventevoli, e l'immagine del demonio mi si affacciò in tante sconce e mostruose forme, che stetti col capo nascosto nel mio straccio di coperta insino a tanto che un poco di luce si fu messo là entro.

« Madre Isabella, posso assicurarvi che da quella notte incominciò per me una novella esistenza; da quella notte posso accertarvi che ho avuto un sincero orrore dello inferno. Don Aniello non mi avea detto il modo onde era sfuggito alle unghie della morte, e, per quanto io assottigliassi il pensiero per indagare il come un uomo afforcato in tutta regola potesse non morire, non arrivava pertanto a concepire nulla di probabile a tal soggetto: ogni conghiettura tornava favolosa. Onde io, tremando in tutte le membra, dovea conchiudere esser positivamente opera diabolica quella che avea salvato il Baciliere. Ora, siffatta opera del demonio era accaduta appunto com' io avea finto di prevedere, e come io avea dato ad intendere a quel brigante per togliermi alle sue sevizie pecuniarie. Ci era da uscir matto, madre Isabella; e quello che di poi mi avvenne contribuiva non poco a rendermi tale.

« Dopo alquanti giorni il mio spirito si rasserenò alquanto, ed io cominciai vieppiù a persuadermi che la faccenda di Don Aniello era stata nè più nè meno che un cattivo sogno da carcerato.

« Ma ecco, appena erano scorsi cinque giorni da quella notte, e una mattina il mio carceriere maggiore venne ad annunziarmi che io era messo in libertà. Vi lascio considerare, madre Isabella, qual cosa divenni a questo annunzio. Dapprima la sorpresa, e poscia la gioia, e quindi il sospetto, la paura mi assalirono. La promessa di Don Aniello erasi adempiuta! Non solamente egli era vivo, ma aveva avuto i mezzi di scarcerarmi! Domando a voi, madre Isabella, se la testa di un uomo può reggere a questi assalti!

« La mia scarcerazione venivami annunziata; il carceriere era lì che aspettava che io avessi abbandonato quel luogo; e pure io non avea forza di alzarmi dal mio *letto*, e ragguardava quell'uomo da stupido, e tale quale chi non avesse compreso il significato delle parole che mi erano state indirizzate. Fu necessario che parecchie volte mi fosse ripetuta la frase ond' io riacquistava l'aria, la luce e lo spazio; e fu quasi giuoco forza che mi venisse usata una dolce violenza per farmi sgombrare di là, non senza la maggior maraviglia di tutti, i quali attoniti si dimandavano co-

gli occhi del perchè io mostrassi tanto rincrescimento ad uscir di prigione.

« Ritornai alla mia casa sul Giardinello di
Monte Calvario, dove trovai la mia cameretta
in quello stess' ordine in cui l' aveva abbandonata.

« Per quante indagini avessi fatte per isco-
prire le ragioni per le quali io era stato rimesso ne' miei dritti civili, non potetti nulla conoscere. Ultimamente mi persuasi che la mia innocenza fosse stata comprovata. Ma come mai
avveniva che le pruove della mia innocenza si
trovassero propriamente in potere dell'afforcato
Don Aniello ? Imperocchè esso e non altri era
stato l' autore della mia scarcerazione, in compenso del preteso favore che io gli avea renduto. Ed anche in ciò apertamente si paravano i
buoni uffici dell' infernal *comparello*.

« Io avea ripreso le mie consuetudini, e cominciava insensibilmente a porre in dimenticanza
ogni cosa. Padrone essendo di me stesso, non
mi curai più d' impazzare appresso agli strani
fatti che aveano formato un tristo episodio della
mia vita; pensai a vivere in pace i miei giorni
nel santo timor del cielo e in perfetta concordia
del mio prossimo cristiano.

« Una sera (era il mese di giugno dell' anno
passato, di luna piena) io stava raccolto nella mia
cameretta, e tutto sopra alla lettura della vita
d' un santo; ed ecco il mio gatto, fido compagno della mia solitudine e de' miei studî, si mette
a miagolare in un modo com' io non lo avea
giammai sentito per lo addietro; parea che si
dolesse, che piagnesse, e mi guardava pietosa-
mente; ond' io, cessato di leggere, rizzai gli occhi sulla cara bestia; e misi uno strillo di spa-

vento. O madre Isabella, mi si arricciano ancora, pensandovi oggi, i capelli sul capo. La mia bestia, il mio gatto nero, non pareva più un gatto. Tremate, madre Isabella! il mio micino era nientemeno che... il mio compare!! Sì, madre Isabella, egli avea la voce di Tommaso Calcagni, il quale io più non aveva riveduto dal giorno che davanti al giudice della Vicaria ci riscontrammo... E, poi che il mio compare trasformato in gatto ebbesi lamentato qualche minuto, eccolo invaso dal diavolo *in pilo et in cute*. Figuratevi, madre Isabella, che quel Tommaso gatto si diè a saltare per tutta la camera in quella maniera appunto che sogliono fare le anime dannate, e facea di certi balzi giù e su, giugnendo ora al palco della stanza, or dirupando da un grosso armadio, ora ingobbandosi come camello, ora appianandosi come sorcio, ora girando come vortice, ora salterellando come coniglio; e sempre mettendo fuora certi vocioni e certi gran lamenti da farti venir la pelle d'oca. Ma quella voce era propriamente quella di Tommaso Calcagni.

« E ciò non è niente ancora, o mamma Isabella. Io ciò vi narro e tremo come giunco. Sì signora, il micio indemoniato, sapete che cosa fece? Saltò colle due zampe di dietro sulla soglia della mia finestra, la quale risponde sovra una maniera di boscaglia più fitta delle tenebre della notte; a pie' del monte; e, quasi che avesse risposto a qualcuno che da' cerri e dalle macchie sottoposte dirizzava ad esso la parola, miagolava in un tenore che non vel saprei esprimere. Nel chiaro di luna si disegnava quella nera figura sulla soglia della finestra; mi parve allora, Dio mi perdoni, che due corna venissero fuora dal capo del gatto, e fuoco spicciasse dagli occhi.

« Mi nacque da tutto ciò il pensiero che il mio compare non fosse trapassato, e che Don Aniello o vivo o morto avesse *scucito un altro guscio di materassa*, questa volta nel proponimento di essermi utile e liberarmi dal carcere. E, avvegnachè il mio compare fosse stato l'autore della nera calunnia per la quale io avea tanto sofferto nelle prigioni della Vicaria, purnondimeno recitai cinque o sei *requiem* all'anima sua, e di tutto cuore gli perdonai il suo debito non meno che la turpe azione che mi avea fatta. E questo io feci massimamente nello intento di veder racchetato le convulsioni del mio gatto che mi facea tanta paura.

« Il fatto sta che a questi non si limitarono i miei transiti. Era deciso da' fati ch'io dovessi trangosciare e tramortire di spavento. Or bene, uditemi, madre Isabella, e voi giudicate in che stato di raccapriccio dovè trovarsi questa povera indegna pelle mia, che *ad sempiternam rei memoriam* porto ancora sulle misere ossa a vostro servigio e comodo.

« Poco stante che il gatto si era messo a gnaulare sulla finestra, ecco veggo apparire sulla soglia di questa una testa umana; ma figuratevi, madre Isabella, una testa come chi dicesse di Titta Mangone o di Marco Sciarra, una testa di brigante.

« Sapendo che una comitiva di questi banditi facinorosi infestavano l'anno passato i dintorni del bosco di Cariati, il primo mio pensiero si fu che quegli fusse uno della malnata combriccola che veniva per assassinarmi : ma , se non in tutto , in parte almeno io m'ingannai.

« Subitamente quella sinistra apparizione si rizzò sulla soglia della finestra e quindi di botto nella camera. Era un pezzo da forca da metter paura ad un esercito; armato da capo a piedi.

« Mi chiamò per nome, risposi tremando.

« — Ho un'imbasciata a farti , disse colui in piena confidenza.

« — Da parte di chi ? chiesi più morto che vivo.

« Di Aniello il baciliere.

« Feci un salto su me stesso come se avessi sentito nominare Belzebù in persona.

« Quegli seguitò:

« — Egli m'incarica primamente di dirti che gli mandi per mezzo mio cento patacche nuove di zecca. (Le patacche mi fecero subito riconoscere la validità del messaggio), delle quali ha urgente bisogno; indi fa saperti che egli sta bene di salute , nonostante l'affettuoso *bacio* che gli die' l'amico del 39 sulla piazza del Mercato; e ultimamente m'incarica di farti nota la morte del tuo compare Don Tommaso, trapassato, salute a noi, per un *mal di gola* repentino.

« Io nulla intesi, nulla capii: la parola *cento patacche* mi avea dato un tuffo al cervello, per lo che rimasi smemorato e milenso a quel parlare, e per un buon pezzo appresso ch'egli ebbe fornito, io rimaneva tuttavia a riguardarlo senza saper che cosa rispondere.

« Per abbreviare questa lunga istoria onde sto rubando il vostro tempo, o madre Isabella, vi dirò che, quantunque io mi sentissi proprio svellere il cuore dal petto, dovetti porre nelle mani

di quel bandito le cento patacche che mi si do-
mandavano a nome del baciliere che per me suonava e suona lo stesso che diavolo e peggio.

« Dopo questo fatto, io mi credetti mal sicuro
nel mio domicilio al Giardinetto, giacchè, a dir
vero, non mi sarebbe stato per nulla gradita una
seconda visita di quel bandito, il quale, per o-
norar la casa mia, non si pigliava il fastidio di
bussare alla porta, ma s'introduceva addirittura
senza cerimonie per la finestra, per darmi nuove
del baciliere e pigliar conto della mia salute. Ma
se ogni volta che egli mi usava la cortesia di
richiedere di me e darmi ragguagli dell'appiccato dovea costarmi cinquanta ducatoni, era questo un pagare a troppo caro prezzo le sue visite.

« Per la qual cosa, fermai di sfrattare dalla
mia caserella, e non posi tempo in mezzo per
mandare ad opera la mia deliberazione. Era mestieri cambiar non solamente di domicilio e di
strada ma eziandio di ottina; onde mi misi alla
ricerca d'una casa assai remota dal Giardinetto,
e, dopo alquanti giorni, mi venne fatto di trovare un acconcio quartieruccio nel fondaco Cetrangolo, in via Porto, dove trasportai le mie
suppellettili e il mio fido compagno, il gatto,
il quale, per grazia del cielo, non ebbe più affetti isterici, nè gli saltò più il ticchio di mettersi a fare gli onori di casa a gente di malaf-
fare. Anzi, debbo dirvi, madre Isabella, che il
mio povero micio mi ha fatto sempre una compagnia, di cui non ho che a lodarmi, tanto che
gli ho aumentata la razione del desinare e della
cena.

« Ora, è più di un anno che io vivea la più
contenta vita di questo mondo, comechè, siccome

non è felicità perfetta per l' uomo su questa terra di guai, io non fossi lasciato tranquillo a farmi i fatti miei. Figuratevi che i miei vicini e soprattutto le mie vicine, le quali sono una maniera di gente zotica e malcreata, avvezze a' modi della strada, indispettite forse perchè io non ho mai rivolto loro la parola, nè ho mai levato loro addosso lo sguardo, studiarono il modo di sturbar la mia pace; e, essendo io, per naturale e per istudio, poco cerimonioso e corrivo alle frascherie che soglionsi fare al sesso, mi appiccicarono in sugli omeri un certo cognome che non ripeto per rispetto alla vostra illibatezza. Nè io sul principio mi avvisai gnaffe di siffatta sconcezza e mala creanza; e questo vie più istigò quelle male bestie, salvando il battesimo, le quali dagl' insulti verbali si diedero a maltrattarmi della persona, or con respingermi addosso i monelli della via di Porto, ora confortandoli e aizzandoli a fischiarmi dietro, ora a fare altre cotali buffonerie e soverchierie che *non licet* esporre agli orecchi vostri integerrimi. Tutto ho sofferto e soffro con quella pazienza e carità che si addicono a buon cristiano, qual mi vanto di essere, e quale spero di morire da qui a cento anni, augurando il doppio a voi, madre Isabella, che il cielo possa sempre conservare sana e vegeta per lo bene ed edificazione del prossimo cristiano.

« E, avvegnachè quella minuta marmaglia mi maltratti e si burli di me con epiteti grotteschi, è non pertanto nella ottina di certuni più onesti e costumati che non si fan lecito di scornare un galantuomo letterato; e costoro mi hanno affidato la educazione de' loro piccini, che io esercito nel latino, mia fortezza. Cogli onorarii che mi dànno questi spettabili padri di famiglia, io tiro avanti la vita , e benedico la provvidenza che non abbandona giammai le povere creature della terra.

« Vi diceva dunque , madre Isabella , che io vivea la più contenta vita di questo mondo, non ostante i travagliucci che mi dànno le prevaricatrici mie vicine. Avea dimenticato onninamente il passato, e più non pensavo che raramente al baciliere, al bandito, al compare e a tutta la storia della mia prigionia nella Vicaria ; quand' ecco, pochi giorni fa, mentre io stava occupato a' miei studii di professione, sento picchiare all'uscio del mio domicilio, e indovinate, madre Isabella, chi mi riveggo innanzi ! Inorridisco ! il bandito che mi si presentò quella sera nella mia cameretta al Giardinetto.

« Come diascine avea fatto costui ad informarsi del mio novello domicilio ? Poco mancò io non venissi manco per la sorpresa e per lo spavento. La lingua mi si calò giù nel gorgozzule ; e la mia faccia appaurata dovè certamente indicargli l'effetto che egli in me produceva, giacchè subitamente mi disse:

« — Non aver paura, Gasparruccio ; noi siamo buoni amici. È qualche anno che non ci rivediamo, n'e vero ?

« — È più d'un anno , risposi con malumore , perocchè l'intrinsechezza con che quel malandrino mi parlava, dandomi del *tu* , mi pungeva i nervi.

« — Questa volta non vengo a chiederti danaro pel mio amico Don Aniello, ma vengo a dirti che egli *ti ordina* di farti trovare domani al giorno nella Taverna del Cerriglio, immancabilmente, che debbe chiederti un piccolo servigio da amico.

« — Mi farà piacere veramente di rivedere
Don Aniello, io risposi (Dio mi perdoni) dicendo una solenne bugia, perocchè, vi giuro, Madre Isabella, che mi sarebbe stato assai più grato di non rivedere mai più quel maledetto baciliere.

« — Bada, Gasparruccio mio, soggiunse quel-
l'assassino, che se tu manchi al ritrovo, Don
Aniello promette *scucirti il guscio di materassa*, e tu sai che quando egli fa una di queste
gentili promesse, non suol mancare. Aggiungi
che, pria di farti questa operazione, il baciliere
promette di rimandarti in prigione alla Vicaria
con quelli stessi mezzi onde te ne ha sottratto.
Addio, Gasparruccio mio, occupati con alacrità
de' tuoi *numeri*, e fa buoni affari.

« Detto ciò, questo briccone ardì, a forma
di ruzzo, portare la sua inverecónda mano al
mio mento, e strapparmelo, quasi avesse voluto
farmi una carezza; e andò via. Mi sentii mon-
tare il sangue al cervello, e mi surse (il cielo
mi perdoni) l'orrendo pensiero di precipitarlo
per le scale.

« Debbo farvi osservare, madre Isabella, che
da qualche tempo, in qualche ora d'ozio, io
prendo diletto ad occuparmi della scienza dei
numeri, non ad altro scopo che per ammirare
le maravigliose combinazioni a cui dànno luogo. Volle il caso che taluni avessero guadagnato
qualche terno con numeri da me dati; ed ecco
riempirsi l'ottina e quasi tutto il paese che io
parli col demonio, il quale mi suggerisce i numeri del lotto.

« Ora, potreste voi immaginare che questo appunto fu lo scopo dell'abboccamento che quegli

volle avere con me ? Sì, madre Isabella, il baciliere imperiosamente mi chiede un terno per
la prossima estrazione, giacchè dice di volersi lu-
crare un quarantamila piastre in santa pace , e
senza più mettere a repentaglio la sua gola. Nulla
ho potuto conoscere ancora ai modi ond'egli scam-
pò da morte, e salvò me dalla Vicaria; ma è sicuro
che egli ha sempre fitto in testa esser io domino e
signore del *comparello* (*alias* demonio) e che però
agevolmente potrei indicargli i numeri che sorti-
ranno alla prossima estrazione.

« Vi confesso che io non mi sono dato molto
pensiero di disingannarlo del tutto sulla sua credenza a mio riguardo; dappoichè, col lasciargli
nell'animo la persuasione che io ho a mia disposizione *il comparello*, vengo in certo modo a
contrabbilanciare il funesto imperio che le circostanze gli hanno fatto acquistare sulla mia persona.

« Il fatto sta che egli viene questa mattina a
mezzodì in mia casa per sapere i numeri. Ecco
il terribile imbroglio in cui mi trovo, madre Isabella, e pel quale sono venuto a consultare i vostri lumi e la vostra sapienza. Imperciocchè il
baciliere ha promesso di *scucirmi* se i numeri
non escono; e sono certo che colui non falla alla
sua promessa ».

VIII.

L'uomo che ci bisogna.

Madre Isabella aveva ascoltato il racconto di
Don Gaspare senza mai interromperlo ; e , a
giudicare dalla sostenuta attenzione che vi avea

prestato, parea che quella singolare narrazione avesse dovuto fare qualche non passaggiera impressione sull'animo di lei.

Eran circa le dieci e mezzo quando Don Gaspare pose fine al suo discorso, e aspettava con gran premura gli oracoli di madre Isabella, giacchè a mezzogiorno Don Aniello si presentava in sua casa, e bisognava dargli i numeri ad ogni costo, e propriamente que' numeri che doveano venir fuora alla prossima estrazione.

La Mellone, intanto che il professore di lingua latina, raccolto in sulla persona, aspettava quello che la pia donna gli avrebbe detto, or fissava su lui un lungo sguardo che accennava a un pensiero che era forse alieno dal problema che Don Gaspare le avea dato a risolvere, or le immote pupille inchiodava al suolo.

Don Gaspare non ardiva sturbare quel silenzio che era gravido forse di ottimi risultati per lui; ma un concitato movimento del piè sinistro che batteva lesto lesto il pavimento tradiva l'impazienza nervosa che lo assaliva, pensando che l'ora era tarda, e che egli dovea correre insino alla lontana via di Porto, per trovarsi a casa quando Don Aniello sarebbe arrivato. E, se non fosse stato il grandissimo rispetto che quella donna gli mettea nel midollo delle ossa, avrebbe mal volentieri tollerato quello indugio e quel silenzio.

Un quarto d'ora dovè certamente passare dal tempo che Don Gaspare avea fornito il racconto degli strani suoi casi; e nè quella donna, sprofondata ne' suoi pensieri, dava alcun segno che pur le premesse il disbrigo di quell'uomo.

Don Gaspare era deciso ad andar via anche senza risposta; piuttosto che esporsi alla terri-

bile collera di Don Aniello che non gli avrebbe
perdonato giammai di non essersi fatto ritrovare
in casa pur sapendo il giorno e l'ora in cui egli
dovea venire.

E quando gli parve tempo che ogni ulteriore
tardanza lo avrebbe fatto arrivare passato il mezzodì al fondaco Cetrangolo, si alzò per dire non
sappiam che cosa alla Isabella e tor commiato
da lei.

— Che fate? disse allora costei, come se in
quel momento avesse avvertita la presenza di
Don Gaspare in sua casa.

— Ho avuto l'onore di dirvi, madre Isabella,
che egli è a mezzodì che D. Aniello il baciliere
viene a casa mia; or siamo vicini alle diciot-
t'ore (1), e però tra un'ora debbo trovarmi al
fondaco Cetrangolo. Avea sperato un vostro lume, ma ben mi avveggo che ne sono forse indegno; onde, chieggovi scusa di avervi intratte-
nuta sì a lungo, mi rioffro a'vostri venerati comandi, *et ad domum meam* ritorno, e cercherò
all'aria, alle strade un'ispirazione al duro passo
in cui mi trovo.

Detto ciò, Don Gaspare s'inchinava dinanzi
alla ipocrita femmina, per prendere la via del-
l'uscio.

— Un momento, brav'uomo, gli disse Isabella; sedete, ho a dirvi qualche cosa.

Don Gaspare si sedè prestamente.

— La miglior maniera di sfuggire alle importune domande del baciliere, seguitò la donna,
è di non farvi trovare stamane a casa.

(1) Maniera di contar le ore che tenevano i nostri padri: corrisponde alle 11 a. m.

— Domine! Che cosa dite, Madre Isabella! E chi risponderà della mia vita domani?

— Io! esclamò la Mellone con quella solennità propria delle donne ispirate.

Don Gaspare a questa breve ed inappellabile argomentazione rimase tra due; chè, quantunque per santa e singolar creatura tenesse l'Isabella, purtuttavia quella esplicita assicurazione non lo incoraggiava del tutto, nè davagli moltissimo animo ad affrontare lo sdegno del baciliere. Ma pur non fiatò più motto e stette immoto a sentire quello che gli verrebbe detto dalla sua protettrice.

— Quando vi dico che io rispondo della vostra vita, mio caro Don Gaspare, è sempre subordinato alla volontà del cielo, giacchè sapete che non si muove fronda d'albero senza l'alto volere di chi può tutto, e noi malamente ci consiglieremmo se in tutto non ci attenessimo alla volontà del cielo, studiandoci di non attraversarne i disegni.

Questo dicea la furba per correggere agli occhi di quell'uomo quel tantinello di superbia, onde era stato da lei proferito l'*io* di salvezza.

— *Os tuum flumen sapientiae*, disse reverentemente Don Gaspare; la vostra bocca è un fiume di sapienza; ed io pendo dalle vostre labbra, da' vostri cenni; e sono deciso a fare la vostra mente in tutto e per tutto.

— Siete voi assolutamente libero della vostra persona? dimandò madre Isabella.

— Liberissimo come l'aria.

— Non avete famiglia o attinenza di sorta alcuna?

— Sono solo, solissimo sulla terra, madre

Isabella, cioè, quando dico solissimo, non dico precisamente la cosa com'è, giacchè dimenticò il mio povero gatto, mio vecchio e buon compagno.

— Non avete mai avuto aderenze con donne?

Don Gaspare stupefatto guardò la Mellone, perocchè, a cagione delle curiose domande che costei gli facea, gli surse il pensiero che ella intendesse (ciò che gli sembrava mirabilissimo) gittar gli occhi su lui per farsene un marito. Onde, innanzi di rispondere alla ultima interrogazione di lei, fiso fiso rimase a ragguardarla.

— Come a dire, madre Isabella?

— Vi domando, signor Don Gaspare, se vossignoria è interamente sligata di aderenze donnesche.

— Non avrei giammai potuto immaginare, madre Isabella, che voi mi credeste così gran peccatore da supporre in me simiglianti turpitudini! Io Don Gaspare Scorpione, conosciuto per *urbem et orbem* pel più casto e modesto zitello partenopeo, io avrei fatto ciò che vói dite! Ma voi dunque non avete capito che egli è appunto perchè io abbomino il bel sesso, che questo si è vendicato di me coll'appiccicarmi addosso i soprannomi più umilianti! Nessuna donna al mondo può vantarsi che io le abbia nemmeno una volta sospeso gli occhi sulla persona. *Foemina nulla bona*, erano le solenni parole che ho udito mormorar dal mio babbo insin da che io era piccino. E, poscia, quando io venni grandetto, il mio pedagogo non m'insinuava altra massima che *mulier autem sicut vipera mordet*. Laonde, ben vi accorgete, spettabilissima e colendissima madre Isabella, che per me la donna, parlando col debito rispetto, è come diremmo, verbigrazia, la peste bubonica o il vaiuolo maligno; e vorrei anzi perdere questo piccolo capo cho ho sulle spalle, che commetter la più leggiera impurità di pensieri per queste creature nate per dannazione dell'uomo.

—Lodo i vostri sentimenti, signor Don Gaspare, e gli approvo e v'incuoro a non mai dismetterli in appresso; e nè ho inteso suspicar della vostra castità allorchè vi ho domandato se alcun lontano legame di semplice amicizia o parentela vi ha mai avvicinato a qualche figlia della creta e del fango.

—Non mai m'insozzai in cosiffatte nefandezze, disse Don Gaspare.

—Sapete, mio caro e *virtuoso* signor Don Gaspare, perchè vi ho dirizzato questa domanda?

—Non indovino la mente vostra, egregia matrona.

—Egli è perchè il vostro carattere, i vostri costumi, la narrazione de' vostri casi, la vostra posizione mi hanno fortemente interessata a vostro pro, ed ho una certa intenzione di giovarvi.

—Possibile! Io indegna ed umil creatura, l'ultimo degli uomini sulla terra, avrei avuto la somma ed incredibil ventura di toccare il vostro cuore a mio favore? Possibile che pensiate a qualche cosa per me!

—Avvegnachè i beni temporali non debbano formar l'oggetto de' desiderii d'un buon cristiano, disse l'ipocrita donna con atto di grande compunzione; il quale non dee che esclusivamente pensare alla salvezza dell'anima, ciò nondimeno bisogna cercare un poco d'agiatezza soltanto per avvezzarsi a disamarla, per farne nel proprio cuore sacrificio al cielo, e per giovarsene a pro de' nostri fratelli derelitti e bisognosi. D'altra parte, la miseria è cattiva consigliera, e induce spesse volte al mal oprare. Per la qual cosa, avviso che gli uomini onesti e dabbene come voi (*profondo inchino di D. Gàspare*) non debbano difettare di quei mezzi di fortuna che sono così necessarii per menare una vita spirituale e distaccata da tutti gl'interessi e cure di questo mondo. Ditemi dunque francamente, signor Don Gaspare, quanto lucrate al mese con le vostre lezioncelle di lingua latina?

— Poco, ben poco, madre Isabella, i tempi son magri assai, le lettere latine stanno al ribasso, e non si fa niente. Oggi soltanto i musici stanno bene; ed è una vera fortuna in questi tempi essere, verbigrazia, un Cafarelli.

—Non crediate nemmanco che costoro vivano la più inzuccherata vita di questo mondo, rispose la Mellone; io li conosco. In somma, mio caro Don Gaspare, vi ripeto che la vostra persona e le vostre qualità han cattivato le mie sollecitudini, ed ho pensato a darvi una situazione degna di voi.

— Come potervi testificare la mia riconoscenza, o pietosissima madre Isabella! Spendetemi tutto e senza risparmio in vostro servigio; siate sicuro che vi sarò devotissimo insino a morte.

— Egli è molto tempo, ripigliò la donna, che vo cercando un uomo della vostra levatura, del vostro costume e della vostra virtù per collocarlo in qualità di aio presso una ricca e nobil famiglia di questa capitale. L'è una gran fortuna a fare in pochi anni, colendissimo signor Don Ga-

spare , o , per meglio dire, è una brillante situazione per tutta la vostra vita , quella che vi
offro. Non avrete più bisogno di stentare il vostro sostentamento quà e là appo codesti cen-
ciosi mercadanti di bassa mano che vi umiliano
senza giovarvi. Avrete una magnifica mensa, un
quartierello tutto vostro e comodamente rifor-
nito di suppellettili, avrete un servitore a'vostri
comandi e una carrozza che vi menerà a diporto
là dove vi piacerà. Avrete il borsellino sempre
carco d'oro di Spagna; porterete alle dita anella
di *strass*, e ne'taschini de'vostri calzoni due oriuoli
brillantati con grandi e splendidi ciondoli d'oro
finissimo. I migliori merletti d'Inghilterra siede-
ranno maestosi sulle vostre maniche e nella gala
della vostra camicia. Vi coricherete su lana mor-
bidissima , e vi adagerete su dorata poltrona.
Tutte le squisitezze della tavola saranno a vostra disposizione; potrete mangiare a vostro talento a qualunque ora del giorno e della sera ,
i sorbetti, le gelatine, i pinocchiati. le salse, i
timpani, i pesci più costosi saranno imbanditi al
vostro desinare e alla vostra cena: una esistenza
ingiuleppata è quella che vi offro , giacchè ho
letto pienamente nel vostro cuore, e tutto il veggo ripieno di santo zelo per la virtù e pei buoni
costumi.

Don Gaspare non credeva a'suoi orecchi. Il
quadro seducente e magnifico che la scaltra
donna gli mettea dinanzi agli occhi sembravagli
un racconto di fate ; e , per quanto il nostro
omicciatto cercasse di rialzare i suoi meriti per-
sonali, non trovava in sè quell'altezza di qualità che potesse stare a paraggio del paradiso che
avanti gli si parava e prometteva. Onde , rima-

neva, il valentuomo colla bocca aperta e cogli
occhi splancati, sicchè in quel momento dava la
somiglianza perfetta d'una brutta civetta.

— E così? non rispondete, Don Gaspare? gli
disse la mala donna, che ben per altro sapeva
interpetrare quel silenzio di sbigottimento.

— Che cosa volete ch'io risponda, madre Isabella? sono annegato da tanta felicità; *evanuesco in
cogitationibus;* mi smarrisco in un oceano di pensamenti; e non so mica intendere per quali miei
meriti io abbia potuto interessarvi a segno da
farmivi credere degno di un posto sì bello e
nobile.

— Un lume celeste mi ha rischiarata su questa delicata scelta, disse l'astuta volpaccia estol-
lendo gli occhi in su; è il cielo che vi ha menato a me dinanzi.

— Che il cielo sia benedetto e laudato! sclamò con sembiante ipocrita la *Cuccuvaia* e in-
crociando le mani al petto.

— Sempre! intuonò a sua volta la Mellone;
indi riprese: Vi metterò subitamente in possesso
della vostra carica; ma, innanzi vi darò qualche
necessario schiarimento sul fanciullo che dovrà
essere affidato a'vostri lumi ed alle vostre cure.
Intanto, poscia che il tornare quest'oggi al vostro domicilio potrebbe esservi dannoso, atteso
che quel Don Aniello il baciliere potrebbe ten-
dervi alcun agguato per non esservi fatto trovare all'appuntato convegno, voi non andrete sta
mane al fondaco Cetrangolo, e invece trarrete
a casa d'un mio *discepolo*, giovane integerrimo
e dabbene, che or ora verrà qui, appo il quale
desinerete.

— Grazie, grazie, madre Isabella! Oh quanti

favori, quant'onore! A proposito, madre Isabella, e chi provvederà al desinare del mio micino?

— Faremo di provvedere anche a questo, disse l'empia donna e in aspetto di profetessa ispirata.

Suonava il mezzodì. Un timido tocco del campanello annunziò una visita nel domicilio di madre Isabella.

— Eccolo; esattissimo, il mio *discepolo*, il mio caro Don Berardino! sclamò l'Isabella.

Don Gaspare si alzava per umil deferenza, e chinava il capo innanzi alla persona che entrava e che era un grosso corpaccio vestito con tutta lindura ad effeminatezza.

A quest'ora intanto, Don Aniello il baciliere, dopo di aver inutilmente picchiato e ripicchiato all'uscio della *Cuccuvaia*, e pronunziato alcune orribili imprecazioni, addatosi che l'*amico* non era in domicilio, faceva un certo segno all'uscio, il quale se Don Gaspare avesse veduto, avrebbe raccapricciato e fremuto in tutte le fibre del suo milenso corpicciuolo.

IX.

Don Berardino.

Due parole su questo novello arrivato.

Immaginatevi un grosso volume di carne umana ricoperto da un vestito di effeminata ricercatezza, imperocchè era quasi tutto di seta e trinelle. La più esagerata e molle pinguedine opprimeva i tessuti cellulari di quel corpo, che

sembrava portarne a stento il peso e l' esube-
ranza. Nemmanco l' ombra della lanugine appariva sulla quadrata faccia di questo galantuomo,
la quale si era in così fatto modo rilasciata alla
parte inferiore da far supporre che avesse un
gozzo considerabile. Due piccoli occhi a fior di
fronte si perdevano su quella massa biancaccia
e insipida, come due sgorbi su largo foglio di
carta. Un petto vastissimo lussureggiante di adipe
davagli le forme d'un torace femminile. Le gambe meno tarchiate in proporzione del corpo a
mala pena reggevano le due cantaia che a lor
sì appoggiavano, onde, camminando un poco ad
altalena, parea che zoppicasse. Qualche cosa di
femmineo era in tutta questa persona, la quale
avresti detto una grossa femmina vestita da uomo; anzi, neppur questo avresti detto esattamente,
giacchè i vestiti benchè pertinenti a foggia ma-
schile, offrivano ne'loro soverchi adornamenti di
trine, di gale, di merletti e di altre cotali leziosaggini lo studio dell'acconciatura donnesca. La
quale in ispecial modo manifestavasi negli arro-
tondati ricciolini della sua zazzeretta da bacca-
lare e nella quantità di acque odorifere che si
era sparse in su tutta la maiuscola persona.

Ma quello che maggiormente era notevole e
singolare in questa sconcia umana imitazione del
maiale era la voce, la quale non aveva nessun
carattere d' uomo, imperciocchè avea perfettamente la sottigliezza di quella della donna.

E quando costui salutò madre Isabella, il suono di quella voce colpì le reminiscenze di Don
Gaspare, il quale rizzò subitamente il capo per
riconoscere l'identità della persona che possedea
quella voce; e rimase maravigliato in ravvisando

nel Don Berardino una persona già da lui altrove conosciuta.

Appresso alle frasi consuete onde soglionsi riscontrare le civili persone, l'Isabella, dirizzatasi a Don Gaspare, sì gli disse additando il novello arrivato:

— Vi presento, signor Don Gaspare, il mio amico e *discepolo* sig. Don Berardino di Salvi, primo *allievo* del Seminario della Pietà de' Turchini (1), ed ora primo *musico* nelle cantate di Porpora che si fanno al teatro di S. Giovanni dei Fiorentini (2).

Don Gaspare s'inchinò di bel nuovo e mormorò qualche parola, irresoluto se dovesse fingere di non conoscere quel signore, o rinnovar la conoscenza.

— Non è questi il signor Don Gaspare Scorpione? dimandò il cantante con faccia espansiva e stendendo la sua destra verso l'omicciatto che non potè più sottrarsi all'onore che il Don Berardino gli faceva; onde rispose con due o tre colpetti di riso sforzato:

— Ma egli è propriamente così, colendissimo signor professore, *ego sum ille*, io sono quel desso, Don Gaspare Scorpione.

(1) Così addimandavasi questo stabilimento, perocchè i poveri orfanelli ivi raccolti portavano sottane e zimarre di color turchino. In esso furon maestri i più valenti e famosi compositori del secolo; precedè il recente Real Conservatorio di S. Pietro a Majella.

(2) Così chiamato per essere vicino alla chiesa che aveva questo titolo; fu eretto pe' commedianti spagnuoli, de' quali, nel tempo viceregnale, venivano dalle Spagne famose compagnie. Nel passato secolo, in questo teatro cantavansi opere buffe o semiserie e le *cantate* allegoriche.

—Che ho avuto il piacere d'incontrar varie volte in casa del signor Leonardo Vinci, disse il musico; e abbracciò il capo di Don Gaspare, il quale con tutto il cuore avrebbe risposto a quell'amplesso con una buona pugnalata tra le costole di quell'effeminato, che ricordava innanzi a madre Isabella un'emergenza così pericolosa della sua vita.

— Ah! egli è in casa del defunto maestro signor Vinci che avete stretta amicizia? domandò l'Isabella, conficcando un'occhiata nel milenso volto del latinista; il quale si fece di tanti colori scambienti. Un attento osservatore avrebbe scorto per altro negli occhi dell'Isabella un segreto piacere, di cui malagevole sarebbe stato il dire la ragione.

— Sì, madre Isabella, rispose Don Berardino, gittandosi a sedere su una seggiola, che scricchiolò sotto quell'immenso volume di carne. Il signor Don Gaspare Scorpione era l'onorevole professore d'un nipotino del signor Vinci, per essere orfanello e derelitto. E bisognava sentir parlare la *felice memoria* sul merito e sulle qualità di questo pregevole barbassoro, il quale ciò nondimeno fu vittima della più nera e inaudita calunnia, intantochè, siccome forse vi è noto, ei venne messo in causa come avvelenatore del povero maestro.

Don Gaspare credè opportuno di fare una piccola levatina d'occhi al cielo, come per far protesta della sua innocenza e della ingiustizia che avea sofferta.

— Egli mi ha tutto raccontato pocanzi, disse madre Isabella, ed ho ammirato la forza della rassegnazione, onde si è piegato alle sciagure che lo hanno immeritamente colpito e afflitto.

È chiaro che la furba non toccava motto sulla discrepanza che si notava tra quello che avea detto Don Berardino e alcune particolarità della storiella di Don Gaspare ; è chiaro altresì che ella punto non dubitasse essere stato il latinista il principale autore della misteriosa morte del Vinci, o almeno tale fortemente il sospettasse ; ma, perciocchè avea un suo disegno in mente, queste sue conghietture e sospetti si cacciò nell'imo del cuore, ed, accordatasi col Berardino che il teneva affatto innocente, sì proseguì:

— Il tempo intanto a tutto vede e provvede; ed è ormai giunto il giorno in cui la virtù del nostro degno professore Scorpione sarà compensata com'ella merita.

— Dite da senno, madre Isabella?

— Sapete ch'io celii giammai, signor Don Berardino ?

— E come, e in che modo vedremo compensati la virtù e l'ingegno di questo esimio letterato ?

— Egli è *l'uomo che ci bisogna*, disse con significato la Mellone, l'uomo di cui da qualche tempo andavamo in traccia per adoperarlo all'onorevole ufficio di precettore ed aio del *marchesino*.

Un impercettibile sorriso sfiorò le labbra della donna , mentre un sentimento di maraviglia si leggea sulle sembianze del cantante.

— Infatti, osservava costui, non si potrebbe fare una scelta migliore: ella è questa una somma ventura per tutte e due le parti ; il marchese dovrà esserne contentone; il signor Scorpione è la dottrina stessa, e ricordomi di quei versi del nostro Metastasio:

> La virtù ciascuno apprezza;
> Stolto è ben chi non lo vede.

Diciamo così in parentesi che il nostro *soprano* era il più caldo ammiratore de'versi del Metastasio, che formavano allora la delizia di tutt'i teatri d'Italia.

In questo, il Don Gaspare, confuso e tutto umile, facea giuoco di schiena per inchinarsi a tanti onori che gli pioveano impensatamente addosso. All'ira che gli si era levata nell'animo quando il Don Berardino avea tocco l'articolo delle sue lezioni in casa del Vinci, temendo a ragione di svegliare i sospetti nel cuore della Milone, era succeduta la confidenza e l'amorevolezza verso il *soprano*, che gli era prodigo di tante lodi.

— Non pe' meriti miei, *quoniam me cognosco*, dicea Don Gaspare, sibbene per la somma magnanimità di lei godrommi l'onore di avviare a virtù il marchesino; e questo onore è così grande per me, che, qualora non mi si desse compenso alcuno, pur mi stimerei il più avventurato degli uomini che sono in terra.

— E quando pensate, madre Isabella, di presentarlo al marchese? domandò Don Berardino.

— Questa sera o domani al più tardi, rispose la Mellone. Intanto per questa mattina il signor Don Gaspare desinerà con voi, mio caro Don Berardino; giacchè l'ora consueta del suo pranzo è trascorsa, ed egli non può tornarsene a casa atteso il tempo e la distanza.

— L'avrommi a singolar ventura ed onore,
disse il cantante sbracciandosi come un molino
a vento. Egli è mestieri bensì che si contenti
del mio magrissimo desinare; imperocchè noi
altri professori di canto non possiamo empirci
l'epula senza danneggiare alla voce.

Un altro abbassamento della schiena di Don
Gaspare, che valea qual protesta della modestia del suo appetito.

— Che ora è adesso? chiese la Milone.

Don Berardino raccorciò alquanto il corpettino
di seta arabescato e trasse fuora uno dei due
orologi raccomandati ciascheduno a due taschini de'calzoni da' quali pendeano con somma vanità un gran numero di ciondoli, registri, anella
e altre simiglianti cianciafruscole d'oro.

—Sono diciannove ore e 25 minuti; il che
vuol dire ci vogliono cinque minuti per la mezza.

— Sarei dolentissimo di aver ritardato il vostro desinare, madre Isabella, disse con affettato
rincrescimento lo Scorpione.

— Il mio desinare! disse con sorriso di scherno e di pietà la ipocrita donna, e chinò gli occhi a terra con simulato contegno.

Don Berardino diè col gomito un urtone al
professore di lingua latina, e gli disse con rabbuffo e sottovoce:

— Tacete, maestro; ei non conviene si dica-
no di coteste cose a madre Isabella! voi dunque ignorate che ella, è gran tempo, non piglia ristoro alcuno nè di cibo e nè di sonno?

— Ah! sì, è vero, or mi sovviene di averlo
inteso a dire. Oh lo sciocco ed imprudente che
sono!

— È ora che vi ritragghiate al vostro domi-

cilio, disse madre Isabella a Don Berardino; non
bisogna far soffrire il nostro professore che è
avvezzo a desinare in sull'ora del bel mezzodì.
Non sì tosto avrete finito di pranzare, signor
Don Gaspare, vi ridurrete quì novellamente; perocchè dovrò dirvi parecchie coserelle risguardanti il vostro allievo.

— Sarò da voi ratto come il baleno, madre
Isabella.

— Or permettete che io dica qualche cosa al
mio caro discepolo Don Berardino, disse madre
Isabella; ritraetevi per poco in quel camerino.

E gliene additò uno nel quale andò subitamente a cacciarsi lo Scorpione, che peraltro
avrebbe dato volentieri un anno di sua vita per
sapere di che si aveano a intrattenere assieme
quei due suoi protettori.

Lasciam intanto un poco nel camerino il nostro Don Gaspare, a cui l'appetito incominciava
a scavar profondamente lo stomaco, e commet-
tiamo l'indiscrezione di porgere l'orecchio al
sommesso e rapido dialogo che ebbe luogo tra
Isabella Milone e il suo discepolo Don Berardino.

— E così? dimandò quella, come persona che
aspetti con ansia una risposta.

— Abbiamo fatto un *fiasco* solenne, madre
Isabella.

— *Fiasco!* sclamò costei, e le sue labbra si
mordettero.

— Quel demonio di Cafarelli avea finto di aver
perduto la voce; ieri sera ha fatto più *furore*
delle altre volte. Immaginatevi, madre Isabella,
che quando è spettato a lui di cominciar la vo-
latina del duetto, egli ha dato uno sguardo alla
sua rivale, le ha detto sotto voce: *Ora impare-*

rai a cantare, ed ha fatto tali e tanti prodigi colla voce che non si è mai veduto il pubblico più rapito di quello che era ieri la sera. La tedesca (1) avea mosso gli applausi e parea sicura del suo trionfo; ma quando il figlio del porcaio (2) ha intuonato, ella si è vista perduta, le ha colto uno svenimento, e la tela si è abbassata in gran fretta. La poverina, come noi tutti, aveva calcolato sulla perdita di voce del Cafarelli, e non poteva aver preveduto la sua astuzia. Fino a tanto che colui taceva, noi dicevamo come *nel sogno di Scipione* del gran Metastasio:

> Delira dubbiosa,
> Incerta vaneggia
> Ogni alma, che ondeggia
> Fra i moti del cor;

ma non sì tosto il Leccese (3) attaccò le sue batterie di semifuse, ci siamo abbattuti. Ma esclameremo col gran Metastasio:

> Poco è funesta
> L'altrui fortuna,
> Quando non resta
> Ragione alcuna
> Nè di pentirsi
> Nè di arrossir.

— Ci occuperemo di ciò più tardi, mio caro Don Berardino. Pel momento, un gran pensiero mi toglie ad ogni faccenda... Parleremo a lungo...

(1) Soprano che cantava col celebre Cafarelli.
(2) Cafarelli.
(3) Cafarelli.

Trattatemi bene il maestro Don Gaspare... E quest'oggi rimandatemelo subito dopo desinare... Addio; non si perda più tempo.

Don Berardino baciò la mano a madre Isabella, mormorando i versi

> Non può darsi più fiero martire,
> Che sugli occhi vedersi rapire
> Tutto il premio d'un lungo sudor.

Poco stante, il maestro Don Gaspare Scorpione e Don Berardino di Salvi uscivano a braccetto
dalla casa di madre Isabella e s'incamminavano
verso la strada Pirozzi a'Vergini, dov'era l'abitazione del di Salvi.

Intanto madre Isabella scriveva in fretta due
righe al marchese Don Giuseppe Arcangelo de
Jacellis. per invitarlo a recarsi da lei nelle ore
pomeridiane di quella giornata.

FINE DELLA PARTE PRIMA.

PARTE SECONDA

I.

Il marchese de Jacellis.

Nel tempo della nostra storia, famoso tra gli altri stupendi edificii era in Napoli il Palazzo del Principe di Tarsia, col nome del quale viene oggidì indicata quella strada o salita, che, principiando dal larghetto, ove nel presente è la bella sala di esposizione delle industrie e manifatture del paese, finisce propriamente al così detto *Piede di Sant'Anna*, dappresso alla gran terrazza del Principe di Montemiletto.

A sinistra della Chiesa di Santa Teresella (1) sorgeva il magnifico palagio, la cui facciata po-

(1) Nell'anno 1619 vennero in Napoli da Genova cinque monache scalze, che vivevano sotto la regola di Santa Teresa, e colla direzione di alcuni Frati, similmente scalzi della stessa regola, edificarono un monistero col titolo di s. Giuseppe delle Scalze: il numero delle monache era prefisso a ventitrè: da esse venne poscia eretta una piccola chiesa, che è oggi conosciuta sotto il menzionato titolo:

6*

sta ad oriente avea di fronte il maestoso Vesuvio co' tanti leggiadrissimi paeselli che gli giac-
ciono a'piedi: la scala era di marmo stuccata e
dipinta e lumeggiata d'oro; ne'pianerottoli della
quale erano nicchie con busti di marmo.

Celebratissimo era questo palagio per la magnifica galleria, la quale, straricca di quadri dei
più famosi pittori, da tutte parti del mondo venivano ad ammirare i forestieri, maravigliati di
trovare ivi raccolti quanti nomi ha l'Italia in somma onoranza, e ciaschedun de' quali basterebbe
di per sè solo a formar l'onore di qualsivoglia
galleria, per non dire di qualsivoglia paese. E
volendo sol nominare i colossi delle reputazioni
che figuravano tra i dipinti della quadreria di
Tarsia, menzioneremo un Raffaello, un Giotto,
un Tiziano, un Buonarroti, un del Sarto, un Ve-
ronese, un Salvator Rosa, e via discorrendo con
appendice di cento altri di quasi ugual valentia
e rinomanza

Come si scorge anche al presente, innanzi a
questo palagio si distende lo spazioso cortile,
tutto chiuso all'intorno di piccoli quartinelli,
dove aveano stanza i famigliari e i fantini, e di
botteghe adoperate ad uso di stalle e rimesse
per le carrozze del Principe. Due porticati, l'uno
a destra pel quale si pigliava il cammino di Porta
Regale, l'altro a sinistra che menava a Monte-
santo davano maestà e leggiadria a questo edificio. Nel porticato sinistro era posta la scude-
ria, con dipintura in oro, e ornata benanche di
mezzi busti di marmo: vi capivano meglio che
cinquanta cavalli.

Nel destro porticato ammiravasi la scelta li-
breria, la cui gran porta di noce era stupendo

lavoro per intagli ed ornamenti di ottone e ferro indorato.

Uua parte di questo appartamento era occupata dal signor marchese Don Giuseppe Arcangelo de Jacellis, nobile del seggio della Montagna (1), cavaliére d'abito (2), e gentiluomo assai ben veduto ed onorato a Corte.

Nel 1750, il signor marchese de Jacellis abitava nella destra branca del palazzo del principe di Tarsia, e sontuosamente vi dimorava: avea numeroso servidorame; dava di splendidi desinari e cene; non mancava giammai a tutte le Regali cavalcate, vestendo di tela d'oro cremisi con roboni di broccato giallo all'uso de'senatori, tutto adornato di vistose trine d'oro: ricca gualdrappa di velluto cremisi rivestiva il suo cavallo. Quando traeva a diporto nella sua magnifica carrozza alta e indorata, un battistrada a cavallo solea precederla; e, se ciò avveniva di sera, due portieri con torchi accesi gli aprivano e rischiaravano il cammino. Allorchè il signor marchese si recava ai suoi pubblici uffici a S. Lorenzo, la sua carrozza venia tratta da quattro cavalli, con altri cocchi che seguitavano e con molti portieri avanti.

Straordinariamente ricco era questo signor marchese, che possedeva di gran beni e tenimenti in diverse province del Reame. E non era già un uomo spilorcio e avaro, anzi alquanto a prodigalità inchinava, e spendea senza pensarci, e

(1) Le antiche 29 piazze erano ridotte a cinque, cioè, di Capuana, della Montagna, di Nilo o Nido, di Porto e di Portanova.

(2) Pel segno che portavano, e per l'abito o manto che vestivano nelle solennità.

la sua ambizione riponeva nell'oscurare gli altri
nobili del seggio della Montagna. Non si sapea
con precisione a quanto ascendessero le sue ricchezze ; ma la gente che vantavasi di essere bene
informata dicea che soverchiava i cinquecento-
mila ducati.

Abbiam detto che il marchese vivea con lusso ; ed egli bastava gittar lo sguardo nello interno del suo quartiere per formarsi un' idea
del principesco tenore di vita che egli menava.
Si giuocava tutte le sere in sua casa , e appresso al giuoco seguitavano le cene che si pro-
lungavano talvolta insino a giorno.

Nel carnevale la vasta sala da ballo si apriva
ad allegre feste , a brillanti gozzoviglie : gli ar-
monici concerti musicali risuonavano tutta notte , e la festosa gioventù si divertiva spensiera-
tamente in canti e balli.

Magnifico sovrammodo era l'addobbamento
della sala da ballo , di lunghezza oltre cento-
venti palmi napoletani e di larghezza quaranta.
Portieri e pendoni di damasco fregiati d'oro ce-
lavan le altissime aperture degli usci e de' ter-
razzini: arazzi e tappeti di grandi spese accoglie-
vano nelle morbidezze i beatissimi discoli del
passato secolo , di cui la vita parea che non
avesse altro scopo che il divertimento. Tre grandi lumiere di cristallo inglese sostenute da gruppi
di genietti scolpiti , a ciascheduna delle quali
erano conficcati non meno di sessanta torchietti
di cera , diffondeano viva luce all'intorno , ac-
cresciuta dai doppieri e candelabri d'argento ,
intramezzati di grandi vasi di fiori. Larghi e lunghi specchi a grandi cornici arabescate rifran-
geano la luce e centuplicavano le immagini di

quella folla elegante che si agitava nella sala. Mensole enormi, lavori di abili artisti, erano di peregrino legno indorato, siccome eran poste in oro finissimo le statue delle virtù che vi si vedeano ritte al di sopra con picciol fondo di rosso. Sopra una di queste mensole era un magnifico orologio in cassa di tartaruga e rame parimente indorato. Eran ne' cantoni quattro basi di colonne con somma valentia e similmente indorate con quattro grandi statue di marmo rappresentanti le quattro stagioni, opera di Francesco Pagano, artista napolitano, le quali aggiungeano estrema vaghezza alla sala. Ultimamente, il palco a volta riccamente lumeggiato d'oro, presentava svariati crocchietti di figure mitologiche, dipinte dall'abile artista Niccolò Rossi, allievo del famoso Francesco Solimene. Tutte le sedie di questo gran salotto erano ricoperte da velluto cremisi trinate d'oro co' fusti del pari intagliati e dorati.

Un'attigua galleria presentava un grandissimo numero di ritratti di uomini illustri nelle lettere, nelle arti e nelle armi; bensì questa preziosa raccolta apparteneva alla nobile famiglia S... dalla quale discendeva il principe di Tarsia, di cui si vedea il gran ritratto al naturale nel mezzo di tutti quegli altri illustri che pareano fargli corona per onorarlo.

Quello pertanto che accresceva il brio e la giocondità di simiglianti feste da ballo era il vedere la deliziosa e vasta terrazza, lunga palmi 400, che si apre al piano del primo appartamento, tutta quanta illuminata con fanaletti e nicchi d'argento tra festoni e ghirlande di fiori, le quali si appoggiavano alle cinquanta statue di marmo onde rannodavasi la lunga balaustrata di ferri in gran parte dorati. Nel mezzo di questa maravigliosa terrazza era una fontana di marmo ornata altresì di statue e di busti e di animali e di pesci ; e nel mezzo di molti puttini era la statua grande di Bellona, lavoro del mentovato artista Francesco Pagano. Or questa fonte veniva in quelle festose emergenze rivestita di vaghissimi intrecci di fiori e di lumi , che si spezzavano in tanta varietà di fosforiche scintille nelle acque zampillanti, per le quali, nella calda stagione, veniva tutto all' intorno una dolcissima frescura che ricreava i sensi e molciva l'animo confortandolo al riposo appresso allo stordimento del ballo.

Non era in Napoli più splendido signore del marchese de Jacellis. Diremo qui appresso qualche cosa riguardo alla sua persona e alla sua famiglia ; intanto , seguitando a ragionare della profusione e liberalità ond'egli vivea , ci piace rammentare che egli era il più fastoso gentiluomo che corresse in filuca le amenissime acque dello scoglio in Mergellina quando la bella stagione ivi chiamava a diporto i felicissimi del passato secolo.

Era costume di questi nostri spensierati antenati di trarre a Mergellina ne'mesi di estate. È noto ad ogni Napolitano come deliziosamente collocata sia questa spiaggia che è il sorriso di natura. Posta in faccia all'oriente , ella porge , mercè il favore del monte che la spalleggia , un'ombra gradevolissima, a cui aggiungono soavità di freschezza le aurette allegrissime e odorose che in sul tramonto muovono dalle limpidissime acque. Allora un gran numero di leg-

giadrissime barche adorne di velette, di bande-
ruole e di tende solcavano per diporto quelle
onde, portando nel loro grembo eletti cori di
cantori, i quali faceano ricordare esser quello
il mare delle allettatrici sirene.

E intanto che queste gioconde filuche allegra-
vano il mare, non meno bella vista faceano in
sulla riva i cocchi delle dame della prima nobiltà del paese, le quali si univano in altrettante
compagnie così dette *camerate*. Ciascheduna di
queste, dappresso al seggio del servitore, recava
nella carrozza un riposto di argento con ogni
maniera di rinfreschi; e ciò erano acque concie,
sorbetti, cioccolata, ghiacciatine, e frutte e cose
dolci e altri mangiarini di simil genere (1). Non
era camerata di dame, la quale in così fatti di-
vertimenti non ispendesse di belli scudi.

Le dame della comitiva del signor marchese
de Jacellis (ed era sempre questi che pagava
tutte le spese) soverchiavano tutte le altre in
magnificenza di cocchi e di riposti. E quando
queste dame traevano a passeggiare in sulla ri-
viera, il marchese faceva remigare le sue filuche e cantare i suoi cori di valenti professori,
a'quali egli dava non iscarsa mercede.

La fama della magnificenza del signor marchese de Jacellis, massime in quelle passeggiate
a Mergellina, vincea quella benanche di Don Ga-
spar de Haro y Gusman, marchese del Carpio,
che molti anni addietro dava in questo luogo
tali feste che neppure ai tempi degl' imperatori

(1) Un secolo innanzi, era tenuta per isconvenevolis-
sima cosa il mangiare che faceva una dama pubblicamente a Mergellina.

romani si ricordavano le somiglianti. E tra le altre feste celebratissima si fu quella, di cui parla il Celano, nella quale egli trasformò il mare, per mo' di dire, in piana terra, facendo apparire sulle acque giuochi a cavallo di più quadriglie di cavalieri bizzarramente vestiti, e cacce di tori a simiglianza di quelle che si usa tenere in Ispagna.

Nè solamente in queste occasioni, ma in altre moltissime, e anche nelle più piccole cose, era il de Jacellis spenditor generoso; nè per questo le sue facoltà scemavano o si assottigliavano, imperciocchè molto ricco egli era; e le semplici sue entrate bastavano ad alimentare il lusso ond'egli vivea.

Per dire da ultimo una singolare particolarità della principesca profusione colla quale spendeva il suo questo Sardanapalo novello, ricorderemo che volle, in una certa lieta emergenza, dare a' suoi amici un convito che durò per lo spazio di un mese, pigliando forse a imitare lo strano convito che il re Assuero diede a' suoi grandi, il quale durò centottanta giorni.

Or diciamo qualche cosa intorno alla sua persona ed alla sua famiglia, colla quale avremo largamente a dimesticarci nel corso di questa storia.

Era il marchese de Jacellis, nel 1750, un uomo che già si appressava a toccar la sessantina; ciò nondimeno, aitante egli era ancora e ben conservato, comunque canuto affatto si avesse il capo, ma ritto e sperticato era tuttavia della persona, così com'era stato in sua fresca giovinezza. La bianchezza de'capelli era pertanto un problema a risolvere a ragione della perenne parrucca incipriata che li copriva, e che costava due ore di fatica al giorno al suo parrucchiere. Rubicondo nel viso, come sogliono essere quelli che non sono continenti in sull'articolo mensa e liquori, quei suoi occhietti effeminati e giulivi conservavano ancora una certa fattizia vivacità, massime quando egli si trovava in sul campo di sua predilezione, che era la tavola.

Un certo Don Francesco de Jacellis era stato l'autore de'giorni del nostro signor marchese; e quegli non era nobile nemmanco in sogno, nè il dabbenuomo, avaro succido come l'avaro di Goldoni o di Moliére, avea mai aspirato a nobiltà veruna, contentandosi di ammucchiare i suoi *dobloni* di pura lega spagnuola, che erano predestinati a far rilucere di tanto splendore il suo degno primogenito.

Don Francesco de Jacellis aveva arricchito nella sua professione di legista, per la quale godea d'una riputazione stragrande. Or come avvenga che il foro possa fare ammucchiar tant oro quanto ne aveva il Don Francesco, non sapremmo dire con precisione; ma ricorderemo, così di volo, che l'elasticità della coscienza è necessaria a far valere la legalità in certi rincontri, imperciocchè *la legalità non è sempre la giustizia.* Ad ogni modo, chiudiamo gli occhi, per carità cristiana, sulle sorgenti delle ricchezze del signor Don Francesco, siccome è uopo chiuderli sempre quando si tratta d'indagare le origini di presso che tutte le ricchezze, imperocchè rarissimo è il caso, per non dire impossibile, che l'onestà le partorisca.

Nel rimanente, Don Francesco parlava assai

bene il latino ed era versatissimo nelle pandette romane, e sapeva il fatto suo in materia di giurisprudenza.

Don Francesco de Jacellis visse molti anni; ed ogni anno che vivea era novella vena di dovizie accresciute, novella provvidenza pe' suoi discendenti; vivea come il più gramo e povero mortale di questa terra, quasi che avesse temuto defraudare il suo discendente d'un sol quattrino. Inconcepibile e strana passione è l'avarizia, imperocchè nessuna, come questa, accieca tanto lo intelletto e petrifica il cuore, insino a render l'uomo il più crudele tiranno di sè medesimo. Oh se gli avari potessero avere la virtù di guardare nello avvenire, e propriamente in quel tempo che eglino più non saranno a rappresentare la lurida parte che rappresentano in sul teatro del mondo ! Oh se potessero antivedere lo sciupo che i loro eredi faranno di quell'oro con tanti affanni e privazioni accumulato e guardato ! Certo, una tal vista basterebbe a schiuder loro gli occhi della mente e a spetrare il loro marmorèo cuore.

Don Francesco avea tre figliuoli maschi, Don Giuseppe Arcangelo, che fu poi il marchese de Jacellis, D. Michele e D. Domenico. Verremo di questi tre rampolli de Jacellis occupandoci distesamente, i quali molta parte hannosi avuta nella storia che abbiam tra mani. Al presente ci terremo paghi nel dire che di questi tre figliuoli il solo che eredità quasi tutte le sostanze paterne si fu Don Giuseppe, col quale abbiamo già stretta una certa conoscenza. Le leggi del secolo in cui vivea Don Francesco davano siffatta facoltà ad un padre, leggi che la civiltà de' tempi posteriori ha corrette, distribuendo in eguali porzioni il paterno retaggio.

Di fresco era cominciato il secolo decimottavo allorchè il legista Don Francesco soggiacque a quella dura legge di natura, contro la quale sono impossenti gli arzigogoli e i cavilli dell'avocheria. Con ispasimo inaudito del suo cuore, l'avaro dovette congedarsi da'suoi tesori, da'quali egli credea non doversi giammai separare. *Dies magna et amara valde* fu per lui massimamente quel giorno estremo di sua pusillanime vita. Sette palmi di terreno inghiottirono il fabbro di tante ricchezze; e il suo dilettissimo figliuol primogenito gli chiuse gli occhi in santa pace; operazione che lo metteva subitamente in possesso di quella possanza sociale che deriva dal denaro, e che è pure una gran possanza frammezzo agli uomini.

E, perocchè il giovine erede vedevasi il bello, si propose disdire l'esempio paterno e menare una vita opposta a quella dell'amatissimo genitore, e si argomentò pigliar diletto di quell'oro che la sorte amica gli gittava a piene mani in dentro alle saccocce.

Un tozzo di pane fu gittato per misericordia agli altri due fratelli Don Michele e Don Domenico, i quali, in quella forma che se non fossero usciti del medesimo ceppo, venivan gittati in mezzo della strada in fanciullesca etade e con pessimi semi di vizii nel cuore. E, giacche la sorte inimica li bistrattava in quello stesso modo, si accordarono entrambi per provvedere allo stato loro, ed avvisarono a'mezzi che desser loro da vivere senza grandi stenti e fatiche, dacchè l'avarizia paterna li avea fatti crescere senza let-

tere e senza coltura di nessuna ragione; sicchè
per lungo volger di tempo andarono pascendo
il loro animo di quelle male intenzioui, le quali
fruttarono appresso le tristizie che narreremo.

Frattanto gran compagnia di sfaccendati giovani cavalieri stipossi incontanente d'intorno al
novello signorotto che usciva nel mondo con
quelle belle accomandazioni che le ricchezze soglion dare a'loro felici posseditori. I quali scapo-
letti, la più parte di buone famiglie, brigaronsi
di attossicare alla peggio il cuore del giovane de
Jacellis gittandovi entro a gran copia le tristi
voglie e le pendenze più sciagurate ; onde iu
breve ora gli cacciarono nel cuore non pur la
smodata sete de' piaceri , ma la più sgovernata
vanità o ambizione che dir vogli. Perchè, il de
Jacellis , veggendosi fatto segno alle più lusin-
ghiere adulazioni, a'riguardi più segnalati , alle
proteste più calde d'amicizia che gli facevano
i donzelli effeminati che si vedea per lo intorno, incominciò a credersi qualche cosa di grande e di superiore a quella schiatta men che modesta onde prendeva origine. Sdegnoso addiven-
ne verso coloro che non appartenevano a qualche seggio di nobiltà o che almanco non avessero il forziere ben munito e pesante. Più non
si accontò con quei medesimi compagni cui pur
dianzi avea con alquanta dimestichezza e amorevolezza trattati, e al postutto mostrò il più gran
disprezzo per la gente povera e dappoco. Prin-
cipiò a rodergli l'animo il tarlo d'ambizione, e
sognava dì e notte la felicita di un titolo e d'un
posticino nel libro d'oro , per ottener la quale
avrebbe dato di bella voglia una porzione delle
sue sostanze.

Ora, in quello che il giovine Don Giuseppe Arcangelo de Jacellis trafficava per carpire un titolo di nobiltà e per ingrandirsi nella estimazione de'crocchi allustrati dov'egli di presente bazzicava, ed in quello che di splendore costui circondavasi per far dimenticare le pandette paterne, Don Michele e Don Domenico de Jacellis, in astio dell'arricchito fratello, brigavansi di cancellare anche il Don da' loro nomi, e si buttavano a lucrar quattrini ne'bassi traffichi de'giornalieri. Era questo il sommo cordoglio che empiva di fiele il vanitoso cuore del germano e vieppiù ribadiva l'odio suo verso i due fratelli del cui sangue ei vergognava.

Pertanto, quelli due in sulla via di S. Giovanni a Carbonara (1) (che era in que'tempi la più nobile strada della capitale) aveano aperte due pubbliche botteghe, l'una di vinaio, l'altra di trippaiuolo, con due enormi insegne dove a lettere cubitali si leggevano il loro nome e cognome. La qual cosa fece sì che per molto tempo le istanze del Don Giuseppe Arcangelo per divenir nobile rimanessero avversate.

Rodevasi di rabbia internamente il signorotto, chè non gli era dato nemmanco muover richiami sulla ignobile profanazione che faceasi del suo cognome; giacchè sarebbe stato un confessar pubblicamente la sua ignominia del tollerare che, sendo egli così ricco, vivessero i suoi fratelli in quella abbiezione di vita. Ed è a figurarsi il rossore che copriva la sua fronte qualora altri il domandasse di qualcuno de' suoi germani, i quali nondimeno ei rinnegava all'uopo, asserendo che mai non ebbe fratelli.

(1) Oggi *via Cirillo*.

Ma se egli ingegnavasi a grattar la macchia che quel cognome sovrapposto a due botteghe gittava sul suo lustro fattizio, il vinaio Michele e il trippaiuolo Domenico non lasciavano scappar la congiuntura di far noto a' loro avventori che essi erano propriamente figliuoli del legista Don Francesco de Jacellis di felice memoria, e fratelli dell'*illustre Cavaliere* Don Giuseppe Arcangelo, che vivea con sommo sfarzo nella medesima via di S. Giovanni Carbonara.

Passarono in tal modo molti anni; e, se non fosse stata per la matta prodigalità ond'egli intratteneva i suoi nobili amici intorno a sè, costoro l'avrebbero certamente abbandonato vergognosi d'aver che fare col fratello d'un vinaio e d'un trippaiuolo.

Ma che cosa non può l'oro nell'umana società? Quali ostacoli non rimuove, quali onte non fa obbliare, quali macchie non cancella? Spuntò finalmente il dì sospirato per oltre a venti anni, nel quale il signor Don Giuseppe Arcangelo de Jacellis ottenne un marchesato e un posto tra i nobili del seggio della Montagna! Questo fu senza verun dubbio il più bel giorno della sua vita, e fu per lo oppunto per tal felicissima occasione che egli dette a' suoi amici un trattenimento di un mese, gittando gli scudi e le doppie dalle finestre.

E allora il vinaio Michele e il trippaiuolo Domenico incollarono sovra una delle pareti delle loro botteghe iscrizioni pressochè uguali a questa: *Michele de Jacellis vinaio, fratello germano del signor marchese D. Giuseppe Arcangelo de Jacellis.*

Da quanto sdegno fosse colpito il novello marchese è agevole immaginare : volea fare arrestare i due fratelli , volea che si fossero cancellate quelle ignominie ; ma il fatto è che la giustizia non potea procedere contro que'due, i quali erano nel loro pieno dritto di esporre al pubblico l' onore che si aveano di appartenere per così stretti vincoli di sangue al signor marchese.

Il quale, veggendo che ogni opera tornava infruttuosa , diliberò di cattivare l' animo de' due germani e indurli a rinunziare al loro casato , facendo lor promettere una somma di denaro. Ma il vinaio e il trippaiuolo stettero fermi e saldi sul loro proposito, nè vollero a qualunque costo sentir parlare di rinunzia al solo dritto che l'ingiustizia del genitore lasciava loro.

Il marchese si allontanò dalla via di S. Giovanni a Carbonara, e, nella speranza che i suoi amici dimenticassero le ignobili parentele che egli si avea, trasse ad abitare alla strada Ribera, (detta ora di Monteoliveto) , e quindi mutò di abitazione e molto più lungi andossene ; e per parecchi anni dimorò in un casino alle falde del monte Vesuvio. Ma la sua ambizione non consentiva che appartato si fosse dal centro della capitale ; onde novellamente qui si ridusse pigliando abitazione nella strada Toledo.

Volendo involarsi per qualche tempo alle vessazioni de'suoi germani, Don Giuseppe pensò di fare un giro nelle province , e per qualche anno di lui non si parlò nella capitale. Seppesi frattanto che molti beni e proprietà egli erasi acquistate nelle province; e specialmente in quella di Terra di Lavoro.

Non ci dilungheremo a narrare fil per filo tutte

le amarezze che gli fecero provare i suoi ama-
tissimi fratelli ; nè le continue emigrazioni del
nobile di novella data perennemente perseguitato
da un vinaio e da un trippaiuolo.

Alla età di circa quarantacinque anni, il marchese Don Giuseppe Argangelo pensò di ammogliarsi; nè fu per lui cosa molto facile la scelta
d'una sposa. A capo di tutt'i motivi che lo indu-
cevano a menar moglie era quello di avere una
discendenza a cui lasciare i suoi beni, i quali,
dove egli fosse morto senza eredi legittimi e discendenti, sarebbero toccati a' due fratelli, che
egli odiava con tutte le forze del suo cuore.

Varie famiglie di nobil lignaggio cercarono di
apparentarsi col ricco marchese, il quale ultimamente fissò i suoi pensieri e la sua scelta
sulla figliuola d'un barone napolitano, per mezzo
di cui egli aveva ottenuto di essere ascritto ai
nobili del sedile della Montagna e di essere nominato *Cavaliere d'abito*. La splendidezza delle
feste del matrimonio fu tale che per molto spazio di tempo se ne parlò nella capitale ; e per
la prima volta risuonarono di eletti cori musicali le sale del palazzo del principe di Tarsia,
dove il marchese era ito ad abitare colla sua
sposa, per tenersi lontano, il più che era possibile, dalla strada S. Giovanni a Carbonara, lungo la quale si aprivano le due maledette botteghe col suo spettabile casato a fronte.

Pertanto, per una cagione che ci è rimasta
ignota, dal dì che il marchese avea tolto moglie ed era ito ad abitare nella destra branca
del palazzo del principe di Tarsia, i due fratelli
del nobile parea che non gli dessero più tanta
molestia. Anzi, un bel dì, a grandissima com-

piacenza e soddisfazione del marchese , le due botteghe si chiusero, e quelle due orribili insegne sparirono.

Da questo tempo incominciò veramente la felicità di D. Giuseppe Arcangelo , il quale si vedeva alla fine libero di quello incubo terribile che gli toglieva il respiro: incominciò a nutricar la speranza che i suoi due fratelli fossero morti; nel qual caso, ove si fosse verificato, pel contento che ne avrebbe provato, avrebbe fatto larghissime elemosine in suffragio delle loro anime.

Ad accrescere la contentezza del marchese , dopo un anno di matrimonio, la marchesa Donna Giulia sua moglie pose nel mondo un bel fanciullo che tutto rassomigliava alla madre , che era assai bella e gentile di volto.

E questa fu eziandio un'altra opportunità per una festa lussosa, alla quale intervenne la prima nobiltà del paese.

Il sospirato figliuolo erede de'titoli e delle sostanze paterne venne a luce il dì 7 aprile dell'anno 1740; e gli furono messi i nomi di Marco-Vincenzo-Giulio,

Ma la felicità non è duratura su questa terra! Il marchese de Jacellis, al colmo d'ogni umana contentezza, ebbe il dolore di perdere l'amatissima consorte e con essa la speranza di un altro erede; giacchè la poveretta morì incinta di pochi mesi, vittima del maligno vaiuolo che in quel tempo (perciocchè non ancora godevasi la felice discoperta del gran Jenner contro questa funesta malattia) menava non poche stragi nella città e nelle campagne.

Qual si fosse il dolore del marchese per que-

sta perdita quasi improvvisa ei non è a dire;
dappoichè fortemente egli amava la sua compa-
gna e col resto de' suoi giorni ne avrebbe voluto conservar la vita. E, quantunque fosse rimasto vedovo in età non guari avanzata, giammai non volle più in appresso sentire parlar di
altro matrimonio, concentrando tutto il suo affetto sull'unico figliuolo che gli ricordava le care
sembianze della moglie.

Suolsi dire che l'abito è una seconda natura,
e questo per lo appunto avvenne nel nostro marchese; il quale, comechè afflittissimo e inconso-
labile per la perdita della consorte, non dismise
pertanto le sue consuetudini di fasto e di piaceri; e seguitò in su quel medesimo tenore di
vita a cui era stato schiavo per tanti anni.

Suolsi anche dire che il tempo è il più gran
consolatore di tutt'i dolori morali; e questo eziandio intervenne con lui; giacchè in brevissimo
tempo ei tornò ad abbandonarsi al giocondo umore che gl'ispiravano le sue ricchezze, e alla vita
galante alla quale era assuefatto nella sua giovinezza. Egli frequentava i crocchi più eletti
della nobiltà, le case delle più ragguardevoli dame; e nella estiva stagione formava di quelle
partite di divertimento a Mergellina, da noi più
su mentovate.

Con tutto questo, l'educazione del suo carissimo piccolo Marco gli stava a cuore, e su questo articolo il marchese non intendeva transigere
co' principii della più stretta morale. Onde, allorchè il fanciullo crebbe a quella età in cui è
mestiere provvedere alla sua istruzione, il marchese stimò non potersi meglio rivolgere per la
scelta d'un istitutore che a quella pia donna detta

Isabella Milone, a cui ricorrevano i più notevoli signori allorchè di qualche proba persona aveano mestieri per uffici di simil fatta.

E quando il marchese, personalmente recatosi dalla Isabella, di tanto la pregò che facesse, quella promisegli di fare il suo piacimento e di trovargli *l'uomo che ci bisognava.*

I nostri lettori già sanno la scelta che madre Isabella fece ultimamente sulla persona di D. Gaspare Scorpione; scelta che ella si affrettò a comunicare al marchese Don Giuseppe Arcangelo de Jacellis, quando l'invitò a recarsi da lei nelle ore pomeridiane dello stesso giorno in cui Don Gaspare venne a lei per consiglio.

II.

Il piccolo Marco.

Nel tempo, in cui prendiam le mosse per questa narrazione, il piccol Marco, figliuolo del marchese de Jacellis, ha compito il suo secondo lustro. Egli è davvero quello che dicesi un bel fanciullo: la sua gentil testolina è coperta di lunghi capelli color marrone che leggiadramente inanellati gli cascano su gli omeri; pieni di vivacità e d'intelligenza sono i suoi occhi neri, che traducono ingenuamente tutte le piccole gioie ed i piccoli dispiaceri che sente quel vergine cuore, benedetto da Dio con un tesoro di squisita sensibilità. La più bell'anima congiunta a sanità perfetta; ecco in due parole quello che era il piccolo Marco alla età di dieci anni.

Comechè il marchese suo padre avesse fin allora alquanto trascurata la istruzione di questo

fanciullo, questi, dotato di acutissima intelligenza, èra divenuto, pressochè senza maestri, più
dotto assai di suo padre ; il quale non si era
d'altro brigato che d'insegnargli a leggere. Egli
è per altro necessario aggiugnere ad onor del
vero che, se il marchese non si era dato gran
pensiero della istrnzione di suo figlio, avea cercato di formargli il cuore alle virtù cristiane.
D'altra parte, che bisogno aveva il piccolo Marco
di essere istrutto e letterato, quando avea nello
avvenire così splendida posizione nel mondo? I
ricchi han forse d'uopo di logorarsi la salute in
su i libri? Non è questo il mestiero dei pez-
zenti? Questo modo di pensare teneva il marchese rispetto a suo figlio; onde, sol curandosi
di formargli i costumi, estimava superfluo per
non dir dannoso tutto il rimanente, con ciò sia
che egli stesso non era un Galilei; ed estimava
esser cosa umiliante per un padre l'aver un figliuolo più sapiente di lui.

Marcuccio, come prima apparò a leggere, sembrò preso dalla smania della lettura, perchè con
avidità leggeva tutto ciò che gli cadeva sotto
gli occhi; e, sdegnando i consueti trastulli della
infanzia, passava le sue giornate a intrattenersi
con que'pochi libri che suo padre gli avea permesso di leggere, tra i quali la Sacra Bibbia,
che egli amava assaissimo, e i cui fatti principali avea mandati a memoria. Felicissimo era
l'ingegno di questo fanciullo, e soprattutto alacrissima la sua memoria, per la qual facoltà sapeva a mente un sonetto o una poesia qualunque con due sole letture. I versi gli venivano
spontaneamente alle labbra, cosa che moltissimo
incresceva al signor marchese suo padre, come

quegli che reputava arte abbietta e ignobile la
coltura delle muse. E spesso rimprocciava al fanciullo questa sua pendenza e disposizione a poe-
tare, e il minacciava di metterlo in castigo, qualora gli avesse fatto udire altre sconcezze di questa fatta.

Non so come egli avvenne, che capitasse tra
le mani del nostro Marco un volume delle opere
del Metastasio, il quale in quel tempo godeva
alla corte di Vienna agi ed onori. Non sapremmo dire quale e quanto diletto porgessero al caro
fanciullo que'drammi scritti nella più rara semplicità onde possano rivestirsi i più sublimi con-
cetti.

Egli lesse e rilesse quell'amato volume sino
a mandarselo interamente a memoria. Alcune
massime e sentenze del poeta Cesareo rimasero
profondamente scolpite nell'animo del garzoncello,
producendovi una impressione incancellabile, ed
addivennero in appresso le norme della sua vita.

Nulla di quello che suole allettare gli altri
fanciulli era capace di adescare l'animo quasi
virile del nostro Marco, il quale, se togli una
estrema curiosità che lo agitava continuamente
e una mobilità infinita di desideri, niente altro
avea del fanciullo.

La sua contentezza maggiore era quando potea carpire qualche libro; e una volta che gli
cadde sotto gli occhi un libro latino, egli rimase per alcun tempo tristo e malinconico di
non poter capire ciò che si contenesse in quelle
pagine. E da questo momento incominciò a pregare il genitore che gli facesse apparare la lingua latina, o almeno gli mettesse nelle mani
qualche grammatica di questo idioma; giacchè

7*

da se medesimo egli avrebbe saputo cavarne il sugo.

Il marchese de Jacellis estimava inutile per un gentiluomo la cognizione dell'idioma del Lazio; ciò nondimeno, come egli grandemente amava quel suo figliuolo, non potea far rimanere un suo desiderio non soddisfatto; e gli promise di mettergli attorno al più presto un professore di latino, che in pari tempo avesse fatto appo lui l'ufficio di aio e di maestro.

Alquanti giorni dopo che l'Isabella avea fatto venire in sua casa il marchese de Jacellis per comunicargli la scelta che avea fatta del novello precettore del fanciullo, che quegli approvò interamente, tutto fiducioso nelle ispirazioni della pia donna, e senza pigliar veruna informazione sulla persona che gli venia proposta, Don Gaspare Scorpione, ovvero la così detta *Cuccovaja di Porto*, veniva stabilito nel magnifico palazzo di Tarsia; in due stanze morbidissimamente addobbate, e per lui solo ordinate. Un servo fu messo a suoi comandi, non meno che una carrozza assai splendida. Tutt'i riguardi e le cerimonie e gli ossequi gli furono usati, a tenore di quanto gli avea promesso l'Isabella. Oltre a ciò, venne assegnato al signor precettore l'annuo stipendio di milleduecento piastre di Spagna.

In su i primi giorni che Don Gaspare trovossi a casa del marchese de Jacellis, egli credea che fosse un sogno tutto quello che gli era avvenuto; tanta impensata felicità lo stordiva, lo abbagliava; e in alcuni momenti lo assaliva un vago timore che tutto ciò fosse opera diabolica, e che però la sua anima fosse dannata in eterno. Questi pensamenti peraltro non metteano salda radice nell'animo suo, giacchè gli agi e le contentezze che or godeva non consentivano che le triste idee albergassero a lungo in lui. Arrogi, che, come tanta felicità gli veniva per lo mezzo di madre Isabella, la quale ei teneva in concetto di donna esemplare per virtù, così non ci era motivo di temere che il demonio avessegli teso un agguato.

È pur d'uopo confessare che la prima volta che Don Gaspare si era offerto agli occhi del marchese, non avea fatto una favorevole impressione nell'animo di costui, il quale si pensava che tutt'altro dovesse essere l'aspetto del precettore, che quello della persona raccomandatagli dalla Milone. Ma suol la virtù o l'ingegno annidare il più delle volte in corpi deformi, nè hassi a giudicare dello interno di un uomo da quello che di fuori apparisce, pensò subitamente il marchese; e fu largo inverso Don Gaspare di quell'accoglimento che si conveniva al precettore del suo dilettissimo figliuolo. Seppe l'astuto Scorpione, fin da' primi momenti che si trovò al cospetto del marchese, sottilmente insinuarsi nel costui animo con quelle parole e con que' modi che sogliono tenere i bassi adulatori per cattivar la benevoglienza di coloro da cui alcun pro sperano di carpire. Onde molti elogi sperticati profuse il volpone sulla magnificenza del nome che il signor marchese godeasi nella capitale, sul grido di filantropia per lo quale benedetto veniva da tutta la popolazione, ed in ispezialità per lo splendore della sua nobiltà, onde grandemente onoravasi il seggio della Montagna.

E poscia che una infilzata di paroloni ebbe

snocciolato il venditor di cujussi per estollere a
cielo le virtù e le magnificenze del signor marchese, fece cadere il discorso sulla importanza
d'un'accurata educazione da darsi all'unico erede
di tant'uomo; e accartocciò un lungo sciloma
per esporre un disegno di educazione al tutto
conforme alle leggi della più pura morale e al
galateo della più elevata aristocrazia. Un simil
parlare fu condito da una infinità di passi latini
messi giù appositamente per dare di sè al signor
marchese un'alta idea, la quale non fosse uscita
minimamente dalle raccomandazioni della Mellone.

Nè crediamo apporci male nello asserire che
questo fatto del suo innalzamento a precettore
dell'erede di sì nobile gentiluomo incominciò a
stillare nell'animo del Gasparo alcuni pruriti di
vanagloria, tenendosi dappiù di quello che fin
quì egli erasi tenuto, e a gonfiargli la vanità in
tanto che finì col credere la Mellone non aver
fatto altro che rendergli la pura giustizia nel
proporlo a casa de Jacellis.

Ben s'intende che il nostro Don Gaspare avea
dato un sempiterno addio al suo meschino domicilio in via del *Cetrangolo* abbasso Porto. Raccolto tutto ciò che egli reputava essergli necessario, il resto (che era piccolissima cosa) avea
lasciato ivi rinchiuso, nè avea voluto disfarsene
per via d'una vendita, giacchè temea di non
isvegliare la curiosità del vicinato, che colle sue
voci malevoli avrebbe potuto mettere a repentaglio la sua brillante posizione appo il marchese.
Bensì il cuore gli si spezzò nel metter fuora del
caro focolare domestico l'amatissimo gatto che
per tanti anni era stato suo compagno insepara-

bile. Don Gaspare avrebbe potuto menarlo seco
tra gli splendori e gli agi della novella sua dimora; ma questo non fece per una ragione, in-
sussistente in apparenza. Fin da quel dì che il
gatto parve s'indemoniasse, Don-Gaspare temè
un novello accesso di follia nel suo caro e vecchio amico; e, siccome ei non sapeva fino a che
punto avrebbe potuto spiegarsi tal demenza, si
avvisò prudente consiglio l'allontanare il pericolo;
tanto più che il Don Gaspare ricordava come
quel fatto del buon micione avesse menato addietro a sè la comparsa di quel bandito che
venne a chiedergli del danaro da parte e in nome di Don Aniello il baciliere. Ora il rispettabile precettore, per una suscettibilità di paura
che i cennati fatti giustificavano in mente sua,
commise la nera ingratitudine di mettere in mezzo
alla strada quel povero innocente animale che
avrebbe potuto vivere anch'esso da sultano co'soli
frastagli della mensa del marchese.

Non ci occuperemo delle dicerie, de' comenti
e delle conghietture che seguitarono alla sparizione della *Cuccuvaja* dai soliti luoghi ove questi bazzicava; nè sappiamo quello che di questo
avvenimento pensassero i pizzicagnoli e i tortai,
de' cui figliuoli la *Cuecuvaja* era il precettore,
il quale così impensatamente era sparito. Le donnicciuole asserivano esser Don Gaspare passato
all'altro mondo, perchè se lo erano sognato che
rompeva uno specchio; altri giuravano di averlo
visto a passare pel *Molo Piccolo* correndo come
se alcuno lo inseguisse; altri teneano che il diavolo se lo avesse beccato in anima e corpo, essendo egli il suo più fedele aiutante di campo.

E di quest'ultima opinione erano massimamente coloro che Don Gaspare aveva arricchiti, la mercè de' numeri del lotto che loro avea dato. Quali che fossero intanto i pareri sul fatto della sparizione del gufo-latinista, dopo tre o quattro giorni la gente cessò di occuparsene, per quella specie di mobilità che s'incontra nel volgo, sempre pronto all'offesa, al perdono ed all'obblio.

Or facciamoci ad esaminare da quali sentimenti fosse compreso il piccolo Marco rispetto al suo precettore.

Abbiam già dato un cenno dell'acutezza di mente di questo fanciullo e del suo spirito investigatore superiore alla sua età. Allorchè egli vedea per la prima volta un novello arrivato nella sua famiglia, si metteva a ragguardarlo e a considerarlo con molta attenzione; e raramente l'istinto di questo fanciullo ingannavasi nello ingenuo giudizio che internamente facea di quel tale. Nè dissimulava il suo sentimento di antipatia o di attrazione verso gli amici di suo padre che frequentavano la casa.

Però diremo che quando per la prima volta gli occhi del piccolo Marco si portarono sulla persona del suo novello precettore, ebbero tostamente a rinchiudersi per un moto irrefrenabile di ripugnanza che la faccia di quell'omicciatto gl'ispirò. E quando suo padre gli comandò di andare a baciar la mano del suo maestro ed aio, il fanciullo die' un passo addietro, e mostrò in tutta la schiettezza del suo leggiadro visino l'inesplicabile antipatia che sentiva per quello Scorpione.

Don Gaspare si avvide della poco favorevole impressione che avea prodotta sull'animo del suo

allievo,; e temè per la carica ; si armò ben tosto del più sguaiato sorriso che potè conformare
negli angoli delle sue labbra, e con esso invitò
il piccolo Marco ad accostarglisi. Ma il fanciullo,
quasi che avesse divisato sotto quel furbo sorriso l'animo codardo e perverso del maestro, si
ostinò a non volergli baciar la mano, a dispetto
del comando del genitore; il quale fu costretto
alla perfine di chiedere scusa per quella apparente mancanza di rispetto, che doveasi attri-
buir soltanto alla naturale timidezza d'un fanciullo che vede per la prima volta un'autore-
vole persona non mai veduta per lo addietro.

Se rapidissimo era stato il sentimento di avversione che era nato nell'animo del giovinetto
Marco all'aspetto del suo precettore, non meno
rapido fu l'istinto di antipatia che il leggiadris-
simo sembiante del fanciullo fe' nascere in petto
a Don Gaspare, antipatia che la bellezza dello
aspetto ingenera subitamente ne' deformi. Aggiugni che l'ostinarsi di Marco a non voler baciar la mano dello spettabile suo maestro ed
aio, nonostante i comandi paterni, non era tale
da muovere la compiacenza dello Scorpione,
che vide in questo primo fatto un funesto au-
spicio per la sua futura carriera.

Per quanto avesse cercato d'inzuccherare le
sue parole, in rivolgendole al piccolo allievo,
Don Gaspare non potè dissimulare la sua rabbia, che si traduceva in un brutto sogghigno
che gli contorcea le labbra.

Il fanciullo pianse in tutta quella giornata,
non si potendo assuefare al pensiero che quel
rospo dovesse essergli maestro ed aio, e ch'ei
dovesse con quello passare gran parte della sua

giornata. Rampognato da suo padre perchè a-
vesse dimostrato così poco rispetto inverso il
maestro, egli rispose colla sua solita schiettezza e ingenuità che la faccia di quell'uomo gli
destava una invincibile ripugnanza, che egli non
sapea governare; e a calde lagrime pregò il genitore che gli desse altro maestro, giacchè ei sentiva che gli sarebbe stato impossibile vivere con
quel brutto personaggio. Il marchese fu sordo a
queste parole che egli tenea come infantili apprensioni; cercò di mutar i sentimenti del fanciullo, e, nol potendo, il rimprocciò con modi
severi e duri e il minacciò di severo gastigo, dovechè avesse perdurato in quelle fanciullaggini.

Da quel giorno, l'innocente e caro sorriso
sparì dalle labbra del piccolo Marco.

Invece la soddisfazione mista all'odio apparì
sulle laide e ipocrite sembianze dell'aio Don Gaspare

III.

L'aio e l'allievo.

Non diremo come scorsero alquanti mesi dacchè Don Gaspare trovavasi stabilito in casa del
marchese, imperocchè nulla di notevole avrem-
mo a narrare.

La cameretta di Marco era attigua al piccolo
appartamento del maestro, affinchè questi potesse aver sott'occhio continuamente il fanciullo
affidato alle sue cure. Il marchese con piena ed
illimitata confidenza nella saggezza dell'aio acco-
mandato da quella sì virtuosa e divota femmina, erasi interamente dispogliato d'ogni altro

pensiero riguardante l'educazione del figliuolo ;
ed ora più nol vedea che al desinare e alla
cena.

La sera giuocavasi a Tarsia; molti tavolini da
giuoco si ordinavano in casa del marchese ; e
divieto formale era stato fatto al fanciullo di
comparire nel salotto dove si giuocava; giacchè
avvedutamente il genitore non voleva esporre il
malo esempio agli occhi di lui ; onde rarissime
volte ei compariva frammezzo a' numerevoli crocchi che sedevano in quel salotto.

Diremo succintamente il tenore di vita al
quale il piccolo Marco avea dovuto sottoporsi,
dappoi che era venuto in casa il suo precettore
ed aio. Alle sette bisognava levarsi il mattino e
dire assiem coll'aio le preci ; il quale, durante
questo pio dovere, non permetteva al fanciullo
la benchè minima distrazione. Appresso, faceasi
colezione dal maestro e dal discepolo, colezione
assai forte e nutritiva, dopo la quale, riposati
una mezz'ora per lasciare al signor maestro una
libera e comoda digestione, si veniva allo studio
della lingua latina che si protraeva in sino alle
dieci ed anche più tardi. Inesorabile era il signor D. Gaspare in su questo articolo ; e non
voglia il cielo il marchesino avesse malamente
apparato a mente i suoi cuiussi ! il diginno più
severo tenea dietro a questa massima colpa,
digiuno che il maestro avea cura di far eseguì-
re alla lettera, con ciò sia che una sola volta
si avesse l'opportunità di punirne l'allievo sempre diligente, sempre studioso, sempre accurato
in tutto ciò che facea. I nostri lettori ricorderanno che il piccolo Marco avea da sè medesimo chiesto in favore al padre di fargli studiare

l'idioma latino. Gli è vero che se il tapinello avesse poputo antivedere di che razza d'uomo sarebbe stato condannato ad essere allievo, avrebbe anzi pregato il padre di assoggettarlo a qualunque specie di martirio piuttosto che a quello cui veniva sottoposto.

Fornita la lezione di latino, era permesso al fanciullo di sollazzarsi un'oretta, concessione della quale Marco si valea sul principio per abbandonarsi alla lettura de'suoi libri favoriti, che erano tra gli altri la *Gerusalemme Liberata* di Torquato Tasso, i drammi di Metastasio, e un libriccino che egli leggea di nascosto, e che amava su tutti, *Le Rivelazioni di un centenario*, nel quale erano svelati moltissimi fatti curiosi avvenuti sotto i Vicerè. In quest'opuscolo l'autore esponeva benanche il metodo di vita semplice parco e laborioso, ond'era giunto a toccare la bella età di oltre a cento anni, conservando così intatte le sue facoltà mentali da poter lucidamente scrivere i particolari della lunga sua vita.

Don Gaspare, che odiava qualunque libro che non era la grammatica latina di Porretti, il *Limen grammaticae* e qualche altra pedantesca opera di simil conto, avvedutosi che il suo allievo, invece di darsi alle ricreazioni proprie della sua età, prendea diletto a leggere le scapataggini de'poeti, ordinò che fossero messi al fuoco il Tasso e il Metastasio assieme a tutti gli altri libri che formavano il diletto del povero Marco. Qual si fosse il dolore di questo giovinetto nel vedersi strappata tanta parte del suo cuore, sel figureranno i nostri lettori. Egli andò a gittarsi in lagrime a' piè del suo genitore, e gli espose la crudeltà commessagli dall'aio. Il marchese era uomo di buon senso, molto volea bene a suo figlio, comechè severissimo si addimostrasse sul fatto della educazione; e questo atto troppo duro spiacque a lui; ma, però che teneva l'aio in concetto di prudente educatore, attribuì tanta severità alla regolare scrupolosità che si adombra delle più piccole cose, e che teme sempre l'ascoso veleno che può ascondersi nelle opere anche de' più reputati autori. Per la qual cosa, invece di dar soddisfazione a suo figlio, lo esortò a mostrarsi sempre docile e obbediente al precettore, il quale non potea volere che il suo bene.

Diremo intanto che nella conflagrazione generale de'libri di Marco non andarono compresi le *Rivelazioni di un centenario* e qualche altro libro che il fanciullo avea saputo sottrarre al barbaro *auto-da-fè*.

La *ricreazione* finiva alle undici. Dacchè non potè più procacciarsi il diletto della lettura favorita, il piccolo Marco preferiva di spendere quell'ora nel gran loggiato, e respirare liberamente senza la presenza del suo oppressore. Era quella l'ora più felice della sua giornata.

A mezzodì, secondo l'antica consuetudine, era servito il desinare. L'aio aveva a tavola il posto di onore dopo quello del marchese; e le più delicate preferenze erano per lui, che non risparmiava le mascelle.

Bisogna far notare che il nostro Don Gaspare avea licenza di mangiare quante volte gli piacesse nel corso della giornata, licenza di che abusava il crapolone coll'empirsi il ventre il più che poteva, e in special modo nell'ingollare una scandalosa quantità di vino ; onde a rari momenti era in sè, e il più delle volte era ebbro come una botte.

Appresso il desinare, si facea *la siesta* in ogni stagione secondo il costume spagnuolo; ciò vuol dire che tutta la famiglia si metteva a letto per un paio d'ore. E Don Gaspare, che aveva in corpo più roba degli altri a smaltire, ed a cui il vino annebbiava di grossi vapori l'intelletto, si levava assai più tardi degli altri.

Era questo per lo appunto il tempo del giorno, in cui Marco si dava alla lettura dei suoi libri prediletti; imperciocchè, stando solo nella sua cameretta, sotto pretesto di dormire, aveva agio di burlarsi del rispettabile maiale che si dicea suo professore.

In sulle ventun'ora, Marco pigliava lezione di ballo, esercitazione alla quale con malissima voglia ei si prestava, ma che suo padre gli avea grandemente raccomandato; giacchè, dicea, non potersi dare compiuta educazione da gentiluomo senza il ballo; il quale a quei tempi era difficile e lungo ad apprendersi per le tante svariate danze di grazia che si adusavano.

Alle ventidue ore si facea mettere in ordine una carrozza e si usciva a diporto. Il marchese, slanciato sempre nel vasto campo delle visite e de'ritrovi aristocratici, non avea che rare volte il tempo di menare il figliuolo a spasso; laonde, poi che fu venuto l'aio in famiglia, il marchese il pregò che nelle belle giornate e nelle ore pomeridiane recasse a diporto lo allievo, sempre pertanto che non fosse stato scontento di lui per le lezioni malamente apprese il mattino.

Questo a Don Gaspare incresceva non poco ,

primamente perchè piacevagli più di starsene a casa nelle ore dove il marchese non era, ed in secondo luogo, perche la compagnia di quel fanciullo troppo intelligente e vivo d'ingegno non andava troppo a sangue al sozzo latinista. Perchè, or con un pretesto, or con un altro, si rimaneva accoccolato in sul braciere, e gustava le dolcezze d'una obbedientissima e rapida digestione, che gli prometteva il pronto ritorno dell'amico appetito e la pronta soddisfazione di esso.

Ciò nondimeno, era scorso un buono spazio di tempo. dacch'egli si trovava in casa del de Jacellis; le buone e lunghe giornate eran venute; ed egli aveva esaurito tutte le argomentazioni di pretesti e di scuse ; e però dovea piegare il collo alla fastidiosa necessità di menare a spasso l'odiato fanciullo, veggendo che oggimai non potea più avanti sottrarsi a'desideri del marchese, senza pericolo di mettere a rischio il suo magnifico posto.

D'altra parte, da qualche tempo gli era sorto nell'animo un pensiero, che gli dava una certa molestia , perchè rintuzzava e raffrenava i suoi malnati istinti di odio verso quella creatura. Egli pensava che dovea un poco badare alla salute del suo allievo, sulla vita del quale riposava il suo impiego, e che però non dovesse tanto inasprirlo e soprattutto render tisico su i libri. Pensava: richiedersi un tantino di divertimento per esilarare lo spirito che sembrava molto intristito del fanciullo; lui stesso dover por freno alla sua avversione per l'alunno e trattarlo con più dolcezza; gli scemerebbe quind'innanzi la troppa fatica del latino; eviterebbe i digiuni i quali, nel suo mò di vedere , doveano appassire la salute del garzoncello; gli farebbe pigliare qualche sollazzo , e veglierebbe attentamente sulla conservazione di lui.

Posto questo proponimento, non indugiò a contentare il marchese e a soddisfare a quello che egli estimava una necessità ; e ordino che una carrozza fosse pronta per quel dopo pranzo, alle ore ventidue e mezzo.

Era un giovedì del mese di marzo; il tempo era serenissimo e mite come suole essere in Napoli nella stagione di primavera.

Marco mostrò dapprima alquanta renitenza ad uscire col suo pedagogo; ma il padre , avendogli mostrato il suo fermo volere, fu forza obbedire , e chi avesse veduto la mestizia del volto del tapinello avrebbe detto che a qualche severissimo castigo lo si andava a trarre anzichè ad una gita di diporto.

Don Gaspare si abbigliò così che pareva un pappagallo o un tacchino rigonfio. Se volessimo presentarne una immagine a' nostri lettori , diremmo loro di figurarsi la foggia del *vecchio* che si usa porre dai nostri giovani a tempo del carnevale. Una parrucca enorme gli copriva la fronte come un castello, un abito di velluto color viola cogli orli ricamati e con bottoni brillantati , un corpetto di seta pulce con fiori ed arabeschi d'argento ; una strepitosa gala di camicia , e tre oriuoli con isplendidissimi ciondoli; calzoni color fava con fibbie di oro, e scarpini di vitello con nastri rossi, formavano il suo abbigliamento grottesco. Una mazza di legno di zucchero con gran pomo d'oro e borchia d'avolio e nappicella di seta, compivano la ridevole solennità del suo vestimento, che facea più curiosa vista accanto alla incantevole semplicità degli abiti del fanciullo.

Don Gaspare fece porre quattro cavalli all'altissima carrozza, e si sdraiò su i morbidissimi seggi: il fanciullo gli era seduto dirimpetto : il suo servidore particolare era addietro in gran livrea, come eziandio il cocchiere: entrambi portanti immensi cappellacci a tre spicchi.

Massimo pensiero del nostro aio fu quello di evitare i luoghi ne'quali poteva essere conosciuto; epperò dispose un giro di passeggiata per siti dove maggiore era la probabilità di rimanere straniero. Disse al cocchiere di guidare a' borghi, scendendo per Porta Regale insino alla Chiesa della Sanità.

Il più profondo silenzio regnò tra l'aio e l'allievo in sul principio della passeggiata, ciaschedun di loro due sembrando concentrato ne'propri pensamenti. Ma una scena accadde in occasione di certi poverelli che si affollarono intorno allo splendido cocchio per chiedere l'elemosina a quello che essi credeano un magnifico signore. Il giovanetto, mosso a pietà di que'mendici, avea pregato il suo maestro di dar loro qualche moneta, la quale esso avrebbe fatto rimborsargli da suo padre nel ritornare a casa. Ma quel briccone ordinò al cocchiere di far suonare la frusta su quei malandrini, siccome ei nomavali, i quali ardivano insozzar colle loro mani gli sportelli del cocchio, a gran rischio di offuscarne lo stemma.

Siffatta brutalità fece avvampar di sdegno il nobil cuore del giovanetto, che, levatosi incontanente, fermò il braccio del cocchiere, comandandogli, in nome del suo genitore, di non toc-

car più avanti quegl'infelici. In pari tempo, preso
da irresistibile slancio di generosa compassione,
e volendo umiliare e confondere la superba alterigia del suo aio, si tolse dal dito un anello al
quale era incastonata un'amatista di gran valore,
e il mise nella mano d'un fanciulletto di circa
sei anni, il quale gittava al cielo gli strilli più
acuti per un colpo di frusta sull'occhio che quel
barbaro del cocchiere gli avea dato. Quell'anello
era un regalo che il marchese avea fatto a suo
figlio in occasione del costui giorno onomastico.

Lasciamo immaginare la scena che seguitò a
questo fatto. Don Gaspare strepitava che quel
fanciullo restituisse l'anello, comandò al servo di
andarlo a raggiungere; ma il servo era un vecchio, e per iscendere dal suo seggio prese tanto
tempo che il monello s'involò, colla rapidità d'un
passerino, allo sguardo di lui.

Il maestro minacciò l'allievo de' più crudeli castighi; ma questi, contentissimo di aver fatta una
bella azione e dato un'umiliazione a quel galli-
naccio, si fe' beffe delle sue minacce.

Ma l'umiliazione che il piccolo Marco avea
dato al maestro era un nulla a paragone di quella
che il cielo gli apparecchiava dopo alcuni minuti appena da quella scena.

Erano arrivati colla carrozza a quel sito, donde
si comincia a calar giù per un bello stradone che
si addimandava l'*Imbrecciata della Sanità*, allorchè, non sappiam di che luogo venisse, una
voce rintronò per quella discesa, e che fece al-
libire la brutta faccia di D. Gaspare: quella voce
avea proferito il nome di *Cuccuvaja di Porto*.

Questo bastò perchè di repente si levassero
alte strida per quello stradone, le quali ripete-

vano quelle due abborrite parole; e una folla di
lazzari, di monelli e di donnicciuole si agglo-
merasse intorno al cocchio; e chi si affacciava
iu su gli sportelli, chi saliva su i predellini, chi
si arrampicava al seggio del servidore; chi tirava il codino del cocchiere, chi afforcava le
gambe su un de'cavalli; e le risa, gli sberleffi,
i vituperi erano tali e tanti che Don Gaspare
avrebbe voluto trovarsi quattro palmi sotterra;
nè erano valute le mazzate che egli facea pio-
vere su quella masnada, la quale ora più si aiz-
zava e imbestialiva. Una grossa arancia scagliata
non si sa donde fece volar per aria il cappello
del cocchiere, e un'altra andò a schiacciarsi sulla
gala di camicia del rispettabile messere che era
in carrozza. Don Gaspare era fritto!

La peggior disgrazia si fu che, trovandosi la
carrozza al cominciar della discesa, non poteano
sferzarsi i cavalli e torsi a quell'abbominio.

Le *grida* de' mendici battuti erano vendicate
dalle *grida* di scherno onde l'orgoglioso era pu-
nito!

Egli è facile immaginare quali e quanti pensieri corressero per la mente del fanciullo Marco, dappoi che, venuta sul piano la carrozza e
sferzati i cavalli, si vide il maestro libero di
quella marmaglia che per buon tratto di via avea
seguitato a vituperarlo con alte voci e ingiurie.
La cagione ignorando di quelle contumelie, e
pur da'detti di quella gentaccia insatanassata qualche cosa arguendo che vergogna porgesse al superbo maestro, il fanciullo, fattosi vergognoso
più che non era quegli, non osava levar gli occhi attoniti da'suoi piedi verso i quali gli aveva
appuntati, come colui che da una parte pietà

sentiva per tanta vergogna che era venuta al-
l'aio; e dall'altra un secreto compiacimento gli
veniva all'animo per la confusione che il maestro erasi meritata. E, avvegnachè bene non fossero prese dallo intelletto le cose avvenute, nondimeno il fanciullo avea ben chiaramente capito esser l'aio rispettabile non altri che un celebre furfante, zimbello de'monelli e oggetto della
pubblica derisione.

Questa persuasione entrò nel misero e ben-
nato cuore del fanciullo con amaritudine non
mai per addietro provata; imperocchè quanta
vergogna di questo fatto derivasse al genitore,
sentiva, comunque certamente si manifestasse
la cosa che il genitore era stato barbaramente
ingannato sul conto di quell'uomo che esser dovea suo mentore, dove chè il più guitto monello
di strada si credeva nel dritto di vilipenderlo
pubblicamente. Cotal caso gli facea salire sulle
belle gote la più ardente fiamma di rossore, e
gli rimescolava sossopra tutto il sangue.

Se tra tali pensieri e gravi doglie occupata
era l'anima del giovinetto, ci piglia paura di
descrivere quello che avveniva in petto del nostro Don Gaspare, l'anima del quale parea volesse fuggir da lui, e forse fuggita sariesi, se
in un corpo meno assuefatto a quelle umilia-
zioni fosse dimorata. Gli orecchi gli zufolavano
in quella guisa che se cento mosconi si fòssero
divertiti a ronzarvi entro; una nube gli era ca-
lata innanzi agli occhi per mo' che non sapea
rendersi ragione se stesse in su la terra de'vivi, ovvero se nel profondo inferno fosse ito a
piombare con tutta la pelle; le mani, similmente che ad un paralitico, gli tremolavano;

e un sudore dell'agonja di morte scorreva lunghesso le meschinità della faccia.

Per lungo spazio, nel mentre la carrozza rapidissimamente correva quasi all'impazzata, e quasi che i cavalli avessero voluto vendicarsi correndo della forzosa dimora che avean fatto in mezzo a quella tafferugia, Don Gasparro non era uscito di quello stato di totale ecclissi della mente dove la scena di anzi lo avea gittato. E siam sicuri che il meschino non ne sarebbe uscito se le reiterate richieste del cocchiere, il quale gli domandava qual via dovesse oggimai tenere, non avessero a' miseri spiriti di lui renduto le paurose forze, richiamandolo, forse a sua mala voglia, alla vita.

Ratto come un baleno si affacciò all'atterrita mente la trista posizione in che egli si trova; e l'aspetto del fanciullo mutolo e cogitabondo che di prospetto a lui sedeva, il fece accorto de' pericoli che ormai ei correva di vedersi, per quell'avverso caso sopravvenutogli, strappato di pugno la fortuna che poco stante sembrava con tanto amore fargli buon viso.

Nè si arrischiava pur di rizzar gli occhi sul volto del discepolo, nella paura che avea di leggervi la sua condanna; giacchè ben sapeva il malandrino che quel fanciullo non era di grosso e tardo intendimento e che, senza verun dubbio al mondo, la luce tutta piena, o per lo manco non incerti barlumi aveano dovuto rischiarargli la mente sul fatto suo. Questa fiata adunque, più che mai nella sua vita, il barbagianni incipriato avea maledetto in cuor suo allo ingegno e a coloro che lo posseggono; e più fortemente il suo perfido cuore si era infiammato di stizza e di odio per quel garzone bilustre, da una parola del quale dipendeva da quì innanzi la sua buona o rea fortuna.

Per quello che dipendea dal cocchiero e dal servitore; il maestro avea già deliberato fra sè quello che aveasi a fare per farli tacere: spremere un poco la borsa nelle loro tasche, era tutta la pena, accompagnando pertanto il regaluccio con formidabili minacce di farli congedare immantinente qualora avessero fiatato un motto sullo accaduto.

Oltre questo, il signor Scorpione non mancava di furberia, e con brievi parole avrebbe saputo colorare e mascherare il fatto, quante volte que' due furfanti avessero al marchese fatto manifesta la vergogna lor toccata in sullo stradone della Sanità.

Avrebbe detto certamente, quella marmaglia averlo tolto in iscambio di qualche infelice, a cui erasi appiccato il nome di *Cuccuvaja di Porto;* avrebbe soggiunto, sè esser noto e stranoto nel paese come letterato di prima forza; madre Isabella esser lì pronta a rendergli la debita giustizia; non dover le ingiurie di quattro matti mascalzoni offuscare il suo merito e le sue virtù; appellarsi ultimamente alla coscienza dello stesso signor marchese perchè non il privasse della stima e della osservanza che sentiva di meritarsi, quantunque siffattamente rinvilito fosse stato da quella mano di malcreati; contro i quali egli avrebbe invocato la giustizia punitrice delle leggi.

Rincorato e preso animo in questi novelli pensieri, fermò di non far niente di quello che dapprima, per gli stimoli sconsigliati della paura, avea deliberato di fare; cioè di corrompere a tacere i servi ; perciò che, dove questo avesse fatto e costoro avessero parlato non ostante la subornazione, inutili o almeno sospette sarebbero riuscite le argomentazioni contrarie ; laddove, col conservar lui la serenità dell'animo dava chiaramente a divedere esser del tutto innocente vittima d'un *qui-pro-quo* popolare.

Ma, con tutto questo, qual contegno assumere di rimpetto al fanciullo? Come sarebbesi regolato riguardo alle giustificazioni che il caso pareva addimandasse?

Doveva egli scendere ad umiliarsi al cospetto del discepolo, pregandolo di non far motto al padre di quanto era accaduto? Ovvero miglior consiglio sarebbe stato il serbar silenzio dignitoso, affidandosi pel rimanente alla sorte che favorisce i birbanti?

A quest'ultimo consiglio per lo appunto si appigliò il birbante ; e, senza che tra lui e il discepolo fosse passata nemmanco una parola, si ritirarono a casa nell'ora che le stelle incominciavano a togliere alla luce del giorno la vaporosa sua trasparenza. E l'ora tarda erasi fatta così, perchè cacciatasi la carrozza nell'aperta campagna, dopo vario raggirarsi, affin di sfuggire alla plebaglia imbaldanzita, molto spazio di tempo avea messo al ritorno.

Il marchese non era a casa in quella sera, nè si ritirava a dormire in quella notte ; epperò Don Gaspare aveva il tempo di apparecchiarsi all'assalto il dì vegnente qualora gli si fosse chiesto conto dell'accaduto del giorno.

Nel ritirarsi a casa, e come prima egli entrò nel suo quartino, chiamò il suo servo, e mettendogli nella mano una moneta di mezzo scudo come se avesse inteso regalargliela soltanto a titolo di buon servizio prestato , gli raccomandò di non far motto con alcuno su quello che era avvenuto alla Sanità; e non trascurò di far comprendere a quell'uomo che tutta quella scena era accaduta per un equivoco preso da un furfantaccio, che egli avrebbe fatto castigare come si conveniva.

Lo stesso fece col cocchiere; a cui raccomandò parimente il silenzio , dandogli a intendere che tutto era stato un error popolare.

Intanto, come l'ora della cena del fanciullo fu suonata, il maestro volle che la mensa fosse questa volta imbandita nel suo quartino: egli pure avrebbe assaggiato qualche bocccone in compagnia dello allievo , al quale aveva a dir qualche cosa.

Marco sentì con somma noia questa voglia del suo aio , il quale pel consueto pigliava la sua merenda solo nelle sue camere, nè avea giammai richiesto del fanciullo allorchè mangiava.

Si ordinò la tovaglia per l'aio e pel fanciullo , i quali si sedettero a tavola come due nemici , tanto era visibile su i loro volti la ripugnanza che aveano a ritrovarsi assieme.

Durante questa merenda che per Don Gaspare fu prima cena, gli occhi di entrambi non si partiano da' piatti messi loro avanti; e nissuno dei due rompeva il silenzio ; tranne che ad intervallo si udiva la voce più rauca dell'aio che dava qualche comando al servo.

Don Gaspare mangiò e bevette più del consueto, forse per soffocar quella noia che gli avea data la scena del giorno , o forse per istordirsi alquanto sulla sua presenta situazione. Marco, pel converso, non avea toccato il cibo, perciocchè la malinconia causatagli da quanto era avvenuto gli avea fatto nodo alla gola. E quando per la prima volta si arrischiò a levare un timido sguardo sull'uomo che gli stava di contro, ebbe a raccapricciare nello scorgere il carattere della fisonomia di lui e il colore della faccia che era di un rosso fosco come il riverbero di un incendio.

Dappoi che la tavola fu sparecchiata, Don Gaspare aprì quattro o cinque volte la sua scatola di argento, sorbì per le nari un'oncia e più di tabacco leccese; e disse al servo che bramava di star solo col fanciullo.

Quando furono lasciati soli, così Don Gaspare incominciò:

— Ebbene, mio caro Marco, che ti pare della molestia che mi han dato addosso quegli scellerati, *quos ego. . .*! come dice il sommo Virgilio? Che ti pare di esser fatto io zimbello agli scherni di quei ribaldi per un *qui-pro-quo*; giacchè quegli assassini hanno creduto di scorgere in me colui o colei che addimandavano la *Cuccuvaja di Porto*? Io non posso riconciliarmi l'animo colla vergogna che mi han dato! Ma che vuoi, mio caro Marco! sarebbe il genere umano assai felice se non ci fossero questi proditori! *Quid humano generi felicius, si omnes esse possent amici!* Ecco ciò che significa il non saper di lettere, massime di lettere latine! Se quelle bestie avessero avuto la benchè minima cognizione, non si sarebbero spinti a que' vituperevoli eccessi contro un uomo della mia levatura. Impara, figliuol mio, a conoscere gli uomini; dacchè tu pure un dì sarai uomo al pari di me. Questa sozza plebaglia, mio caro discepolo, non sa mica quello che fa. Somigliantemente a un branco di pecore, egli basta che l'un di loro si ecciti a qualche azione sia buona sia cattiva, perchè gli altri lo seguitino e facciano precisamente lo stesso. Son pecore, mio caro, e

> *Chè ciò che fa la prima e l'altre fanno*
> *Addossandosi a lei ....*

dice il poeta Dante, ed a ragione. Per me, se fossi qualche cosa nel mondo e avessi il comando, farei mozzare il capo a tutti cotesti pezzentacci insolenti, che sono la vera peste della società. Io non mi sarei giammai aspettato un tafferuglio di quella fatta. Or veniamo a noi, mio caro Marco. Io stimo non doversi di ciò toccar parola con papà, giacchè io non voglio far male a nessuno; e son sicuro che se egli venisse informato di questo avvenimento, farebbe impiccare tutta la Sanità; e la legge cristiana comanda il perdono de' nemici. Adunque, tu non dirai motto su quello scandalo; ed io ti prometto che non dirò a papà la faccenda dell'anello che sconsigliatamente tu hai voluto dare a quel pitocchetto, e che era un prezioso regalo di tuo padre. Ci siamo intesi? Fuori fanciullaggini, sai! Per domani, faremo festa, perciocchè corrono i venerdì di marzo, e fa d'uopo recarsi alla Chiesa. Or vanne, mio carino, va a dire le tue preci, e coricati, giacchè il marchese tuo padre non ritornerà a casa stanotte.

Marco, senz'aver proferito una sola parola,

si ritirò , dopo aver fatto un leggiero inchino col capo innanzi al maestro.

Don Gaspare si abbandonò sulla sua poltrona, come solea fare nelle ore della sua tranquilla digestione ; e più non pensò al guaio che gli era accaduto, fiducioso nella sua buona stella.

Ma, mentre che sonnacchiando si stava il crapolone , il suo domestico gli recò una lettera , che diceva aver portato un uomo da lui non conosciuto.

Con un certo battito di cuore, Don Gaspare aprì la lettera , corse cogli occhi alla firma , e rinfrancossi nel leggere a pie' di essa il nome di Madre Isabella che egli non aveva più riveduta dal dì che era entrato nella casa del Marchese.

L'Isabella il pregava di recarsi il domani da lei verso le prime ore del giorno, avendo a dirgli qualche cosa di somma premura.

IV.

Un' educazione secondo il buon vecchio tempo.

Il venerdì appresso, Don Gaspare si levò molto più per tempo che non solea. Le cose avvenute nel giorno innanzi, la copiosa cena , e l'impazienza di conoscere quello che la Isabella Mellone aveva a dirgli di somma premura , il tennero desto tutta notte. Non gli spiaceva che il marchese non istesse in casa; giacchè questa opportunità lasciava a lui Don Gaspare l'agio di fare ciò che meglio audavagli a sangue. Oltre a

ciò, era bene che nè il cocchiero nè il servo nè
Marcuccio nè altri potessero andare subitamente
a riferir l'accaduto nello stradone della Sanità.
Il tempo è sempre un gran rimedio a tutto, e,
se un paio di giorni scorressero nell'assenza del
marchese, un gran punto vincèasi; ed egli potea ridersi di tutto.

Qualche ora dappoichè si era levato, si gittò
la cappa addosso, e il cappello sulla testa; tolse
la mazza di zucchero nella mano, disse al servo
che ègli usciva per una faccenda di premura;
e lesto lesto sfilzò le scale, corse per la discesa
di Tarsia, tenne a sinistra, e incamminossi verso
la dimora della Milone, accelerando il passo per
tema che altri non l'avesse riconosciuto, e non
si fosse rinnovata la trista scena del dì avanti.
Si noti che l'aio non avea voluto recarsi in carrozza per non mettere il cocchiero nella confidenza de' fatti suoi.

Arrivato a casa della Isabella, un'ora e più
dovè aspettare il messer gufo in una stanzetta,
appunto come se fosse stato un servidore, un
facchino o un messaggiero qualunque; la qual
cosa abbassò fin sotto allo zero la superbia del
tacchino salito; e, se non fosse stata propriamente madre Isabella quella che gli faceva assaporare tanta amaritudine, sariesi di là partito
senza più, quando anche il peggior danno del
mondo gliene fosse derivato.

Don Gaspare ebbe l'agio di vedere attraver-
sare la saletta da una vecchia che forse era
una fantesca; le domandò se madre Isabella stesse
orando o in altra pia esercitazione occupata; ma
colei, come quella che sorda e muta si era,
passò oltre senza che neppure il rumore di quella

oce avesse colpito i suoi orecchi. Don Gaspare
ie maggiormente si sentì umiliato, perciocchè
gnorava esser quella fantesca priva di due organi così importanti pel civile consorzio.

E stette aspettando. E come aspettava, non
avendo di meglio a fare, si pose a rimuginar
per la mente quello che si volesse da lui madre Isabella; e così tra sè pensando, col mento
appoggiato in sul pomo della sua mazza, corse
per avventura cogli occhi ad un pezzettino di
carta avvolta che era a terra dappresso all'uscio
delle scale. Quel pezzo di carta avea tutta la
forma d'una lettera.

Don Gaspare ebbe curiosità di sapere ciò che
si fosse; gittò un'occhiata attorno per esser sicuro che nissuno il vedesse; indi levossi e andò
a raccogliere quella carta. Tornò a sedersi al suo
posto; gittò uno sguardo sulla soprascritta, e
esse: *Al Colendissimo Dottor Fisico Don Saverio Letale.*

Don Gaspare pensò tra sè che per un dottor
di medicina il cognome *Letale* non era troppo
di felice augurio; ma d'altra parte osservò che
non sempre i nomi corrispondono alle cose; imperocchè se ciò fosse, esso Don Gaspare o dovrebbe essere un brutto animale che striscia sulla
terra, ovvero un segno celeste dello zodiaco, la
mercè del cognome *Scorpione.*

La lettera era dissuggellata; onde lo Scorpione si tenne assoluto nell'aprirla e nel leggerla;
e noi siamo sicuri che, anche quando non fosse
stata dischiusa, egli non avrebbe avuto scrupolo
alcuno nel rompere il suggello. Era una lettera
di madre Isabella indirizzata al Dottor Fisico.
Era conceputa in queste brevi parole mezzo in

latino e mezzo in italiano: *Ave Doctor. Oportet me aliquid tibi dicere. Venite domani alle 14 ore da me, e recate vobiscum* RIMEDIUM *ille.*

Hoggi li 16 marzo 1751.

La vostra ancella
ISABELLA.

La lettera era stata scritta il giorno innanzi, siccome appariva dalla data; per lo che era chiaro che il dottor Don Saverio era quegli che s'intratteneva in quel momento con madre Isabella. Secondo tutte le probabilità, il Dottore, nel venire, avea recato seco quella lettera, che avea dovuto scappargli dalla tasca ivi presso all'uscio delle scale, senza che addato se ne fosse. Era eziandio probabile che madre Isabella stesse ammalata o soffrisse qualche indisposizione, che richiedesse la lunga opera del medico; giacchè erano circa due ore che il Dottor Don Saverio Letale era nelle stanze della Mellone. Che razza di male potea soffrire la divota femmina? Che specie di farmaco era *ille remedium* a cui gli accennava in quella lettera? Come poteva egli avvenire che una donna la quale non prendea cibo di sorta alcuna nè conforto alcuno di sonno potesse essere soggetta a' malanni ed alle infermità della creta?

La lettera della Mellone andò a riposare nelle tasche di Don Gaspare, il quale ormai sbuffava d'impazienza. Accresceva la sua grandissima noia il doversi prestare all'ufficio di portinaio; imperciocchè, sendo sorda e muta la vecchia fantesca, a lui spettava provvisoriamente lo aprir l'uscio delle scale ogni qual volta si suonasse il campanello per qualcuno che capitava e che egli

rimandava indietro, dicendo che madre Isabella
era occupatissima in quella giornata e che non
potea dare ascolto a nessuno.

Finalmente, dopo due ore buone di aspettazione smaniosa, Don Gaspare udì schiudersi parecchi usci interni, e venir fuora un uomo lungo
e magro come un palo, cogli occhi coperti da
un enorme paio di occhiali.

Costui passava come uno spettro innanzi a D.
Gaspare, e si avviava all'uscio senza neppure
gittar lo sguardo sull'uomo che aspettava nella
sala; ma questi, curioso di sapere se quegli era
il Dottor Letale, siccome pur ne avea tutto l'a-
spetto, alzossi incontanente, gli andò innanzi,
cavò di tasca la lettera, gliela presentò, e gli
disse:

— Scusate, signore, è a voi diretta questa
lettera?

Quell'uomo fece un moto di sorpresa, appuntò
gli occhi sulla carta offertagli, guardò in faccia
a colui che gliel'avea presentata; e tosto pose
la mano nella saccoccia di lato del suo giubbone.

— Dove avete trovata questa lettera? dimandò a Don Gaspare.

— Ivi a terra, dappresso l'uscio delle scale,
questi rispose.

Quegli aprì in fretta la lettera, si accertò di
quello che contenesse, indi ritornò a guardare
fiso fiso il Don Gaspare, e

— Come sapete voi che questa lettera è a me
diretta? gli domandò.

— L'ho supposto alla vostra cera, signor Dottor Letale, rispose Don Gaspare a mo' di mot-
teggio e calcando sulla parola *Letale.*

Non sappiamo che cosa il Dottore si accingesse a rispondere, allorchè la vecchia sopravvenne a far comprendere, per via di segni, allo Scorpione che madre Isabella il chiedeva nella sua stanza.

Don Gaspare non aspettava di meglio; fece un profondo inchino al lungo Don Saverio, e seguitò la serva.

Madre Isabella ricevè Don Gaspare in quella camera, dove la prima volta costui fu ricevuto.

Ella era sprofondata nella sua solita sedia a bracciuoli; e, nello entrar che quegli fece, l'ipocrita mormorava alcune preci.

Don Gaspare osservò che la Mellone era alcun poco dimagrata in paragone di quando la vide per la prima volta.

— Salve, o madre Isabella, *valde gaudeo* nel vedervi così bene in salute, disse il furbo incurvandosi al cospetto di quella femmina, che non die' alcun segno di essersi pur accorta della presenza del novello arrivato.

Don Gaspare rimase all'impiedi aspettando una parola o un segno di lei.

Passarono cinque minuti che ella seguitò, cogli occhi chiusi e colle mani conserte, a bifonchiar salmi o giaculatorie.

Finalmente si segnò cinque o sei volte, aprì gli occhi, guardò solennemente l'uomo che avea innanzi, e lentamente gli fe' segno che si sedesse.

— Vi riveggo con estremo piacere, signor Don Gaspare, incominciò la Mellone; ei sono, io credo, circa tre mesi che non ci siamo più veduti, n'è vero?

— *Maxime*, madre Isabella; dal dì appunto che ebbi l'alto onore di avere a me affidata l'e-

ducazione del prestantissimo marchesino de Jacellis, la mercè de' vostri segnalati favori.

— Godo di vedervi così ben pasciuto, colen-
tissimo signor aio; egli sembra che non si viva
male a casa del marchese, non è vero?

— *Optime et nimis optime.* Se il cuoco del signor marchese fosse vivuto a' tempi di Lucullo,
questo esimio epicureo non se lo sarebbe fatto
scappar certamente.

— Il marchese è contentissimo di voi; lo vidi
non è guari, e mi fece i debiti elogi della vostra persona e del vostro metodo di educazione.

Qui Don Gaspare fece alquante delle sue solite elastiche riverenze in testimonio di modestia
e di umiltà.

— È tutta bontà e degnazione dell' eccellentissimo signor marchese: io non fo che quello
che mi detta la coscienza dei miei doveri e l'osservanza che merita un personaggio di tanta levatura. Io mi tengo al mio posto; onoro e rispetto tutti di casa, anche i servitori, benchè
non troppo mi addimestichi con loro, giacchè so
che *familiaritas generat contemptum*; nè cado
nello eccesso opposto di troppa superbia, imperocchè *in magnos animos non cadit affectata jac-
tatio.*

— Bravissimo! E dite un poco, signor Don
Gaspare, siete contento del vostro allievo?

— Eh, eh, così, non ci è male, madre Isabella; che volete che vi dica? Quel signorino
è un poco boriosetto, un po' troppo svegliato,
un po' testa all'erta, e ci bisogna quattr' occhi
invece di due per tenerlo al segno, per infre-
narne le voglie sbrigliatucce e le passative indo-
cilità. Pognamo che io non gli stessi sopra tutto

dì, il marchese avrebbe un figliuol perduto; e buon per lui ch'io son capitato proprio a tempo per avvedermi delle male propaggini che alcuni viziucci stavano pigliando nell'animo di questo fanciullo. Che volete, madre Isabella! quando a' mocciosi di quella età non si sta cogli occhi sopra giorno e notte, possono accadere tanti sconcerti, che a rimediarvi dappoi ci si perde il tempo e il ranno. *Principiis obsta, sero medicina paratur*. Figuratevi, madre Isabella, che se io non mi accorgevo a tempo di alcuni cattivi libri che l'adolescente leggeva di soppiatto, la sua mente e il suo cuore ne sarieno stati attossicati per sempre. Io vi provvidi com'era d'uopo col far gittare al fuoco le malvage opere. Non è per dire, ma io so tutta la estensione degli obblighi miei. Il marchese può dormire a quattro cuscini, giacchè sa chi tiene attorno a suo figlio. Dicea Valerio Massimo: *Mali magistri plus moribus nocent, quam ingeniis prosunt*, e, per grazia del cielo, io mi vanto di non appartenere a questa pessima genìa.

— Voi siete la perla degli uomini, signor Don Gaspare, e su questo non cade alcun dubbio. Ora vegnamo a noi.

Don Gaspare cacciò la sua scatola di argento, sorbì una gran presa di tabacco, e si apparecchiò di presente a sentir quello che la Milone si volea da lui.

— Sono stata informata di quanto vi è accaduto ieri allo stradone della Sanità, ella disse mutando alcun poco l'accento della voce.

— Ah! esclamò Don Gaspare con soprassalto, voi avete già saputo....

— Tutta la scandalosa scena che vi hanno fatto que' mascalzoni.

— Vi giuro, madre Isabella....

— Non giurate inutilmente, che è peccato; so quanto volete dirmi; non avete necessità di giustificarvi meco, perocchè io già vi conosco.

— Ma è sempre *utilior* che io...

— Non fa d'uopo. Ascoltatemi senza interrompermi che quando v'interrogherò.

— Non fiato più, madre Isabella.

— Io so dunque ciò che vi è accaduto ieri; so parimente che questo può nuocervi assai nell'animo del marchese. Ciò non pertanto, voi nulla avete a temere insino a tanto che io vi proteggerò. Pognamo eziandio che i malevoli riescano a dipingervi male con esso lui, sto qua io per voi; per fin che io viva, voi non perderete il vostro posto o anche un altro più elevato e vantaggioso, purchè, badate a questo signor Don Gaspare colendissimo, purchè voi facciate in tutto e per tutto la volontà mia, senza dipartirvi un rigo dalle istruzioni che vi darò.

— *Ad litteram*, madre Isabella, io sono vostro in anima e corpo.

— Benissimo. Sentitemi bene. Noi non siamo su questa terra per fare sfoggio d'ingegno; la superbia, la vanagloria, la vanità si accompagnano quasi sempre al troppo sviluppo della mente; e spesso l'acutezza dello intelletto non serve che a rendere gli uomini più perversi e malvagi.

— *Optime*, madre Isabella; voi ragionate da quella savia e prudente donna che siete.

— Gli uomini di spirito povero e limitato sono assai più felici in questa vita e vivono più a lungo ed hanno minori pericoli a temere per la salvezza delle anime loro.

— *Optime et valde optime*, madre Isabella, voi parlate come lo stesso libro della sapienza.

— Onde, signor aio colendissimo, avendo considerato che il marchesino Marco de Jacellis ha ricevuto dalla natura il dono funesto d'un intendimento troppo felice ed aguzzo, il che non può tornare che a massimo detrimento per questa vita e per l'altra; e, avendo inoltre considerato che ei bisogna aiutare il nostro simile con tutte le forze che sono in nostro potere, e massime quando veniamo richiesti della nostra opera e de'nostri consigli, ho fermato sottoporre il marchesino Marco de Jacellis ad un salutare reggimento che valga a *smorzare* la troppa luce del suo intendimento.

— *Optime, optime, optime!* Ecco quello che dicesi pensare a tutto, provvedere a tutto. Vi confesso, madre Isabella, che la vostra immensa penetrazione mi sorprende e mi confonde. Io, verbigrazia, non avrei giammai potuto supporre che ci potesse essere un mezzo da rendere meno aguzza la vista della mente, così dannosa ai veri e positivi interessi della vita.

— Ma, innanzi tutto, ripigliò madre Isabella, egli è necessario che il marchese padre ignori tutto quello che da noi si farà per questa opera così importante; epperò voi vi asterrete di fargli concepire il benchè menomo sospetto di quanto faremo per far sì che suo figlio non *pensi* e non *ragioni*.

— Vi giuro, madre Isabella, che il marchese nulla saprà di quello che faremo per lo maggior vantaggio del figliuolo.

— Ben sapete, mio caro signor Don Gaspare, che i genitori, senza ponderare il vero bene de' loro figliuoli, si figurano che un ingegno brillante e una vasta erudizione li rendano più felici. È la loro vanità che è messa in giuoco, mio caro Don Gaspare; e spesso la dottrina dei figli non serve che a lusingare l'amor proprio dei padri. Or, noi non dobbiamo tener conto alcuno di queste basse passioni: e, poichè il prestantissimo signor marchese affidava a me, e per me a voi, il carico della educazione del suo erede, noi non dobbiamo tradir la sua fiducia, e dobbiamo, anche a suo malgrado e senza che nulla egli ne sappia, provvedere al massimo bene del fanciullo.

— Parlate, madre Isabella; che è quello che ho da fare dal canto mio?

— Prima di tutto, riprese la Isabella, egli è uopo tener lo spirito del fanciullo in uno stato di perenne conturbazione e di spavento, col mettergli dinnanzi agli occhi tutte le storie di spettri e di apparizioni, acciocchè eziandio possiate, nella occorrenza, valervi di così fatti spauracchi a mo' di salutari castigucci, i quali non mancheranno col tempo di ammaccare la borietta prosuntuosa del piccino. Ed in vero, egli accade di sentire di tempo in tempo di tali stranissime cose sul proposito di queste apparizioni che, senza che abbiate a lambiccarvi il cervello per inventar qualche cosa in su questo genere, troverete ampia materia negli stessi racconti che vi vengono all'orecchio. — Fate comprendere all'adolescente che i fanciulli i quali non sono tutto docilità e obbedienza sono acciuffati da' demoni nel bel mezzo de' loro sonni e menati là

dove è perenne stridor di catene e voci lugubri
di morte. Tal fiata, quando vi vien fatto , fategli udire propriamente nella sua camera da letto
qualche voce che non abbia il suono umano ,
ovvero fategli travedere qualche sinistra figura.

« E non sarebbe male, io stimo , che pogniate
tra le sue lenzuola un bel giorno un fantoccio
che lo spiriti di paura ; e che , appiccando un
filo invisibile alla sua coperta, ne la tragghiate
sottilmente di dosso a lui nel cuor della notte,
e quanto possiate avvedervi che il sonno lo ha
lasciato per poco. Appresso, è util cosa che ad
ogni leggier mancamento gli applichiate una
buona correzioncella dandogli della riga in sulla
fronte ; e qualora il fallo fosse di più grave natura , non trascurate di appesantir la mano ; e
abbiate in mente di non batterlo che sul capo,
che è l'organo il quale noi dobbiamo *medicare*,
ma sì pertanto che non ne abbia a risultare alcuna contusione o bozza o ferita visibile che
possa farvi tener broncio dal papà marchese,
il quale ha la somma debolezza di amare il suo
figliuolo.

— Questo che voi dite, madre Isabella, pigliò
ad osservare il Don Gaspare, è d'una sapienza
e d'una prudenza degne della vostra mente ; ma
mi arrischio a farvi notare che il piccino non
è avvezzo alle busse , per mala sua ventura e
nostra ; onde io temo che alla prima rigata che
io gli venga applicando sulla testolina, non sen
vada schiamazzando al papà a raccontargli le
mie barbarie, e che il papà non mi faccia qualche rabuffo per questo.

— Non temete , mio caro Don Gaspare ; io
andrò apparecchiando l'animo del genitore a

questo novello metodo di educazione. D'altra parte, ei conviene che andiate a mano a mano e per iscalini avvezzando il capo del marchesino alle carezze della mazza ; e siate sicuro che , come prima lo avrete assuefatto a questo novello sistema, egli vi si muterà tra le mani per guisa che voi nol riconoscerete. E quando più non troverà soverchia condiscendenza nel padre suo, non si darà più pensiero di andare a riferirgli le busse che avrà da voi ricevute.

— Vi giuro, madre Isabella, che fin da' primi giorni che sono stato messo alla educazione di questo garzoncello, mi sono sentito un gran prurito di batterlo ; e , se non fosse stato per la paura di perdere la mia carica , avrei subitamente messo in uso l'acconcio metodo di cui ora mi parlate.

— Badate, Don Gasparruccio mio, seguitò la mala femmina, badate che egli è propriamente nel bel mezzo del capo che dovete applicare le vostre battiture, in modo che tutta la testa ne rintroni e stordisca; imperciocchè nostro scopo principale si è quello di cacciar via quel maligno *spirito* che fa tutta la boria e la prosunzione del fanciullo, e che minaccia di farlo addivenire un giorno quello che dicesi *un uomo di testa.*

— *Hoc est punctum quod est evitandum;* questo l'ho colpito ottimamente : è questo un servigio che rendiamo a lui, al padre, alla società, *et etiam* un pocolino a noi; non è vero, madre Isabella?

— Precisamente. Ma ei non bisogna che guardiamo giammai al nostro bene particolare; bensì a quello del nostro buon prossimo cristiano. Voi che siete un letteratone di prima sfera, signor Don Gasparre, e che avete in corpo tutto lo scibile umano, voi potete far testimonio delle amaritudini che si hanno a provare allorchè un uomo ha un poco di sale in zucca, e massime quando viene in alcuna reputazione frammezzo agli uomini.

Don Gaspare fece due o tre inchini per approvare quello che la donna asseriva. La quale seguitò dicendo:

— Io credo che da che il mondo è mondo peggior malanno non possa piombare addosso a un uomo che quello d'una certa acutezza di intendimento e soprattutto d'una certa passioncella pe' libri: è meglio nascere co' latenti tubercoli ne' polmoni, anzi, è meglio non nascere al tutto; giacchè i giorni di questo infelice saranno contrassegnati da innumerevoli croci e da vessazioni ignote agli altri felici mortali, pe' quali il cervello è sempre nel placidissimo stato in cui lo fece la madre natura, e pe' quali i libri hanno un puzzo invincibile. E prima di tutto la miseria non può mancare di affibbiarsi cordialmente alla serra del letterato e farlo smagrare insino all'apparimento delle ossa.

— Ed io ve ne fo testimonio, madre Isabella, io che era propriamente ridotto a' verbi, e che, senza la vostra efficace protezione, mi troverei costretto tra le unghie della squallida fame, che Virgilio descrive come.....

— Sta bene, Don Gaspare, interruppe la donna, non tocchiamo il passato; giacchè il cielo, facendomi strumento della sua giustizia, ha rimunerato le vostre virtù e il vostro sapere. Ma per seguitare a ragionar de' mali che si appiccano alla cute de' poveri dotti, ei basta ricordarvi che ormai la parola *poeta* è sinonimo di *disperato;* e quella di *letterato* è sinonimo di *birbante* e peggio. La società guarda in cagnesco questi fuorviati suoi figliuoli *ricchi di spirito,* ed ha ragione di perseguitarli, di maltrattarli, di esecrarli; imperocchè che razza di beni fanno cotesti uomini alla civil società? Non parlo di voi, signor Don Gaspare, che avete altre virtù; ma in generale non è da preferirsi il villano che zappa la terra, al poeta che abbaia alla luna, il pecoraio che alleva gli armenti, allo sputasenno che vi abbindola nelle sue frasi da matto e vi spreca il tempo in chiacchiere? Nè vi dirò della superbia, peccato mortale, in che salgono questi saputelli, i quali si tengono da più degli altri uomini, e cianciano in quel loro gergo che Dio sa qual malvagia cosa egli è. Insomma, voglio dire che se i così detti letterati e poeti e uomini dotti crepano di fame e sono mal veduti, non se l'hanno a prendere che con loro medesimi; i quali, invece di darsi ad un mestiero proficuo al consorzio civile, preferiscono di vendere frottole e paroloni. Posto ciò, caro signor Don Gaspare, egli è un servigio segnalato che noi rendiamo al marchesino nello smorzare in lui quella pericolosa intelligenza che può esser cagione di tanti malanni. Egli vivrà una vita assai più felice quando non si occuperà di altro che di empirsi l'epa; e suo padre avrà il vantaggio di vederselo ogni giorno più ingrassare e venir rosea e tondeggiante la faccia.

— Ecco quello che chiamasi vera felicità sulla terra. *Edemus et bibamus...* e beati coloro che posson ciò fare comodamente! Io non so imma-

ginare, madre Isabella, niente di più delizioso
che una buoua tavola e un buon appetito; onde
io stimo che, se gli uomini non fossero ciechi
della mente, dovrebbero porre ogni cura ed opera
perchè sconcertato non venisse il loro appetito,
ch'è la chiave dell'umana felicità. Avea ben ragione chi disse che tutto è vanità, tranne un
buon desinare e una miglior cena. Quanto non
siamo noi debitori alla provvidenza che rinnova
in noi tutt'i giorni il desiderio e il bisogno del
vitto! Come incresciosa, monotona e grave sarebbe la vita, senza quelle ore giocondissime in
cui tutto si dimentica, e il solo piacere sembra
che regni! Seduto a tavola, l'uomo non ha più
età; egli è sempre giovine, uguale a sè stesso;
tutte le altre passioni tacciono in lui; la since-
rità, l'espansione, l'affratellamento pigliano il
posto di ogni altro sentimento. Posto ciò, un
buon sistema di educazione può e debbe essere
quello che intenda a vieppiù sviluppare il buon
appetito e a perfezionare l'alacrità della digestione.

— Ci siamo intesi su questo punto, ripigliò la
Isabella : ora è mestieri dirvi qualche altra cosa
di minore importanza. Tutto quello che ci siamo
risoluti di fare a pro del marchesino sta benissimo; ma ei non basta, o, per meglio dire,
non è valevole a ottenere lo smorzamento de'lumi dello intelletto del piccino senza un efficace
ausiliario, che mi son dato il pensiero di procu-
rarmi, e che vi presento in questo scatolino ben
chiuso e suggellato.

E la Isabella, detto ciò, porgeva nelle mani
dell'attonito maestro uno scatolino di tartaruga
di quella forma che soglionsi avere i vasettini

di essenze odorose : il coperchio era rafforzato
con uno strato di pece.

— Che è questo? dimandò Don Gaspare tenendo l'arnese un po' sollevato sulle punte delle dita.

— Questo scatolino, rispose la Isabella con
voce più dimessa, contiene una certa polvere
tutta particolare e di un effetto immancabile.

— Quale effetto? dimandò Don Gaspare.

— Oh! oh! esclamò con malo sorriso la malvagia femmina, come vi spaventate! Temete
forse che sia del veleno? Il cielo ne guardi!
Eppure, il mondo che è tanto briccone volea credere per forza che i *veleni* non dovessero farvi
tanta paura a maneggiarli, poscia che si buc-
cinò la storia di quel tale maestro Vinci, che
voi sapete e che mi raccontaste...

— Ah sì, sì, signora, quella tale *calunnia*,
si affrettò a interrompere il maestro torcendo gli
occhi come un guercio.

— Già, già, quella *calunnia*, ripetè con sarcasmo la Mellone. Ma che volete? Questo scellerato di mondo toglie le più oneste riputazioni,
e pone sulle spalle di un uomo dabbene certi
peccatuzzi... Ma, tornando a noi, mio caro
D. Gaspare, non abbiate paura di toccare questo scatolino, il quale non contiene che una polvere innocentissima, il cui semplicissimo effetto
è quello di *stupidire* una creatura.

— *Stupidire una creatura!* ripeteva macchi-
nalmente il Don Gaspare, rimembrando con infinito spavento la faccia orribile del dottor Letale, cui egli attribuiva senza meno la fattura
della polvere, che era, secondo le probabilità,
il *rimedium*, di che accennava la lettera di madre Isabella.

— Non capite forse la significazione di queste parole? soggiunse la donna, veggendo la cera stralunata e stupefatta dell'aio.

— Capisco... madre Isabella... capisco, ma...

— Ebbene... ma... che cosa?

— Ma... volea dire, che questa polvere adunque...

— Istupidisce una creatura.

— Ah! già, vuol dire.. che.. la rende IDIOTA, n'è vero?

— Precisamente, rispose con solennità l'iniqua femmina.

— Sicchè, amministrando al marchesino questo rimedio, lo si renderà senza dubbio idiota!

— *Quod est optandum*, disse con accento arcisolenne e con gran sospiro la Mellone.

— E dite un poco, madre Isabella, in che maniera bisogna amministrare questa polvere al fanciullo?

— Eccomi ora a dirvi il metodo di cura che dovete adoperare. È necessario che, sotto un qualsivoglia pretesto, voi troviate il modo di preparargli voi stesso ogni mattina il caffè.

— Come! io stesso!...

— Sì, mio caro Don Gaspare, questo è assolutamente indispensabile. Direte che avete trovato il modo più semplice e acconcio di fare del buon caffè per voi e per lui; ben inteso che vi chiudiate bene nella vostra camera e che siate sicuro che nessuno possa spiare le vostre operazioni. Unitamente allo zucchero porrete nella tazza del Marchesino un mezzo cucchiarino di questa polvere.

— Mezzo cucchiarino?

— Nè più nè meno.

— Ogni giorno ?

— Ogni giorno.

— E voi dite, madre Isabella, che questa non può avere altro effetto sul fisico del mio allievo...

— Che torgli quella soverchia perspicacia, che è causa di tanti disordini e di tanti mali.

— Ma dite, madre Isabella; se il fanciullo si avvedrà che il sapore del caffè non è quello che debb' essere?

— Non abbiate inquietudine su ciò; dappoichè questa polvere non ha verun sapore; e quando anche, invece di mezzo cucchiarino, voi ne versaste una quantità maggiore, sarebbe lo stesso in quanto al sapore. Solamente abbiate cura d'inzuccherar bene il suo caffè.

— Ho capito... E, scusate, madre Isabella; non ci è paura per...

— Per che cosa?

— Per la salute del piccino?

— Niente di niente; anzi, egli ingrasserà a vista; e suo padre, il marchese, ci sarà gratissimo di veder così bene in salute il suo figliuoletto, e soprattutto di vederlo così docile, così buono, così *scemo* di volontà.

— Bisogna che io confessi, prestantissima dama, che il vostro zelo per l'altrui bene superà ogni immaginazione. I posteri saranno incantati nel leggere la vostra vita. Pensare a tanto! Provvedere a quelle cose cui noi stessi non possiamo provvedere! *Videre nostra mala non possumus!*

— Non mi resta a dirvi che un'altra sola parola, signor D. Gaspare colendissimo. Badate di eseguire alla lettera quanto io vi ho detto; giacchè se d'un dito ve ne scostate, se sovra un sol punto la vostra ubbidienza non sarà cieca e intera , e soprattutto se il segreto non sarà fedelmente serbato , voi non avete più a fare assegnamento che sulla miseria, sull'abbandono e... forse... peggio ancora. Ci siamo intesi , garbatissimo Don Gaspare ?

— Intesissimi , madre Isabella.

— Bravo ! Or andate in santa pace. Il cielo vi accompagni. Sarà mia cura di mandarvi a chiamare quando avrò qualche cosa a dirvi. Addio, mio ottimo amico, salute e bene.

La donna distese la mano, sulla quale lo Scorpione applicò un timido bacio.

E partissi.

FINE DEL PRIMO VOLUME.

MATTEO L'IDIOTA

PER

FRANCESCO MASTRIANI

Seconda edizione

*Ne dixeris: Peccavi, et quid mihi
accidit triste? ALTISSIMUS ENIM
EST PATIENS REDDITOR.*
Eccl. Cap. 5. v. 4.

VOLUME SECONDO

NAPOLI
Giosuè Rondinella editore
Strada Trinità Maggiore n.º 12 e 27.
1866

Proprietà letteraria.

TIP. DELL'ANCORA.

EPOCA PRIMA

IL BUON VECCHIO TEMPO

1750.

SEGUITO DELLA PARTE SECONDA

V.

Primi effetti.

Pochi giorni eran passati dal dì che Madre Isabella e il signor Don Gaspare si ebbero assieme quella conversazione, che abbiamo posto sotto gli occhi dei nostri lettori.

Il novello sistema di educazione era cominciato. L'aio, fedele alla sua padrona, avea detto di aver discoperto un nuovo modo di apparecchiare acconciamente la bevanda del caffè, e di voler provarvisi; si avea fatto dar ricapito di tutto quello che bisognava, e, insin dal dì appresso, chiuso nella sua camera, mettea mano all'impresa. Or siccome saria paruta disdicevol cosa che avesse apparecchiato il caffè per sè e per il suo allievo senza dare al Marchese un saggio del suo saper fare, stimò doversi ogni mattina dargliene una buona chicchera; la quale, come intenderassi facilmente, non era gran fatto migliore o peggiore del solito caffè che il Marchese pigliava il mattino quando tuttavia stava nel letto.

Per via di particolar contrassegno di affezione, l'aio voleva ogni mattina arrecare egli stesso il caffè al piccolo Marco; il quale, siccome nessun altro al mondo, non avrebbe potuto sospettare che unitamente allo zucchero stesse in quella pozione un mezzo cucchiarino d'una certa miscela di dannosissimo effetto. Bensì, se a questo non pensava il fanciullo nè potea già pensarvi, ammiravasi egli per tanto che il suo pedagogo gli desse un tale straordinario contrassegno di affezione; e questo tanto maggiormente indusse maraviglia nell'animo del fanciullo, quanto in prosieguo di tempo ebbe a sperimentare la raddoppiata durezza delle maniere di lui; il quale, quando gli parve l'ora a proposito, prese la via delle battiture sul capo, a quel modo che l'Isabella gli avea consigliato e ingiunto.

Non istaremo a seguitare giorno per giorno tutto quello che avveniva tra l'aio e l'allievo nelle ore in che si trovavano insieme, vuoi per le solite lezioni, vuoi per le preci o per altro.

La prima volta che lo scellerato levò la ferula sul capo di Marco, e diedegli con questa inverso la tempia dritta, il fanciullo, fattosi in viso una vampa di sdegno, gittò un grido che fe' rintronar la stanza; e, subitamente levatosi, volea correre a portar doglianza al genitore per questa novella tirannide dell'aio; ma Don Gaspare, che a tutto avea già preveduto, avea chiuso a chiave l'uscio per lo quale si stabiliva comunicazione colle altre stanze del quartiere. Trovato serrato l'uscio, Marco si die' a piangere dirottamente, giacchè si trovava impossente a vendicare quel novello oltraggio; e tempestava di calci quell'uscio acciocchè qualcuno di fuora l'avesse udito.

L'aio, che probabilmente aspettava quello scoppio di sdegno nel suo allievo, e, volendosene servire come di novello pretesto al più crudo infierire contro di lui, si levò, e, come per volerlo correggere di quegli atti d'iracondia, corse ad acciuffargli i capelli, e a dimenargli il capo nel più miserevol modo il quale si possa immaginare. Levava gli strilli più acuti il povero adolescente, e il maestro, per farlo zittire, raddoppiava i colpi sul capo, insintanto che il miserello stordito e mezzo morto cadde senza più lena sovra una seggiola.

Il fatto fu dal fanciullo narrato al genitore, il quale se ne dolse coll'aio; ma questi seppe talmente colorare la insubordinazione e la cattiveria dello allievo, e siffattamente persuadere il Marchese sulla necessità del rigore per giugnere a domare quella sbrigliata natura, che il dabbenuomo, anteponendo la buona riuscita del figliuolo all'amore che gli portava, promise all'aio che d'oggi innanzi avrebbe chiuso l'orecchio ai richiami del fanciullo; bensì raccomandogli che non forte il battesse sul capo, che alcun grave accidente avrebbe potuto derivarne. E l'aio sì gli disse che volea trattare il discepolo com'ei meritava, però non pensasse che a star di buona voglia sul conto di lui, alla educazione del quale era un uomo accorto e prudente, e che quello che faceva il faceva per bene suo.

1*

A tal modo rappacificata la materia, messer lo precettore più s'imbaldanzì a proseguire nel nuovo metodo, che gli era stato suggerito da madre Isabella, e nel quale ei trovava parimente a disfogare l'avversione che sentiva nel cuore contro quello innocente giovinetto.

Intanto una decina di giorni non erano ancora scorsi dalla somministrazione del nuovo caffè, che un visibile mutamento era avvenuto nel fisico e nel morale del garzoncello, al qual mutamento molto eziandio avea contribuito l'umiliazione delle battiture con le quali veniva ora castigato.

Marco era divenuto malinconico come un giorno senza sole; i colori eran caduti dal suo bel viso, che erasi fatto assai magro e piccino; e quel sorriso di spensierata giocondità, che è il più bel tesoro della fanciullezza, era sparito sotto una fosca e cupa taciturnità. Strano a dirsi! Marco non trovava nè manco più diletto nelle sue letture clandestine: ogni maniera di libro gli era addivenuto odioso però che i libri gli menavano a mente la stolta ferocia del suo precettore. Una svogliatezza indicibile, un abbandono di forze morali, una novella codardia d'animo, erano i più manifesti contrassegni della trasformazione che in lui operavasi.

Siccome avealo preveduto madre Isabella, Marco finì coll'assuefarsi alle battiture del suo rispettabil maestro, nè più innanzi recalcitrava o col padre si richiamava di quel che l'aio gli faceva soffrire. Imperocchè incominciava ad estinguersi nell'animo del povero fanciullo, in pari tempo che la valida sanità del corpo, quell'alto sentire di sè stesso che fa che il cuor vulnerato ingiustamente, arda di generoso sdegno contro il prepotente e l'ingiusto.

Ella è cosa ben nota a quanti hanno studiato l'uomo e le sue passioni, che, a seconda che per un vizio degli umori o per altra cagione qualsivoglia vienesi alterando e guastando l'equilibrio delle corporali facoltà, in somiglievol guisa parimente si va annebbiando lo intelletto e più limpide non sono le concezioni della mente, siccome al medesimo tempo le gagliarde passioni del cuore e la generosa espansività si van restringendo nel più codardo egoismo e concentramento. E questo se negli uomini forti e vigorosi per freschezza di età suole avvenire quando che infermi, quanto più ne' vecchi, o ne' fanciulli, ne' quali predomina, per così dire, in massimo grado il sentimento esclusivo di sè stesso.

Nè il deperimento della salute del fanciullo, nè la sua docilità disarmavano il crudel pedagogo, che seco medesimo si gloriava di aver ottenuto un sì bell'effetto di sommessione in quella testa svegliata. E, perciò che le facoltà della mente ivano perdendosi nel giovanetto, e però più non poteva o non sapeva o non voleva apparar le lezioni che gli erano assegnate, il maestro non risparmiava le botte sul capo, che sempre più doveano servire a *stupidir la creatura*, come monna Isabella avea pur detto.

Il marchese de Jacellis avea notato il mutamento del figliuolo, ma gli parve che fosse l'effetto della buona educazione che Don Gaspare gli dava; giacchè il garzoncello sembrava siffattamente rabbonato e docile, che di lui potea farsi come della cera. E, avvegna che il vedesse assai più smorto in viso e dimagrato e dimesso,

e più volte lo avesse domandato se l'aio il seguitava a trattar di busse, Marco non gli avea
risposto che con uno scempio di sorriso. Il quale
se il padre avesse compreso, tutta la perfidia
dell'aio gli si sarebbe disvelata.

Ma come può un uomo sospettar di malvagità
somigliante a questa che operavasi in su un innocente per ragioni che il tempo ci farà note?
Come poteva il Marchese indovinar le fila diaboliche della trama che si ordiva a danno di un
fanciullo, e di cui egli medesimo era lo involontario istrumento?

GUAI A CHI FA MALE AL FRATEL SUO:

ecco la voce che dee risuonare nell'imo della
coscienza d'ogni uomo; ecco la minaccia che si
debbe aver di continuo innanzi agli occhi. Spesso, negl'incomprensibili decreti della Divina Giustizia, pagano i figli il fio delle colpe de' loro
genitori.

Ne' primi giorni, Marco piangeva sempre, giacchè ei si sentiva propriamente un malessere, una
inquietudine, un torpor di membra e di mente
che gli davan gran noia e malinconia. Alle quali
ragioni univasi in su le prime il cordoglio amarissimo che provava nel vedersi, senza causa,
fatto segno a que'castighi che si sogliono applicare alle bestie da soma; e parevagli, inoltre,
che il suo padre, il suo amatissimo padre, non
si desse verun pensiero più di lui, come s'ei
più non gli fosse un buon figliuolo e docile e
obbediente e studioso. Questi pensieri gli davano uno strignimento di cuore tale e tanto, che
il tapin di fanciullo si sfaceva in grosse lagrime,

pur parendogli di essere la creatura più abbandonata che fosse nel mondo.

Ma, come la *medicina* di Sior Letale e le battiture vieppiù operavano, tanto manco piangeva
quel miserello; e invece, rincantucciato in qualche agiamento del quartiere, quasi che non com-
portasse più l'aspetto di uomo alcuno, ivi so-
letto si stava le lunghe ore, come un cagnolin
domestico cui pigli mala febbre o nausea di mangiare. E in appresso, era una voglia di dormire
quasi perpetua e molesta che lo pigliava in qualsiasi ora della giornata; onde, sia che alla presenza del suo carnefice ei si trovasse, sia a desinare o a cena, sia in altro tempo del dì o in
altro luogo, i suoi occhi, mal ei volendo, si
serravano in quel modo che se un peso di piombo fosse in sulle sue palpebre. Della qual cosa
forte adiravasi, o fingea, l'inesorabil pedagogo, e la sua ferula riapriva quegli occhi, dove il fosco raggio dell'IDIOTISMO incominciava a
spuntare.

Frattanto il Don Gaspare, per non mettere in
mezzo sospetto di cosa, non lasciava di usare
quelle amorevolezze che poteva maggiori al garzoncello, in quelle ore dove alla presenza del
Marchese essi ritrovavansi amendue; e sottoc-
chi il malvagio uomo facea che quegli avver-
tisse i mutamenti salutari avvenuti in sulla persona del figliuolo, per effetto dell'acconcio metodo di educazione che gli veniva dando; che,
se alcun poco il fanciullo avea dato giù per salute, egli era anzi da rallegrarsene che doler-
sene, essendochè maggiormente ei valga il riu-
scire uom dabbene e costumato che grosso, tar-
chiato e bitorzoluto.

Il Marchese parea contentarsi a questi ottimi provvedimenti dell'aio, e lasciava intanto, per inaudito accecamento, che l'opera si compiesse della più nera malvagità umana.

Per serbarsi al tutto fedele a' comandamenti della Isabella, il malvagio precettore avea puranche incominciato a sperimentar sul fanciullo i piccoli saggi di notturni spauracchi. Spesso egli si dava il fastidio di levarsi a mezzo la notte e si faceva inverso la camera dell'allievo, dove, arrivato, e quando avvedeasi che questi non dormiva, sia che il sentisse a muoversi tra le lenzuola, sia che ne udisse talora il piagner fioco, conciossiachè spesso il meschinello abbandonavasi nella notte allo sfogo di quella malinconia che gli serrava il cuore, Don Gaspare, ritto e immobile dappresso all'uscio e ricoperto dalle lunghe portiere di seta, mettea fuora una infinta voce come di misterioso gemito, ovvero certi bassi e rauchi muggiti, i quali sarebbero potuto assai bene assomigliarsi a' vocioni degli spiriti inimici dell'uomo.

Alcune altre volte lo scellerato gittava le mani a terra, curvava la schiena, e camminando, come soglion le bestie, a gramponi e col grugno per terra, ivasi propriamente a cacciar sotto al letto del povero fanciullo, dove, poscia che si era disteso alla supina, metteasi a tirar pian piano la coperta o il lenzuolo di dosso al miserello, oppure a fargli udire presso all'orecchio certi strani vocioni che era una barbarie inaudita. Altra volta, però che l'assassino erasi di soppiatto provveduto d'una larva di cera. che dava le sembianze del demonio, siccome i pittori soglion dipingerlo, ei levava su il capo di dietro alla sponda del letto, e mostrava allo infelice quella apparizione, onde anche un uom già fatto e maturo sarebbe morto di paura.

Lasciam pensare a' nostri lettori quali effetti dovessero produrre sul morale e sul fisico del piccolo Marco così fatte orrende paure. Allo udir quelle voci novelle, il misero cacciavasi con tutto il capo sotto alla coperta; rincalzandovisi a mo' di un bambino nelle fasce; e quivi standosi senza pur fiatare, la paura gli cacciava dal corpo sudori di morte; e la fantasia, già inferma ed eccitata per l'azione del lento veleno che ei beveva ogni dì assieme al caffè, vincea talmente la fiacca e moribonda ragione, che ei stimava in mente sua aver commesso tante peccata, che gli spiriti infernali il volessero la notte addurre secoloro innanzi ch'ei morto si fosse.

E la mattina, quando a stento e febbricitante ei si levava dalle sue veglie di morte, era una pietà a vederlo! Nè tampoco il tapinello si arrischiava a palesare al genitore i notturni spaventi che lo assediavano; imperocchè sospettava, quando era luce di giorno, che l'occorsogli nelle tenebre della notte fosse stato un pessimo sogno e non altro che lo avea conturbato.

Intanto l'idiotismo del fanciullo e il deperimento della sanità camminavano a passi così giganteschi, che misero grave inquietudine nell'animo del Marchese suo padre.

VI.

Senza cerimonie.

Ogni dì sempre più si assottigliava la persona del fanciullo Marco, e con essa veniano manco eziandio le facoltà della sua mente, così pronta e perspicace per lo passato. Il Marchese, ciò veggendo, stimò doversi richiedere il consiglio e l'opera di qualche professore medico; ed all'uopo invitava a Tarsia il più rinomato dottore della città.

La malattia del fanciullo richiamò tutto lo studio e l'attenzione del professore, il quale per oltre un'ora stette a considerar lo infermo, pur non sapendo diffinire a puntino la strana indole del morbo onde era travagliato il garzoncello; la ponea ciò nonpertanto nel novero delle cachessie, e prescriveva un sistema di cura atto a ridonare a' nervi la loro pristina vita. Disse, ch'ei bisognava attentamente scandagliar la origine d'una malattia che non gli sembrava in tutto naturale; doversi por mente ad ogni parola od atto del piccolo infermo, donde qualcosa trasparisse da metter sulle orme della vera causa del male: e, ultimamente, dovechè i rimedii apprestati tornassero affatto inutili o poco efficienti, esser necessario menare il fanciullo in campagna o farlo viaggiare in estranei paesi.

Don Gaspare fu presente al discorso che tenne il medico, e lasciam pensare con che animo dovette sentire com'ei fosse mestieri ricercar le occulte cagioni del male che consumava il fanciullo; e puranche com'ei bisognasse, qualora

infruttuosi fossero tornati i rimedii, allontanarlo
dalla città. Prescindendo da' pericoli che minac-
ciavano la sua sicurezza, però che potea ben
darsi il caso che venisse discoperta la magagna
del caffè, ci era sempre da temere per lo avvenire della sua carica di aio, la quale, sia per
lo allontanamento del giovanetto, o sia, come
eziandio gli sembrava potesse accadere, per la
morte di lui, riusciva inutile, giacchè un aio
senza allievo non può essere.

Di presente il malo uomo incominciava a pen-
sar sul serio, che dàgli dàgli, la pozioncella del
caffè potea benissimo riuscir letale a norma del
cognome di quell' orrido vampiro che egli avea
veduto a casa della Isabella. Da questo punto, il
maestro cominciò a sospettare che non fosse stato
anzi nelle intenzioni di quella donna lo abbreviare addirittura i giorni del fanciullo, che *stor-
dirlo* nel capo, siccome avea detto. Ma a che
scopo volere la morte di quel garzone, ella, così
divota femmina e dabbene? Che pro' ne avrebbe
potuto venire a lei di questo reo crimine?

Poste le quali cose, i sospetti del maestro si
arrissavano con la sua ragione, la quale non sapeva in verun modo accogliere e giustificare un
fatto di questa natura. Com' ella fosse la cosa,
D. Gaspare deliberò fra sè di non più proseguire a porgere l' avvelenato caffè al fanciullo,
sì come da alquanti giorni avea pur cessato di
batterlo sul capo e di spaurarlo le notti. Ma
non pensino i nostri leggitori, che così fatta deliberazione fosse in lui figlia di sopraggiuntagli
carità e commiserazione del fanciullo, ovvero di
alcun grave rimordimento dell'animo per essersi
lui fatto esoso istrumento d'una reità così atro-

ce. Egli venne in questa diliberazione solamente perchè la morte del piccolo Marco, o anche la sua gita fuor di Napoli, gli avrebbe fatto perdere la bella cuccagna ch' ei si godeva a casa del Marchese de Jacellis, in siffatta guisa, che non si sarebbe più potuto disvezzare da quegli agi e da quelle morbidezze, che gli erano addivenute così necessarie alla vita.

— Intervenga quello che può intervenire — così pensava tra sè il malvagio — io non voglio più mettere a rischio la dilettosa vita che godomi in questo palagio. Io mi penso che lo intento d'*istupidir* la creatura si è ottenuto; onde parmi non pur superfluo, ma dannosa e imprudente ogni altra recriminazione in sulla persona di quel poveretto che è ridotto alla cute, e che oggimai è più scempio dè' due miei piedi. Incomincio dunque dal gittar dalla finestra la *medicina* del signor Letale per disperdere ogni traccia del male oprato; giacchè il medico del Marchese mi ha l'aria di voler cacciare in mezzo alcuni sospetti i quali non potrebbero, dovechè sieno accertati, risultare a mia gloria e vantaggio. D'altra parte, alla vita del fanciullo è ormai congiunta la mia, conciossia ch'io non possa vivere in altra guisa, che nelle agiatezze in che mi trovo. Vedrò quanto prima, anzi stasera stessa madre Isabella, e le dirò nettamente che il piccino si muore, qualora si continui nello intrapreso metodo di stordimento; le dirò che il cappone è stonato abbastanza, e che i desiderii di lei sono stati pienamente esauditi e satisfatti. Le farò sapere tal quale che il dottore del Marchese, che non sembra una parrucca vuota, non ci vede limpidezza nella malattia del fanciullo, la quale anzi gli sembra di natura equivoca. Le soggiungerò da ultimo che s'ella mi ha posto in casa del Marchese per darmi un pane migliore di quello ch'io mangiava a stenti nel mio fondaco Cetrangolo, ella deve pur pensare a conservarmi ivi con onore, anche quando, sia lontano il caso, il fanciullo venisse a morire; la qual cosa tutt'i mezzi hanno a mettersi in opera perchè non avvenga.

A queste cose pensava un mattino il nostro Don Gaspare, standosi comodamente sdraiato su un morbissimo seggiolone, e mentre sorbiva un enorme ciòtolone di cioccolata che si avea dinanzi. Erano circa le dieci, e questa sarebbe stata l'ora della lezione, se il piccolo Marco fosse stato in caso di muoversi dal suo letto.

Il servitore, messo a' comandamenti dell'aio, venne ad annunziargli che un uomo desiderava parlargli, il quale avea sembiante e vestito di rustico plebeo.

Non sappiamo il perchè ribaltasse il cuore di Don Gaspare nel sentir questo annunzio, già che, quantunque non sapesse chi fosse, l'animo gli predicea qualcosa di sinistro.

— Che razza di uomo è cotesto? ei chiese al servo con voce in cui era alquanta commozione di paura.

— Egli è una specie di *capodieci*, signor aio, rispose il servo, un uomo in su la quarantina.

La cioccolata si raffreddò sulle labbra del maestro, il quale allibì leggiermente.

— Fosse mai quel demonio! esclamava tra sè, oh, per Satanna, egli ben sarebbe capace!... E che vuole da me? Oh poveretto di me!

Rivoltosi indi al domestico:

— Va e fatti dare il suo nome, imperocchè

io non ricevo persona che io non conosca anticipatamente.

Il servo si movea per obbedire, quando, voltatosi per pigliar l'uscio, trovossi a faccia a faccia coll' uomo, a cui dovea recare l'imbasciata pel padrone.

— Senza cerimonie, mio caro Gasparruccio, disse quegli ritto dappresso all'uscio.

Don Gaspare, all'udir quella voce e al veder quell'uomo, non morì sulla botta, che fu un prodigio.

— Chi vi ha dato licenza di spignervi fin quà, bell'uomo? disse il servo con un po'di cipiglio. Parmi che avreste dovuto aspettare il permesso del signor aio.

Don Aniello (perciò che supponiamo che i nostri lettori hanno già indovinato esser desso, comechè, per essersi rasa interamente la barba, poteva appena riconoscersi) scoppiò a ridere così sgangheratamente che il servo rimase smemorato, non sapendo che pensare di quello strano animale.

— To', to'! esclamò indi il bravaccio, poscia che ebbe ben bene disfogata la sua voglia di ridere; com'è curioso questo mandrillo! (*allusione al servo*) Mi parla di permesso! Ah! ah! ah! ci è da scompisciar per le risa. Dillo tu, Gasparruccio del mio cuore, dillo tu, animuccia mia, dillo se ci è bisogno di permesso tra noi! Questo scimiotto non sa che amicizia è tra noi. Qua, qua, un amplesso, parrucchella mia, anzi un baciozzo carnale...

Ciò dicendo, si andò a gittare addosso all'aio, che era rimasto qual trasognato, e, strettolo bruscamente tra le sue braccia quasi avesse vo-

luto soffocarlo, gli appicciò su ambo le guance
due grossi bacioni peggio che se avesse voluto
mangiarselo.

Figuratevi la vergogna, la confusione, la paura, il sospetto del povero Don Gaspare, il quale
sembrava che di mala voglia si acconciasse l'a-
nimo a creder vera quella specie di malaugurata apparizione. La voce erasi al tutto spenta
nel gorgozzule; il fiato era lì lì per uscirgli uno
con lo spirito.

Il servo, testimone di questa novella scena,
rimanevasi tuttavia ritto in sulla soglia della camera, e aspettava forse un comandamento del
suo padrone; comechè ci fosse da arrischiar la
pelle con quel brigante, se l'aio avesse richiesto mano forte contro quegl' impensati e strani
assalti.

Don Gaspare ebbe dapprima, come un lampo,
il pensiero di gridare al ladro per isbarazzarsi
di quel terribile visitatore; ma ciò ei non fece,
chè in un attimo considerò le tristi conseguenze
che avrebbero potuto risultare da una tanta imprudenza. Ebbe pertanto, in questo sbalordimento, bastante lucidezza da dire al servo:

— Ritiratevi, Antonio; io conosco questo signore, suonerò il campanello se avrò bisogno di
voi. Intanto, badate che quì non entri alcuno.

Il servo, non poco maravigliato di quello che
aveva udito e veduto, si ritraeva in obbedienza
al comandamento del padrone.

Così presto come il servitore si fu ritirato,
Don Gaspare corse barcollando a dare una gi-
ravolta alla chiave dell' uscio.

— Questo caro Gasparuccio non può rimet-
tersi dalla sorpresa! diceva in aria beffarda Don

Aniello, e si gittava ridendo a sedere sovra un'altra poltrona messa dirimpetto a quella su cui
era seduto l'aio a colezione... Ma sì, son io,
soggiungeva, son io, Don Aniello il baciliere, il
tuo più caro amico, il tuo compagno di prig...

— Zitto, per carità.

Don Gaspare, che si trovava ancora all'impiedi quando il baciliere pronunziava queste ultime parole, era corso a turargli la bocca.

— Egli è certamente un demonio, inimico
della mia quiete, che quì ti ha menato, diceva
con voce soffocata il maestro... Che pretendi da
me? Io credeva che ci fossimo dato un eterno
addio.

— Un eterno addio! Ma dunque tu ti pensi
ch'io, perchè baciliere, non abbia a conoscere
e a rispettare le leggi di amicizia! Io non di-
mentico, come *qualcuno*, i favori che ho ricevuto! E, oltre a ciò, io dovea far teco le mie
congratulazioni per....

E balestrava un'occhiata intorno alla camera,
come se avesse voluto significare che egli si con-
gratulava di quello stato di opulenza in cui vedea levato l'amico.

— Vi ringrazio, mio caro, dicea Don Gaspare
sommessamente, ma... vi prego, parlate più sottovoce; voi avete un vocione che rintrona in
tutto questo appartamento; alcuno potrebbe u-
dirvi... e, capite!..... *Omnia tempus habent*...
Io non sono più il povero maestricchio di Rua
Catalana e vicinanze; io quì sono rispettato e
tenuto in quel concetto e in quella estimazione
che si addicono a' miei meriti; io non ho più
cosa a fare con tutta quella marmaglia di ple-
bei con cui pur dianzi mi accontava... Era io

tre volte matto di sperare che il mio merito
fosse conosciuto e valutato da gente milensa,
ignorante *et saepe* improba e mala... Due volte
io peccava, siccome dice l'aureo Fedro, di de-
siderare da così fatta maniera di gente il prezzo
del mio merito... *Qui pretium meriti ab impro-
bis desiderat, bis peccat...* Onde, mio caro signor Don Aniello, voi comprenderete ... anzi
dico meglio, tu comprenderai che... *est enim
inter nos...* una certa discrepanza, alla quale
ora mi è impossibile di passar sopra... Tra A-
niello l'afforcato e l'aio dell'erede di Sua Eccellenza il Marchese de Jacellis corre una gran
distanza... Sa il cielo che avrà pensato il *mio*
domestico veggendo così familiarmente abbracciare e premere la mia persona da un... *quidam* che non ha certo l'aspetto di un marchese
o di un barone... Sarà pur d'uopo che io in-
venti una frottola per dar colore e scusa a questo scandalo... Ora, alle corte, io sto su i carboni accesi; il Marchese è in casa; da un momento all'altro egli potrebbe voler entrare in
questa stanza... e *miseremini mei!* che si potrebbe credere e pensare di me!... Però, signor
Don Aniello, fatemi il piacere di spicciarvi a dirmi se qualcosa vi occorre da me, e levatemivi
tosto davanti, chè la vostra presenza in questa
casa, quì, in questa stanza, sdraiato su quella
seggiola imbottita, con quel vestito addosso, con
quella faccia... scusate, l'è un vero paradosso,
un problema, uno scandalaccio da ruinare tutta
la mia buona fortuna... Io non ho mica messo
in obblio i servizii che mi avete prestati, e,
se posso, ora che spilluzzico il carlino, venir-
vi in qualche utilità, non voglio senza dubbio

che si abbia a dire di esser io un ingrataccio malnato e sconoscente... Oibò... Qua sto io, ma
presto, abbiate a cuore la mia dignità, la mia
carica, il mio *onore*, e abbandonate, di grazia,
questa soglia per mai più non riporvi il piede.

Don Gaspare avea parlato, e i sudori gli scen-
devano a gran goccioloni giù per la livida faccia.

Don Aniello accolse con una risata fragorosa
e da smascellarsi la perorazione dell'aio; e
quella risata sazia e di cuore che gli veniva proprio da' precordi, durò un buon minuto; ed egli
si dimenava sulla sua poltrona, batteva il piede
a terra, si teneva i fianchi, e faceva altre stira-
ture e rumori di questa natura, come soglion
fare le persone che si abbandonano pazzamente
alla più sbrigliata e invereconda ilarità.

Attonito il ragguardava a far questo il misero
dell'aio, e si strigneva sempre più nel lercio
suo viso, che parea volesse abbandonar l'anima.
E, quando quegli si fu alcun poco racchetato
ne' suoi smodati accessi di riso, così disse gri-
dando al solito:

— Oh, che la è cosa da morir davvero! Questo caro Gasparrino è così curioso! Con che serietà magistrale mi ha detto quelle cose che mi
ha detto!... Ora che spilluzzico il carlino, egli
ha detto!... Ah! ah! ah! sempre che ci penso... alla sua *discrepanza*... all'*inter nos*.

E qui Don Aniello ricominciava a ridere con
maggior fracasso.

Don Gaspare era lì lì per iscoppiare. La paura,
la vergogna, la rabbia gli davano le vertigini.

— Che significa questo? ardì finalmente os-
servar D. Gaspare, quando vide sedarsi quell'u-
ragano di risa.

— Significa che tu ti sei fatto d' una giovia-
lità maravigliosa, dacchè mangi la zuppa del
Marchese... A proposito di zuppa, ti avverto che
sento appetito e piglierei volentieri una refezion-
cella. Su via, Gasparruccio del mio antifegato,
suona il campanello, e fammi recare qualche
cosa da mordere.

— Che! tu vorresti...

— Far colazione: non mangio da ieri sera a
due ore, e ho digerito anche le ossa... Ma ti
avverto di non metterti in cerimonie; una cosarella così, alta alta, presso a poco come quella
che nello scorso inverno ebbi l'onore di offrirti
alla Taverna del Cerriglio.

— Zitto, per carità; abbassa la voce... Che
diascine ci è bisogno di ricordare certe cose, le
quali.. Insomma egli è impossibile che tu faccia colezione qui... Ti darò del denaro, e fuori
di questa casa ti sfamerai a tuo bell'agio.

— Ah! ah!... e poi pretende questo caro
amico che io non abbia a ridere di tutto cuore!.... Ti pare! Ti abbandonerei così presto,
dopo che ho avuto il piacere di ritrovarti! Piglierei danaro da te per andare a far colazione
altrove, dovechè qui si sta così bene, e tu sei
domino e padrone di comandare a tuo talento,
e sarai servito a volo! Stamane, confessalo, non
sei felice a parlare; ti escono dalla candida bocca
certi marroni... Orsù, non lo dire nemmanco
per baia la seconda volta, bellezza mia, che po-
tresti farmi pigliar collera seriamente... Via mo',
fammi apparecchiare qui, in questa camera, una
tavolella acconcia acconcia... Io non sono venuto per niente; ho a dirti qualche cosa, e mi
piace meglio discorrere col piattello avanti e col

fiasco in pronto... Insomma, egli è un secolo
che non ti veggo; e, crepino gl'invidiosi, io voglio starmi la mezza giornata col mio simpati-
cuccio parrucchino. Oh! come si sta comodamente su questa sedia!

E, detto ciò, si abbandonava con tutta licenza
in sulla spalliera della poltrona, e distendea l'una
gamba sull'altra, come per dimostrare che egli
si accampava in quel sito, donde neppure un
terremoto avrebbe potuto smuoverlo.

Non ci era che fare! Don Gaspare si trovava
nella più terribile posizione in cui siasi giammai
trovato un uomo sulla terra. Nell'impeto di collera che la beffarda pacatezza del baciliere gli
mettea nel sangue, egli avrebbe voluto gittar-
glisi addosso e strozzarlo; poscia gli sopraggiu-
gneva il pensiero di farlo cacciar via da' servi;
ma tutti questi non erano che disperati propo-
siti, i quali, in luogo di scemare il pericolo,
l'avrebbero accresciuto a mille doppii; giacchè
non si sa a quali eccessi, veggendosi violentato,
si sarebbe spinto quel leopardo. Posto ciò, ei
conveniva appigliarsi al partito più prudente e
meno arrischiato; far della necessità virtù, stri-
gnersi nelle spalle, e procurare di produrre il
minore scandalo possibile.

— Vediamo se egli è possibile farlo svignare
la mercè dell'oro, disse entro sè il poveraccio
dell'aio, che in quel momento avrebbe dato tutte
le sue sostanze per levarsi di su lo stomaco quello
incubo che gli dava il martirio.

Don Gaspare adunque, cambiato di tuono, e
tutto in sembiante addolcito e pastoso, così prese
a dire a quell'uomo:

— Or via, Don Aniello, da buoni amici, e

parliamoci col cuore sulle labbra. Io capisco perchè sei quì venuto... Tu ti sei fatto troppo da lungi ; potevi scorciarla in due parole , ed eri sicuro di non parlare a vento... Caccia fuori , su, la tua mente... Vuoi danaro e pronto, eh ! gnaffe ! Come ho indovinato ; n' è questo ?

— Danaro ! Orbè, tu credi mo' che la pecunia stia pure a me, siccome a te , in cima di tutti i pensieri? La sbagli... Io, io ci sputo grosso sul danaro, e non verrei, come tu hai fatto, a leccar le zampe d'un Marchese per mangiare col senso di cannella, camuffandoti da uom santo e dabbene, come se poi le orecchie dell'asino non ispuntassero di sotto le penne del pavone.

— Che viene a dir cotesto? Come tu sei mutato da quel di pria! E tu mi rifiuti il danaro? A tua posta... Ma or mi perdo, e che venistù a far quì ?

— Non istò ancor comodo a dirti questo. Bada che se non mi farai subito apparecchiar da mangiare, andrò io stesso, *senza cerimonie*, a chiedere una colazione al signor Marchese.

— Gesù ! Non ci mancherebbe altro ! esclamò Don Gaspare che si sentiva fallir le gambe... Dunque, tu vuoi... voi volete assolutamente mangiar quì... qualche cosa ?

— Padron mio ! è un'ora che te ne ho pregato.

— Ma, per carità, Don Aniello mio, abbi compassione della mia carica... Io quì non istò a casa mia. La gente che ti vede in tanta domestichezza con me !... Mettiti almanco un giubbon de' miei, acciocchè *casu quo* e tu sei veduto dal Marchese o da altri... Io già non aprirò questo uscio a nessun'anima viva , tranne che al servo che dovrà arrecarti da mangiare.

— Oh oh! la bella figura ch'io farei col tuo giubbone!... Va mo', e fa presto a suonare il campanello.

Don Gaspare avrebbe voluto più volentieri andare a tirar la corda per afforcarsi.

Il campanello fu suonato; l'uscio fu aperto, e il servo si presentò a ricevere gli ordini del padrone.

— Arrecate una tazza di cioccolata e alquanti crostellini per questo *galantuomo*, disse l'aio con gravità, e come se avesse voluto fare intendere al servo che, quantunque in abiti sì negletti, quell'uomo non era un *suggeco* e nè un *capodieci*.

Udendo l'ordine che Don Gaspare avea dato al servo, Don Aniello levò il capo, e con voce alta e facchinesca:

— Che caspita mi vai frullando di cioccolata e crostellini! Voglio che mi arrostino il fegato e la milza se ho mai mangiato di queste porcherie: fammi portare un piatto di baccalà con due cipolle crude, e un fiasconcello di quel di Gragnano.

Don Gaspare ebbe a morire, e per poco non morì sul colpo; ma finse di ridere a crepapancia, come se l'*amico* avesse propriamente voluto fare uno scherzo da cervel balzano.

— Tu di' davvero? dimandò facendo le veci di essere stupefatto di quella bizzarria di gusto plebeo.

— Così venga il canchero alla tua faccia di mala civetta, com'io parlo da senno.

— Ma egli è propriamente del baccalà e cipolle che tu vuoi mangiare?

— Di questo propriamente.

— Or bene, Antonio, avete capito? Voi servirete incontanente a questo *signore* un buon piatto di baccalà con cipolle crude.

— E non dimenticate il fiasco di Gragnano.

Il servo, ridendosela sotto i baffi, partì per eseguire gli ordini ricevuti.

— È stabilito che vuoi svergognarmi sta mane, disse Don Gaspare con estremo scuoramento quando si rivide solo col suo forzoso compagno.

— Eh via mo', riprese questi, che il baccalà e le cipolle crude non hanno mai svergognato nessuno, e te poi men che ogni altro... Ma or che la faccenda della colazione parmi aggiustata, aspettando che sia pronta, discorreremo un poco da buoni amici delle faccende che ci riguardano...

— Che ci è? chiese Don Gaspare, cercando di dare a questa domanda il tuono della maggiore indifferenza.

— Bazzecole, inezie, cosarelle di poco conto, rispose Don Aniello con un ghigno che mise il gelo nel cuor dell'aio... Ma intanto, lascia ch'io accenda la mia pipa.

E la traeva dalla tasca della sua giacca.

— Oh questo poi no, disse Don Gaspare con risolutezza; il puzzo della pipa fa venir l'emicrania al signor Marchese... E, d'altra parte, non voglio trasformare questa camera in caserna militare, in ridotto o peggio... Assolutamente, voi non fumerete.

— Oh quando tu facessi cotesto di non farmi fumare, io comincerei a credere di esser diventato un somaro. Che cale a me della emicrania del signor Marchese? Da lunga pezza io sono avvezzo a fare il piacer mio.

Detto ciò, levossi ritto e andò a tirar la corda del campanello.

— Oh questo è troppo, signor mio; *est modum in rebus!* sclamò acceso di collera il maestro; io son qualcosa e non cavolo qui piantato: il Marchese potrebbe andare su tutte le furie, vedendo così poco rispetto in sua casa, e nel momento che il Marchesino sta peggio.

— Ah! sta peggio il Marchesino?

— Peggio e peggio assai.

In questo il servo erasi novellamente presentato.

— Un po' di fuoco per accendere la pipa, disse con infernal pacatezza quell'uomo strano.

— Ma... ei mi pare che...

— Obbedite, soggiunse quegli.

E il servo, poco stante, arrecò un lume acceso.

Don Aniello pose un poco di carta bruciata nel vasetto della sua pipa, e si pose tranquillamente ad aspirare il tabacco.

— Tu dicevi adunque che il Marchesino è gravemente infermo?

— Poveretto! fa pietà a vederlo! il Marchese ha perduto il capo; non esce più, ha perduto la giocondità, e sta sempre dappresso al figliuolo.

— E che male soffre il marmottino?

— Un male che finora non si è capito... Ma per carità, Don Aniello, non tirate di questi buffoni di fumo; sento tossire il Marchesino nella stanza contigua dove ha il suo letto...

— Un male che non si è capito? Perbacco, i medici son pure la razza più gonza e ignorante che sia nel mondo! Tieni; io non ho visto il marmottino, e ciò nondimeno mi avviso di capire il suo male meglio de'medici.

— Baie! sclamò Don Gaspare, che era ito a turare con un cencio il buco della toppa della stanza contigua.

— Altro che baie! Guarda se io son sottile, bell'uomo.... Io dico che il Marchesino è travagliato presso a poco da quello stesso male che mandò al Creatore il maestro di cappella Don Leonardo Vinci.

Un'occhiata inesprimibile fu gittata da Don Gaspare su quel diavolo, occhiata che valea pressochè una buona stillettata.

— Ah! ah! ah! come mi guarda il caro amico!

— Cielo! il Marchese!.. il Marchese viene a veder suo figlio, esclamò di repente Don Gaspare, il quale era tuttavia rimasto dappresso alla bussola chiusa della camera, dov'era il piccolo Marco.

— Ah! bravo, il Marchese! ripetè Don Aniello senza scomporsi.

— Presto, lascia la pipa, per cento diavoli.

Don Gaspare, acceso d'ira, si sarebbe forse spinto a qualche eccesso in sulla persona del baciliere, se in quel momento la presenza del Marchese nella prossima stanza non gli avesse fatto temere una scena scandalosa, che sarebbe stata funesta ad entrambi. Oltre a ciò, in quello stesso momento veniva entro il servo colla colazione per Don Aniello.

— Lodato il cielo! sclamò tra sè Don Gaspare; almeno ei mangerà e non fumerà!

— Bravo! Ecco un baccalà che manda un odore da far tramortire... Presto, ponilo quì, su questo tavolo... Non occorre cotesta tovaglia.

— Ma come! Neppur la tovaglia...

— Non fa d'uopo... Alla taverna, io non la adopro giammai...

E Don Gaspare si brigava di ridere per far credere al servo presente che quell' uomo fosse un capo bizzarro, il quale, per istrambezza, si piacesse in tutte queste costumanze popolari.

Don Gaspare era in nna situazione che davvero facea pietà. Da una parte, quel demonio che mangiava appunto come s'ei si fosse ritrovato nella più abbietta bettola, dall'altra il Marchese, che era rigidissimo sull' articolo del rispetto che si doveva alla sua persona ed alla sua casa.

Benchè Don Gaspare avesse aperto il balcone per dissipare la nebbia di fumo lasciata dalla pipa, la puzza vi era rimasta in gran parte, e con essa quella che il baccalà vi spandea.

L'aio nell'imbarazzo dava quando un orecchio all'uscio della camera, in cui erano il Marchese, il figliuolo ed altre persone, quando affrettava cogli occhi la fine di quella maledetta colazione, quando andava a spiare all' altra porta. La sua faccia era di tutt'i colori.

— Spicciatevi, spicciatevi, Don Aniello; abbiate pietà di me.

Un picchio alla bussola fece trasalire il povero aio, che si sentì morire.

— Aprite al signor Marchese, disse Don Aniello pacatamente e in atto di mangiare con molto gusto una grossa cipolla che erasi tolta in mano.

Fu forza cedere alla necessità. Don Gaspare andò a dischiudere la bussola.

Il Marchese rimase attonito veggendo quella strana persona seduta a mangiare così discompostamente, e fiutando il puzzo di tabacco e di baccalà di che era ancora piena quella stanza.

Egli raggrottò le sopracciglia, e fisò lo sguardo sull'aio, come per domandargli spiegazione sulla presenza di quell'ignobile uomo in sua casa e di quella indecente maniera di far colazione.

Lasciam pensare la penosa situazione in che si trovava il povero aio: la sua faccia pigliava tutt'i colori fuorchè il rosso, pel quale essa aveva un'avversione naturale. Il malandrino non sapea che farsi; accolse il Marchese con un risolino tutto faceto, e si dava un gran moto per la stanza, fingendo di rassettare diversi arnesi: la sua fronte color pomice riluceva di grosse bolle di sudore.

— Buon giorno a Lei, signor Marchese, disse in aria dimestica il baciliere, poscia che ebbe dato un lungo bacio al fiasco.

— Chi siete voi? dimandò il Marchese gittando un'occhiata altera e sdegnosa su quell'insolente che ardiva pigliarsi tanta illecita dimestichezza.

— Ah!... chi sono io? Ne chieda al pregevole signor aio, intanto che io finisco la mia colazione.

Questa cinica sfrontatezza riusciva un arcano pel Marchese, cui non pertanto una fiamma di collera investì le sembianze.

Egli avea sempre incontrato e dappertutto bassezza, inchini e adulazioni; ed era questa la prima volta che un uom della plebe osava starsi seduto al suo cospetto e rispondergli a quel modo, e mostrargli quella maniera di disprezzo insultante.

— Che vuol dire ciò, signor Don Gaspare? dimandò il Marchese con tuon di voce che fu schioppettata al cuore del poveraccio dell'aio.

— Ecco qui , signor Marchese , rispose Don Gaspare balbettando, ed in quello che fingea di tossire per aver tempo a pensare su ciò che aveva a dire; le dirò... perdoni... ho un catarraccio... una flussione... avrei dovuto salassarmi... ma... si figuri... ho una paura invincibile della lancetta... preferisco purgarmi...

— Non si tratta di questo, signor aio , interruppe il Marchese vermiglio per collera ed impazienza ; io vi domando chi è quest'uomo che osa...

— Ah... già, quest'uomo, sì signore, Ella vuol sapere... ed ha ragione... Le dirò adunque che quest'uomo è... un mio buon amico, che...

E qui Don Gaspare volea cogliere l' opportunità di non esser veduto da Don Aniello , per fare intendere, per via di segni, al Marchese che quell'uomo era un povero matto; ma, però che il baciliere non era un popone , rizzò gli occhi addosso a Don Gaspare e più non li levò; onde questi facea le più curiose smorfie e contorcimenti di viso che si possano immaginare.

— Ebbene ! Parlate o non parlate ? Comincio a perdere la pazienza.

— Ebbene, signor Marchese , le dirò francamente che quest'uomo è... un originale, un bello spirito, un faceto.

— Il suo nome ? il suo stato ?

— Ah... egli si chiama Don...

— Ciccio Straviso a servirvi, rispose Don Aniello improvvisando un nome e cognome.

— E che cosa viene a far qui cotesto Ciccio Straviso ? seguitò con ira crescente l' offesa dignità del nobile ; che ho che fare con cotesta razza di gente impura, che si permette d'insul-

tarmi in casa mia, pigliando modi così licenzio-
si e scostumati? Che cosa è cotesto Ciccio Strá-
viso, che s' introduce in casa mia come in una
bettola , e che ardisce di rispondere alle interrogazioni che io fo al signor aio? Parlate , per
cento diavoli, signor Don Gaspare; presto; egli
è con voi ch'io parlo e non con lui, giacchè io
non mi abbasso a volgere la parola a quel genere di creature , col quale io non mi acconto.
Assai si abusò della mia pazienza , e non per-
metterò che si faccia più oltre così impura profanazione del mio quartiere.

È d'uopo avvertire i nostri lettori che il Marchese , insin dacchè avea scorto quella sconcia
persona , era andato subitamente col pensiero
che quegli si fosse qualche mandatario di qualcuno de' suoi fratelli, che da tanti anni egli non
avea più riveduti , e che intendevano forse ri-
cominciare la guerra che gli avea dato molestia
per lo passato. Onde , è chiaro che ei volesse
innanzi tutto rendersi certo che quell'ignobil uomo non avesse attinenza col trippaiuolo o col-
l'altro , e però con viva premura insistesse di
voler conoscere lo stato di colui.

— Non vada in collera, signor Marchese, dicea Don Gaspare; questo *signore*. . . è un mio
vecchio amico, uomo sincero e candido, di buon
cuore... Egli non conosce gli usi e le pratiche
della buona società ; è a condonargli ciò ; ma
viva sicuro, signor Marchese, che il signor Don...
Ciccio Straviso è un... galantuomo... un pro-
prietario...

— Di porci, interruppe Don Aniello mandando
giù l'ultimo boccone della roba che si avea dinanzi.

— Voglio credere alle vostre parole, Don Gaspare ; ma vi proibisco , intendetemi bene , vi proibisco di ricevere più d'ora in poi simili *galantuomini* che mangiano baccalà e cipolle in casa mia e si permettono d'accendersi la pipa. Sia questa la prima e l'ultima volta che io sono testimone di simile scandalo. Ora , spacciatevi di quest' uomo , e venite ad assistere il povero Marcuccio che sta peggio... assai peggio di ieri.

Detto ciò , aprì la bussola che tirò con alquanta collera e fracasso addietro a sè nel cacciarsi nella stanza dov'era il figliuolo.

Non sì tosto uscito il Marchese, Don Aniello ruppe in una di quelle sue smodate risa che non la finivano più.

— E te la ridi ancora , uomo indemoniato ! esclamava Don Gaspare, che respirava un poco più liberamente... Maledetto il momento che hai messo il piede in questa casa ! Ma... hai sentito quel che ha detto il Marchese ? Ei non vuole che più innanzi io abbia a riceverti ; capisci ?... Spero che non mi *onorerete* più della vostra visita. Ora, spicciatevi, ditemi quello che avete a dirmi, e ite pe'fatti vostri.

Don Aniello seguitava a ridere , senza darsi troppa premura di spicciarsi.

— Ah ! ah ! io non posso pensarci senza crepare di risa, non posso pensarci alla faccia balorda ch'hai fatta quando ho detto di chiamarmi Don Ciccio Straviso... Ah ! ah ! ah !

E rideva a sua posta , pur non pensando di rifinir giammai, in tanto che l'altro biecamente il guardava ed era in sull'uscir de'gangheri per la insolente ilarità del baciliere.

— Alle corte, sono stanco, signor baciliere...

Quousque tandem abutere... Avete inteso o non avete inteso che il signor Marchese vuole ch'io mi sbrighi di voi, e vada ad assisterlo dappresso al letto dell'infermo figliuolo?

— Ebbene, io non vo'tenerla più oltre in disagio, signor aio prestantissimo, e me la tiro in due parole. Compiacetevi di ascoltarmi attentamente.

— Parlate.

— Vi ricordate il nostro ultimo abboccamento che avemmo alla Taverna del Cerriglio?

— Ah! si... ma non ricordo il tutto...; così... qualche cosa.

— Mi sarà facile di richiamare alla vostra memoria qualche particolarità che vi sarà sfuggita; onde vi faccio ricordare che quella sera noi ci demmo la posta pel dì vegnente; ch'io dovea trarre al vostro domicilio al fondaco Cetrangolo in sull'ora del mezzodi, per ricevere da voi certi numeri, i quali doveano farmi uscire dal pessimo stato in che son vivuto fin qui. Ve ne ricorda, messer gufo?

— Perdinci! veh! *Memoria labiles!* le faccende che mi ebbi tra mani quella giornata mi tolsero addirittura di mente la posta che ci eravam dato. Ah, domine, che scapato ch'io sono!

— Orbè, se voi, civetton mio, siete uno scapataccio, siccome voi dite, io non sono; e non mancai di andare a suonare il campanello della vostra dimora... Ma, suona, suona; egli era come se avessi suonato a' morti; giacchè l'uccel grifagno non era al suo nido, e scommetto il peritoneo, era ito a beccarsi qualche quagliotta. Ma de'più cattivi partiti ei fa d'uopo pigliare il meno; adunque io mi pensai che voi aveste avuto in animo di gabbar me; e lasciai sul vostro orrevole uscio un piccol segno che certamente avrete ritrovato allorchè vi riduceste al vostro abituro. Non è vero, mascherone di fontana?

— Segni! Affè mia, ch'io non so di quai segni mi parlate.

— È tutt'una: io ben m'intendo a lingua mia; or ci siamo ritrovati, e tutte le cose in questo mondo finiscono più o meno coll'aggiustarsi. Veniamo ai fatti nostri. Vi ricorderete, io spero, che allora io vi chiesi tre numeri da guadagnarmi in santa pace la somma di quarantamila piastre, la mercè delle quali dare un eterno vale alle pettegolerie di questo brutto mondo, e ritrarmi come il topo nel formaggio? I numeri non vennero, come vi è noto; il negromante che dovea darmeli era sparito dall'ottina, e più di lui non si udiva a parlare nè morto nè vivo; ed io che già facea conto di tener quelle piastre nel borsellino, invece rimasi con un pugno di mosche. Ma ogni cosa viene al maturo, e il mio bel Gaspare, io dovea mo' pensare che lo avrei ritrovato così ben alloggiato e nudrito!

— Ma la vuoi finire, cicalone? Tu la conti troppo a distesa... Di' su, a che vuo' venire con tutto cotesto che dici? Dove mo' mi vuoi trarre?

— Giuochiamo a carte scoperte, Gasparruccio mio, e finiamola, giacchè tu hai pressa, ed hai ragione di averla. Egli non è giusto che due birbanti come noi si trovino in così opposte maniere di vita; che l'uno viva una vita di stenti, di vagabondaggio e di miseria, e l'altro si goda la cuccagna del far niente e si nutrichi di latte e miele, e gavazzi in tutte le saporite squisitezze del lusso. Questa giustizia non è giusta, ed io l'aggiusto. Colendissimo signor Don Gaspare, voi mi darete tra giorni la somma di mille scudi, di cui ho bisogno per alcune mie faccenduole che ho da ordinare per non ritrovarmi nelle unghie del bargello; e quindi, alla fine di ogni mese, io spiccherò quì un mio fido, al quale consegnerai in contante cinquanta scudi, che è appunto la metà del tuo onorario di precettore. Se sarai esatto nel disimpegno del tuo dovere, le cose anderanno bene per ambedue, e massime per te; ma dove tu faccia un po' lo stordito, e trascuri di mandarmi la porzione che mi spetta, ti lascio soltanto ventiquattr'ore di respiro, a capo delle quali, se non avrai fatto testamento, morrai *ab intestato*. Ecco quanto io dovea rassegnarvi, egregia mummia; tra due giorni manderò pe' mille scudi, e alla fine del mese pe' cinquanta. Trattami bene il tuo Marcuccio, e ti raccomando di non *ispicciarmelo* troppo presto, chè peggio per te. Addio, amicone de'miei visceri, quà, dammi un baciozzo, e statti buono.

Detto ciò abbracciava e baciava lo stupefatto Gaspare, e, nel trarre addietro a sè la porta per andar via, cacciava novellamente il capo dentro alla stanza dell'aio, e gli dicea:

— A proposito, mi scordava; salutami caramente il Marchese, e digli che non verrò più io ad incomodarlo, finchè mi giungerà con esattezza la metà dell'onorario che ti regala.

VII.

Il patrino.

Il resto della giornata passò in burrasca a casa del Marchese. Il fanciullo fu sovrappreso da forti convulsioni, e si temè pe' suoi giorni : tutto il servidorame stette in gran movimento ; per la sera fu convocato un consulto.

Il Marchese non celò il suo dispiacimento verso l'aio per tutto quello che era avvenuto il mattino; e da questo punto possiam dire che ricominciarono a pigliar salde radici i sospetti (che incerte voci gli andavano stillando nell' animo) che il signor aio non fosse quel fiore di onestà e di virtù, siccome sempre lo avea tenuto per lo passato.

Quella fu una giornata critica pel piccolo Marco, la cui malattia avea fatto in poco tempo sì rapidi progressi, ch'ei ci volle tutta la dottrina de' professori convocati a consulto per liberarlo quel dì dalla morte che sembrava imminente. Gli aveano schierato sulle tempia uno esercito di sanguisughe ; le braccia e le gambe gli aveano martoriato con vescicatorii; sì che quel corpicino avea perduto ogni sostanza di carne , ed or non era che uno scheletruccio da far compassione. Sembra che la natura si diverta ad allungare i corpi dei fanciulli, allorchè sono infermi, perciocchè li vedi subitamente tanto più cresciuti in lunghezza quanto più la malattia gli ha assottigliati e ridotti allo estremo. E Marco, disteso nel suo letticciuolo, dava la vista di esser già venuto a giovinezza, talmente era sfoderata a sua persona sotto l' impero del morbo divoratore. Si può dire che, quando la morte si appresta ad acciuffare i giovanetti, ami di pigliarsi avanti il sollazzo di farli crescere di botto e farli venire grandi, come se lor facesse saltare in un attimo gli anni.

La faccia del Marchese esprimeva tutto il dolor profondo di che gli era cagione lo stato del figliuolo, per risanare il quale avrebbe dato la metà delle sue sostanze. Dapprima egli forse non aveva creduto che il male fosse di così malvagia natura, e, benchè sentisse alquanta afflizione veggendo a tale ridotto il giovanetto, attribuiva quel dimagramento al tempo del naturale sviluppo, il quale suole negli adolescenti esser cagione di molti fisici disturbi; ma di presente, la gravezza del morbo sì gli dava pensiero e dolore, che quasi ne avea smarrito il senno.

Dal canto suo, Don Gaspare avea smarrito il capo per altre ragioni che non erano certamente quelle che mantenevano agitato il Marchese. Egli non era così malaccorto che sulle sembianze di costui non leggesse la collera che il fatto del mattino avea dovuto ridestare nell'offeso animo del nobile. A questo aggiungeansi due altri potenti motivi di noia e di tristezza: il primo era la seria malattia dell'allievo, che minacciava di fargli perdere la sua carica di aio, e il secondo, la faccenda di quello indemoniato baciliere, il quale avrebbe mandato tra due giorni per la riscossione de' mille scudi. Ci era da uscir matto. Tutte queste disgrazie gli piombavano addosso in una volta; la sorte si era per lui di botto così tramutata da minacciargli un precipizio imminente. Madre Isabella soltanto poteva a tanti guai riparare ; e il dovea. Il domani si offriva assai fosco e annebbiato agli occhi della sua mente, ed egli incominciava a perdersi alquanto d'animo, sfiduciato da' tanti gravi imbarazzi che gli si paravano avanti.

In sul vespro di questa travagliosa giornata, lo stato dell'infermo fanciullo sembrò che non desse più que' timori che al mattino avea suscitato : un sonno profondo leniva col suo balsamo amico le sofferenze del poveretto. Valendosi di quest'ora di riposo del fanciullo, che promettea un certo ravviamento ad uno stadio del morbo men pericoloso, il Marchese de Jacellis, stanco e abbattuto dalla battaglia che avea durato in tutti giorni, si era gittato anch'egli a prendere alcun ristoro di sonno, eziandio preveggendo che la notte forse non avria potuto dormire per assistere l'egro figliuolo.

Visto che il Marchese ritirato si era nel suo quartiere, e che tutte le cose pareano essersi alquanto acchetate in casa, Don Gaspare pensò di svignarsela quatto quatto, e irsene a trovar monna Isabella per abboccarsi con lei intorno agl'imbrogli che gli si erano d'ogni banda levati contro formidabili e minacciosi. Perchè, vestitosi in fretta, e messosi a poppa la sua cappa svolazzante, abbrivò lesto lesto, e sfilò come un buon paliscamo, assecondato da amico vento.

In men di un terzo d'ora egli ritrovossi all'uscio della sua padrona, il quale questa volta gli fu aperto da una persona a lui ben nota.

— Oh, veneratissimo signor maestro, esclamò questa persona aprendo le sue braccia come chi si appresti a dare un vigoroso amplesso ad un amicone di cuore. Che somma ventura vi tragge qui sta sera, o *terque quaterque, optime* Don Gasparrino ?

— *Valde gaudeo* nel rivedervi di buona salute, signor Don Berardino ; è permesso baciare le mani di madre Isabella ?

— Tutto a voi lice, o dotto Mentore ; e madre Isabella piagnerà di gioia nel rivedervi... Ma, ei bisogna che vi abbiate un momentino di pazienza, che la fornisca di dare udienza a due spettabili galantuomini, l'un dei quali è mio patrino, e che sono con lei in sul ragionar di cose assai gravi. Non vi spiacerà certamente lo intrattenervi meco un quarto d'ora in questo salottino di passaggio. Questo è il comando che ho ricevuto da madre Isabella, ed io non le ho chiesto il motivo di tal comando, giacchè dice il gran Metastasio, come certo vi è noto :

Il merto d'ubbidir perde chi chiede
La ragion del comando.

» E ricordomi che nel *Giuseppe riconosciuto* il prelodato autore esclama :

So che la gloria perde
D'un obbedir sincero,
Dello eseguir l'impero
Chi esaminando il va.

Declamando con enfasi questi versi, colla sua donnèsca voce, l'effeminato cantore, cacciatosi il braccio del maestro sotto il suo, il traeva dalla saletta alla stanza contigua, dove il facea sedere sopra una maniera di canapè senza bracciuoli e colla spalliera di legno, siccome erano in uso a que' tempi.

— Compiacetevi seder qui un momento intanto ch' io vado ad avvertir madre Isabella che voi siete qui.

L' ignobile cantore andò a recar l' avviso alla sua maestra, e ritornò appresso alquanti minuti.

— Madre Isabella ha avuto un gran piacere nel sentire che siete qui ; dice che siete giunto appuntino; bensì vi prega che aspettiate che ella dia sesto a una faccenda di molta importanza, che ella ha tra mani in questo momento.

— Io non ho fretta, rispose umilmente Don Gaspare, cui dava noia moltissima il dover trattenersi a conversare con quello scipito effeminato.

— *Desiato piacer giunge più caro*, esclamò l' inesorabile metastasiano, pigliando posto sul canapè accanto a Don Gaspare.

— E come sta la signora ? dimandò questi per afferrare un subbietto qualunque di conversazione.

— Ella sta nè bene nè male ; a vederla si crederebbe felice, eppure,

Se a ciascun l' interno affanno
Si leggesse in fronte scritto,
Quanti mai che invidia fanno
Ci farebbero pietà.

— Che vuol dir ciò? chiese Don Gaspare. Che cosa può affliggere Madre Isabella? Non è ella felice di possedere tutte le virtù che sono sulla terra? Qual mai pensiero può darle travaglio?

— Io non il vi so dire con precisione. Madre Isabella non si apre facilmente a' suoi discepoli, nè ad altri nel mondo. Certo se ella ha qualche pensiero che le dà inquietudine, deve es-

sere qualche faccenda che torni a bene del prossimo, imperocchè non di altro ella è sollecita e
ansiosa.

— Ecco una donna che non meritava di nascere in questo sozzo di mondo ! sclamò Don Gaspare in atto di profonda ammirazione delle peregrine virtù di lei.

— Ed ecco perchè il gran Metastasio dice nel-
l' *Ezio :*

> *Qualunque nasce, alle vicende*
> *Della sorte è soggetto.*

» E ricordomi nell' *Issipide :*

> *Il mondo*
> *Varia così le sue vicende, e sempre*
> *All' evento felice il reo succede.*

Don Gaspare in mente sua mandava al diavolo Metastasio e il suo fanatico ammiratore.
Egli si trovava propriamente in vena di sentir
versi !

— Che cosa ci procura quest'oggi il piacere
d'una vostra visita, dottissimo signor maestro ?

— Il mio dovere, *debitum meum.* Era qualche tempo che io non veniva a baciar la mano
della mia signora e padrona; ed è per me sacro
debito di gratitudine di venire a quando a quando a prendere i suoi novelli comandi. Prescindendo da ciò, anche a voi sarà noto, io mi
penso, lo stato in che trovasi il povero mio allievo, il marchesino de Jacellis.

— Ah ! esclamò Don Berardino, ne' cui occhi
femminei guizzò un baleno di gioia.

— Brutta giornata la è stata questa per noi tutti, seguitò a dire Don Gaspare, il quale non si era già avveduto di quella gioia che era scoppiata sul viso adiposo del cantore. Abbiamo avuto una furiosa battaglia; e il fanciullo è stato più là che quà; ora egli sembra più rimesso, e i medici sperano molto da' bagni.

— Lasciamo fare al cielo! disse con molta ipocrisia il *discepolo* di madre Isabella, e subitamente soggiunse (giacchè egli aveva il suo Metastasio sempre apparecchiato ad ogni proposito):

> *Sempre è maggior del vero*
> *L'idea d'una sventura,*
> *Al credulo pensiero*
> *Distinta dal timor.*

» È da sperare che il fanciullo ricuperi la sua sanità. Che che avvegna, non bisogna crearsi i mali innanzi che avvengano.

> *Non è prudenza,*
> *Ma follia de' mortali*
> *L'arte crudel di presagire i mali.*

Don Gaspare era vicino a scoppiare: le citazioni metastasiane gli sdegnavano i nervi in modo che egli si contorceva sulla sedia, vessato da quella specie novella di martirio.

— Ma dite, maestro, continuò Don Berardino, è dunque fuor di speranza lo stato della salute del fanciullo?

— Assolutamente fuor di speranza non può dirsi, giacchè i medici chiamati oggi a consulto non han dato per disperato il caso; ei sembra, a quanto ho inteso, che al dì vegnente sarà risoluta la quistione; domani è il giorno della crisi, com'ei dicono que'signori da'lunghi bastoni.

— E come vi è venuto fatto di scapparvela sta sera in tanto scompiglio e trambusto, quanto mi figuro ci è stato questo dì a casa de Jacellis? Come vi è bastato il cuore di abbandonar l'allievo in simili momenti! Oh santi numi, m'immagino il dolore del Marchese!

— È tale che ei sembra uno scimunito; nol riconoscereste così di leggieri; il suo viso è allungato, i suoi occhi sembrano smarriti; e il poveruomo ha ragione; che volete? un unico figliuolo, l'erede di tante ricchezze...

— Sarebbe davvero un peccato che passassero a mani straniere... Non ha parenti il Marchese?

— Parenti? Non il vi saprei dire con precisione... Ma.... intesi una volta a parlare di certi suoi lontani... non so se fratelli o nipoti; ma quelli che di ciò ragionavano non seppero eglino stessi dirmi il positivo. Dapprima dissero che erano due o tre fratelli del Marchese; indi si disdissero e asserirono esser nipoti; e chi li voleva in estranei e lontani paesi, chi trapassati li facea da lunga pezza; insomma nulla ci era da carpire in così fatta tiritera; ond'io conchiusi che fosser tutte fandonie e chiacchiere le storielle di questi fratelli o nipoti.... E voi, Don Berardino, ne sapete qualcosa?

Il cantore allungò il piatto viso, si strinse nelle spalle, sollevò le sopracciglia e appuntò le labbra, volendo indicare con questa pantomima

3*

che egli non s'impacciava in cose che nol toc-
cavano, o che niente ne sapea o volea saperne.

— Ciò a noi non preme, disse indi a poco;
parliam d'altro: mi sono sempre scordato di do-
mandarvi: avete più riveduto il vostro piccolo
ex-allievo?

Don Gaspare fece lo smemorato, e restò col
naso in aria.

— Ex-allievo! Di chi intendete parlare?

— Domine! Non rimembrate, maestro, in
casa di chi ci vedevamo qualche volta?

— Parola che non rimembro...

— Come! dal defunto maestro Leonardo Vinci!

Questo nome facea venir la febbre al profes-
sor di lettere latine, il quale sbiancò subitamente in volto.

— Ah! sì, or... mi ricordo... Ah! voi... in-
tendevate parlare di quel mucciosetto antipatico
del nipote...

— Ah! per lo appunto; lo avete più riveduto?

— Non il rividi più dopo la morte dello zio.

— Della quale calunniosamente foste imputato
voi... Oh... narrate, signor maestro, poichè ne
abbiam l'agio, narrate come avvenne la vostra
cattura, e come poscia fu discoperta l'innocenza
vostra... Su narrate quello che soffriste nella
prigione.

Spesso il narrare altrui li propri affanni,
Toglie al dolor la forza.

— Feci la trista narrazione a Madre Isabella,
disse Don Gaspare, ed ora molto mi dorrebbe
il rinnovare la memoria dei sofferti casi ... *Ex*

tam alto dignitatis gradu in cui sono al presente, non voglio più abbassarmi a rammentar certi fatti che mi avviliscono... D'altra parte, i pensieri che mi travagliano in questo momento non consentono...

— È vero, interruppe lo spietato eco del Metastasio,

Sempre il presente duolo
Più grave par d'ogni passata noia.

In questo si udì il campanello di Madre Isabella, segno convenuto quando ella richiedeva il discepolo Don Berardino.

— La mia maestra mi chiama, questi disse; forse avrà d'uopo di vedervi; consentite ch'io entri da lei.

Don Berardino di Salvi si cacciò nelle stanze misteriose, e Don Gaspare rimase ad aspettare i comandi della sua padrona.

La giornata era incominciata male e minacciava di finir male. Il dover aspettare quando l'animo è agitato da gravi cure, e il dovere nel frattempo trattenersi a ragionar di cose lievi o indifferenti, è un tormento che non ha l'eguale.

Poscia che per un altro quarto d'ora ebbe il Don Gaspare aspettato, ritornò Don Berardino con faccia più rossa ed ilare del consueto.

— Venite, signor maestro, disse in modo di chi crede annunziare a qualcheduno una grazia, venite, Madre Isabella vi riceve.

Trasse un profondo sospirone il maestro, abbassò il capo in atto di ringraziamento, e tenne dietro all'allievo del Seminario della Pietà dei Turchini.

Entrarono entrambi nella solita stanza, dove Madre Isabella traeva i suoi giorni, e dove ella ammetteva a conversare ogni maniera di persone.

Un lume ad olio a tre becchi illuminava la stanza, uno dei quali era stato soffocato dallo spegnitoio, attaccato per via di una catenella al fusto del lume. Madre Isabella sedeva, come era suo costume, sulla sua poltrona, e questa volta si avea dinanzi un tavolo, su cui vedeasi un vecchio e largo calamaio di creta, due lunghe penne di tacchino e un foglio di carta mezzo scritto : un formidabile campanello di argento posava altero sulla carta. Vari oggetti di divozione erano eziandio sparsi in sul tavolo, come abitini, scapolari, coroncine e immagini stampate.

Due uomini sedevano dirimpetto a Madre Isabella, entrambi di ben matura età e coi capelli più o meno pendenti al bianco ; una certa somiglianza era ne' lor sembianti alcun poco rustichetti e cotti dal sole, dove una cute stirata e liscia attestava che ei si erano fatto radere la barba quello stesso dì, forse per riguardo di civiltà verso la spettabil donna che era al loro cospetto. Tutti e due vestivano in quella maniera che solevasi da' *suggechi* ne' dì festivi ; e due enormi mazze di legno di zucchero erano nelle loro mani, le cui dita anulari e gl' indici erano coperti da grosse anella ; due cravatte bianche come la spuma del mare incarceravano i loro colli insino ad usurpare gran parte del mento. In quanto al carattere morale delle loro fisonomie, avrebbesi potuto leggervi la tendenza spiccata alle passioni brutali e impetuose, imperciocchè una crassa sensualità sedea regina sulle

loro facce di rozzi crapuloni. Comechè paresse
che la natura si fosse divertita a fare di questi
due uomini una stampa medesima; pur niente
di meno negli occhi dell'uno di loro, il quale
sembrava il più vecchio, scorgeasi una tal quale
cupezza che si manifestava nel leggiero inarca-
mento delle sopracciglia. Un profondo osservatore avrebbe notato uno strano fenomeno nel carattere delle sembianze di questi due uomini;
imperciocchè vedeasi che una gagliarda volontà
di raggiungere forse uno scopo a cui miravano
avea in qualche modo mutato la lor natura, e
da aperti e cordiali, siccome sogliono essere naturalmente i crapuloni, gli avea renduti taciturni
e cupi; sì che sulla fronte del più vecchio massimamente era un malinconico cipiglio, il quale
è indizio evidente di tenebrosi e sinistri pensamenti.

Non ci volea molto per comprendere che questi due uomini erano fratelli: la somiglianza dei
loro volti accusava la loro consanguineità.

Nello entrare in quella stanza Don Berardino
e appresso a lui Don Gaspare, levaronsi in pie'
que' due come per rispetto verso un professore
di lettere latine; perchè questi, confuso e vergognoso di tanto onore che gli si facea, si spro-
fondava in riverenze or dalla parte dei due civili
or da quella di Madre Isabella, che lo accolse
con una dignitosa e grave salutazione di mano.

— Don Berardino, porgete una sedia al signor
maestro, disse la donna.

— Oh! farò da me, rispose questi andando
intorno alla ricerca d'una sedia, la quale gli fu
recata da Don Berardino, che ne avea finalmente

ritrovata una nel salotto di passaggio ; giacchè in quella stanza dov' era madre Isabella non se ne vedea che un' altra tutta spagliata e senza traverse.

Il maestro e Don Berardino si sedettero, l' uno alla dritta sponda del tavolo di Madre Isabella, l' altro alla manca.

— Sia laudato e ringraziato il cielo ! sclamò in atto di profonda compunzione l' ipocrita femmina.

— Oggi e sempre ! risposero a coro i tre uomini e mezzo che gli facean corona.

Bel quintetto era questo ! bella cinquina di numeri scelti ! bel pentagono *retto !* Ah ! quanto lo spettacolo dell' umana tristizia ci commuove di dolore ! Quanto vorremmo da simili quadri torcer lo sguardo e riportarlo invece sovra altri che onorano il cuore umano ! Ma, per mala ventura, questi ultimi non così di frequente s' incontrano nel cammino della vita siccome i primi. Assai trista ora per la società è quella in cui cinque scellerati di diversa tempra seggono a consiglio ! Quell'ora maledetta è segnata nel libro dell' eterna giustizia !

— Signor Don Michele, signor Don Domenico, disse Madre Isabella volgendosi a muta dapprima al più vecchio e indi all'altro de'due che erano seduti a lei dirimpetto: ho l' onore di presentarvi il colendissimo e prestantissimo signor Don Gaspare Scorpione, professore di lettere latine, di catechismo e di abbaco, e aio del figliuolo di Sua Eccellenza il Marchese Don Giuseppe Arcangelo de Jacellis.

Que'due si rialzarono all'impiedi e fecero un

altro inchino al letterato che parimente levossi ed abbassò la schiena.

Nell'accento onde Madre Isabella avea pronunziato le ultime parole *Aio del figliuolo di Sua Eccellenza il Marchese Don Giuseppe Arcangelo de Jacellis* era una sinistra ironia ed un sarcasmo agghiacciato che fece repentemente raffreddare il cuore dello Scorpione.

— Egli vi è noto, o signori, seguitò la donna, che il prelodato Eccellentissimo signor Marchese dava a me l'orrevole incarico di provvedere alla educazione letteraria e morale del degno suo erede, e che io ne presi tutta la cura e la sollecitudine.

Quei due fecero col capo un atto di umile e profonda approvazione, e Don Gaspare, il quale volea dare un certo concetto della sua forza sul latino, eruttò in grave tono e magistrale la sentenza:

— *Suscipe curam et cogitationem dignam tuae virtutis.*

E il musico, che ardeva di fare sfoggio del suo Metastasio, fe' subitamente udire la fina sua voce, incalzando il motto latino del maestro coi versi:

— Quanto infelice è chi non sa qual sia
D'un benefico core il dolce stato !
Che i merti altrui, gli altrui bisogni obblia,
E che solo per sè crede esser nato !
Invan di fedeltà prove desia
Da chi ragion non ha d'essergli grato.

Don Michele e Don Domenico si avvisarono di doversi inchinare in approvazione tanto del motto latino quanto de' versi italiani: senza che nè dell'uno e nè degli altri avessero capito una iota.

Sembraci superfluo fare accorti i nostri lettori che il Don Michele e il Don Domenico altri non erano che i due fratelli del Marchese de Jacellis, *quondam* l'un vinaio e l'altro trippaiuolo.

— Nè io poteva, seguitò la pessima donna, provveder meglio all'educazione del degnissimo marchesino de Jacellis che col mettergli a fianco un uomo di tanta dottrina qual si è il nostro Don Gaspare, e di vantaggio di così chiara probità.

— *Magna est confusio mea*, mormorò l'aio che naufragava fra tanti onori, a'quali, restringendosi negli atteggiamenti della più vereconda modestia, voleva agli astanti far comprendere ch'ei reputavasi indegno.

— Malavventurosamente, continuò Madre Isabella, il giovanetto marchesino non ha potuto profittare, siccome avrebbe; giacchè da qualche tempo una malattia nervosa, ribelle ai rimedii dell'arte salutare, gli si è messa addosso per modo che oggi poca o nessuna speranza gli vien lasciata di vincere il male. Non è vero, laudato signor Don Gaspare?

— Tu non puoi che dire il vero, o esemplarissima donna: egli è in verità così come tu dici; e se fino al giorno d'ieri qualche speme erane conceduto di nutricare sulla guarigione del mio allievo, oggi il male si è a tale ingagliardito, che gli uomini della facoltà arricciano il naso e piglian tabacco, segno *praeclarum* che l'ora è suonata pel meschinello. Ciò niente di meno, nel momento che sonomi dipartito dal palagio di

Tarsia, il piccolo Marco si era addormentato; e i medici traevano da ciò buon prognostico.

— Sicchè a quest'ora non sappiamo con precisione come sta il... marchesino? disse il meno vecchio de' due che erano seduti di fronte a Madre Isabella, cioè Don Domenico.

Don Michele gittò un'occhiata sul fratello, la significazione della quale poteva essere che fosse stato accorto a quello che gli scappava di bocca, forse perchè il Domenico era soverchiamente corrivo alle parole.

La voce e l'accento con cui il Domenico avea fatto quella interrogazione fecero una certa impressione su Don Gaspare, parendogli che a quell'uomo assai premesse della salute del figliuolo del Marchese. Inoltre di questo, qualche cosa di rozzo e di materiale era nel tono di colui, nelle sembianze del quale era visibile l'ignoranza. Per le quali cose, Don Gaspare non si die' premura di rispondere a quella specie di domanda, la quale, oltracciò, non era stata diretta a lui propriamente, ma sibbene a tutta la comitiva.

Don Berardino stimò pertanto dover lui soddisfare alla curiosità di Domenico, e sì gli disse:

— Il maestro non risponde, ed ha ragione. Dice il Metastasio nel *Temistocle:*

> *Il silenzio è ancor facondo,*
> *E talor si spiega assai*
> *Chi risponde col tacer.*

Don Gaspare fece un cotal segno col capo come se avesse consentito alle parole del Metastasio. Certo è che la curiosità di Don Domenico non restò più soddisfatta che prima; il quale guardò in aria stupida il cantore, come se questi avesse parlato propriamente l'ebraico o l'arabo.

— Giacchè la felice congiuntura ha fatto sì che ci capitasse qui sta sera il nostro Don Gaspare, prese a dire lentamente Madre Isabella, io mi penso che non vorrei mo' farmela sfuggire per menare a fine due disegni che ho conceputi, e per rendere un servigio al mio buon Don Michele *(inclinamento della schiena di Don Michele)* e per provvedere in qualche modo alla *situazione* del nostro professore Don Gaspare, dovechè, sia come non detto, il marchesino lasciasse questa valle di lagrime per un più felice soggiorno.

Don Berardino credè non farsi passar l'occasione di sbottonare il suo poeta, ed eccoti a piantarti l'a proposito :

> — *Non è ver che sia la morte*
> *Il peggior di tutt' i mali ;*
> *È un sollievo.....*

— Prego il mio caro discepolo Don Berardino, interruppe con pacatezza Madre Isabella, di non rompermi il filo del discorso colle sue inopportune citazioni ; giacchè la mente è fallace, ed io potrei smarrir le idee che tengo in serbo per il bene di lui e di tutti.

— Obbedirò, Madre Isabella: soltanto mi permetterete di esclamare coll' *Isacco :*

> *O figlia d'umiltà, d'ogni virtude*
> *Compagna, ubbidienza! Un'alma fida*
> *Chi al par di te santificar si vanta?*

— Ma questa è una memoria che fa paura ! esclamò Don Gaspare, alludendo alla somma felicità onde il musico trovava nel suo capo i passi del poeta cesareo adeguati ad ogni proposito.

— Or non si tratta di questo, ripigliò subitamente la donna ; altre cure assai più gravi ne debbono premere al presente. Ogni minuto di tempo che passa senza che abbiamo fatto quel maggior bene che da noi si può, è un momento perduto, di cui si dovrà rendere strettissimo conto al cielo. Noi non siamo quaggiù in terra per levarci in orgoglio e per far valere le belle qualità e le doti che possediamo, ma sibbene per renderci utili gli uni cogli altri.

Questo savio parlare tenea la rea femmina ; e gli astanti, ammirati, pendeano dalle sue labbra come dalle fonti della sapienza medesima. E quì naturalmente i leggitori ci volgeranno questa domanda : — Credevano gli astanti alle virtù di Madre Isabella? — E noi risponderemo che in alcuni rozzi e perversi animi si apprende facilmente la persuasione, che la pietà possa accoppiarsi a nefande opere quandochè il proprio utile venga dettandole.

— Or bene, seguitò Madre Isabella, io sono in ispecialità sollecita del bene di coloro che sono stati e son tuttavia miei allievi, tra i quali reputo a somma ventura l'annoverare il caro giovine quì presente Don Berardino di Salvi, figliuolo adottivo dell'integerrimo amico signor Don Michele quì presente.

E gli additò ambedue, i quali ringraziarono con profondo incurvamento del capo.

— Avete a sapere, dottissimo signor Don Gaspare, che il signor D. Michele, patrino del si-

gnor D. Berardino, è stato appunto quell'uomo
che voi stesso vi siete vantato sempre di essere, cioè dire, un implacabile nemico del bel sesso, il quale (e non monta ch'io mi sia una donna) suol trarre gli uomini a perdizione. Perchè
saviamente ei si è consigliato al pari di voi di
non voler fiutare la faccenda del matrimonio,
giacchè quando un uomo si caccia in mente di
voler tôrre moglie, egli è d'uopo che bazzichi
e pratichi tramezzo a donne; e questo è il pericolo da cui bisogna premurosamente fuggire.
Onde, il signor D. Michele, in quel savio modo
che avete tenuto voi, signor aio, e che ha pur
tenuto l'altro nostro amicissimo signor Don Domenico qui presente, è rimasto zitello, ed ha
fatto benissimo. Ma, con tutto questo, il suo
cuore non era già chiuso ad ogni dolce sentimento; e, però che la mercè della sua industria, de' suoi risparmii e delle sue fatiche, fu
giunto a metter da canto qualche quattrino (e
questo può farsi quante volte non sono donne
in casa che barattino i sudori dei poveri uomini) egli avvisavasi con incredibile filantropia a
render felice qualche povero orfanello adottan-
doselo per figliuolo. Onoravami egli di tanta confidenza e meco si consigliava in sulla scelta che
dovesse fare d'un giovanetto costumato e gentile e di ottime disposizioni. Non mi mancarono
pur questa fiata i lumi del cielo; e, appresso
a molti giorni di severe ed accurate indagini,
venni a sapere che tra i poveri orfanelli raccolti
nel collegio della Pietà de' Turchini era un garzoncello che facea prodigi nell'arte del canto in
chiave di *soprano,* un garzoncello che non avrebbe
corso il pericolo in appresso di svagarsi con le

donne e in amorazzi. Questo io mi pensai poter convenire al signor Don Michele , e tosto gliel proposi, mettendogli davanti agli occhi i sommi vantaggi che quella creatura avrebbe procacciato al suo patrino in un tempo in cui i Cafarelli hanno sì prospere le sorti, e sono con tanti onori accolti e accarezzati. Don Berardino di Salvi fu dunque adottato dal signor Don Michele ; e', quando il tempo degli studii nel collegio fu compiuto, il patrino amoroso ne lo ritrasse appo di sè, e mandollo a studiare un po' di contrappunto dal professore di musica signor Leonardo Vinci, in casa del quale voi, signor Don Gaspare, vi siete riscontrato parecchie volte con lui. Non vi dirò de'progressi che ha fatto nell'arte sua questo esimio giovin cantante, e de' be' quattrini che or guadagna, sia nelle *cantate* che si fanno in su i teatri , sia col dar lezioni di canto ; giacchè, per ragioni che voi intenderete, egli riunisce il vantaggio di poter dare lezioni ai maschi ed alle donne. Ora il signor Don Berardino si trova però slanciato in una bella carriera ; egli è l'idolo del suo patrino, il quale non vede che per gli occhi suoi ; la fortuna è nelle sue mani ; ed io vi soggiungerò che stommi brigando di farlo cantare al teatro S. Carlo. Ma tempo fa pensavamo col signor Don Michele che, per dar compimento alla educazione di questo valente giovine , è mestieri addomesticarlo bene nella favella del Lazio, senza la quale oggi una civil persona non potrebbe comparir nel gran mondo. Egli medesimo, il Berardino, ha dimostrato una voglia grandissima di apparar questa lingua ; e saria peccato in vero il non dargli quest'ultima perfezione. Or chi meglio di voi, signor Don Ga-

spare , è uomo da ciò? Su chi mai miglior di
voi potrebbe cadere la scelta d' un maestro? A-
vete a sapere che il giorno in cui voi siete andato a desinare in via Pirozzi ai Vergini, il patrino Don Michele non era in Napoli per faccende della sua industria : ma , tornato, il suo
figlioccio gli disse tanto bene di voi, e tant'altro ne aggiunsi io di prosieguo che il dabbenuomo ebbe una voglia sfrenata di fare la vostra
conoscenza, e, se non fosse stato per alcuni suoi
particolari motivi, ve lo avrei propriamente spedito a casa del Marchese de Jacellis per farvi
stringere siffatta conoscenza. E, quando sta sera
ha saputo che voi eravate qui, balzava d' impazienza di vedervi. E spesso ei mi dicea che, se
voi non foste stato adoperato a casa dal Marchese, egli avrebbe avuto a sommo piacere ed
onore di avervi a maestro del suo Berardino.
Oggi adunque sembra che tal difficoltà si vada
eliminando , da che pare non sia speranza veruna di salvezza pel Marchesino. Non sì tosto
avvenuta la sua morte, voi dovete assolutamente
sloggiare dal Marchese per insegnare le lettere
latine a Don Berardino. È mia precisa volontà che
non rimaniate neppure un giorno di più in casa
del Marchese. Don Michele vi offre stanza ospi-
taliera; e voi l'accetterete.

La maniera e l'accento onde erano state pronunziate queste ultime parole da Madre Isabella
non lasciavan luogo a dubitare che contenessero
un comando contro il quale saria stato follia il
cozzare.

Don Gaspare guardò la sua padrona con maraviglia non disgiunta da una certa paura che
l'autorità di lei gli mettea nelle ossa; e, poscia

che il contegno di Madre Isabella ebbe confer-
fermato quel comando che gli parve di sentire
bello e spiccato sulle labbra di lei, balestrò una
occhiata sulla persona, della cui ospitalità ei dovea giovarsi; e sembrò che non molto volentieri
ei si acconciasse l'animo al mutamento che la
sua pàdrona gli comandava. Frattanto, era pur
d'uopo ch'egli facesse le viste di abbracciar vo-
lenteroso il novello ufficio d'insegnamento che
gli venia dato da Madre Isabella; per lo che,
tutto ristrettosi in sulla persona, sì disse cogli
occhi abbassati:

— Abbia io teco, o Madre Isabella, un sol
volere e un sol disvolere; e tu fa di me quello
che estimi il meglio per me, chè mi troverai
ad ogni ora apparecchiato alla più cieca obbedienza.

Non omettiamo di fare accorti i nostri lettori
che, nel fondo dell'animo suo, non era poi a
Don Gaspare tanto increscevole l'abbandonare
l'ostello del Marchese, dopo la morte del giovinetto, per quel benedetto pizzicore che gli dava
la faccenda del baciliere, il quale tra due giorni
avrebbe mandato pe' mille scudi; e sarebbe stato
gran ventura e soddisfazione per lui Don Gaspare se avesse potuto scapparsela innanzi questo tempo. Aggiugni che, cessato il suo ufficio
appo il Marchese, cessava puranche il guadagno
de' cento scudi al mese, su i quali Don Aniello
avea fatto assegnamento per ghermirsene la metà. Ad ogni modo, Don Gaspare, crediam noi,
si sarebbe contentato di mettersi anche a guat-
tero in altra casa, pure che avesse avuto il piacere di levarsi d'attorno quel brutto guaio che

lo scarniva di pensieri e gli levava al tutto l'appetito.

Una guardata d'intelligenza erasi intanto scambiata tra l'ipocrita donna e il patrino di Don Berardino; la quale occhiata fu come non fosse per Don Gaspare, che era tutto stemperato nei sudori che gli davano le agitazioni della sua mente.

— Voi non farete motto di niente al Marchese, soggiunse la donna rivolgendo il discorso al maestro, pria che non sia trapassato il vostro allievo.

— Non fiaterò sillaba, Madre Isabella; vivi sicura.

E qui si udì la fina voce di Don Berardino, il quale, tratto un gran sospiro da quella sua pappagorgia che molto rassembrava alla giogaia del bue, sì disse:

— Avrò ultimamente il piacere di avervi a mio precettore, esimio signor Scorpione! Or se mai fu in me virtude alcuna, questa raddoppierassi al contatto di tanta virtù.

Quando un'emula l'incita,
La virtù si fa maggior;
Qual di face, a face unita,
Si raddoppia lo splendor.

— Tutta vostra bontà! si contentò di rispondere Don Gaspare, cui le citazioni poetiche del suo futuro allievo facean gli effetti di stiramenti di nervi.

La conversazione seguitò su cose al tutto indifferenti, fino a che parve a que' messeri giunta l'ora di tor commiato dalla Milone. Eran circa le due ore di notte.

Don Michele si levò il primo, e, chiesto il permesso degli astanti, si appressò alla donna e le snocciolò all'orecchio alcune parole, che quella sembrò accogliere con assai buona voglia: un dialoghetto alquanto animato ebbe luogo sommessamente tra il patrino del musico e la scaltra bacchettona, ond'eglino parvero lasciarsi indettati su alcuna faccenda, la quale, giureremmo non dover essere delle più legali.

Ciò detto, Don Michele, il fratello, e il figlioccio, baciata la mano della Milone, e fatto di molti inchini e riverenze al maestro, si partiano l'uno avanti e l'altro appresso, *come i frati minor vanno per via.*

Don Gaspare era rimasto solo colla sua padrona.

— Avete qualcosa a dirmi, signor Don Gaspare? gli domandò colei.

— Non una, ma parecchie cose avrei a dirvi, che non ho potuto alla presenza di que' signori.

— Eruttate con confidenza: ma, innanzi, ditemi, la facenda del *caffè* è rimasta un segreto per tutti di casa?

— Un segretissimo.

— È consumata la *polvere?*

— Né avanza tuttavia una buona metà.

— Bene, sentitemi; o il Marchesino si muore, e voi mi trarrete immantinente quì il resto della polvere: o quegli sopravvivrà alla sua presente malattia, e voi continuerete a ministrargliene la solita dose nel caffè; giacchè sarebbe una grave massima imprudenza, se mischiastela con altra pozione; badate soprattutto di adoperare, siccome penso che abbiate fin qui adoperato, la maggior cautela perchè altri non si avvegga della esistenza di questa polvere.

— Egli è dunque assolutamente necessario che si continui a ministrargliene, qualora il Marchesino abbia la ventura di scapparla dalla sua presente infermità?

— Assolutamente necessario, sentenziò solennemente la scellerata, quasi che si fosse trattato d'una opera edificante.

— Ma ci parmi, si arrischiò ad osservare Don Gaspare, che la intelligenza del piccino, la quale ci dava così grandi apprensioni, sia stata sufficientemente ammaccata da non poterla schiarire unqua più in sua vita; laonde, poichè abbiamo aggiunto il nostro scopo, non veggo la ragione per cui dovremmo continuare a porgere al fanciullo l'adulterata bevanda, la quale, per dirla schietta, a me sembra che gli danneggi non pur la intelligenza, ma la salute tutta quanta; a segno che, se il mio allievo si muore, nessuno potrà tormi di mente e dalla coscienza, che quella benedetta polvere del Dottor Letale non entri in gran parte nella morte del garzoncello.

Raggrottò cupamente le ciglia la perfida femmina a queste parole, e lanciò sull'omicciatto uno sguardo che valeva una pugnalata; stette alcun po' chiusa in sè stessa; indi così torvamente parlò:

— Molta maraviglia mi arrecano le tue parole, o maestro, e un grave sospetto or mi sorge nell'animo, che tu non sii stato, cioè, del tutto obbediente a' miei comandamenti. Affè, or che ci penso, non potea già avanzarti tanta parte di quel *rimedio* , siccome tu dici , dovechè tutt' i giorni tu avessi incessantemente pôrta al fanciullo la medicina prescrittati. Io sono sicurissima che per qualche tempo tu ne hai sospesa la somministrazione. Parla il vero, non è questo ?

— Sì, Madre Isabellaa , non il vi so celare ; egli è oltre un mese ch' io non porgo più al mio allievo il solito caffè , dacchè l' ho veduto così pericolante.

— Tu sei uno stupido ciaccio! sclamò la donna infuriata dando una spalmata sul tavolo che si avea dinanzi.

Rimase a quella ingiuria , e più , a quello straordinario atto d'impazienza stupefatto il maestro , che guardò trasognato in faccia alla donna , non sapendo che pensare di quello scoppio di collera.

Là per là dovette la malvagia donna trovarsi pentita di aver dato quello scandalo ; e tostamente cercò ricomporsi, e rizzò gli occhi al cielo, come se gli avesse chiesto venia di quel modo irruento, e mormorava tra sè :

— Così birba e così scempio! A quest'ora ci saremmo sbrigati ! E sì che il Dottore non si sapea persuadere come tanto il *rimedio* indugiasse a fare il suo effetto !

E, stata un pochino sovra pensieri, riprendea con più pacatezza, dirigendo questa volta la parola all'attonito Don Gaspare, pur non restando dal dargli del *tu:*

— Tu meriteresti che io ti lasciassi inverminare novellamente nella tua miseria, scimunita *cuccuvaia*, ovvero che t'imprecassi addosso tutt'i malanni e tutte le fistole che ti colgano. Non ti aveva io raccomandato che avessi ad obbe-

dire ciecamente alle mie prescrizioni ? Che ti
avrei immantinente precipitato in giù, non sì tosto ti fossi tu discostato da' miei comandi? Eppure, per questa fiata voglioti conceder grazia ;
ma alla prima tua mancanza sei ruinato e senza
remissione. Tu non devi entrare nelle ragioni
del mio comando, nè devi indagar la mente mia.
Quello ch' io fo , lo fo pel bene tuo e di tutti,
e tu non sii misericordioso quando nol dei. Hai
capito ?

Don Gaspare era tutto raumiliato e sorpreso
del parlar novello della donna, e nè pareagli che
quella si fosse la medesima , che pocanzi avea
con tanto vantaggio parlato di lui al cospetto di
quei messeri. Onde con quanta umiltà più potè, rispose :

— Io mi pensava di fare il meglio , Madre
Isabella ; imperciocchè , veggendo a morirsi il
fanciullo, credea che dovessi cessare dal porger-
gli quella bevanda.

— Or, dimmi, credi tu, che i medici abbiano
alcun sospetto della cosa ?

— Io credo che nessun sospetto essi ne abbiano.

— Sta bene; or riduciti a mente quel che ti
ho detto. È mestieri che tu abbandoni il tuo
posto appo il Marchese, come prima sarà morto
il Marchesino, e pigli ricetto in casa di Don Michele, dove insegnerai quattro cuiussi al suo figlioccio Don Berardino. Ivi aspetterai altre mie
istruzioni e comandi. Or vatti con Satana, e fa
che io non abbia mai più a dolermi di te.

Don Gaspare era fra due, se andersene a di-
rittura , giacchè non gli sembrava opportuno il
momento di toccar di sue particolari faccende

alla Milone, ovvero farsi animo a dirgliene qualcosa, imperciocchè era questo il motivo pel quale egli si era recato da lei. Onde si rimanea tuttavia seduto, nè parlava.

— E che fai mo'? chiedevagli colei; perchè non torni a casa del Marchese? Egli è tardi, e nello stato in cui si trova il piccino, sembra inconveniente che tu prolunghi più oltre la tua assenza.

— Egli è, Madre Isabella, si arrischiò a dire il tapino, egli è che... stamane... è venuto a Tarsia...

— Chi mai?

— Il demonio in persona, parlando con rispetto di voi, il demonio sbucato dallo inferno.

La donna si segnò due volte.

— Che vuol dire?

— Vuol dire che sta mane... mentre io pensavo a'guai miei, mi son veduto comparire innanzi... niente meno... che...

— Chi dunque? ridomandò con impazienza la Milone.

— Don Aniello il Baciliere! mormorò Don Gaspare, come se avesse pronunziato il nome stesso del diavolo.

— E il Marchese lo ha veduto?

— Domine se l'ha veduto! Oh cielo, e che brutti momenti che ho passato! Se sapeste tutta l'audacia di questo mascalzone, con rispetto parlando! Se sapeste le frottole che ho dovuto inventare per colorare al Marchese la presenza di quel ceffo in sua casa!... Vi giuro, Madre Isabella, che io non ho passato un'ora più terribile in vita mia!... Fra le altre cose, ha voluto far colezione.

4*

— Con te ? dimandò con premura la Isabella; avete bevuto assieme ? Nel vino forse tu hai detto...

— No signora , egli ha osato... mangiare in mia presenza cipolle crude e... baccalà !

La maniera onde Don Gaspare disse queste ultime parole trasse un brutto sorriso sulle labbra della donna , e questa fu una lieta ventura pel maestro, giacchè prese coraggio a dire quello che aveva a dire.

— Ma veniamo al *quatenus*, Madre Isabella. Il ribaldo mi minaccia di ruinarmi se tra due giorni io non gli apparecchio nientemeno che la somma di mille scudi! E, come se ciò non bastasse a satollare la sua ingordigia, pretende che in ogni fin di mese io gli dia la metà dell'onorario che ricevo dal Marchese , cioè la somma di cinquanta scudi.

— Questo pretende il baciliere ?

— Questo per lo appunto.

— Ebbene! Di che cosa avete a temere ? Tra due giorni, il fatto del Marchesino sarà deciso, e voi non sarete più nel palagio di Tarsia , e nè riceverete più l'onorario di cento scudi al mese. Ma qualora il fanciullo non fosse morto ancora , e voi dimoraste tuttavia a Tarsia , ed egli venisse, o mandasse pe'mille scudi, voi gli direte o gli manderete a dire che io sono stata incaricata da voi di pagargli tal somma , e qui me lo spedirete , dove sarà mia cura di aggiustar la faccenda , senza che abbiate a soffrire un mal di testa.

Quì avreste veduto sfolgorar di gioia la faccia di quella civetta del maestro.

— Che voi siate benedetta le mille volte , o

generosa donna! Che il cielo vi rimuneri di quanto fate per me! E voi permettereste che un bestiale di quella sorta profani la soglia della vostra casa! E non temete...

— Io nulla temo! sclamò superbamente la Milone e si alzò per congedare il maestro, il quale si affrettò a recarsi immantinente al suo posto a Tarsia.

Scendendo tra le buie scale, urtò contro un che saliva; e che gli snocciolò una maledetta imprecazione.

Alla voce parve a Don Gaspare che quegli si fosse il Dottor Letale.

VIII.

Uno sguardo.

Innanzi che proseguiamo nel nostro racconto, facciam breve sosta per richiamare i pensieri dei nostri lettori sulle importanti verità morali, che ci proponiamo a scopo delle nostre narrazioni, le quali, dovechè non gittassero semi di virtù negli animi, sarebbero al tutto opere di lievissimo conto, e da non meritare l'attenzione de'sennati.

Siccome nelle altre, anche in questa narrazione, ci piace di porre in luce il non mai abbastanza predicato assioma che IL MALVAGIO NON È MAI FELICE IN SULLA TERRA, comunque le apparenze tali il dimostrino alla debil vista degli uomini. Ed anco l'apparente felicità di che talvolta si riveste, o l'ingannatrice serenità onde si camuffa per parodiare la virtù, si sfuma per una impensata e sovente inetta cagione, nata per quelle singolari combinazioni , il cui magistero forma IL SEGRETO DELLA GIUSTIZIA DI DIO.

Spesso i bricconi mandano da sè stessi a vuoto i loro pravi disegni, allora appunto che più si pensano di averli bene avviati e pressochè conseguiti. Lo stame ond'eglino tessono le male opere lascia talvolta smagliarsi un refe che serve di bandolo a discoprire un laberinto d'iniquità.

L'Isabella, nel proporre a Don Gaspare (forse per suoi fini) di mandar da lei Don Aniello il baciliere , qualora questi avesse preteso i mille scudi, non avrebbe potuto giammai supporre, che la venuta di questo malandrino in sua casa sarebbe stata la precipua cagione della sua ruina.

Ma non anticipiamo gli avvenimenti.

Don Gaspare era tornato quella sera a casa del Marchese con più lieto animo che mai vi fosse tornato, giacchè le assicurazioni della Isabella gli aveano bandito quella crudele inquietudine, in cui lo avea messo il pensiero di dover metter fuora tra due giorni quella considerabil somma. Il lercio latinista si sarebbe fatto cavar fuora ambedue gli occhi, pria che acconciarsi a tanta amaritudine.

Or qui, naturalmente , i nostri lettori ci faranno forse una domanda, alla quale egli è forza che diamo una soddisfacente risposta. Era Don Gaspare ricco o povero, siccome ei pur si dava a farsi credere? Faremmo offesa allo intendimento de'nostri leggitori, se pensassimo non aver essi compreso che il maestro di latino non era in realtà quel poveraccio che simulavasi, e che, al converso, non dovea difettare di begli scudi spagnuoli. Varie emergenze della sua narrazione, come anche varii fatti che abbiam narrati di lui, ci inducono chiaramente a questa supposizione. L'avarizia, figlia dello smodato amore al denaro, dee sempre lasciar supporre l'esistenza di questo; onde noi tegnam per fermo che Don Gaspare si avesse in serbo molt'oro, al quale egli avea messo addosso una passione da forsennato, e per la quale non sarebbesi fatto scrupolo di commettere le più insigni nefandezze.

A tal proposito, sembraci tempo di rischiarare, per quanto è in noi, la buia storia del suo imprigionamento come preteso avvelenatore del maestro Don Leonardo Vinci.

Questi godea di moltissima riputazione nell'arte sua, onde avea numerosi incarichi per musiche, per lezioni e per altri simiglianti uficii: viveasi agiatamente. I suoi componimenti musicali rifulgeano non pure d'una profonda cognizione del contrappunto, ma puranche per viva espressione: fu un de'primi a distinguere la melodia dagli accompagnamenti, imperciocchè prima di lui le parti vocali erano soffocate dagl'istrumenti (1). Non è questo il luogo di toccar delle veneri delle sue opere teatrali, tra quali lietissimo e splendido successo ebbesi la sua *Di-*

_____

(1) Oggi, per mala ventura, abbiamo a deplorare lo stesso difetto: la moda ha cacciato in bando un'altra volta la purezza del canto, sostituendovi la declamazione e lo studio dello strumentale. Non è ancor sorto il genio che deve ricondurre la musica italiana a'suoi veri principii.

done, il cui ultimo atto è di un carattere sì fiero e terribile senza esser fragoroso. Ma il componimento che è rimasto all'ammirazione degli studiosi, e che per molti anni formò il piacere del pubblico Napolitano fu il suo *Artaserse,* dove in gran copia sono bellezze musicali che rivelano quanta scienza e quanto genio fossero in lui.

Or, questo esimio compositore moriva nel fior degli anni, quando, di poco avea valicato l'ottavo lustro. Il carattere della sua morte, cui la più valida e fresca sanità parea che dovesse allontanar di molto, gravi sospetti indusse che di avvelenamento fosse trapassato.

Noi non sapremmo su ciò rischiarare i nostri lettori, giacchè dubbiose restaron le indagini prese dalla giustizia su questo tristo avvenimento, al quale pertanto siamo inchinati a credere prendesse gran parte il Don Gaspare, come quegli che per avidità di denaro facilmente potea condursi a tal turpitudine.

L'ingegno e la fama sogliono in altri semi d'invidia produrre, i quali a male opere perdutamente consigliano. Il Vinci avea ultimamente ricevuto un nobile incarico, che da un altro maestro di cappella era stato ardentemente agognato. Costui ligossi in istretta amicizia col Don Gaspare, il quale, come istitutore del nipotino del Vinci, bazzicava di frequente nella costui casa ed era familiarissimo.

Non sappiamo quali pratiche seguissero tra questi due uomini che non erano della miglior pasta del mondo; imperciocchè di Don Gaspare buccinavansi le più tristi e sozze cose, e di quel maestro di cappella correva fama assai svantaggiosa, che lo dicea intrigante, ambizioso, corrotto e perfido. Onde egli è a supporre che, indettatisi tra loro, il maestro di musica pensasse valersi del maestro di latino per torsi dinanzi un competitore che gli dava uggia e fastidio. Sendo ricco, non potea durar fatica a persuadere Don Gaspare all'opera nefanda. Verissima fu l'asserzione del compare di Don Gaspare d'aver veduto, davanti al teatro di s. Bartolommeo, quel signor maestro di cappella consegnare una borsa di denaro al maestro di lingua latina, e dirgli: « Prendi questo denaro in conto, e, quando *l'amico sarà ito*, un'altra borsa di questo peso ti aspetta ». Sembra non poter dubitarsi dell'allusione terribile contenuta nelle parole *e quando l'amico sarà ito*, in cui il fato del povero Leonardo Vinci fu forse da que' due ribaldi sancito. Certo è che non andò guari da questo fatto, e avvenne la morte dell'autore dell'*Artaserse*. La deposizione di Tommaso Calcagni, compare di Don Gaspare, gittò molta luce su gli autori del suspicato avvelenamento, e la *Cuccovaia di Porto* fu imprigionata, siccome è noto a' nostri lettori dal racconto di lui medesimo.

Or, come avvenisse la sua scarcerazione per opera di Don Aniello il baciliere, dir non sapremmo con precisione; ma crediamo, con molto fondamento di probabilità, che l'Aniello, recatosi a casa di Tommaso Calcagni, lo avesse, minacciandolo di morte, costretto a firmare una contr' accusa disdicendosi di quanto avea detto sul conto di Don Gaspare, e che, non sì tosto il misero avea per violenza firmato questa carta, che dichiarava l'innocenza di Don Gaspare, quel l'assassino lo avesse immediatamente e con barbarie inaudita soffocato; imperciocchè si seppe in pari tempo e la confessione scritta da Tommaso Calcagni e la sua morte, e si suppose che quella fosse stata dettata nel punto di lasciar la vita per riconciliarsi col cielo.

Ad ogni modo, comunque fosse ita la faccenda, Don Gaspare fu rimesso in libertà. Molto tempo innanzi di esser preso, egli avea messo ad impiego un grosso capitale che gli fruttava discreti interessi; oltre a certi rotoletti di doppie, che avea collocati in luogo di sicurezza, e che spesso andava a ritrovare per bearsi alla vista di quegli adorati splendori e per accrescerli di qualche altra rilucente monetina che amorosamente vi arrecava.

Posto ciò, possiamo con solidi argomenti supporre il Don Gaspare assai ricco, ora in ispecialità che si godea la cuccagna in casa de Jacellis. E, se Don Aniello gli avea chiesto imperiosamente la somma di mille scudi, noi ci pensiamo che questa non era una gran breccia alla rocca d'oro dell'aio del Marchesino, comechè egli si sarebbe fatto crivellar mille volte anzi che, non diremo i mille scudi, ma nemmanco la millesima parte trar fuori de' suoi nascondigli.

Lasciam pensare di quanta gioia dovesse esser colmo il cuore dell'avaraccio nel sentir che la Isabella toglieva su lei stessa la cura di soddisfare alle domande del baciliere!

Quella sera Don Gaspare, nel tornare a casa del Marchese, non capiva ne' panni per la gioia, e, siccome quando il cuore è contento, diviene un po' migliore di quel che è pel consueto, il signor aio fu quella sera di un'amorevolezza e d'una sollecitudine straordinaria verso l'infermo allievo, cui prodigalizzò per tutta notte le più tenere e affettuose cure.

Il piccolo Marco si trovava in uno stato di transizione tra la vita e la morte; il morbo parea che avesse sospeso alquanto la sua ferità, per lasciare qualche ora di riposo al miserello. Due medici curanti erano al suo capezzale; e l'addolorato genitore non si partì di quella camera, dove ormai eran tutto il suo cuore e la sua vita.

Marco avea gli occhi chiusi, e in tutto il corso di quella notte era sembrato profondamente addormentato. Questo prolungato e impensato riposo fu a tutti di lietissimo presagio; il polso era rimesso e regolarmente febbricitante; la respirazione meno affannosa e concitata, il lividore delle labbra sparito.

Aspettavasi al dì vegnente una crisi salutare; onde quanti erano famigliari e domestici vegliaron tutta notte; e i servi, adunatisi nelle sale, pregavano il cielo per la guarigione del Marchesino, stimolati eziandio da una certa mancia che il signor Marchese avea lor promesso, qualora l'amato figliuolo avesse ricuperato la smarrita sanità, o, almeno, fosse stato da' medici assicurato in sul pericolo della vita.

Alla dimane, fu una gioia per tutta quella casa il veder desto il giovanetto quasi da lungo sonno. La sua guarigione pareva essersi operata in modo prodigioso: egli spalancò gli occhi, sorrise alle carezze ed a' baci del padre, parve riconoscere l'un per uno tutt'i servi e famigliari, strinse la mano d'uno dei medici che gli erano dappresso, come avesse voluto ringraziarlo delle cure e dell'assistenza apprestategli.

Ma, in un baleno, la serenità e diremmo la gioia che sfolgoravano sulle macilenti sembianze del fanciullo sparirono ad un tratto, e le sue sopracciglia s'incresparono cupamente, e le sue labbra imbiancarono per morte. I suoi occhi si erano imbattuti su Don Gaspare!!

È impossibile di ritrarre l'espressione di quel lungo sguardo onde l'egro giovanetto fulminò il codardo suo precettore.

Don Gaspare si sentì correre un brivido in tutte le fibre.

Marco, dopo quella lunga occhiata, richiuse gli occhi, e... parve morto.

IX.

Il tigre e la volpe.

Ritorniamo intanto a casa della Isabella, dove ci chiamano altri avvenimenti non meno importanti della nostra storia.

Erano scorsi tre giorni dalla sera in cui Don Gaspare si ritrovò dalla Mellone in compagnia del patrino di Don Berardino e dell'altro messere.

Erano circa le dieci del mattino. La Mellone era in abboccamento con Don Berardino. Cercheremo di afferrare un brano della loro conversazione.

— Che il demonio lo confonda! sclamava la malvagia femmina con occhi di brace. Quel moccioso non morrà più per colpa di quella infame talpa di Don Gaspare, che il mal sottile gli possa rosicchiare i polmoni!

— È straordinario! sclamava l'imbelle allievo

della rea donna. Vedersi tolta la preda che i segugi de' nostri pensieri avean già colta! Maledetta colei che lo portò nel grembo! Ma... è poi vero che il moccioso stia meglio?

— Domine, se è vero! Ieri gli han data una tazza di brodo; e i medici lo hanno quasi quasi assicurato.

— Dice bene l'adagio: non dite quattro, se voi non l'avete nel sacco! Chi avrebbe mo' pensato che ci scappava dalle unghie?... Fatto è che, se il moccioso risana, io mi penso che ei non si vuol più aver fede in quel balordo latinista, che per misericordia dei nervi del Marchesino, ne fa andare a vuoto il più magnifico negozio del mondo!

— Ei non bisogna troppo lasciarsi trasportare alla volontà; ci vuol freddezza e perseveranza. Io so ben io siccome io debba condurmi colla maledetta *cuccovaia*; ci è ancora di mali passi a superare, e noi non ci perderemo di animo. Stiàvi a mente che quel ch'io voglio, lo voglio; e, quando mi sono risoluta di avere qualche intento, giusta mia possa, nè manco Lucifero mi accella, e nè ci puote ad avvilupparmi la Spagna. Somma viltade è lo scuorarsi a' primi impensati ostacoli.

— Ben dite, madre Isabella, e del medesimo parere è il mio Metastasio, allorchè esclama nel *Demetrio* :

A' grandi acquisti
Gran coraggio bisogna, e non conviene
Temer periglio o ricusar fatica,
Chè la fortuna è degli audaci amica.

« E che ne dite, Madre Isabella, di quell'altra malaugurata faccenda, nella quale abbiamo accennato in coppe e abbiam dato in bastoni?

— Intendete parlare dell'affare di quel lecconaccio di Cafarelli?

— Per lo appunto; ei pare che convenga gittare al vento ogni speranza e non pensarci più che tanto.

— Oh, come venite manco lesto lesto al coraggio che ci bisogna in ogni impresa! Dormite; io vi ho promesso di farvi scritturare a S. Carlo invece di lui per l'anno venturo: e non pensate; io ci saprò pigliare tutti quegli opportuni raggiri che io penserò che facciano a proposito. Va, voi non sarete sgarato dal figlio del porcaio, ve ne do la mia parola.

A questi termini era la conversazione di questi due ribaldi, allorchè una violenta scampanellata risuonò in tutto il quartiere della Isabella.

— Che il canchero rosichi il fegato a chi piglia licenza di venire a suonare il mio campanello con tanta arroganza. Andate, mio caro Don Berardino, andate a vedere chi è l'audace importuno, e recatemene avviso.

Andò l'*allievo* ad aprir l'uscio; e poco stante ritornò e sì disse:

— Egli è un grosso bitorzoluto, che mi ha l'aria d'un brigante e che dice averlo voi richiesto.

— Io? Chi è questi? Ha detto il suo nome?

— Sì; ha detto nomarsi Don Aniello il baciliere.

— Ah! sclamò la donna imbiancando un poco nel lurido viso; indi mormorò tra sè: ecco una visita che non mi va troppo a sangue! Io me n'era dimenticata come un' allocca! Non ci avea più pensato che quell' animale me lo avrebbe mandato qui. Fa d'uopo di presente ch'io lo imbecheri a modo mio questo baciliere del diavolo! Oh se io potessi cattivarmelo! Ci vuol fiato assai e astuzia di volpe. Affrontiam la tempesta ; ed in ultimo caso , Don Serafino ci pensa.

Indi , rivolta a Don Berardino :

— Mio caro Don Berardino , fa mestieri che io m'intrattenga alcun poco da solo a sola con quest'uomo. Noi ci rivedremo quest'oggi; andate in buon'ora , e lasciatemi entrare cotesto Don Aniello.

— E voi, madre Isabella, vi sentite l'animo di rimaner sola soletta con quel grugno di forca che sta lì nel salotto e che mi ha messo una paura solamente a guardarlo?

— Non vi date di ciò pensiero ; sentomi la virtù di addomesticare anche le bestie feroci, e nulla ho a temer io da quest'uomo.

— Be'! Or vi lascio, e Domeneddio sia con voi ; salute e bene, pace e gioia!

Ciò detto, l'evirato garzone, canticchiando alcuni versi di una cantata da lui recentemente eseguita al teatro, si partì balenando come un cattivo naviglio combattuto da contrarii venti.

La Mellone si compose in sulla persona, tolse a fitto una faccia venerabile, brancicò una coroncina, e si apparecchiò a sostener la conversazione che minacciava di esser pericolosa allo estremo.

D. Aniello si affacciò all'uscio della camera dov'era questa donna.

Era nelle sue sembianze qualche cosa di straordinario, e per dir così, di più feroce del consueto; la guardatura era di belva stizzita: era nel suo vestimento uno sconcerto che attestava lo scompiglio de' pensamenti di quel mostro.

— Servo vostro! egli disse, ritto dappresso all' uscio.

— Buon dì, Don Aniello, siate il ben venuto; accomodatevi.

— Non occorre; ho fretta.

— Ma, via, di grazia, accomodatevi; non istate in disagio.

— Vi dico che non occorre, signora Donna Mellone, non tante cerimonie, giacchè ho altro pel capo.

La cera di Don Aniello, il suo linguaggio, non erano tali da incoraggiare una conversazione; tanto più che quel demonio sembrava non aver troppo rispetto e soggezione pel grave contegno della bacchettona.

— Dunque, fate a vostro bell'agio, disse la Isabella, spiaciuta e ferita da quell' appellativo *Donna Mellone*, che il brigante le avea gittato con disprezzo.

— Insomma, sapete o non sapete perchè io mi sono qui recato?

— Domine! il so bene, ma spiacciono al cielo i modi impazienti.

— Madama, io non sono paziente, e in questo momento....

— Voi venite da parte del signor Don Gaspare Scorpione, l' aio colendissimo di sua Eccellenza il Marchese de Jacellis?

— Sì, signora, da parte del... colendissimo Don Gaspare.

E il suo capo tentennava in aria di smargiasseria e di minaccia.

— L'avete veduto ?

— Non ho avuto il sommo bene ; non mi hanno neppure aperto l'uscio delle scale ; ho trovato laggiù nel portone, presso il portinaio, questa carta che mi son fatta leggere : prendete, Donna Mellone, leggetela anche voi.

La Isabella inforcò gli occhiali sul naso e lesse ad alta voce: « *Signor baciliere, sarete compiacente di trarre subito dalla signora Isabella Mellone, dalla quale riceverete la somma di mille scudi, siccome è convenuto* ».

Se la Isabella avesse avuto nelle mani quel canchero di maestro, lo avrebbe certamente soffocato. Ella non potè raffrenare un moto di sorpresa e di collera.

— Scimunito ! ella sclamò, e gittò la carta sul tavolo che le stava innanzi.

— Onde ? dimandò Don Aniello piegando le braccia come chi si prova ad usare la estrema possa della pazienza.

— Onde, che ?

— Ah ! *Lei* non capisce? I mille scudi vengono o non vengono? Dove stanno? Sapete chi debbo aspettar qui ? comincio a seccarmi. Parmi avervi detto che ho altro pel capo. Quel barbagianni che mi manda fin qui, mentre avrebbe dovuto farmi trovare il denaro pronto e contante a Tarsia. Maledetto lui e chi lo nutrisce !

E qui il brigante infilzò l'una appresso dell'altra varie bestemmie, che avrebbero fatto inorridire anche un galeotta.

La Isabella si turò gli orecchi, e si segnò parecchie volte per non udire que' vituperii che

uscivano dalle immonde labbra di quel manigoldo , che parea disposto a non rispettare nè il
cielo nè la terra. Essa si trovava gittata in altro
emisfero d'idee ; il disegno di battaglia che ella
si era formato in mente sua era scompigliato ;
il nemico incalzavala da presso, e non le lasciava
scampo veruno. Quel bruto era capace d'ogni
eccesso contro lei e contro Don Gaspare; potea
mandare in rovina tutto l'edificio delle male o-
pere su cui poggiava lo splendido avvenire di lei
e de' suoi protetti. Ma la Mellone non era donna
che si affogava nei mocci, e nè perdeva l'animo
per qualsivoglia vento avverso che si fosse levato. Ella non difettava di mezzi pronti e sicuri, d'improvisate opportune, di rimedii straor-
dinarii.

— Aspettate un tantinello , e sarete prontamente servito — essa disse a Don Aniello, e, ca-
vato un mezzo foglio di carta da un cassettino
che era nel tavolo che le serviva a diversi uffici , scrivea qualche cosa in gran fretta. Fornita la quale opera, ella piegò la carta a foggia
di lettera , la suggellò con una maniera di ce-
ralacca nera che cavò dal medesimo cassettino,
e, consegnandola a Don Aniello , sì gli dicea
— Eccovi , mio caro Don Aniello , un *bono* di
mille scudi, che ho tratti per conto del signor
Don Gaspare , del quale ho del danaro in deposito. Voi lo consegnerete allo indirizzo che è
qui sopra , cioè al signor Dottor Don Serafino
Letale , che abita nel vicolo S. Gaudioso (1), a

_____

(1) Da S. Gaudioso , Vescovo di Bitinia , il quale ,
nell'anno 439, per fuggire la persecuzione vandalica,
con altri vescovi affricani , risolse qui di terminare nel
Signore i suoi giorni. —*Celano.*

manca della piazza di Regina Coeli, dal quale sarete prontamente soddisfatto.

Don Aniello non sapea leggere : tolta in mano la carta che gli porgea la Mellone, la volgea e rivolgea tra le dita ; quando gittando gli occhi in su la soprascritta, quando balestrandoli attorno, e quando affisandoli sul viso della donna, come uomo che sembra poco fiducioso nelle altrui parole.

— Sicchè, Donna Mellone, voi dite che egli mi fa mestieri trarre da cotesto signor Don Serafino per avere il mio *denaro?*

— Precisamente.

— E questi abita nel Vico S. Gaudioso presso Regina Coeli?

— Per lo appunto (1) : quello invero che sta dirimpetto al Vicolo dell'Arco (2) e dove voi vi abbatterete in una statua che ha monche le mani (3). Per miglior recapito, a destra dell'uscio da via è una bottega di merciaia.

— Sta bene ; e a quest'ora troverò a casa il signor Don Serafino?

— Il troverete senza meno in sull'ora del mezzodì, quando ei ritorna a casa per desinare.

— Or be', Donna Mellone, io vado, armandomi di molta sopportazione ; giacchè avrei voluto toccare i miei scudi senza darmi tante brighe e ricadia. Ma, vi giuro per la giornata di

(1) Facciam notare che a quei tempi, più d'un secolo da noi discosti, gli usci da via non erano contrassegnati ciascheduno da un numero rispettivo.

(2) Detto ora del *Purgatorio ad Arco.*

(3) Si supponea che questa statua, la quale or più non è, appartenesse a' tempi in cui Napoli era una greca provincia.

5*

oggi, che se questo Don Serafino non mi snoc-
ciolerà lesto lesto i mille pezzi di argento, andrò innanzi tutto a squartar vivo lo Scorpione
sotto gli occhi del Marchese , e poi... servo di
vossignoria , me ne vengo da lei per aggiustar
seco lei certi conticini che non le andranno molto
a sangue , madama Donna Mellone... Buondì a
lei ; schiavo vostro.

Detto ciò, voltò le spalle alla Milone e trasse
inverso l'uscio delle scale.

Rimasta solo la donna, l'avreste veduta ghi-
gnare in modo che vi avrebbe posto nelle ossa
il freddo della paura ; indi, l'avreste udita parlar tra sè in queste parole :

— Va, va pure, bell' uomo, va in mala pa-
squa, chè ne avrai di belli scudi da Don Serafino, il quale sa così bene aggiustare i conti...
per l'altro mondo !

Appresso a queste parole che ci fanno stare
in gran pensieri per la vita di Don Aniello, Donna
Isabella , perciocchè sola in casa ella si vedea
e senza che occhio umano avesse spiato le sue
faccende, sendo uscita la vecchia fante sorda e
muta , si levò dalla sua poltrona, e difilato andossene in cucina, dov'era un'ascosa dispensuo-
la, nota a lei sola. Aperta la quale, e tratto di
lì certe maniere di vivande stantie, che erano sti-
pate da alquanti giorni, se ne fece una corpac-
ciata, a segno da non aver bisogno di ricorrere
spesso al lavoro de'denti. Imperocchè egli è noto
che la ipocrita e scellerata femmina voleva ingannare la gente dando a credere, che vivesse
senza aver d'uopo di tôrre alimento alcuno e
nè ristoro di sonno.

E, quando ebbe a sazietà ingollato quella ro-

baccia indigesta, rigettossi in sulla sua poltrona
per abbandonarsi allo imperioso bisogno che la
natura ha dato ad ogni vivente animale per ri-
pigliar le forze vitali.

X.

La jettatura.

Che avveniva intanto in casa del Marchese,
mentre Don Aniello il baciliere con malissima
voglia si avviava al vico s. Gaudioso, siccome
eragli stato indicato dalla Isabella?

Dopo l'occhiata terribile che il piccolo Marco
aveva fissata sul suo aio, il suo stato era peg-
giorato di gran lunga: forti convulsioni lo aveano
di poi assalito, le quali ad ogni momento sembravano che volessero cacciar via lo spirito di
quel fanciullo.

La famiglia era in massima desolazione. Nella
stanza dello infermo era un continuo parlar sot-
tomesso, un guardarsi l'un l'altro malinconicamente, come chi spera di ritrovare nello aspetto
altrui quella speranza che egli stesso non ha.
Il Marchese sovra modo avea gli occhi vermi-
gli per lagrime, e nè si poteva accostare al letto
del caro figliuolo senza che maggiormente gli af-
fluisse il pianto alle ciglia. Quello smisurato dolore gli aveva accresciuto in pochi dì altri dieci
anni in su gli omeri, e gli avea fugato dal viso
quei colori che pel consueto vi brillavano vispi
e giocondi a quella etade già maturatissima.

Noi non sapremmo dire con asseveranza se
mai gli fosse caduto nell'animo il dubbio che la
malattia del suo figliuolo non fosse tutta cosa

spontanea e naturale. Ben possiam dire che lontano assai dall'animo suo era il pensiero che per avvelanamento si morisse il caro figlio, e soltanto alcun po' suspicava non le soverchie rigidezze dell'aio e i corporali castighi onde questi solea punirlo avessero affiacchito quel corpicino e gittativi entro i semi dell'implacabile morbo che ora il menava alla tomba. Questo sospetto pigliò più forza quando il Marchese avvidesi del sinistro effetto che la presenza dell'aio produceva sul giovanetto.

Di questa sua dubitazione non si potendo da sè medesimo risolvere, il padre di Marco comunicò i suoi pensamenti a' purgati ingegni della facoltà che si affaticavano a trarre l'ammalato dalle unghie di morte; e costoro convennero in sull'avviso che gli era appunto così come il signor Marchese avea sospettato, e che, qualora il fanciullo risanasse, era mestieri allontanare quel rigido maestro, il cui soverchio zelo era cagione di tanto danno e scompiglio.

Oh, come son cieche le umane menti, e come tenebroso è il mistero nel quale avviluppasi il principio di questa nostra pallida vita! Come ascose sono agli occhi della scienza più chiaroveggente le occulte cagioni de' mali che disfanno la stupenda fabbrica del corpo umano! Miseria delle nostre sorti! Tanto Iddio ha voluto nell'altissima disposizione delle sue leggi di provvidenziale equilibrio! L'uomo, la sublime delle create cose, vede infragnere la sua stolta superbia dappresso al letto di un moribondo. Ivi piace a Dio di ricordargli che la scienza è benanche una delle più grandi umane vanità!

I più chiari medici convenuti a consulto dal-

l' addolorato Marchese de Jacellis , dappoi che
varie volte furono seduti a ragionare intorno al
male , di che era travagliato il povero garzoncello, e dopo infinite lucubrazioni e conghietture, vìdersi costretti a confessare, presso a poco
apertamente, che essi non ne capivano propriamente niente su lo strano malore , che presentava così opposti caratteri da sconcertare il senno
de' più avveduti e ammaestrati nell' arte salutare. Bensì accordaronsi in quest' una opinione ,
che il giovanetto non era stato condotto a quegli stremi che per gagliarda malinconia dell' a-
nimo , alle cui cagioni non dovea del tutto essere estraneo lo sputasenno dell' aio.

Il Marchese fermò d' interrogare a quattr' occhi il maestro , per cercar di conoscere da lui
qualche cosa che avésse potuto metterlo sulle
orme di rintracciare, se fosse stato possibile, la
vera causa della malattia del figliuolo. Per la
qual cosa, in sull' ora del mezzodì, fattoselo venire nel suo studio, così gli tolse a dire :

— Don Gaspare , avvengono di tali casi nel
mondo che riescono inesplicabili , e che farebbero aggiustar fede a quella popolar credenza
addimandata il *fascino* o jettatura. Ci credete voi?

— Se ci credo?? Signor Marchese, non solamente io ci credo , come credo che oggi è venerdì, ma vi so dire ch' io non comprendo come altri non ci abbia parimente a prestar tutta
la fede. *Quidquid agunt homines* , *agunt* sotto
l' influsso di un fascino più o meno benefico o
malefico. Questo influsso non è propriamente il
fatum degli antichi, ma è qualche cosa di più
attaccaticcio.

— Voi dunque credete che alcuni uomini posseggono in sè stessi questa specie di espansione di bene o di male, la quale essi progettano più o meno sulle persone che gli avvicinano o che sono in commercio domestico con loro?

— A capello, signor Marchese. E per mala ventura, quelli che posseggono il fascino benefico sono ben pochi in paragone di quelli dagli occhi de' quali vien fuora la scatoletta di Pandora, e la cui occhiata è peggio che una tegola sul capo. La jettatura, rispettabile signor Marchese, immischiasi in tutte le cose di questa vita; la così detta *simpatia* o *antipatia* non sono che gli effetti immediati e opposti di questa occulta forza che è in certe organizzazioni speciali. Io sono stato la vittima della jettatura, signor Marchese, e ultimamente... io non ho dormito più così bene come per lo addietro, dacchè mi venne fatto abbattermi in un certo viso da maledetto, il quale portava propriamente scolpito in fronte il genio del male.

Qui Don Gaspare intendea parlare del Dottor Letale, e, nella sciocca sua mente, attribuiva alla jettatura di colui quello che era semplicemente l'effetto de' rimordimenti della coscienza.

— Se egli è così come voi dite, maestro, disse il Marchese, qualche jettatore ha dovuto entrare in questa casa, il quale mi ha ridotto il mio Marcuccio a' deplorabili estremi a cui lo vedete. Per quanto io vada rimembrando chi ha potuto venir qui da qualche tempo a questa parte, o che possa essere in casa capace di tanto danno sul povero mio figliuolo, non saprei chi pensare. Aiutatemi in questa ricerca, signor Don Gaspare, e molto io ve ne sarò gratissimo; imperciocchè se egli fosse qualcuno che tuttavia respira l'aria del mio quartiere, faremmo di mandarlo via subitamente ; e forse il fanciullo per questo mezzo verrebbe tolto al fato che ne tronca così crudelmente i giorni all' albeggiar della vita, con tanto mio dolore ed affanno ch' io ne morrò certamente.

Don Gaspare lanciò di soppiatto un' occhiata al Marchese per veder di comprendere, se questi avesse inteso parlar di lui , o se innocentemente il richiedesse di consigli e di parere sulla dolorosa contingenza del figlio. Quella occhiata partorì nell'animo di Don Gaspare la piena fidanza che il Marchese era assai lontano dal pensare esser lui l'autore della jettatura , onde credea che il figliuolo si morisse; la quale opinione era da rafforzare nell' animo del Marchese , come quella che allontanava ogni altro sospetto sulle cagioni estranee che avevano potuto contribuire al pessimo stato della sua prole. Preso animo , così rispose :

— Signor Marchese, a dir vero, anch' io sovente ho pensato che la faccenda non fosse mica netta e sincera ; perocchè quando io sono venuto per la prima volta in questa casa, il mio allievo avea la sanità più rigogliosa, e quella sua faccia era una mela carmosina, che era un piacere a vederla e baciarla. A poco a poco, i colori sparirono, la carne si dileguò *come agnel per fascino*, al dire del poeta Sannazzaro che ci credeva molto alla jettatura, le ossa si smunsero e affiacchirono, e la spugna del suo cervello si afflosciò. È innegabile che jettatura ci è stata; troppo spiccati se ne veggono gli effetti; ma e dove, e chi, e quando la jettatura ha agito su quel corpicino , rimane a escogitare. . . Un sospetto mi sorge nell' animo , signor Marchese , ma non il vi paleso per non far male a nissuno.

— No, no , voglio assolutamente che il palesiate.

— Orbe', però che comandate ch' io vi apra la mia mente, io mi penso che il maestro di ballo Don Tommasino Pianelli sia la persona che cerchiamo.

— E donde vi è caduta nell' animo siffatta sospettazione ?

— Oh, signor Marchese, egli basta guardarlo in volto a quel mingherlino effeminato per leggervi la possanza del fascino cattivo. E, se togli questo, io ne ho ben udito narrar di lui cose da mettersi le mani tra i capelli. Dovunque egli è andato a dar lezioni, un morto è stato in casa appresso a pochi giorni; onde ci entra qui propriamente uno scrupolo di coscienza a tenerselo tuttavia , e, se io stessi nei vostri panni, orrevole signor Marchese, gli darei subito l' onorario e il pregherei di non voler più riporre il piede in questa dimora, innanzi che più si aggravi il male del nostro Marcuccio !

Facciamo osservare a' nostri lettori che Don Gaspare aspettava da qualche tempo l' ora di vendicarsi del povero maestro di ballo , per avergli questi un dì fatta la grande ingiuria di avergli riso in faccia per una vermiglia escrescenza che era spuntata sul suo naso.

— Vi ringrazio de' vostri lumi, rispose freddamente il Marchese , e saprò farne tesoro. Ei pare adunque che a codesta jettatura e non ad altro hassi ad attribuire il male che consuma il povero mio figlio. Intanto, vedi calunnia ! altri

volea farmi credere che la jettatura stesse nella
troppa severità de' vostri castighi.

— Domine! che sproposito! che calunnia! se
ella fosse la cosa al modo come altri dice, io
dovrei star nella fossa da quarant'anni in quà,
giacchè il cinghione non mi ha risparmiato e il
mio pedante me ne dava come ad un bue.

— Dunque voi dite che Don Tommasino Pianelli...

— È il più terribile *jettatore* che sia sotto la
cappa del sole.

Il Marchese chinò gli occhi a terra e parve
che s'immergesse in gravi pensieri.

Come strano e leggiero è lo spirito umano e
come facilmente può all'errore esser condotto,
massime dagli scaltri e malvagi! Il Marchese de
Jacellis non era certamente un'aquila d'intelligenza, e, quando l'animo è sotto l'impero del
dolore, è inchinato ad accogliere qualunque idea
che valga a dargliene una certa spiegazione. Volea la mala stella del povero maestro di ballo
che in fatti, in ogni casa dove avea messo il
piede per ammaestrare qualcuno della famiglia,
una persona era morta. Avvengono nell'umana
vita di certi strani casi che dànno credito alle
più assurde credenze. E questo portarsi appresso
le morti che faceva il maestro Pianelli era più
che bastante ad appiccicargli addosso il malaugurato aggiunto di jettatore, di che Don Gaspare si valea e per vendicarsi di quest'uomo, siccome abbiam detto, e per rimuovere sempre più
da sè qualunque pensiero e sospetto.

Venne ad interrompere la conversazione del
Marchese e dell'aio un cameriere, il quale cogli
occhi smarriti e col pallore in viso veniva ad an-

nunziare al padrone che il figliuolo era stato sovrappreso da altra convulsione, che era assai più
terribile e minacciosa di qualunque altra precedente.

Il Marchese corse nella camera dello infermo
dov'erano accolti i medici e altri famigliari.

Il giovanetto si battea contro un violento assalto nervoso... Plumbeo e cadaverico era il colore del suo volto, gelate le mani e i piedi...
cadevangli i capelli dal capo... corto e rantoloso
era il respiro.

I medici dichiararono estrema e mortale la
crisi presente, e fecero dolce violenza al Marchese, perchè si fosse ritratto, non occultando-
gli la gravezza del caso.

Due ore passarono...

Una voce di pianto risuonò all'orecchio del
desolato genitore, e gli annunziò che il diletto figliuolo più non era!

Uno de' medici erasi avvicinato al letto del moribondo, gli avea tocco il polso, e avea fatto una
croce nell'aria, segno che quella vita era tronca.

Il giovanetto Marco de Jacellis, l'erede delle
sostanze del dovizioso Marchese, era ito a raggiunger sua madre; e quel leggiadro corpo, dove
un prodigio d'ingegno prometteva di accogliersi,
andava tra poco a nutricare una famiglia di vermi luridi e innominati.

Don Gaspare Scorpione, raccolto nelle sue stanze, sentì la nuova della morte del suo allievo,
e il sangue gli si gelò attorno al cuore, e la
vista gli si offuscò. L'animo non gli era bastato
di più ritornare nella camera dov'era l'infermo,

e tanto meno reggevagli ora che quell' infermo era divenuto cadavere.

Intanto, un' ora appresso, un messo partiva dal palagio di Tarsia e s' incamminava inverso la dimora di Madre Isabella, latore d' una lettera di Don Gaspare che le annunziava la morte del giovinetto allievo.

La malvagità trionfava? ASPETTATE.

FINE DELLA PARTE SECONDA.

PARTE TERZA

I.

Il dottor don Serafino Letale.

Quanto più l'uomo si addentra nello studio dell'uomo, tanto più rimane maravigliato e stordito alla incredibile varietà di questa specie di esseri, la cui natura imbroglia e confonde il più sottile intendimento. Quale immenso baratro non divide l'anima del giusto da quella del malvagio! Qual distanza tra Newton che pesa l'universo, e l'idiota che non ha dell'uomo se non l'ironica esterna rassomiglianza! Quale sorprendente scala tra un Carlo Borromeo e un parricida! Grandezza e miseria dell'uomo! Come in questo duplice campo del bene e del male in cui si divide l'umana famiglia, la sua duplice entità si ravvisa, dell'uomo immortale e dell'uomo fango! Come in questa stupenda creatura dell'Ente Supremo le orme si scorgono della prisca grandezza, alla quale era stato creato e della prima colpa che cader lo fece! Ruina vivente, antico monumento fulminato dalla tempesta, l'uomo è spettacolo a sè stesso maraviglioso, incomprensibile e misterioso enigma, il cui motto si ritrova soltanto nelle ascose regioni della morte.

Il bene, raggio immortale della Divinità, è semplice e uniforme; il male, figlio del caos morale, ha infinite forme e aspetti, ed offre sempre novità antropologiche da fermare lo studio e l'attenzione del filosofo. Ultimamente un inaudito processo ha occupato la stampa inglese; si è trattato di un Palmer avvelenatore freddo e sistematico, di cui grandissimo fu il numero delle vittime sfuggite all'occhio della giustizia. Un tipo somigliante abbiam noi a presentare nel passato secolo nell'uomo che abbiam veduto una sola volta in casa della Isabella Mellone, e dal quale erasi incamminato Don Aniello il baciliere per riscuotere i mille scudi.

Nel tempo in cui lo presentiamo a' nostri lettori, il dottor Don Serafino Letale era un uomo a quarantotto anni alto, magro, con capelli succidi e lunghi, con unghie sporche, con viso del colore delle pietre tufo, con occhi piccoli e sinistri come quelli di un drago: aveva il vizio nervoso di stirare ad ogni momento il muscolo che solleva il manco sopracciglio, vizio che fin da fanciullo aveva contratto, e che egli accompagnava col vezzo di chiudere l'occhio: questa smorfia dava alla sua faccia qualche cosa di crudelmente ironico e beffardo. Aggiungeva a questo l'indecenza di grattarsi il capo continuamente, abito stomachevole, particolare a quelli che non han sempre ordinati e nobili pensamenti pel capo.

Quali si fossero i progenitori di quest'uomo nè noi il sappiamo, nè giova alla storia nostra

il sapere; ma certo, se i cognomi han relazione alcuna colle loro significazioni, e se in qualche modo spiegano l'origine delle famiglie, questo di *Letale* non doveva essere molto onorevole per gli antenati del nostro dottore, i quali forse, a simiglianza del loro discendente, molta
dimestichezza aver si doveano colla morte, alla
quale importanti servigi avean forse renduti. Ma,
quali che si fossero stati i primi autori del nostro Serafino, egli è certo che suo padre era
stato uno de' più formidabili *sassaiuoli* dell'Are-
naccia (1), il quale voleva eziandio a questa esercitazione addestrare suo figlio; per che spesso
con seco il menava in sul terreno della lizza, e
forte eccitavalo a tôrvi a modello i più valenti
lanciatori di fionda. Ma la poca forza del Serafino
non comportava queste fatiche, alle quali dovette
rinunziare per appigliarsi ad altro. Trasportato
suo padre alle galere, il giovanetto si die' per
vivere alle arti del saltimbanco, e se ne iva, nei
giorni di festa, in sulla piazza del Mercato o in
via di Porto o altrove, a far mostra degli esercizii più pericolosi, come sarebbe a dire, quello
d'inghiottirsi una palla di piombo o eziandio una
spada appuntuta o uno spiedo porchereccio, e
fare altre cotali cose che ammiravano la gente, la quale di pochi quattrini il compensava
del divertimento che egli lor procurava. Dava
il Saverio (egli si faceva chiamare or coll'un
nome or coll'altro) spettacolo di sè mostruoso e

(1) Era questo il campo dei giuocatori di fionda, il
cui numero pervenne fino a duemila: i sassaiuoli di un
quartiere sfidavano quelli di un altro, onde molte brighe e risse ne seguitavano. Il Governo ne mandò alle
galere trenta de' capi.

pietoso in uno, giacchè sovente egli procacciava
alla udienza il sollazzo di vederlo a mangiare le
cose più schifose ed eterogenee all'umana natura; onde taluni avrebbero voluto veder cogli
occhi di che materia eran formati il suo stomaco
e le sue budella, e se anzi di ferro o di pietra
elle si fossero che di membrane e di nervi.

Con tutto ciò il Serafino-Saverio pigliò tal malattia che stette intra due se rimaner quaggiù
in terra o girsene all'altro mondo; ma il cuoio
era duro, e la scappò mercè l'abilità d'un segretista che lo avea con molta sollecitudine as-
sistito e guarito. Il quale, quandochè ebbe veduto ritto e sanato il giovane giocoliero, il dis-
suase dal continuare in quel periglioso e meschino mestiero; e con forti argomenti lo indusse a venirgli appresso nell'arte di segretista
che egli esercitava, e che gli avea fatti raggra-
nellare non pochi scudi. E gli ragionò così bene
intorno alle sdrucciolevoli rivolture della fortuna, intorno alle instabili cose di questo mondo,
intorno al bottino più grascio che è sempre serbato pel più audace; e tante gliene disse che
il Saverio gli si mise dietro per essere addotto-
rato nell'arte di sanare i morbi mercè la virtù
de'semplici e delle erbe.

Natura perspicace avea madre natura largito
a questo pessimo rampollo di qualche pessima
generazione; perchè non andò un gran pezzo
che erasi messo ad apprendimento dal segretista, e il nostro Don Saverio conosceva a ba-
stanza la efficacia di parecchie erbe. Da arte in
arte, da studio in istudio, da ricerca in ricerca, quest'uomo singolare era giunto a possedere
la scienza della botanica meglio che un Linneo,

e non era pianta o frutto o bulbo che non trovasse in lui un interprete classificatore.

Ma, per rea fortuna, quest'uomo che avrebbe
potuto dirizzare al bene de' suoi simili così vaste cognizioni nel campo vegetale, dirizzolle invece a danno del suo prossimo; imperciochè
vi sono nella specie umana generazioni e famiglie, in cui la malvagità s'innesta col seme. Don
Saverio era nato con la preponderante organica
attitudine al male, e, però che la religione,
l'educazione, il buon esempio erano stati da lui
lontani nella fanciullezza, quelle cattive tendenze, invece di sviarsi, eransi abbarbicate direm
quasi ne' nervi di questa creatura.

Don Saverio avea pensato e ripensato sul modo
di trarre il più gran guadagno dalla scoperta che
avea fatta di tanti segreti della natura vegetale;
e ultimamente il suo pensiero si arrestò sulle
tante maniere di erbe malefiche e velenose che
egli avea scoperto; ignote alla scienza, e dalle
quali per suoi fini ei potea trar profitto, gio-
vando a sè e ad altri per particolari emergenze
di tenebrose vendette.

Egli aveasi già cattivata una certa estimazione
popolare per alcune guarigioni che aveva otte-
nute, mediante i suoi farmachi erbacei, e qualche denarello si avea messo da banda. Ma a più
alte mire tendevano i suoi pensieri che a questi modici e bassi guadagni.

Don Saverio avea cominciato dal fare i suoi
tossicologici esperimenti in su gli animali; già
molti gatti e cani e conigli e galline avea barbaramente sacrificati all'*amor della scienza*, co-
m'egli dicea per giustificare a sè medesimo la
barbarie delle sue opere. Ed i cadaveri di que-

ste innocenti vittime delle sue investigazioni egli
dilacerava, squartava, brancicandone i visceri,
per osservare l'azione prodotta su gli organi
da' succhi delle sue *erbe*, o dalla *composizione*
di questi sughi. Estimavasi felice quando più
lenta e insensibile era l'*azione*, quando più naturalmente apprestava la morte al paziente. E
già oltre a mille vittime aveva questo negromante
sacrificate nell'animalesca famiglia, le quali gli
aveano arricchito il suo repertorio tossicologico
d'una quantità di agenti *letali* di diverso *effetto*,
in quanto alla durata ed alla forma, ma di *un*
sol risultato, la morte.

Non dovea passar lungo spazio di tempo, e il
dottor Letale, come ormai veniva addimandato,
dovea pensare a far le sue *prove* non più su i
corpi degli animali, ma su quegli degli uomini.
Questa volta era necessario operare con precauzio-
ne per non mettere i suoi segreti a conoscenza
del bargello, che avrebbe potuto incaricarsene
un po' pel sottile. Le prime sue vittime furono
i disgraziati infermi che egli avea per le mani,
e de' quali accorciava le sofferenze avviandoli più
o meno brevemente al Creatore, senza idea di
guadagno alcuno, e semplicemente *per amor*
della scienza. Ma, perciocchè esercitando su gli
infermi le sue infernali cognizioni, egli non potea giammai esser pienamente sicuro dell'effetto
delle sue pozioni, potendo ben darsi che la morte
fosse conseguenza del morbo anzi che delle malefiche piante, il dottor Letale fece un altro passo
e tentò una *prova* sull'*uomo sano :* e questo fu
un suo compare che venuto dalla provincia, era
ito ad albergar con lui, recando seco un borsellino ben pasciuto. I due compari desinarono e

cenarono assieme, la notte, il compare provinciale fu assalito da spasmodici dolori colici, che appresso a ventiquattr' ore il ridussero allo stato di *vittima*. Il dottor Letale fece la sua dichiarazione all' autorità, come il suo compare, *non ostante i rimedii da lui apprestatigli*, era soccombuto ad una violenta cardialgia. Il borsellino era sparito.

La seconda *prova* su *corpo sano* fu fatta sul corpo d' una disgraziata giovane, da lui ingannata, sedotta e abbandonata, e alla quale finse di volersi riconciliare per indi menarla a moglie. E un bel dì, andatosene a casa di lei, disse che per suggellare la pace tra loro due era mestieri che il dì seguente ella fosse venuta a desinar con lui, che le avrebbe apparecchiata una schiacciata incaciata da farle leccar le dita. E la miseretta vi andò tutta contenta, e mangiò con lieto appetito, e trovò squisitissima la schiacciata. Questa volta la *composizione* era di tal natura da procacciare alla vittima una morte lenta e una malattia che simulava perfettamente il mal sottile. E la *prova* riuscì a capello. Ella morì a capo di tre mesi, durante i quali egli le avea fatto amorosa assistenza. E quando la tapina spirò, il dottor Letale *certificò* esser quella giovine trapassata per *tisi mesenterica* ribelle a tutti i rimedii apprestatile.

A queste prime vittime seguitarono altre molte su cui il Dottore facea prova delle sue *caraffine*. Due volte ei fu marito e due volte la *benigna* morte si *prestò* a sbarazzarlo delle sue *metà*, di cui avea divorato le doti. Tutta questa carneficina era fatta con tale arte e accorgimento che la giustizia degli uomini non ne ebbe giammai il minimo sospetto; e soltanto, atteso il gran numero di *morti* che strascinano appresso il dottor Don Saverio, nessuno il chiamava più per qualche ammalato; e il volgo gli avea dato il mertato soprannome di *medico della morte*.

Un essere di questa specie non poteva sfuggire all'occhio d'Isabella Mellone, la quale si valse della *scienza* di lui in parecchie occasioni, tra le quali per l'*educazione intellettuale* del piccolo Marco, siccome è già conto a' nostri lettori.

A questo *intimo amico* la Isabella avea spedito Don Aniello il baciliere per riscuotere i mille scudi che quegli pretendea da Don Gaspare.

E, nel momento in cui il figliuolo del Marchese de Jacellis, *ultima vittima del dottor Letale*, spirava l'estremo fiato, Don Aniello il baciliere picchiava all'uscio del dottore, nella sua dimora nel vico S. Gaudioso.

II.

L'uno per cento.

Il dottor Don Saverio-Serafino Letale, nel momento che Don Aniello picchiò al suo uscio, era tutto occupato all'analisi chimica d'un'erba, di cui egli avea qualche sospetto; giacchè, in una delle solite passeggiate che solea farsi in quel luogo addimandato il *Guasto* (1), e che era il

(1) A destra della strada che mena a Poggioreale, luogo murato che serve per orti di erbe comestibili. Chiamasi questo il *Guasto*, ed ha questo nome fin dall'anno 1251, e l'ebbe in quel tempo così. Corrado Svevo, figliuolo di Federico Imperatore, avendo assediato strettamente Napoli, devastò questo luogo che,

campo de' suoi studii e delle sue omicide ricerche, aveva avuto occasione di suspicare la malvagia natura di quell'erba.

Molto maravigliossi il Dottore nel sentir picchiare alla sua porta in un modo che non eran soliti quelli che venivano per mala ventura a domandar l'opera sua. Otto o nove spalmate vigorose applicate contro l'uscio annunziavano una visita straordinaria, soverchiante, poco amichevole od umile. Nè potea l'avvelenatore supporre che alcun amico intrinseco fosse quegli che veniva nel suo domicilio, però che il nostro Dottore viveva alla foggia di bestia feroce, non addomesticandosi con anima viva.

Lasciò l'operazione a cui era inteso, levossi e andò verso l'uscio.

— Chi è?

— Una lettera di madama Isabella Mellone, rispose di fuora Don Aniello.

L'uscio fu tosto aperto.

Don Aniello conficcò un'occhiata sul personaggio che era venuto ad aprir la porta; e quel rapido esame partorì diffidenza e sospetto.

---

per esser giardino e boschetto chiuso con mura d'intorno, dove si conservavano diversi animali, era la delizia della caccia e de' Re e de' Napolitani, e tanto più stando poco lontano dalla città. Essendosi poi resa a patti la nostra città, fece diroccare le antiche e forti muraglie che erano fatte a quadroni di pietre; nè questo al crudele bastò; ordinò ai suoi Saraceni, dei quali si era servito nell'impresa, che avessero ammazzato tutti quei cittadini che si stimavano atti alle armi. Que' barbari, mossi a compassione, invece di eseguirlo, ne salvarono molti e molti. I Napolitani poi uscendo fuor delle mura e vedendo questo luogo sì bello, desolato, lo chiamarono il *Giardino guasto*.   CARLO CELANO.

— Voi avete una lettera della signora Isabella ?

— Eccola qua.

E il baciliere, senza chiederne il permesso, si gittò a sedere sovra l'unica sedia disponibile che trovò in quella stanza che era nel tempo stesso sala, salotto di passaggio, studio, camera da letto, salotto di compagnia, tutto.

Il Dottore corse la lettera cogli occhi e parve che la divorasse in un fiato ; quindi sembrò rileggerla attentamente e lentamente ; e, mentre ciò faceva, volgea uno sguardo strano e fierino sul messo che l'avea recata.

Don Aniello aspettava con mal celata impazienza che il dottore avesse fornito di meditare in sullo scritto della divota femmina.

— Voi dunque... vi chiamate...

— Don Aniello a servirvi, rispose questi sbuffando.

— Egli è a voi che hannosi a consegnare i mille scudi di cui monna Isabella mi parla in questa epistola ?

— Egli è a me, come voi dite.

— Sta bene ; il denaro è pronto ; ma, siccome nei tempi che corrono sarebbe periglioso oltremodo il tenere molto denaro contante a casa, è mestieri ch'io mi rechi dove ho delle somme in deposito, per fare il vostro piacimento e quello della mia signora e padrona Donna Isabella. Voi potrete rimaner qui fino al mio ritorno, ch'io non istarò molto tempo fuori. Ho piena fiducia nella vostra probità, e non titubo un istante ad affidarvi la custodia della mia casa.

Facciam notare ai nostri lettori che la lettera diretta a Don Saverio-Serafino Letale era scritta

in gergo che non sarebbe potuto essere compreso
da chiunque l'avesse aperta per leggerla, diceva
lo scopo per lo quale il Don Aniello si recava
da lui; e avvertiva il dottore, avesse finto di
acconsentire, avesse detto non avere pronto e
apparecchiato il denaro in casa, dover uscire
per andare a provvedersene dove teneane in serbo
e in deposito: uscito, dovéa immantinente correre alle competenti autorità per farsi dare un
numero di uomini armati e tornare con essi al
vico s. Gaudioso per consegnare nelle loro mani
il Don Aniello, ladro, omicida e malamente impiccato. Qualora un tal divisamento fosse caduto per non volere il baciliere rimaner solo nella
casa del dottore, a cagion di sospetti che gli
fossero sorti nell'animo, Donna Isabella si acco-
mandava allo *ingegno* ed all'*amicizia* del suo Dottor Letale per trovare un *rimedio* alle importune
istanze di quel brigante, il quale, per malaugurata casualità, potea far svanire il magnifico disegno dell'*affare* de Jacellis, che era così bene
avviato a buon porto.

Dette quelle parole che abbiam surriferite, il
Dottore staccava da un servitore il suo mantello e il suo cappello a tre spicchi; armavasi
della sua mazza, e

— Vi raccomando, mio *caro* Don Aniello, di-
ceagli, di non toccare oggetto alcuno su questa
tavola; ruinereste tutti i miei sperimenti bota-
nici; non vi pigli curiosità di sturare quelle am-
polline o di scoverchiare quelli vasetti: è roba
della mia scienza.

Accanto alla tavola, su la quale il maledetto
uomo lavorava, vedevasi un armadio secco lungo
e di sinistro aspetto come il suo padrone, a otto

palchetti, su ciaschedun dei quali era un esercito di caraffine, ampollinette, vasarelli, fasci
d'erba, alambicchi, storte, mortai, ed altre simiglianti materie ed arnesi che aveano del chi-
mico e del farmacista.

Don Saverio si cacciò la mano nella tasca per
assicurarsi che la chiave di quell'armadio era
presso di lui.

— Ci siamo intesi, mio bravo? Or noi ci ri-
vedremo tra dieci minuti, e vi metterò sull'i-
stante in possesso dei vostri mille scudi.

Dicendo questo, copriva il suo parrucchino col
cappello maestoso, e tirava le stanghette dell'u-
scio per trar fuora, quando si sentì afferrare di
dietro da due robuste braccia, che per poco non
gli slogarono le ossa scapolari.

— Voi non uscirete, messer lucertolone, disse
Don Aniello; sono stanco e stufo di questi irre
ed orre. Se non avete il denaro a casa, come voi
dite, favoritemi un polizzino in tutta regola col
bollo e colla impresa dei nostri Banchi, ed io
mi andrò io stesso a riscuotere il contante. Ma
mi accorgo che qui si tratta di volersi prender
giuoco di me, e, pel corpo di Napoli, avete tolta
una pessima lana a scardassare. Voi non uscirete, signor Dottore erbaiuolo, e mi consegnerete
sul momento i mille scudi senza lische e sen-
z'ossa; altrimenti mi rimarrò con lei, Don...
castigo di Dio, e balleremo assieme un cattivo
minuetto amoroso. Della vostra Isabella io mi
forbisco il muso, e ne voglio seicento più furbe
e mariòle di lei. In quanto all'*amico* Don Gasparrino, egli avrà poscia a saldare un picciol
conto con me, qualora io non tocchi tra un'ora

i mille scudi che mi bisognano come il tabacco della mia pipa.

— Che vuol dir questo mo'? sclamò sorpreso e appaurato quel codardo di Don Saverio.

— Vuol dire, vi ripeto, che Ella non metterà il piede fuora di questa casa.

— Ma io non saprei in altra guisa soddisfare alle vostre brame, giacchè io non tengo qui in casa il peculio.

—— In questo caso, dovechè non vogliate o non possiate farmi un polizzino, siccome ho avuto l'onore di dirvi, io me ne tornerò sul momento da Don Gaspare per riscuotere da lui direttamente la somma che egli mi deve; e questa volta vi giuro che mi darà il denaro con malo suo gusto. Appresso, quando avrommi in tasca gli scudi, andrò a fare una visita a donna Isabella, la qual visita ella non mi restituirà per certo.

Il Dottor Letale non rispondeva, e nè si toglieva di su la persona la cappa e il cappello, ma parea che desse ascolto più a' proprii pensieri che alle parole del baciliere. Poco stante, sembrò che fosse venuto in qualche deliberazione, imperocchè, in quel che pacatamente ivasi spogliando del mantello, della mazza e del cappello, in tali termini parlava al baciliere:

— Sia come volete, mio *bravo;* io non uscirò per fare il voler vostro, e di ciò vi rendo infinite grazie, chè tengo assai faccende per le mani da sbrigare in giornata. Scriverò alla signora Isabella che io non ho potuto darvi i mille scudi, non avendoli a casa; però pensasse lei al come sdebitarsi direttamente con voi. Mi guardi il cielo dall'inimicarmi un brav'uomo qual voi siete. In verità, debbo dirvi che quando siete spuntato da quell'uscio, mi avete fatto un effetto gradevolissimo; portate stampati in fronte la forza, il coraggio, la generosità del leone. Ditemi, Don Aniello, qual'è la vostra professione?

— Era una volta baciliere all'ospedale degli Incurabili; ora non faccio altro mestiere che quello di andare alla caccia delle *volpi*.

— Bravissimo! E che è propriamente un *baciliere* all'ospedale?

— È l'*uffiziale* incaricato de' cadaveri da esporsi o già esposti in sulla tavola anatomica, dove spero che avrò il piacere di raccogliere le vostre rispettabili membra.

Don Saverio rise un cotal poco d'un riso che avrebbe fatto gelare il sangue nelle vene di ogni altro uomo che non era Don Aniello.

— Voi avete dello *spirito*, disse indi il dottore; ma io voglio farvene assaggiare di quello che vi darà un gusto particolare: mi darete il piacere di provare un poco della mia *centerbe* (1), che è qualche còsa di sopraffino: ne tengo in serbo una boccettina pe' soli amici. Datevi il fastidio, mio caro Don Aniello, di sedervi dappresso a questa tavola.

Gli occhi di Don Aniello balenarono d'una luce di sangue; le sue labbra si disegnarono ad un sogghigno feroce.

Egli si sedè dappresso alla tavola, e vi appoggiò ambo i gomiti.

Don Saverio trasse di tasca la chiave dell'armadio, aprì questo, e dal più alto de' palchetti

_____

(1) Bevanda estremamente spiritosa, assai nota in Napoli, e che supponesi estratta dal sugo di cento erbe.

tolse una caraffina corta e tarchiata, nel cui seno luccicava un liquore verde cupo che assai somigliava a quello della *centerbe*; tolse parimente un bicchierino da rosolio, e il situò innanzi al baciliere.

— Non ne avrete mai gustato di simile, disse il dottore con sinistra interpetrazione.

— Lo credo, rispose freddamente Don Aniello.

E il dottore facea colmo un bicchiere di quella bevanda.

— Bevete.

— Son pronto; ma è necessario che beviate voi prima.

Don Saverio impallidì, spalancò gli occhi e guardò fiso in faccia al suo ospite.

— No... vi ringrazio... io non bevo liquori... sono astemio per natura, mormorò il dottore.

— Ma per questa volta farete un'eccezione al vostro sistema.

— È impossibile... Orsù, assaggiate di questa *centerbe*.

Don Aniello si alzò.

— *Centerbe* eh! esclamò dimenando il capo. Io vi ho detto che adesso non ho altro mestiero che quello di andare a caccia delle volpi e... ucciderle... E oggi mi è venuta tra le mani una volpe magnifica... Orsù, dottore, tu berrai per forza questa... che tu chiami *centerbe*, e che io chiamo *veleno*.

La faccia di Don Saverio diventò gialla: egli tremava a verghe.

— Questo è un ingiusto sospetto!

— O giusto o ingiusto, te la vedrai tu. Se questo liquore non è veleno, buon prò ti faccia; se poi è *bobba*,

Chi soffre quel che altrui soffrire ha fatto,
Alla santa giustizia ha soddisfatto.

Ciò detto, colla rapidità del baleno gli si sca-
glia addosso, lo atterra sovra una sedia, gli
schiude a forza le labbra, e gli versa nella gola
tutto il contenuto del bicchierino.

— Prosit! sclamò poscia.

Aprir l'uscio, richiuderlo e sparire, fu la
faccenda d'un minuto secondo.

Per una di quelle disposizioni misteriose della
Divina Giustizia, il dottor Letale non avea pensato a tenere in casa un antidoto, giacchè egli
non avrebbe potuto mai sognare di dover morire egli stesso avvelenato.

Per quanti sforzi avesse fatto per recere, gli
fu impossibile. D'altra parte, era quello un possente veleno che non dava neppur cinque minuti
di vita alla vittima: corrodeva immediatamente
i vasi dello stomaco, e arrestava la circolazione
del sangue.

Due giorni appresso, il Dottor Don Saverio
Serafino Letale fu trovato morto nella sua stanza;
ed esaminato il liquore che avea sulla tavola,
fu creduto che ei si fosse da sè medesimo avvelenato.

III.

Don Aniello il baciliere.

Prima di proseguire nel nostro racconto, fer-
miamoci un momento per conoscere un poco più
addentro un personaggio, che è ormai divenuto

così importante; il quale è stato anche il primo che abbiamo presentato a' nostri leggitori nel dar cominciamento a questa narrazione.

Abbiamo parecchie volte accennato al passato di Don Aniello il baciliere, senza che avessimo soddisfatto alla giusta curiosità di sapere intrinsecamente chi si fosse costui, e quali nefandezze avesse fatto: egli è però mestieri dare una rapidissima occhiata su questo mostro, dolenti di avere a trattar più spesso di questi tipi di degradata natura.

Non istaremo a indagare quali si fossero stati i genitori di questo sciagurato; nessuno al certo domanderebbe di sapere in quale antro e da qual connubio fierino nacque un tigre divoratore di umane membra. Per somma sciagura della specie umana, sono in essa degli esseri, pe' quali i vincoli della famiglia spariscono sotto la ferocia d'istinti brutali; e l'individuo, rotta ogni collegazione cogli uomini, par che voglia riconoscere per suoi simili le bestie sanguinarie e inimiche dell'uomo.

E, per dimostrare di qual corrotta natura nascesse l'uomo di cui tessiamo brevemente la biografia, ci basterà dire che egli stesso ignorava il proprio cognome, nè forse erasi giammai dato pensiero di domandarne a' suoi. Può anche esser probabile che, scappato dalla casa paterna in tenera età, nè più avuto notizia de' suoi parenti, non avesse avuto l'opportunità di pigliar contezza del suo cognome. Creature somiglianti a Don Aniello dovrebbero non portare nemmanco un nome proprio, e contentarsi, come i tigri, di quello della specie.

Aniello fu conosciuto primamente per aver fracassato il capo d'un suo compagno, col quale venne a contesa nella piazza del Mercato : egli aveva allora circa quattordici anni; fu arrestato e messo in carcere : quegli che ebbe il capo infranto morì appresso a pochi giorni ; e Aniello sarebbe stato afforcato se la sua età lo avesse consentito.

Nelle prigioni venne a rissa con altro carcerato , e , dotato d'una forza muscolare straordinaria, afferrò l'avversario pel capo e gli spaccò il cranio contro il muro. Cominciava il tigre a prender gusto nel sangue.

Non sappiamo quanto tempo questo giovin leopardo rimanesse in prigione , dove, in considerazione della ferità del suo istinto , non gli fu permessa comunicazione alcuna cogli altri carcerati. La segregazione, invece di giovare a quella fibra d'uomo, non fece che ricacciargli nel cuore più ferocemente l'odio dell'uomo e la bestialità dell'immane selvaggio.

Quando Don Aniello uscì dalle prigioni era già un uomo fatto : il suo corpo avea preso vaste proporzioni muscolari ed ossose ; la sua faccia si era coperta di rozza barba leonina , e la sua guardatura facea fremere e raccapricciare. Nello affissare gli occhi su lui , avresti dato subitamente un passo indietro come alla vista d'una fiera.

Messo frammezzo agli uomini , libero e padrone di sè un essere di questa specie, che cosa farà ? A quale arte o mestiero si appiglierà per vivere ? Eppure , a dimostrare l'inesplicabile natura dell'uomo , Don Aniello , che toglieva la vita d'un suo simile colla stessa indifferenza onde

schiacciava sotto al piede una piattola, Don A-
niello sdegnava, disprezzava il furto. Con ciò
non vogliamo intendere che egli ciò facesse per
principii di morale, ma solo che, fidato nella
prodigiosa sua forza, egli stimava arte da deboli il rubare: il leone affamato si slancia sovra
una preda, ma non l'invola tenebrosamente e
per insidia.

Don Aniello pensò a quel che dovesse fare per
menare innanzi la vita; e, perciocchè nessun
arte o mestiero egli aveva giammai apparato in
sua fanciullezza, nè avea voglia di lavorare, andava in cerca di qualche mezzo di sussistenza
più consono a' suoi istinti. Un solo impiego gli
sarebbe andato molto a sangue, se già non fosse
stato occupato, quello di carnefice.

Non passò gran tempo, e gli venne fatto di
abbracciare il mestiero di *baciliere* nell'ospedale
degl'Incurabili. Non potea fortuna offrirgli un
impiego che meglio avesse corrisposto a' suoi desiderii. Addimandansi *bacilieri* i servienti addetti
alle sale anatomiche: è loro lucro esclusivo la
vendita de' cadaveri a' professori di anatomia, è
loro ufficio di raccogliere in un bacino (onde il
popolar nome di *bacilieri*) le membra tronche
de' cadaveri che vengono sezionati, e che rimangono esposte sulla tavola anatomica; di nettare
il sangue rappreso, di apparecchiare i *frantumi*
della carne umana per la sepoltura.

Don Aniello si trovò benissimo in questo mestiero, nel quale egli stava come nel suo proprio elemento: la società de' morti, la vista del
sangue rappreso sulle membra sottoposte al coltello anatomico, erano gioie ed allettamenti pei
feroci istinti del nostro baciliere, che non avrebbe

dato quell'ufficio in contraccambio di quello di ministro d'uno stato.

Pertanto, noi non diremo a quali matte stravaganze si abbandonasse questo ribaldo, a cui fra le altre sciagure, il vino facea spesso velo alla ragione (ammesso che *ragione* potesse in lui supporsi). Ogni sera questa belva spendeva nelle più luride e oscene bische il costo de' cadaveri che egli esponeva il mattino allo scientifico dilaceramento. Nessuno ardivasi più mover contesa con lui, sapendosi i fatti della sua vita passata e come per lieve ingiuria o sospetto d'ingiuria egli si procurasse il piacere di *scucire qualche guscio di materassa*, sua favorita espressione.

Buccinavasi qualche fatto atroce da lui commesso nella congiuntura che l'ospedale non offriva pronto un cadavere per la lezione di anatomia. È certo che un giorno, non essendo morto nessuno infermo nella notte procedente, egli cacciò fuora un cadavere (che forse non era nel novero degli ammalati) e il vendè al professore di anatomia per un prezzo quattro volte maggiore del consueto.

Un'altra volta, anche a ragione della scarsezza di cadaveri, egli non volle cederne un solo che ne aveva, che ad un prezzo anche maggiore. E tali e tanti altri abusi commettea costui, più o meno impunemente, perocchè ognuno temea della forza e della ferocia di lui.

Un fatto orrendo narreremo che servirà a porre il suggello al concetto che di questo scellerato sonosi già formato i nostri lettori, e a dimostrare fino a che punto possano spingersi la durezza e la barbarie dell'animo.

Un giorno presentossi al baciliere una donna

popolana, meschinamente vestita, e che dava le viste del dolore e della miseria più grandi. Scendeva costei dalle corsie de' tisici dell' ospedale, ed avea renduto gli ultimi uffizii di tenerezza ad un suo figliuolo, che di fresco avea spirata l'anima dopo lunghi travagli di quel morbo. Sapea la misera donna della crudele consuetudine che era nell' ospedale, di esporre cioè al domani i cadaveri in sul tavolo delle lezioni anatomiche. Onde, paurosa che la medesima sorte dovesse all' estinto figliuolo incogliere, la quale ad altri pur morti in quel dì parimente toccava, tutta sciolta in lagrime pel recente dolore e per la tema di altro più duro ancora che ella avrebbe sofferto in sapendo che il cadavere della cara sua prole venisse spietatamente dilacerato dal coltello autopsiaco, venne dal baciliere, e con prieghi e con lagrime gli si raccomandò, perchè le avesse risparmiato il dolore di vedere tanto strazio del figlio suo, concedendo che le misere spoglie di lui fossero trasportate alla sepoltura senza smembramenti o lacerazioni; giacchè, per buona o per mala ventura, quella mattina eran trapassati parecchi infermi, dei quali il baciliere potea servirsi e trar pro' da' professori di anatomia. Maravigliato rimase il baciliere al discorso di quella donna, perocchè strano gli sembrava che si facesse richiamo alla sua pietà; nè, com' è da supporsi, fu egli minimamente tocco da quei pianti e da quelle preci. Rispose, non poter condiscendere alle sue brame; non aver mai renduto simiglianti servigi ad anima viva; i cadaveri esser sua proprietà, e i più giovani da preferire ai più vecchi, che da quelli più profitto ricavava che da

questi ; lei meno di ogni altro doversi aspettare
un privilegio di questa fatta, chè il suo figliuolo,
durante la lunga infermità per la quale era rimasto nell'ospedale, mai non aver dato un picciol grano al baciliere pel tabacco della pipa
(contribuzione a cui quel brigante solea mettere
gl'infermi); però potersi metter l'animo in pace
in quanto alla sorte del cadavere, il quale immancabilmente al giorno appresso avrebbe rap-
presentato la sua parte nella sala anatomica. Rin-
novò l'infelice madre i suoi prieghi; e, implorando dal baciliere la chiestagli grazia a nome
di Dio e dei Santi, fece di spetrare quel cuore
di macigno; ma tutto fu fiato perduto. Ultimamente, ristucco dei lamenti di quella donna, le
disse con burbanza, ad un sol patto poter condiscendere al voler di lei, qualora al dì vegnente
in sulla prima ora del mattino gli avesse arre-
cato cinque grossi piastroloni di Spagna, prezzo
al quale egli avrebbe risparmiato a quel cadavere l'incomodo della sezione.

Cadde il cuore alla povera donna nel sentire
la spropositata richiesta, imperocchè, anche
quando, fatto un fastello di tutta la sua roba,
avesse voluto darla in pegno o venderla, non
avrebbe potuto neppur cacciarne la sesta parte
di quello che il baciliere domandava. Per la qual
cosa, il pregò e scongiurò che avesse ridotto
quel prezzo impossibile; ma quel ribaldo fu inesorabile, e la donna si partia con la più stra-
ziante angoscia dell'animo.

Al dì vegnente, spuntava appena l'alba, e
quella donna facea domandare del baciliere Don
Aniello, il quale a mala voglia condiscese a sen-
tirla di bel nuovo, non essendo disposto a mu-

tare in niente il suo proposito del giorno avanti.
Chiamatolo in disparte, quella donna gli disse
aver dato in pegno quelle poche masserizie che
si avea, e non averne potuto ricavar altro che
una piastra, la quale di presente ella gli offriva
per riscattare il corpo del disgraziato figliuolo.
Sogghignò ferocemente quella tigre al prezzo offertogli, e risolutamente il rifiutava; onde quella
tapina di madre disperatamente si partia scio-
gliendosi in dirotte lagrime; allorchè quegli,
fingendo di lei commiserazione, la richiamava,
dicendole, che gli avesse dato quella moneta,
giacchè, mutato consiglio, egli era apparecchiato
a fare il suo piacimento. A lei che tutta si ral-
legrava disse di aspettare, che fra alcuni momenti sarebbe ritornato. E infatti, poco stante
ritornò con un involto nella mano e disse a quella
donna: Per una piastra non posso darti che la
sola testa di tuo figlio; prendila e vanne in tua
malora.

Lasciam pensare qual si fosse l'infinito dolore
di quella misera, allorchè, svolgendo lo involto,
ebbe veduto la testa del caro figlio sì barbaramente divelta dal corpo.

Questo basterebbe a dare un concetto della
ferocia di un tal mostro, se altri fatti non avessero già fatto spiccare il suo orrendo carattere.

Non ci è noto per quale altro omicidio o per
qual'altra nefandezza, Don Aniello fosse menato
novellamente in prigione alla Vicaria; nè ci vo-
gliam curare di saper questo, perciocchè temia-
mo aver troppo attristato gli animi dei nostri
lettori colle soverchie sposizioni degli atti dell'u-
mana malvagità.

La prigionia non fu neppur questa volta e-

menda o freno per gli antropofagi bisogni del
baciliere ; e presto trovò modo d'imporre soggezione agli altri carcerati coll'esercitarvi la più
crudele *camorra*. Fu in questo tempo che Don
Gaspare Scorpione fu menato anch'egli alla Vicaria per sospetto di avvelenamento sulla persona del maestro Leonardo Vinci. I fatti che seguitarono allo incontro di questi due bricconi
nelle carceri sono già esposti e noti; non rima-
nendoci altro a dire che, malamente morto dal
carnefice il baciliere , e gittato come cadavere
d'impiccato nel ponte Ricciardi, Don Aniello
non indugiò a ricuperare i sensi e più tardi la
vita con sua somma maraviglia e piacere. Ad
un uomo della sua tempera non potea certamente
riuscir difficile il cavarsi dall'orrida sepoltura.
Sappiamo com'egli si tenne salvo per opera del-
l'arte magica di Don Gaspare; sappiamo com'ei
cercasse di sdebitarsi verso costui col farlo trarre
di prigione , mercè l'assassinio del Tommaso
Calcagni. Sappiamo inoltre tutto quanto egli o-
però in seguito, fino alla morte del Dottor Don
Saverio-Serafino Letale ; nel quale ultimo avvenimento egli agì come istrumento della Divina
Giustizia.

IV.

In casa di Don Michele.

Un giorno appresso alla morte del Marchesino de Jacellis , a tenore de' comandi ricevuti da
Madre Isabella, Don Gaspare Scorpione prendea
licenza dall'addoloratissimo Marchese di abbandonare il palagio di Tarsia , non reggendogli il

cuore, siccome egli asseriva, di più oltre rimanere in quella casa dov'erano troppo crudeli e
lenere rimembranze.

Al Marchese non ispiacea gran fatto levarsi
dinanzi quell'uomo, giacchè l'animo gli avvertiva misteriosamente essere stato costui la precipua cagione della immatura morte del suo carissimo figliuolo; perchè, datogli lo stipendio di
un mese benchè non compiuto, e aggiuntovi altri donativi, il ringraziava delle cure prestate
al povero giovanetto così miseramente finito a
quella età in cui suol cominciare la vita degli
affetti e del pensiero. Nulla disse Don Gaspare
al Marchese della novella situazione che gli si
era offerta, e appo la quale ei si recava.

La morte del giovanetto Marco avea fatto spar-
gere sincere ed abbondanti lagrime a tutt'i servi
e famigliari del Marchese, i quali tutti amavano
quel fanciullo e per la dolcezza amabilissima del
carattere e per la squisita bontà del cuore e per
la vivace e pronta intelligenza. E tutti più o
meno svelatamente accusavano l'aio di aver *ucciso* l'allievo colla severità dei castighi, onde mal-
trattava quella creatura; e tutti odiavanlo, anche perchè certe facce si fanno odiare solamente
coll'avere l'audacia di presentarsi al cospetto
degli uomini; e tutti avrebbero rinunziato allo
stipendio d'un mese per avere la soddisfazione
di veder congedato il maestro. Onde l'acerbo
dolore della perdita dell'amato padroncino fu
mitigato in parte dal piacere di vedere allontanato dal palazzo di Tarsia quel maledetto barbagianni, che portava la più funesta jettatura
scritta negli occhi.

E certamente, anche quando Don Gaspare non

7*

si fosse di per sè medesimo congedato, benchè con rincrescimento e per paura della sua padrona Isabella, i servi del Marchese avrebbero fatto le più vive premure per indurre questo a congedare quell'uomo di sinistro augurio.

Don Gaspare ebbe a somma ventura di poter svignarsela sano e salvo da quella casa, dove un delitto era stato da lui commesso sì codardamente. Ogni volta che la faccia del Marchese gli si fosse offerta alla vista, sarebbe stata per lui una crudele rampogna, tanto più amara, quanto più silenziosa e confidente. Egli adunque partivasi dal palazzo de Jacellis recando seco non pochi scudi ammassati nel tempo che avea esercitato l'uffizio di aio.

E la mattina stessa, recavasi da madre Isabella per mettersi agli ordini di lei, e per aspettare da questa il suo futuro.

La Mellone accolse assai di mala cera il vile istrumento delle sue scelleraggini; di che si maravigliò grandemente Don Gaspare, e più volte le ne addimandò la cagione, perciocchè egli credea di avere a capello eseguito i comandamenti di lei. Ma la fiera ipocrita donna, comechè vedesse pienamente bene avviato il nero tradimento ordinato da lei sulla casa de Jacellis, ciò nondimeno era triste per quella stessa legge di Dio che pone il rimorso accanto alla colpa.

Secondo il concertato, madre Isabella disse a Don Gaspare che in quella stessa giornata dovesse recarsi dal suo novello allievo Don Bernardino di Salvi, figlioccio del Don Michele che abitava nella strada Pirozzi ai Vergini, dov'egli era aspettato. Don Gaspare si addimostrò apparecchiato al piacere di lei, quantunque in cuor

suo poca voglia si avesse di addestrare nel latino quel bufalone del musico Don Bernardino.

Madre Isabella gli raccomandò il più profondo
silenzio su quanto egli aveva operato a Tarsia
per *ismorzare* il marchesino; e gli disse che la
più leggiera imprudenza di parole gli sarebbe
costata la vita: dissegli eziandio che lo avea pienamente servito in quanto al noto affare di Don
Aniello; non istesse più oltre in pensiero per la
costui richiesta de' mille scudi, avendo ella pensato a tutto; e forse il baciliere non gli avrebbe
dato più molestia. Di questo fu lieto sommamente lo Scorpione, che si sentiva propriamente
levato un macigno di sopra lo stomaco; e sper-
ticatamente ringraziava la donna di tanto favore,
e semprepiù le si protestava sviscerato servitore.

Or poichè assai vicino di mezzogiorno egli era,
e la donna sapea come a casa di Don Michele
si aspettasse a desinare il precettore novello,
fattegli altre infinite raccomandazioni che qui
non è luogo di particolareggiare, la donna ac-
comiatava il suo vassallo, al quale dava per
Don Michele una lettera ben chiusa e suggellata.

Don Gaspare avrebbe dato, noi crediamo, la
metà de' suoi giorni per sapere propriamente di
che ragionasse quella lettera, la quale egli andava brancicando e stazzonando per le mani, qua-
sichè avesse voluto farvi su un maleficio e leggerla con le dita. Pervenne ai Vergini in sull' ora
che sonava il mezzodì; e fu accolto a porte spa-
lancate, e con gran festa da quella famiglia e
massimamente dal novello allievo Don Bernardino, il quale se lo abbracciò sull' immenso volume del petto e lo strinse, dove poco mancò

non rimanesse schiacciato il picciol capo di Don
Gaspare; e non sappiamo con quanti versetti del
Metastasio furono accompagnati quegli spaventevoli abbracciamenti. Il padrino Don Michele, il
fratello Don Domenico, una vecchia che pareva
eziandio della famiglia, Don Bernardino, due
altri galantuomini, un gatto nero come il diavolo, e quattro conigli, che parea volessero saltare addosso a Don Gaspare, riconoscendo in lui
un lor congiunto; tutti insomma i membri di
quella famiglia pareano impazzati di gioia. Onde,
con freschissimi vini e con ciambelline inzuc-
cherate, cacciata via dal precettore la fatica del
picciol cammino, gli si fecero attorno e il pre-
garono che minutamente narrasse loro il come
era avvenuta la morte del marchesino de Jacellis.

Don Gaspare, fingendo compassione del caso,
raccontò l'origine e il progredimento della malattia, le opinioni de' medici, il dolore del padre, la dolcezza e pazienza del giovanetto fino
all'ora estrema; disse come quella portentosa
intelligenza sembrò essersi ad un tratto lumino-
samente ridesta vicino a morte da quello stato
di assopimento e di letargia in cui la malattia
l'avea gittato; disse delle virtù del fanciullo,
de' mirabili progressi da lui fatti nella lingua
latina quasi da ecclissare, se fosse stato possibile, lo stesso maestro; e che quando morte non
lo avesse sì immaturamente mietuto, avrebbe
accresciuto il lustro della patria e renduto ce-
leberrimo il cognome de Jacellis.

Sembrò che questi ultimi particolari non ec-
citassero la curiosità e le premure degli ascol-
tanti, siccome aveano fatto i ragguagli della infermità e della morte del fanciullo. Fu servito

il desinare. Sederono a mensa Don Michele, il padrone di casa, Don Domenico, fratello di Don Michele, Don Bernardino, il cantante, la vecchia di cui abbiamo toccato poco avanti, e quegli altri due messeri, i quali non fiatarono una parola in tutto il tempo del desinare, che fu lungo e copioso di elette vivande e soprattutto di vini poderosi. Eran questi due, l'uno un uomo di circa quarant'anni e l'altro alcun poco più giovane, siccome all'aspetto addimostravano, lisci di scorza e vestiti quasi alla foggia degli abatini di quel tempo: questi due non alzarono mai gli occhi dal loro piatto.

Il solo che tenne la parola durante il pranzo fu Don Bernardino, il quale avea naturalmente l'abito di parlar molto. E ragionò di tante e tante cose, che sarebbe tempo sprecato di qui menzionare. Raramente interloquiva Don Domenico, più raramente ancora Don Michele, e niente affatto, siccome abbiam detto, gli altri tre personaggi che erano a mensa.

Appresso il desinare, e sorbito certi colossali ciotoloni di caffè, Don Berardino, accavallatosi sul suo braccio quello del maestro, il menò a vedere la stanza che gli era ordinata. Passarono per parecchi corridori lugubri e scuri, dove in quella piena luce del giorno, neppure un raggio ne scendeva; attraversarono altre stanze rischiarate da certi altri finestroni chiusi interamente; comechè il tempo fosse assai caldo; dove si vedeano certi enormi cassettoni con enormi custodie di sopra, ciascheduno a sei ordini di cassette.

Finalmente si giunse alla stanza stabilita pel precettore. In entrandovi, cadde l'animo al povero Don Gaspare. Che differenza dal magnifico quartieruccio che egli si aveva nel palazzo de Jacellis! Era quella stanza un vasto e malinconico quadrato senza mattoni, senza coltrinaggio, colle travi discoperte, e colle pareti imbiancate solamente ; la luce vi veniva parimente da un alto finestrone, anche sbarrato come nel cuore dell'inverno : un letto, un cassettone, una tavola di castagno, quattro sedie di paglia e un seggiolone imbottito che fingeva una poltrona, erano tutte le suppellettili sperperate in quell'ampio stanzone. Dove nello entrare, due moleste sensazioni colpivano, una muffa disgustosa che attestava come da tempo immemorabile non fosse stata rinnovata l'aria di quella stanza, e un'atmosfera fredda e pesante, che indicava la cattiva situazione di quella stanza al settentrione della casa. Insomma, l'impressione che la novella dimora fece a Don Gaspare fu quella che gli avrebbe fatto l'aspetto d'una lurida prigione.

— Ecco il vostro appartamento, signor maestro, gli disse Don Berardino colla stessa magnificenza come se gli avesse additato un regio palazzo. Che ve ne pare, eh?

Don Gaspare non rispose, giacchè la dolorosa maraviglia troncavagli la parola.

— Ebbene, maestro, che cosa ne dite del vostro novello appartamento?

Non ci era modo di sfuggire alla impertinente insistenza del musico; onde, Don Gaspare, smozzicato alcuni moncherini di parole non intelligibili, rispose :

— Sarebbe necessario di aprire un poco quel finestrone; qui ci è una muffa che fa male ai polmoni.

— In verità ! voi dite, maestro, che qui ci è una muffa ?

— Come ! non la sentite ?

— Niente.

E Don Berardino fiutava l'aria come un can levriere che cerchi la preda del cacciatore.

— Vi faccio i miei complimenti sulla forza de'vostri nervi olfattorii.

Ad ogni modo, seguitò il novello allievo, perciò che voi dite esser qui un puzzo, ch'io non avverto, ci faremo fare questa sera delle suffumicazioni di canfora.

— Non occorre ; ei basta che si apra quel finestrone, che mi ha l'apparenza di non essere stato aperto da qualche anno.

— Oh ! non ricordo giammai che quel finestrone fosse stato dischiuso ; laonde, io credo che sarà impossibile aprirlo : i ferramenti si sono arrugginiti ; ci sarebbe d'uopo d'una operazione lunga e penosa. Oltre a ciò, il mio patrino teme, ed ha ragione, che qualche ladro possa intromettersi in casa dall'alto di quel finestrone, che risponde sovra il terrazzo di una casa contigua, ricetto di gente di mal'affare. Se sapeste quello che si fa in quella casa ! Dio non voglia tenessimo aperto quel finestrone !

Tutte queste belle e buone ragioni non poteano persuadere Don Gaspare a dover passare le notte e gran parte del giorno in quella vasta camera di prigione, dov'era impossibile, senza morire, tranguiare quell'aria mefitica. Come fosse, conveniva rassegnarsi pel momento. Al domani ne avrebbe tenuto parola con Don Michele.

— Qui ci dee fare un freddo acutissimo nell'inverno, osservò Don Gaspare, il quale facea di mostrarsi assai scontento della sua camera affin che un'altra glie ne fosse stata ordinata.

— Oh! a questo non pensate; abbiamo stupendi bracieri a vostra disposizione; avrete tutte le comodità possibili e immaginabili; e ognuno farà qui a gara per soddisfare al minimo de' vostri desiderii. Prendete una presa di questo tabacco. Ma venite, seguitò Don Berardino afferrando il braccio del suo maestro, venite a vedere il resto del nostro quartiere.

E seco strascinollo per altri molti corridoi e passeggi, bui come la notte, pe' quali Don Gaspare ivasi raccomandando alla montagnosa schiena del suo allievo per non dar di fronte contro un muro.

— Ecco la mia cameretta, disse il musico giunti che furono in una stanza più ariosa e meglio rifornita di mobili; qui faremo le nostre lezioni. Accomodatevi, maestro.

Don Gaspare si sedè sovra un canapè di semplice paglia.

— Io non mi fo mancar mai del buon rosolio, ripigliò Don Berardino, additando una bottiglia, di cui buona metà era consumata, e che stava propriamente in sulla sua scrivania. Fatemi il favore di accettare questo bicchierino; è dello stomachico di prima qualità.

Era sulla scrivania del cantore un piccol vassoio colla bottiglia di rosolio e quattro bicchierini a calicetto. D. Berardino riempì tutti e quattro i bicchierini: ne offrì uno al maestro che non disgradò l'offerta, e gli altri tre li vuotò prestamente egli stesso.

— Eccellente, n'è vero?

— Eccellentissimo, rispose Don Gaspare.

— Io sono un furioso amatore di liquori, nè so starmene senza, nè so dar mano ad opera alcuna senza ingollare il bicchierino ; mi sarebbe impossibile di pigliare il mio *do* sopracuto, se non lo inaffiassi col rosolio e col rum di cui tengo *etiam* del buono.

Poco stante, riprese :

— Oh ! noi siamo veramente felici di possedervi tra noi, egregio professore ; è questo un presente di Madre Isabella, del quale noi tutti le saremo riconoscenti per tutta la vita. Oh ! che brutta cosa è l'ingratitudine ! dice bene il Metastasio:

> . . . *Odia l'ingrato*
> (*E assai ve n'ha*) *del benefizio il peso*
> *Nel suo benefattor ; ma l'altro in lui*
> *Ama all'incontro i benefizii sui.*

« Noi faremo tutto il possibile, seguitò Don Berardino parlando sempre con gran prestezza, di rendervi grata questa dimora. Quì starete perfettamente come in un monastero ; godrete della più profonda quiete, potrete abbandonarvi a' vostri studii prediletti. In questa casa non vengono altre persone che quei due signori che avete veduti a mensa con noi.

— E che, come sembra, non sono grandi parlatori.

— Per niente ; eglino per sistema adottato non parlano mai ; ma che edificazione di vita ! quello che ci è di più perfetto nella morale ! Lo credereste, maestro ? Que' due sono così innocenti che qualche giorno ci divertiamo a giuocare alla *loca.*

— Mirabile ! esclamò Don Gaspare, e di grazia, chi sono quei signori ?

— Due allievi, come me, di madre Isabella in quanto alla morale; sono fratelli cugini, e l'uno si chiama D. Basilio, ed è il più grande, e l'altro Don Donatantonio; si amano tra loro da uscirne matti; l'uno non può stare senza dell'altro; e si dividono il sonno.

— Sono celibi tutti e due?

— Domine! Che cosa dite? Il cielo vi guardi far loro una somigliante interrogazione; ei sarebbero capaci di mettersi a piagnere per la vergogna. Se senton solo ragionar di donne, li vedrete arrossar tutti, e smarrirsi e abbandonar la stanza per non udir di vantaggio di tali profanazioni. Eglino sono più zitelli di quel che erano nel grembo della madre loro, con rispetto parlando. Son due gemme, signor maestro, sono due rarità.

Han picciol vanto
Le gemme là, dove ne abbonda il mare;
Son tesori fra noi, perchè son rare.

— E queste due gemme vengono spesso in casa vostra?

— Tutt'i dì, nissuno escluso; vengono in sulle ventidue ore e vanno via allo scocco dell'avemmaria, giacchè sono paurosi come due bimbi; senza dire che la sera essi la passano nelle preci, nelle meditazioni della morte. Io poi, a dirla schietta, mio caro maestro; non ci penso tanto alla morte, e dico col Metastasio sempre laudato:

Alfin, che mai
Esser può questa morte? Un ben? S'affretti;
Un mal? Fuggasi presto
Dal timor di aspettarlo,
Che è mal peggiore.

— Voi dite benissimo, o, per dir meglio, il vostro Metastasio dice benissimo; ma io opino diversamente riguardo alla morte, e dico, che se ella è un bene non lo sappiamo; il certo è che a noi sembra un male; onde è mestieri allontanarla il più che è possibile, massimamente quando ci è un buon appetito e una tavola ben fornita. Non mi ricordo in che autore latino ho letto : *mors autem malum est.* E voi dite che, oltre di questi due signori, non ricevete altre persone?

— Nessun altro; anzi ei bisogna ch'io vi dica una cosa, la quale certamente non vi farà gran piacere; ma è un sacrifizio che domandiamo alla vostra amicizia. Sapete che ogni casa ha le sue consuetudini, e D. Michele, il mio patrino, ha le sue, le quali sono forse un poco novelle e strambe; ma che ci fate? Ecco per esempio, egli mi ha incaricato di pregarvi di volervi di buon grado assoggettare ad una regola di famiglia.

— E quale sarebbe? domandò D. Gaspare con premura.

— Voi non dovete uscir mai per qualsivoglia ragione.

— Come! come! sclamò maravigliato e spaventato il maestro. Che vuol dir ciò? Che razza di regola è codesta? Gesù e Maria! Non uscir mai! Ma io ci morrei tisico! Io són venuto in una casa di galantuomini, non già in una prigione! Madre Isabella non ha certamente avuto simile intenzione nel mandarmi qui. D'altra parte, se è questa una regola di famiglia, nessuno di famiglia dovrebbe uscire; ma io so il contrario; quindi è una eccezione che si vuol fare per me, contro la quale io mi protesto altamente. E perchè? e a che oggetto? Io se non piglio un poco d'aria, m'intristisco e me ne moro sottile sottile, perdo l'appetito, non digerisco più e buona sera. No, questo non è possibile! A tal condizione rinunzio all'onore di essere il vostro maestro.

Non aveva egli terminato di dire queste parole che un uomo apparì alla soglia dell'uscio. Era D. Michele, che cogli occhi abbassati, col ciglio aggrottato e con bieco aspetto, lasciò cadere freddamente queste parole:

— Signor D. Gaspare Scorpione, è precisa volontà, capite, precisa volontà della signora D. Isabella Milone, che voi non mettiate il piede fuora di questa casa, e che non abbiate a vedere anima viva oltre dei membri di questa famiglia, e di quei due rispettabili amici, coi quali stamane siete stato compagno di desinare. E, per darvi una pruova di quanto asserisco, ecco significato il voler di lei in questa lettera che voi medesimo mi avete recata, e che vi permetto di leggere.

Più morto che vivo D. Gaspare tolse nelle sue mani la lettera che gli porgeva D. Michele, riconobbe la mano della Isabella, e con occhio spalancato corse su quelle righe, dov'egli lesse appunto quel che gli avea detto il suo ospite. La lettera era concepita in questi termini:

« Carissimo amico,

« Tutto va bene; il marchesino se n'è ito,
« e l'aio è disponibile. Ve lo mando subito su-
« bito, secondo il nostro accordo. Tenetevi alle
« mie raccomandazioni, e non pensate ad altro.
« Solamente vi rinnovo il ricordo, che l'amico

« D. Gaspare, PER MIA PRECISA VOLONTA', non
« esca mai dalla vostra casa nè vegga altre per-
« sone, fuori che quelle della vostra famiglia,
« nel cui numero pongo i miei diletti allievi D.
« Basilio e D. Donatantonio. Trattatemi bene il
« porgitore. A voce il resto. La vostra serva ed
« amica

ISABELLA ».

Don Gaspare lesse questa lettera e rimase in
uno stato di stupefazione. Era dunque la carcere
che quella donna gli riserbava! E perchè fine?
Era questa la ricompensa che egli si aspettava
per averla così ben servita! Rimanere in quella
casa senza poterne mai uscire! E quando il poveraccio pensava alla camera che gli aveano de-
stinata, all'*esclusiva* compagnia cui veniva condannato, a' visi arcigni ed equivoci coi quali dovea vivere insieme per uno spazio indeterminato
di tempo, gli venia voglia di romperla coi novelli ceppi che gli si metteano ai piedi e riac-
quistare la sua libertà; giacchè ormai troppo gli
pesava il giogo di quella che gli si era renduta
sua padrona, anzi despota.

Al cospetto di Don Michele e del suo figlioccio, D. Gaspare non fiatò motto, e parve che
si rassegnasse alla sua sorte. Pel momento, non
ci era altro da fare che rassegnarsi!

Don Michele ingiunse al suo D. Berardino di
ricondurre il maestro nella sua stanza, acciocc-
chè questi potesse riposare un poco, correndo
la calda stagione, e lunghe però le ore pomeridiane.

A Don Gaspare non incresceva gran fatto di
rimaner solo per qualche ora. Egli avea nel capo

tante cose da pensarvi su, tanti imbrogli da diciferare, tanti partiti a prendere.

L'allievo ricondusse il maestro nella sua camera, gli augurò buona *siesta* (1), e il lasciò solo.

Don Gaspare trasse un profoudo sospiro nel vedersi libero di quel seccatore. Non potendo e non volendo dormire, egli si abbandonò su la sedicente poltrona per mettersi a riflettere su ciò che gli accadeva.

Prima di tutto, una cosa gli parea strana, equivoca e sinistra. Che cognome aveva il Don Michele, in casa del quale ei si trovava al presente? La Mellone gli avea fatto sempre un mistero di tal cognome, appellandolo sempre col solo nome di battesimo. Egli ricordava che in sulla soprascritta della lettera che ella gli aveva diretto per suo mezzo non ci erano altre parole tranne che *Al colendissimo signor D. Michele.* Questa non era una faccenda regolare; molta torbida melma ci era nel fondo.

Don Gaspare pensava non esser tutt'oro quello che luce, e la probità di Donna Isabella poter essere una solenne impostura sotto la quale velavansi Dio sa che pasticci. D. Gaspare non ci vedea netto nell'affare della morte del marchesino, alla quale egli avea prestato mano. Quel dottor Letale; quei colloquii misteriosi; quella polvere che dovea *stupir* la creatura, e che invece l'avea *raffreddata* una volta per sempre; quella sollecitudine ond'egli era stato allontanato dalla casa del marchese de Jacellis; quello strano comando che imponeva lui non poter nè uscire dalla sua novella prigione, nè vedere nè parlare

(1) *Far la siesta* (avanzo di locuzione dei tempi spagnuoli) significa il dormire dopo il desinare.

con altri esseri all' infuora di quella casa di fosca apparenza : quella faccia di Don Michele, di Don Domenico, della vecchia, dei due pinzocheri, del Berardino ; tutte queste cose accordavansi nel capo di Don Gaspare per fargli comprendere che egli era stato fatto lo strumento di qualche nefandezza magnifica. La cosa era chiara come la luce del sole : la nuova lezione era un pretesto per tenerlo carcerato in quel luogo.

Oltre a ciò, pensava D. Gaspare che la faccenda di D. Aniello il baciliere, che la Mellone diceva aver pienamente accomodata, non poteva essere andata così lisciamente : quel brigante non si sarebbe accontentato di chiacchiere ; e in quanto ai mille scudi, era improbabile che la donna gli avesse snocciolato questa gran somma. Ella diceva che il baciliere non gli avrebbe dato più molestia. Eppure, anche in questa faccenda ci era del torbido! Il baciliere non era una dolce pasta di miele, e Dio sa che altro guaio gli stava addosso inaspettato.

A queste cose e ad altre infinite andava pensando l'*ex-cuccovaia* coricato sulla dura spalliera del seggiolone che gli tenea le veci di poltrona, e nella sua mente ravvolgea mille pensieri per togliersi allo imbarazzo della sua posizione. Intanto, il pranzo copioso, l'ora calda, l'aria opprimente di quella camera, la gravità dei pensieri che gli si aggiravano pel capo, annuvolati da' vapori del vino, incominciavano a fargli a quando a quando socchiudere le palpebre a quel modo che accade ad uomo cui pigli a poco a poco il sonno. D. Gaspare si trovava propriamente in quello stato di cascaggine che è lo stato intermezzo tra la veglia ed il sonno.

Quando gli parve udire un basso mormorio addietro alla sua poltrona, al quale il sonno incipiente gli avea tolto di por mente in sulle prime. Egli voltossi, e per la prima volta si accorse della esistenza di un uscio, le cui bande, dello stesso colore del muro, simulavano perfettamente la parete. Al di là di quell'uscio, nella contigua stanza erasi stabilita una conversazione.

Don Gaspare cacciò via prontamente il sonno, avvicinò la sua poltrona più d'appresso a quell'uscio, e tese l'udito. Gli parve udir mormorare il suo nome. Allora levossi addirittura e applicò l'orecchio contro la sottile divisione che il separava e nascondea agli occhi di quelli che erano in quella contigua stanza.

Don Gaspare udì distintamente le voci di D. Michele, di D. Domenico, di D. Berardino ed altre che gli sembrarono dover esser le voci di quei due cugini che erano dimorati al desinare.

Egli non perdè una virgola della seguente conversazione:

— Voi dite benissimo, Don Basilio, è mestieri non lasciar tempo al *caro* fratello che si svapori la profonda afflizione nella quale è immerso per la perdita del suo dilettissimo figliuolo, diceva Don Michele.

— Tanto più, soggiungeva D. Domenico, che il *caro* fratello non ha perduto le sue consuetudini di galanteria. Il lupo perde il pelo e non il vizio; ed io son sicuro, che se noi gli lasceremo del tempo, il marchese ritornerà nel gran mondo, da cui è stato per poco lontano a cagione della infermità e della morte di suo figlio. Voi sapete che, anche nell'età in cui è venuto, le donne son sempre la sua passione; sapete quante volte abbiamo passato il pericolo di vederlo riammogliato. Ora massimamente ch' egli ha perduto l'unico erede delle sue sostanze, son sicuro che tutti gli zufoleranno all' orecchio la necessità in cui si trova di tôr moglie per la seconda volta ; la qual cosa se accadesse , voi vi pensate il danno grandissimo che a noi ne verrebbe. Tutti i nostri sforzi sarebbero iti al vento; il bel disegno di madre Isabella verrebbe sconcertato e perduto.

— Questo si chiama parlar da saggio, diceva una voce che a D. Gaspare sembrò dover essere quella d' uno dei due cugini. Mio cugino D. Basilio ha parlato benissimo del pari che il nostro D. Domenico; non bisogna far raffreddare il ferro; è necessario batterlo ora che è caldo. Voi sapete da maestri che, quando un uomo si trova sotto l' impero d' una grave afflizione , soprattutto se la è cagionata dalla perdita di qualche cara persona, egli sente una certa propensione maggiore a distaccarsi dal mondo ; la vanità delle umane cose gli si fa più viva all' occhio della mente ; l' uomo, sotto il peso della sciagura , volge naturalmente al cielo i suoi pensieri, perocchè più non trova negli uomini e nelle cose del mondo quelle consolazioni, di cui è avido il suo cuore. Vi fo riflettere che il Marchese debbe essere onninamente ristucco dei piaceri della vita; onde sarebbe assai facile l' allettarlo ad abbracciare uno stato che ci desse piena guarentigia di non potersi lui più riammogliare. Io mi penso che in questo momento la cosa riuscirebbe assai agevole, basta che, sottilmente introdotti da colui, siccome madre Isabella ce ne dà speranza , ci riuscisse di cattivarci l' animo suo , e menarlo al nostro intento.

— Signori, diceva D. Michele, noi pognamo nella vostra carità e nel vostro zelo tutta la nostra fiducia; voi farete un' opera sommamente laudabile, perciocchè io suppongo, che madre Isabella vi avrà già informati a quali durissime prove ci ha messo questo nostro carissimo fratello, il quale, disprezzando ogni legge umana e divina, ne cacciò via dal suo ostello, come se mai suoi fratelli fossimo stati, non sì tosto spirato il nostro buon genitore. Noi abbiam tratto una vita povera e vagabonda per anni moltissimi; egli avrebbe voluto estinguere in noi non solamente il legame di natura che ci univa, ma eziandio il cognome che portavamo. Noi, figli dell' illustre giureconsulto Francesco de Jacellis, fummo costretti, per campar la vita, a darci ai più ignobili traffichi, io abbracciando il mestiere di vinaio, e mio fratello Domenico quello di trippaiuolo, mentre egli il Marchese D. Giuseppe Arcangelo de Jacellis, nobile del seggio della Montagna, cavaliere d'abito e gentiluomo di corte, sfoggiava in cocchi magnifici e passava, voltando via la faccia, d'accanto alle nostre botteghe in via Carbonara, dove due insegne additavano ai passeggieri due vilipesi fratelli del nobile de Jacellis.

Questo discorso era stato declamato con molta veemenza da D. Michele, il quale, accortosi che potea far supporre in lui uno spirito di odio e di vendetta contro il germano, cosa di cui si sarebbero scandalezzato quelle perle edificanti che lo ascoltavano, riprese con molta pacatezza:

— Il ciel mi guardi, ch'io risenta il minimo rancore contro mio fratello; chiamo in testimonio la giornata d'oggi, che io di tutto cuore gli ho perdonato il male che mi ha fatto, siccome pure gli ha perdonato mio fratello Domenico. Sa il cielo quante preci gli abbiamo indirizzate perchè egli si fosse ravveduto; ma la superbia è un pessimo peccato, e il cielo ne lo ha castigato col fargli morire così miseramente il figliuolo ch'egli amava tanto. Or l'opera vostra, spettabili amici, è la più bella opera che abbian compiuta uomini sulla terra. Voi potete far ritornare alla virtù questo traviato; potete indurlo a dare un addio per sempre a questo crudele e vanissimo mondo; e ultimamente potete persuaderlo al dovere di riconciliarsi con noi suoi fratelli, facendo a nostro pro', e com'è di dritto, una disposizione testamentaria che ci restituisca ciò che il suo orgoglio e la barbarie della legge ne avean tolto. Madre Isabella non poteva in migliori mani mettere un'opera migliore. Voi, esemplarissimi filantropi e servizievoli, avete abbracciato le nostre parti con quella carità che vi splende ne' volti. Madre Isabella ha già fatto molto per noi; e noi le dobbiamo eterna riconoscenza; ma molto più rimane a voi a fare per compire la grande opera; e noi siam certi che la compirete con quel senno e con quell'amore di che già ci avete dato prove manifeste. Nè noi intendiamo che la nostra riconoscenza si limiti a sole testimonianze verbali; giacchè, dove a voi riuscisse, come pur tegnamo fermo, di disporre il Marchese a riconoscerci per suoi legittimi eredi, la somma di quattromila scudi vi è riserbata. E fin da ora noi possiamo darvi un testimonio dell'animo nostro con quel poco che ci è riuscito metter da parte colle nostre fatiche, e con la nostra industria, la mercè puranche delle fatiche del nostro caro figlio adottivo D. Berardino, il quale, come forse vi è noto, guadagna di begli scudi in qualità di primo musico della capitale, nelle cantate pubbliche e private.

A queste parole di Don Michele, i due cugini risposero qualche cosa, ma così sommessamente che il suono delle parole non arrivò agli orecchi di Don Gaspare.

La conversazione seguitò poscia in su questo tenore:

— Fin da domani noi ci proponiamo di cominciar l'assalto, diceva l'un de' due che doveano disporre l'animo del Marchese a rinunziare al mondo e a riconciliarsi coi suoi fratelli. Siamo sicuri che, facendoci annunziare come amici ed allievi di Madre Isabella, troveremo appo il marchese accoglimento generoso e benigno. Del rimanente lasciate a noi la cura. Confidiamo che il cielo ispirerà le nostre parole per toccare il cuore di quell'uomo mondano, e convertirlo ad una vita meno scandalosa.

— A voi debb'esser conto, come suppongo, interrompeva Don Michele, qual tenore di vita menasse il nostro amatissimo fratello D. Peppe Arcangelo, marchese de Jacellis. Egli ha scandalezzato tutto il paese co' suoi cattivi costumi. Se anco passasse nelle più aspre penitenze il resto di sua vita, non potrebbe giammai fare adeguata ammenda de' suoi falli.

— Non è già per parlar male del prossimo nostro, il ciel ne guardi! ma le male opere hannosi a conoscere da quelli che studiansi di ravviare al retto sentiero i pervertiti, soggiungea Don Domenico.

— Ma non sempre ridono i malvagi! sclamava

in aria di profondo moralista il grosso Don Berardino. Lor Signori debbono ricordare que' versi del Metastasio nel *Gioas* quando dice de' perversi:

IDDIO GLI SOFFRE
FELICI UN TEMPO, O PERCHÈ VUOL PIETOSO
LASCIAR SPAZIO ALL' EMENDA, O PERCHÈ VUOLE
CON ESSI I BUONI ESERCITAR : MA PIOMBA
ALFIN CON PIU' RIGORE
SOPRA I SOFFERTI REI L' IRA DIVINA.

Un silenzio profondo, agghiacciato, tenne dietro a questa inopportuna citazione, che dovè fare una non gradevole impressione su gli animi di quei rispettabili messeri. La vanità della declamazione, la sua straordinaria passione pel Metastasio, la smania di appiccare anche egli una parola alla conversazione generale, avevano messo sulle labbra del musico quei versi, che non poteano calzar meglio a' membri di quell' ipocrito consesso. Don Berardino avea declamato con enfasi scolastica quelle parole, alla cui tremenda significazione egli non avea pensato nè punto nè poco; e soltanto si accorse del sinistro effetto che avean prodotto, quando un silenzio di morte e le torbide ciglia abbassate accolsero quella trista sentenza, che piombò su quelle scellerate coscienze come una lontana minaccia dell' Ente Supremo, come letterale traduzione del versetto dell'Ecclesiastico ALTISSIMUS EST ENIM PATIENS REDDITOR.

Scorsero alcuni minuti di silenzio.

L' uno dei due cugini ripigliò, dando altro avviamento alla conversazione:

— Che fa il maestro?

Don Gaspare aguzzò l' orecchio.

8*

— Dorme, rispose Don Berardino ; gli ho conciliato il sonno con un buon bicchierino di stomachico. A proposito, sapete, mio patrino, che egli è scontentissimo di quella camera che gli abbiamo assegnata? Dice che ivi è una muffa intollerabile, e che nell'inverno ci patirà freddo.

— Egli ci debbe esser gratissimo di procurargli queste mortificazioncelle, osservò D. Michele con qualche colpetto di riso beffardo e sardonico.

— Si vede che l'amico si era avvezzo alle morbide dolcezze della vita molle ed effeminata che si mena in casa di quel dissipato del fratello Marchese, disse Don Domenico.

— Ma qui è mestieri che si abitui ad altra maniera di vivere; e Madre Isabella mi ha fatto a voce delle raccomandazioni su lui che, dove gli si facessero note, io mi penso che ei non vorrebbe neppur d'un solo altro giorno prolungare la sua dimora in questa casa, in cui ciò non pertanto ei rimarrà a mala sua voglia, e tutto pel suo meglio.

Quì, dopo alcune altre poche frasi indifferenti, si sciolse quel conciliabolo, e que' signori passarono in altre stanze.

Rimasto solo, Don Gaspare sclamò :

— *Libera nos Domine !* Vedi un poco dove son capitato ! e che razza di raccomandazioni quella maledetta donna avrà fatto a costoro sul conto mio ! Oh ! se mi riuscisse di svignarmela ! Io mi penso che costoro han deciso di farmi morire per levarsi d'attorno un importuno testimone delle loro scelleraggini; giacchè ora non cade dubbio che la polvere del dottor Letale era veleno, e che io, sciaguratamente senza saperlo, ho avvelenato quel povero fanciullo. Tutta la orrenda

trama or mi si fa aperta innanzi agli occhi della
mente. Or comprendo, perchè mi si dava quella
brillante situazione in casa del marchese de Jacellis, e perchè questa in casa di D. Michele.
Chi avrebbe potuto mai supporre, ch'io mi tro-
vassi qui in casa dei fratelli del Marchese? Io
perdo il capo! Povero Marchese! E come ha
potuto una donna immaginare un disegno così
nefando! tutto era uno accordo tra la Isabella
e questi signori. Ed io, arcibestia, ho servito
di strumento ai loro fini, e poi costoro vorrebbero sbarazzarsi di me! È vero che altra volta,
in casa di quel Vinci.... ma almeno io mi ebbi
allora un compenso regolare. Per Bacco! E costoro vorrebbero tranguggiarsi una sì bella eredità per niente, giacchè infin dei conti, se io
ho servito loro a sbarazzarli di quella creatura,
che compenso ne ho avuto? È vero che ho mangiato bene e bevuto meglio e sono stato ben pagato per le mie lezioni di lingua latina; ma fosse
durato almeno tutta la mia vita! Diascine! Non
sì tosto muore il fanciullo, e quella esecrabil
donna, ch'io credeva una santarella, e che il
diavolo possa portar via, mi comanda di uscire
dal palagio di Tarsia, e venirmene qui, in questa ben congegnata trappola, dove mi si promet-
tono delle *mortificazioncelle*, come ha detto il
caro D. Michele. Ma, laudato sia il cielo, che
non appena ho messo piede in questa casa, ho
discoperto il vero. Per Satanasso, la vedremo se
D. Gaspare è persona da farsi menare pel naso. Acchiappatevi pure i begli scudi del Marchese; che poi ragioneremo un tantinello tra
noi. Faremo certe operazioni aritmetiche, che
non vi andranno troppo a sangue. Per ora, è

mestieri , che io provegga al modo di evadere da questa maledetta prigione.

La sera passò tranquillamente. Tutta quella famiglia addimostrò le più grandi amorevolezze verso il maestro, il quale avendo fermato in animo un suo disegno, si mostrò anch'egli ameno e sorridente per tutto il tempo che egli dovè rimanere in lor compagnia. I due cugini erano partiti allo scocco dell'avemmaria , siccome era la consuetudine.

Fornita la cena , e D. Gaspare rimasto solo nella sua stanza da letto, non si coricò, ma attese per qualche ora che tutti di quella casa si fossero profondamente addormentati. E quando gli parve l'ora a proposito, siccome avea divisato in mente sua , avvicinò pian piano il letto d'appresso al finestrone ; pose il tavolo sul letto , e sul tavolo una sedia; accese un lume , e pian piano montò su quella sedia che lo metteva all'altezza della soglia del finestrone. Sporse il lume, e si avvide che questo rispondeva sovra un terrazzo senza parapetto non più discosto che una dozzina di palmi: prese animo, scese da su quel palco che egli si era formato ; si vestì in fretta; tolse con sè quel poco che avea recato, si armò della sua clava di zucchero, e risalì novellamente per tentare l'ardita impresa. Tutto era silenzio in quella casa; nè certamente alcuno avrebbe sospettato che il novello precettore avesse tentato di fuggirsene la sera stessa del primo giorno ch'era entrato in casa.

Tutto riuscì a seconda dei desiderii di D. Gaspare. Gli antichi telai di vetro furon fracassati da un poderoso colpo di mazza; e in men d'un baleno ei si trovò sano e salvo sul sottoposto terrazzo.

V.

La taverna del Cerriglio a rumore.

Non sappiamo con precisione quali modi avesse tenuto , e con quanta fatica e pericolo fosse
Don Gaspare pervenuto, da quel terrazzo dove
si era lasciato cadere, a trovarsi nel mezzo della
strada. Come in questo fosse riuscito poco importa
a' nostri lettori; nè giova alla nostra storia il saperlo; basta sol questo accennare, che, quando,
non senza infiniti pericoli, egli si vide libero e padrone di sè, si accorse, da diversi dolori in diverse parti del corpo, che quella fuga lo avea malconcio in modo da risentirsene per qualche mese.
Era placidissima la notte, allietata da un chiaro
di luna limpido tal quale suol essere nelle notti
estive, sotto questo nostro incantevole cielo. Forse, senza l'aiuto della luce del satellite della terra,
Don Gaspare non avrebbe potuto trovar le vie di
accorciare le altezze che il separavano dal suolo.

Occorre far notare che, nel dipartirsi dalla casa
del Marchese de Jacellis, Don Gaspare vi avea
lasciato i suoi oggetti preziosi, le sue carte , i
suoi vestimenti, nella intenzione di mandarsi a
prendere tutto ciò dopo alcuni dì che sarebbe di-
morato appo il novello allievo. E fu questa una
buona ventura per lui però che quelle cose gli
sarebbero state di grave impaccio nella fuga a
cui lo avevano indotto i ragionamenti ch'egli a-
veva ascoltato e le discoperte che avea fatto.

Le strade nelle quali or si trovava, sebbene
rischiarate dalla luna, gli erano ignote; pur diessi
a spingere l'una gamba innanzi dell'altra; senza

saper propriamente dove ne andasse. Una lotta di pensieri era nella sua mente, ed ora un proponimento accoglieva, or un altro, or tutti li discacciáva come non fattevoli ; e intanto via via camminando nella più perfetta solitudine , trovossi in quella spianata che è in sullo sbocco della via dei Vergini a Foria. Agevol cosa era il passare le poche ore che avanzavano della notte , giacchè spuntava il giorno alle ore otto italiane, ma come , e dove passar quelle ore ?

Correvano tempi sereni pel nostro paese , ma di ladri e facinorosi non era penuria; e ogni dì annunziavasi qualche mala opera di questa gente , a cui la notte prestava le amiche tenebre. D. Gaspare non avea addosso che pochi scudi, ma egli temeva non pel danaro sibbene per la persona; perchè sospettoso e guardingo traeva innanzi, ravvolgendo nel pensiero il modo che avea a tenere per passare il resto della notte con alquanta sicurezza.

D. Gaspare pensò non aver di meglio a fare che porsi la via tra le gambe e trarre dalla sola persona che da molti anni egli conosceva intimamente; questa era il Si-Angiolo, padrone della taverna del Cerriglio , il qual personaggio e la qual taverna abbiamo avuto l' onore di presentare ai nostri lettori nel primo capitolo di questa nostra narrazione. Era un bel tratto di via da Foria fino a S. Maria la Nuova; ma D. Gaspare era buon camminatore, e la speranza di trovare un ricovero per quella notte davagli forza ed animo a valicar la distanza e a vincere la paura dei ladri. Per grazia del cielo, nessun funesto avvenimento turbò il piccol viaggio notturno del nostro maestro, il quale, non senza infinite paure e gran fatica, giunse finalmente alla strada dei Profumieri, ed avviossi diritto alla bettola della Sì-Rosa.

Durante il cammino, a mo' di distrazione, il latinista, che nella sua giovinezza avéva eziandio avuto il prurito della poesia, si andava figurando gli eroi descritti nel poemetto intitolato *lo Cerriglio Ncantato*, operetta pubblicata in quel volgere di tempo, e che avea fatto in Napoli un certo rumore. Ricordava i famosi Sarchiapone e Rienzo e Masillo e Menechiello, e Cicco della casa Fragnola e l'ultimo Jacopo, e ripeteva tra sè e sè la prima stanza del famoso poema:

> *Io canto chelle forze e chelle prove,*
> *Che fecero ciert' uommene valiente*
> *Cchiù d'Orlanno, cchiù d'Ercole e de Giove,*
> *Anze a paro di chiste non so niente;*
> *E dice porzì comme fujeno nove*
> *Chiste, e se steano a spizzolà li diente;*
> *E feceno ntrà lloro sto conziglio*
> *De ire a conquistare lo Cerriglio.*

E in fatti, quella sua notturna spedizione al Cerriglio, se non avea sembiante di conquista, ben potea addimandarsi una misteriosa ricognizione di luoghi.

Egli dunque giungeva alla porta maggiore della taverna quando il gallo faceva udire le prime sue voci, che attestano esser già di molto varcata la mezzanotte. D. Gaspare stette in fra due, se dovesse picchiare all'uscio della bettola e cercar ricovero all'amico Sì-Angiolo, ovvero andare ad arrischiarsi a chiedere un asilo per quella notte a Fra Nicola dell'annesso convento dei Frati Osservanti, che per lo addietro non pochi servigi gli avea renduti; ma perciocchè stimò a quell'ora difficilmente gli sarebbero state dischiuse le porte del convento, o forse Fra Nicola fosse ito a mattutino, si decise per la taverna; e, senza più, vigorosamente applicò con la sua mazza cinque o sei colpi sulla massiccia porta della bettola. Un tremendo latrar di cani rispose a quelle picchiature. Per prudenza D. Gaspare si allontanò dal posto ov'era, aspettando che il latrar del cane avesse desto i padroni: infatti, poco appresso, si udì nello interno della bettola un vago rumore e voci indistinte. Parea come una guarnigione di castello assediato che si appresti a difendersi dagl'impensati assalti di poderoso nemico venuto ad investirlo nel bel mezzo della notte. Si udì la voce stentorea del Sì-Angiolo, il quale chiamava alle armi tutto il corpo della sua rispettabil famiglia, incluso le bestie ch'egli alloggiava. In un baleno furono in piedi i maschi e le femmine; e chi correva per uno spiedo, chi per un coltellaccio, chi per un baston di granata, chi per un matterello, chi per un forchettone, e chi per un trinciante. La Sì-Rosa pensò innanzi tutto a salvare l'onestà della figliuola dalle brutali concupiscenze dell'ignoto nemico, ed andò a nasconderla nelle più basse regioni della cantina, senza riflettere che questo luogo poteva essere pericoloso se il nemico fosse giunto un tantinello assetato. Tremò l'onesta donna anche per sè, giacchè la fama della sua bellezza correva per tutta l'ottina, e facilmente gli assalitori potevano essere adescati a torla in ostaggio.

Tutto questo tafferuglio si faceva nello interno della bettola, perchè, come dicemmo altra volta, il Sì-Angiolo si avea *aggiustato quattro uova nel piatto*, espressione che per un tavernaro calza benissimo; però temeva con ragione la sorpresa dei ladri; senza por mente che, se si fosse trattato di gente di mal affare, non avrieno costoro dato comodamente l'avviso col picchiare alla porta principale, il che faceva supporre amichevoli intenzioni. Ma i latrati del cane che non cessavano avevano riscaldata la fantasia di tutta quella famiglia e fatta lor supporre che al di là delle porte del tavernaresco castello, stesse un'oste formidabile pronta a divorare uomini, bestie e danaro. Correvano in quei tempi voci assai spaventevoli di famosi briganti; però non era a maravigliare se tanto sospetto avesse messo, tra i buoni e pacifici abitatori della taverna del Cerriglio, quell'insolito picchiare ad un'ora sì avanzata della notte.

Non diremo come questi guerreschi apparecchi, che distintamente si udivano al di fuora, avessero messo nel petto di D. Gaspare una singolar paura, che per poco non gli fece abbandonare il campo.

— *Alea jacta est !* sclamò il latinista, e soggiunse col Dante:

Qui si convien lasciare ogni sospetto:
Ogni viltà convien che qui sia morta.

— Chi è? disse la voce formidabiie del Sì-Angiolo.

— Chi è? ripeterono le sei voci graduate dei sei figliuoli maschi.

E il cane gittò all'aria due sonori latrati, come se anch'esso avesse voluto ripetere i due monosillabi pronunziati da' suoi padroni.

Don Gaspare rimase in forse, se dovesse o no rispondere, dappoichè quel frastuono assordante di grida umane e bestiali gli avea tolto l'alito dal petto; pure, pericoloso era di non rispondere assai più che il farlo; per la qual cosa si asrischiò a far udire queste parole :

— Son io, Don Angiolo, Donna Rosa, non temete, non abbiate paura.

Un bisbiglio fu udito entro alla bettola.

— E chi sei? che brami? dimandò l'oste.

— Sono Don Gaspare Scorpione, il maestro del Vico Cetrangolo.

— La *cuccuvaia di Porto!* esclamarono tutt'i membri della tavernesca famiglia.

Qui si udì un vocio assai più grande, come se l'un con l'altro si fosse addimandato, se quella era propriamente la voce della *cuccuvaia*. Il consiglio di famiglia dovette essere favorevole a Don Gaspare; perocchè dopo molte aggirate di chiavi, levature di sbarre, fu aperta una banda dell'uscio, dalla quale si vide spiccar fuori prestamente il cane, il quale sarebbe saltato immediatamente addosso a Don Gaspare, se il padrone, il quale avea già messo il naso in fuora, un colla lanterna, e si era accertato che il creduto nemico era propriamente il D. Gaspare, non avesse rattenuto il soverchio zelo del suo cerbero.

Fu dato l'ingresso al richiedente, non senza un altro piccolo consiglio di famiglia tenuto là per là da presso all'uscio. Nell'entrare nella bettola, D. Gaspare fu spaventato oltremodo veggendo gli apparecchi di guerra e le strane armature della progenie del Sì-Angiolo. Nè ristettero gl'improvvisati guerrieri dal guardar cagnescamente a quell'intruso che veniva nell'alta notte a rompere il placidissimo lor sonno; e, se non fossero stati più che rispettosi e obbedienti alle pacifiche dimostrazioni del loro generale, ch'era pure il loro genitore, avrieno senza meno rifiutato l'accesso a quel parrucchino, e gli avrieno fatto per soprammercato assaporare qualche bagno idropatico, un secol prima che questa maniera di cura fosse venuta alla moda.

D. Gaspare si diffuse e si raumiliò in cento scuse per aver disturbata la famiglia a quella sorta d'ora; disse non esser quella l'ora opportuna per narrar loro gli avvenimenti, pei quali ci si trovava colà; disse che al domani avrebbe raccontato i tristi casi che gli erano accaduti, pregò, che gli dessero, così come meglio potevano, un qualche ristoro ed un letto da passarvi le altre poche ore che avanzavano della notte. E, per incoraggiarli a trattarlo con qualche riguardo, gittò sovra una panca due piastre di Spagna, che risuonarono dolcemente agli orecchi degli astanti, e mutarono tosto i visi arcigni in sorridenti, e tutto fu cerimonia attorno al D. Gaspare, in cui ravvisarono subitamante uno splendido signore.

Mentre che queste cose avvenivano, la Sì-Rosa era rimasta in guardia della figliuola, e non era comparsa, per alcune ragioni riposte nel pochissimo tempo ch'ella avea dovuto pensare a comporre di vesti la propria persona.

Ma quando il marito corse a darle la grata novella della venuta del vecchio avventore, noto sotto il nome di *cuccovaia*; e quando le soggiunse esser questi tutt'altro uomo, e avergli snocciolato due begli scudi di Carlo III, la donna si acciabbattò sulla persona la prima veste che le venne sotto le mani, gittò un fazzolettone addosso alla figliuola, ravviò i cappelli a sè ed a costei; e si precipitarono verso l'ospite amico, recando ciascheduna un lume in mano più per rischiarare il sorriso onde avevano adorna la propria faccia, che per vincere le tenebre della notte.

Qui noi perdiamo il capo a raccontare come il perdessero quella gente per far cerimonie e piacevolezze a D. Gaspare. Avreste veduto l'uno affaticarsi a spolverargli l'abito, l'altro a rincalzargli sotto un morbido cuscino, quegli a stender la più pulita tovaglia sulla più decente delle tavole, questi ad apparecchiare posata, bicchiere e piatti, il Sì-Angiolo a soffiar nei fornelli per riscaldare un pezzo di stracotto imbottito; la Sì-Rosa a spiumacciare le materasse del letto della figlia; questa a trarre dal fondo di un vecchio cassettone le più candide lenzuola che si avessero. E poi, egli era un andare e venire, un rumore di chiavi, un affaccendarsi, un menar le mani e i piedi, come se si fosse trattato di dar cena ed alloggio a tutta una legione di soldati, un urtarsi a vicenda nel buio delle interne camere poste a tergo della bettola. E poi avreste udito presso a poco questi moncherini di frasi scambiate così di pressa, e tra l'un servizio e l'altro: Che sarà? Che non sarà? Come a quest'ora la *cuccovaia* in questo luogo! E la gente che diceva ch'egli era morto! Che il diavolo l'avea tolto seco! Gesù e Maria! Chi sa che non venga da casa del diavolo! Figlia mia, non ti accostare! Or che ci penso, egli avea le pupille come due carboni accesi! A me è sembrato avergli visto la coda! Ma egli è ricco! avete veduto? ha messo la mano in tasca come in fiume d'oro! Fra Nicola gli avesse dato tre numeri? Io non son femmina se non gli cavo il costrutto dallo stomaco.

Tutto ciò che ci era di meglio nella dispensa della taverna fu apparecchiato dinanzi a D. Gaspare, i più saporosi cacicavalli, i presciutti con bel garbo affettati, i vini più poderosi che stessero in serbo per le grandi occasioni, acciughe salate, carote in aceto, peperoni imbottiti, e seccumi e frutta fresche, ed altre vivande che sogliono nelle grandi tavole servire da principii; tutto fu pacatamente sepolto nelle voragini membranose degli organi digestivi dell'egregio latinista, il quale ad ogni piatto trovava un motto latino da applicare. Mangiò e bevve per oltre alle due piastre.

Mentre che seduto a tavola egli faceva pruova di denti, tutta questa famiglia era schierata intorno a lui, giacchè nessuno volle ritornare a coricarsi, curioso di conoscere qualche cosa intorno allo straordinario arrivo di quell'uomo ed a quell'ora nel loro abituro. Più di tutti, la Sì-Rosa mostrava la più grande curiosità che avesse mai divorato i pensieri d'una donna. Seduta quasi rimpetto a D. Gaspare, ella or l'una cosa gli domandava or l'altra; alle quali domande quegli dava quelle sole risposte che credeva prudenti di dare.

— Voi dunque dite che eravate capitato in una pessima casa, dalla quale avete dovuto fuggire a rompicollo? chiedeva la donna.

— A rompicollo, già questa è la vera espressione; poco è mancato che non mi son rotta la nuca del collo, chè ho dovuto gittarmi giù da un finestrone, a rischio di rimanere come il Vulcano della favola; che ne sento ancora malconce le ossa, e qui, propriamente un po' più giù dei lombi, nelle regioni del *sacro*, con debita reverenza, sentomi tutto addolorato.

— E non vi siete fatto visitare da qualcuno?

— *Oh! summa ingenuitas!* E come il poteva? A quest'ora a chi sarei andato pescando per farmi visitare il sacro? E poi, D. Rosa mia, voi capite... la prudenza, la vergogna... io non mi son fatto mai veder da nessuno. *Nemo cognovit... me;* mi contenterò, *si opus est,* di far incangrenare il nadir del mio corpo, anzi che sottoporlo *ad profanum oculum.*

—Ma, o Santa Vergine! vedi qua, Angiolella, porta un altro lume, vedi qui, qui, propriamente vicino all'occhio sinistro questa petronciana.

— Oh sì, mamma, è vero!

— Oh! sclamò spaventato D. Gaspare, voi dite...

— Che ci avete qui una lividura nera come i miei capelli.

Un attento osservatore avrebbe trovato male adatto questo paragone; giacchè tra le chiome della Sì-Rosa cominciava la lotta tra il bianco ed il nero.

— Domattina è mestieri chiamar qualcuno, vedere quel che si ha á fare; voi non uscirete di questa casa senza farvi esaminare; chiameremo il medico D. Fabrizio, che si contenta d'una bottiglia di vino per ogni visita; insomma, noi non vi lasceremo andare, se non saremo addirittura sicuri della vostra guarigione.

— A questo penseremo domani mattina, rispose D. Gaspare; non vi date pena per me.

— Or bene, seguitava la Sì-Rosa, voi ci farete il piacere di narrarci filo per filo siccome andò la faccenda; giacchè fa d'uopo dire al medico pane pane, vino vino.

— Sì, sì, vi dirò tutto domani; non istate in disagio per me, buona donna, fate che tornino ai loro letti questi gagliardi giovanotti, speranza del Cerriglio e della patria. Dovete essere, io credo, presto in piedi domani.

— A no! interrompeva la Sì-Rosa; noi non ci coricheremo innanzi a voi. Dunque voi dicevate che doveste precipitarvi da un finestrone giù sopra un terrazzo. E come? E perchè? e dov'era la casa? Chi n'è il padrone? Che cognome si ha? Che professione esercita? Che famiglia è?

— Adagio, adagio, Donna Rosa; tutte queste cose io non vi posso dire ad un fiato, tanto più che non ci è cosa più pericolosa che il parlare mentre si mangia.

— Oh, mangiate a vostro grande agio, e poi ne racconterete... Vi confesso, signor D. Gaspare, che sono un po' curiosa.

— Un poco! Gnaffe! Voi siete *ipsa curiositas in forma muliebre.*

— Se sapeste, signor D. Gaspare, quante cose si sono dette di voi in questa ottina dopo la vostra sparizione d'abbasso Porto!

— Sì, e che han detto?

— Ah! di che mi richiedete? io già non sono di quelle donne che ficcano l'orecchio da per tutto; io mi faccio i fatti miei, e non do retta alle male lingue.

— Oh! già, voi non v'immischiate ne' fatti altrui; ma ei sono i fatti altrui che vengono da voi. Insomma, che cosa dicevano sul mio conto?

— Dicevano... ma sarà meglio ch'io mi taccia...

— Via, via, non monta, io non ci tengo a quelle malignità che possono dire di me. Già mi trovo in una posizione da ridermi di tutto e di tutti.

— Il cielo ve la guardi e mantenga. Dicevano

queste pettegole dei dintorni che il diavolo vi avea portato via in anima e corpo.

— Nient' altro di questo?

— L'una di loro giurava di avervi veduto per aria a cavallo d'un manico di granata.

— Mirabile!

— Un'altra sosteneva che, la mercè dell'opera del *comparello*, siccome voi lo chiamavate, avevate vinto un bel terno al lotto, e vi eravate recato in altro paese.

— Mirabilissimo! Avanti, avanti.

— E che so io! Non ricordo tutto ciò che le comarelle spippolavano intorno a voi... Ah, sì, mi rammento, che tra le altre cose ci fu questa, che voi, dicevano, aver tolto moglie.

— Buh! *Salvum me fac, Domine!*

— Che avete detto?

— Niente, niente; ho detto che è più facile il vedermi in aria sul manico d'una granata anzi che ammogliato.

— E fate bene, giacchè le donne... arrischiavasi a dire il Sì-Angiolo, mentre andava sbarazzando di piatti vuoti la tavola.

Un'occhiata fulminea della sua cara metà gli ricacciò in gola le osservazioni antimatrimoniali, che spontaneamente gli venivano in bocca.

— Io poi, signor Don Gaspare, ripigliava quella ciarliera della Sì-Rosa, vi assicuro che stava in pensiero per voi, dacchè non ebbi più il piacere di qui vedervi; e faceva mille conghietture, mille supposizioni... E, pel più corto, un mese fa... Dov'eravate un mese fa?

— Ah! un mese fa io mi trovava in casa d'un gran signore.

— Uh! d'un gran signore; e chi era codesto?

— Eccellente qnesto vino! sclamava Don Gaspare per dare altro avviamento alla conversazione, e per isfuggire allo importuno interrogatorio di quella donna.

Quì fu tocco l'amor proprio del Sì-Angiolo, che saltò subito a dire:

— Per bacco, signor maestro, questo è un vino che bevono solo i principi; l'ho tenuto in serbo per due anni; che bel color fulvo, n'è vero, maestro?

— E che sapore! In verità, mi congratulo con voi, mio caro Sì-Angiolo, e vi ringrazio della premura che addimostrate a piacermi.

— Or vanne, Agnolino, dissegli ingrognata la femmina per averle fatto perdere la risposta di D. Gaspare; lasciami sentire quel che racconta il maestro.

— Ma pensa, Rosuccia mia, che il maestro deve ire a letto...

— Egli è il padrone di andarsi a coricare quando gli pare e piace; io non lo trattengo... Soltanto sarei curiosa di sapere chi era quel gran signore, in casa del quale il maestro si trovava un mese fa.

— Ne avete molto di questo vino? dimandava il maestro al bettoliere, per eludere novellamente la indiscreta interrogazione di quella curiosissima figlia di Eva.

— Avete voglia... ne tengo una botte, di cui ho fatto saltare per voi solo il cocchiume.

La Sì-Rosa s'impazientò, fece una guardatura al marito che gli dette un lampo della procella che sarebbe scoppiata, qualora egli non avesse abbandonato il campo. Il perchè, cercato un pretesto più o meno frivolo, postergò quel luogo, e si andò nelle altre caverne della bettola.

9*

Se non fosse stato per la ingordigia di mangiare tutto quello che era in sulla tavola, D. Gaspare si sarebbe tosto levato per non ritrovarsi a faccia a faccia con quella fattucchiera, ch' era capace di cavargli dallo stomaco i più riposti segreti. D. Gaspare sapea che non si può tenere la fregola della lingua, quando il vino fa velo alla ragione; epperò temea giustamente che non gli uscissero di bocca spropositi pericolosi o altre diavolerie. E quando vide allontanarsi il bettoliere, chinato il niffo in sul piatto, fermò di non appiccicare più una sola parola con quella donna, che che gli avesse addimandato.

Ma siffatta sua determinazione non potè a lungo durare, giacchè ricordossi che doveva fare una interrogazione a quella gente, interrogazione importante e che molto eccitava la sua curiosità. Onde, mandato giù un colmo bicchiere di vino, disse alla donna:

— Dite un poco, Donna Rosa, è più venuto in questo luogo Don Aniello il baciliere?

La donna fece un moto di spavento.

— Che dite mai! il baciliere! l'appiccato! Ma io credo che a quest'ora egli si trovi novellamente nelle mani della giustizia.

Un lampo di gioia brillò sulla faccia rubiconda di D. Gaspare.

— Davvero! ne siete sicura?

— Oh! non ne son sicura, ma ci è da scommettere cento contro uno, che il brigante sia tornato alla Vicaria.

— Ma donde nasce in voi cotesta supposizione?

— Donde nasce? Voi dunque ignorate che è stato messo un taglione sulla sua testa, un taglione di quattrocento scudi, pagabili a chiunque lo consegni morto o vivo nelle mani della giustizia. Or vi pensate mo' se egli vorrà facilmente esporsi ad essere acchiappato.

D. Gaspare rimase con la punta della forchetta in aria, con la bocca spalancata, e con gli occhi fissi in su la donna.

— Ne avrà fatto qualche altra delle sue, onde la giustizia ha discoperta la sua esistenza, ed or si mette in sulle sue orme.

— Questo non il vi saprei dire, rispose la donna maravigliata della maraviglia che mostrava il maestro; pertanto non sarebbe da stupirne se egli avesse...

— Scucito qualche altro guscio di materassa! disse D. Gaspare, cui la feroce locuzione del baciliere era rimasta vivamente impressa. Dio sa che altra *materassa* avrà scucita!

E rimase in pensieri.

— E voi dite che un taglione di quattrocento scudi è stato messo sul suo capo per chi lo consegnerà o morto o vivo?

— Questo appunto; ed affè mia è un boccone assai stuzzicante; e bisognerebbe che avesse qualche santo per amico se questi non gli faccia il tradimento.

— E da quanto tempo si è messo questo taglione?

— Non son che pochi giorni, almeno così dicevano alcuni avventori ieri al giorno.

— Dite un poco, Donna Rosa, voi che avete un orecchio sopraffino, aveste mai per avventura udito il nome d'Isabella Mellone immischiato nei discorsi di quei vostri avventori?

— Santa Vergine! che dite mai! E come potrebbe l'acqua santa trovarsi col diavolo! che ha che fare quello scellerato del bacilere con quella divota femmina, la quale oh, quanto amerei conoscere , o almeno vedere per una volta sola ; siccome ebbi poco tempo fa il piacere di veder Padre Rocco, il quale venne in questa osteria a predicare contro i vizii, insinuando l'amore della fatica e dell' onestà (1).

— Oh ! per esempio, io mi penso esservi una bella differenza tra l' uno e l' altro , differenza che il tempo farà palese.

Questa conversazione terminò col terminare della cena di D. Gaspare. La Sì-Rosa lo accompagnò al luogo dov' era stato preparato un letticciuolo per lui; gli augurò la buona notte ed il lasciò solo, dopo aver acceso un lumicino in un bicchiere di vetro che dovea servire a rischiarare i sonni dell' ospite.

Tutta notte questi non dormì, pensando al taglione messo sulla persona del baciliere, e mormorava fra' denti :

— Morto ! potrei consegnarlo anche morto ! Ed io mi leverei questo incubo dallo stomaco ! E per soprappiù , mi guadagnerei quattrocento scudi ! Magnifico affare ! Faccia il diavolo che il baciliere venga a ritrovarmi, per ridomandarmi i mille scudi che pretende !

(1) Gregorio Rocco, noto comunemente sotto il nome di *Padre Rocco*, a cagione della sua eminente carità: nacque col nascere del secolo XVIII ; vestì l'abito religioso dell' ordine dei predicatori fondato da S. Domenico Gusman. Celebri sono gli atti della sua pietà, ed il suo nome è venuto in fino a noi benedetto e rispettato : visse ottantadue anni.

VI.

La scucitura di un guscio di materassa.

Alla dimane, Don Gaspare levossi che non ancora le tenebre della notte erane debellate dal mattutino crepuscolo; egli non avea potuto chiuder l'occhio nelle poche ore che gli erano avanzate della notte, or pensando alla sua brevissima dimora in casa D. Michele, ed allo strano modo onde si era liberato da quella maniera di prigione; ora immaginandosi la tafferugia che sarebbe avvenuta in quella casa quando lui fuggito avrebbero discoperto; or figurandosi le furie di Madre Isabella alla notizia che le avrebbon data della sua fuga.

Ma, più che a tutte queste cose, Don Gaspare avea pensato, sè non poter essere tranquillo e sicuro insino a tanto che non sapesse morto Don Aniello il baciliere, ed or gli si offriva la più bella occasione di levarsi d'attorno questo pericoloso nemico o amico. Sommamente difficile egli era d'incontrare novellamente questo briganta, il quale, se da altri fosse stato consegnato vivo nelle mani della giustizia, ci era sempre da temere per lui Don Gaspare.

Il baciliere dovea naturalmente aver tanta premura a voler ritrovare lui Don Gaspare, quanta egli né aveva a ritrovare il baciliere. Ma, pensava, se Don Aniello ha saputo il taglione che si è messo sul suo capo, non è così gonzo da andarsene passeggiando per Napoli, onde sarà impossibile di abbattersi in lui. Se almeno fosse ito a seppellirsi in qualche caverna! Se, per tema del cappio, si fosse nascosto su qualche montagna! Ma Don Aniello non è uomo che teme la forca; e, siccome *audaces fortuna juvat*, ci è da scommettere che egli se ne andrà propriamente a spasso sotto i baffi degli sbirri, senza che costoro lo fiutino e l'aggraffino. E per me, son sicuro, soggiungeva tra sè il maestro, che, anche quando venisse aggraffato dall'autorità, consegnato da qualcuno pel promesso guiderdone, e fosse il dì appresso appiccato per la gola un'altra volta, egli farebbe un'altra volta la fica al carnefice! Egli ha il cuoio più duro del ferro. Sono sicurissimo che al giorno seguente al suo afforcamento me lo vedrei ricomparir davanti sano e fresco, come se il boia avessegli fatto quel brutto ufficio per mero scherzo. Costui ha il diavolo in corpo. Ad ogni modo, io non sarò tranquillo che quando saprò esser lui fracido e putrefatto.

In tali pensamenti egli levavasi, come abbiam detto, e si accingeva ad abbandonare la taverna del Cerriglio, per recarsi novellamente dal marchese de Jacellis, dove aveva lasciato la sua roba.

Mentre ivasi vestendo, gli surse un pensiero. Era probabile che il baciliere si fosse ripresentato da Madre Isabella per l'affare dei mille scudi, ch'egli Don Gaspare non sapea come fosse terminato.

Era questa l'unica probabilità che gli offriva il vasto campo delle congetture, nel quale egli si perdeva intorno alla maniera di ritrovare quell'anima dannata.

Abbiam detto che non ancora le tenebre della notte erano state fugate dal mattutino crepuscolo. La luna era interamente scomparsa dalla fac-

cia dell'orizzonte ; e appena una sottil trasparenza indicava che la lotta incominciava tra il
dì e la notte.

Tutto era silenzio nella bettola. La famiglia
del Sì-Angiolo, che avea perduto gran parte del
sonno consueto , dormiva profondamente, e parea promettere di non destarsi innanzi a un paio
d'ore di giorno. Era pensiero di Don Gaspare di
tentare di svignarsela quatto quatto pria che albeggiasse, e per isfuggire alle importune interrogazioni della Sì-Rosa , e per non mostrarsi a
giorno chiaro nelle vie della città , dove i monelli e le donnicciuole, riconosciutolo, avrebbero
potuto levare il solito baccano intorno a lui , la
qual cosa fortemente gli sarebbe incresciuta. Per
siffatte ragioni, egli si vestiva di tutta fretta, e,
senza badare ai dolori cagionatigli dalla caduta
della sera precedente, accese un cerino che seco
ei portava per ogni emergenza, ravvolto a spirale, e cercò la via dell'uscio della bettola. Gli
riuscì di passare innanzi ai letti del Sì-Angiolo
e de' costui figliuoli ; senza che costoro si fossero ridesti : gl'intese russare come maiali, e
passò oltre.

Egli trasse il pesante lucchetto che chiudeva
la bettola , diede un'aggirata alla chiave , che
per buona ventura era stata quivi lasciata nello
scompiglio della notte , e pian piano , tenendo
sempre acceso il cerino tra le dita della mano
sinistra , con la quale faceva riparo al vento ,
che pur non fiatava minimamente, aprì una banda dell'uscio, e si cacciò fuori la strada.

Lasciamo immaginare ai nostri lettori la sorpresa del nostro Don Gaspare, allorchè sentì
dietro a sè una voce che gli era ben nota , la

quale lo avea chiamato per nome, e, voltatosi, riconobbe Don Aniello il baciliere.

— Don Aniello! possibile! Siete voi! propriamente voi! non m'inganno! *Oh terque, quaterque...*

— Son io, sì son io, bel galantuomo; è il demonio che mi ti mena avanti; non credo che il mio incontro ti abbia fatto gran piacere.

— Ohimè! che dite? Vi pare?... Al contrario.

— Entriamo nella bettola, disse Don Aniello spignendolo ivi dentro, discorreremo a nostro bell'agio.

— Sì, sì, entriamo.

Entrambi si cacciarono nella taverna, e la porta fu rinchiusa dietro a loro. Il cerino di Don Gaspare era il solo lume che rischiarava quella prima stanza a terreno.

— Tutti dormono lassù? dissegli il baciliere, intendendo parlare della famiglia del Sì-Angiolo.

— Tutti dormono e profondamente, rispose Don Gaspare, nè si desteranno per ora, giacchè hanno perduto molto sonno questa notte.

— E tu, come ti trovi a quest'ora in questo luogo?

— Ah! Don Aniello, se sapeste quante disgrazie ho passate!...

Il baciliere dimenò il capo: un feroce sorriso passò sulle pallide sue labbra.

— Come gli ho in tasca que' mille scudi, eh? Bel concertino avevate intrecciato con quella spigolistra sgualdrinaccia della Mellone e con quel *caro* Dottor Letale.

— Vi giuro, Don Aniello...

— La Mellone e il Dottore hanno ricevuto da me la *quietanza* de' mille scudi; or bisogna che io la faccia anche a te.

Una mano del baciliere passò sulla sua barba, e l'altra andò a tastare un pugnale, di cui il manico balenò agli occhi di Don Gaspare.

— Vien la sua per ciascheduno, soggiunse Don Aniello, e presto o tardi io doveva avere il piacere di ritrovarti.

— Il piacere è mio, rispose il maestro con feroce significazione; e i suoi piccoli occhi si affisavano sul manico di quel pugnale, che appariva dalla giacca del baciliere.

Don Gaspare aveva posto il cerino sovra una tavola, da presso alla quale eglino si erano seduti, e a seconda che un pezzo se ne consumava, egli disfaceva un anello della spirale. Coll'occhio aveva misurato la lunghezza del cerino, il quale non poteva durare che un altro dieci minuti tutt'al più; giacchè non avanzavano che sole tre anella. Tra dieci minuti egli compir dovea l'opera infernale che aveva in mente: il cerino non dovea consumarsi pria che la vita del baciliere non fosse spenta.

La luce sanguigna che Don Gaspare avea scorta negli occhi di quel tigre, allorchè questi avea detto d'aver dato la *quietanza* alla Mellone e al Dottor Letale, lo avea fatto raccapricciare e tremare per sè. Il lugubre significato di quella parola *quietanza*, gli faceva prevedere anche per sè una sorte eguale e miserrima. Onde non ci era da perdere un istante di tempo. Tra dieci minuti o la sua vita o quella del baciliere: la furberia dovea lottare con la forza.

— Voi dunque non riceveste da madre Isabella i mille scudi che ella pur mi doveva?

Il baciliere sorrise, e si accarezzò la barba.

— Tu devi ricordare quello che ti dissi a casa

del tuo Marchese de Jacellis l'ultima volta che
ci siamo veduti : io ti dissi che se tu facevi un
po' lo stordito, io ti lasciava soltanto ventiquattro ore di respiro, a capo delle quali , qualora
tu non avessi fatto testamento , saresti morto
ab intestato. Or non son passate ventiquattro
ore, ma molti giorni, e tu sei debitore alla fortuna, che non mi ti ha fatto incontrar prima.
Questa mattina, quand' io veniva qui per cercare
di te contezza al bettoliere, non mi aspettava il
piacere di ritrovarti così presto. Ho scucito tanti
gusci di materasse , che un altro non mi darà
peso alla coscienza. So che la giustizia ha messo
il taglione sul mio capo, ed or me ne rido. Mi
spiaceva di essere afforcato prima che ti avessi
strozzato. Ma, or muoio contento. Animo, Don
Gaspare, ti lascio un minuto per acconciarti col
cielo, se vuoi, o coll'inferno. Ma che fai? perchè
mi guardi da stupido? Rialza un altro capo del
cerino, che sarà per te la lugubre candela. Tra
pochi istanti ti manderò a raggiungere madre
Isabella e Don Serafino.

— Morti !! esclamò atterrito Don Gaspare.

E Don Aniello, suonando il tamburino con le
dita in sulla tavola, canticchiava i versi :

— *Morti siam come vedete,*
Così morti vedrem voi ,
Fummo già come voi siete ,
Voi sarete come noi.

Le sembianze di Don Gaspare eran divenute
del colore della carta straccia ; solenni e terribili eran quei momenti. Ogni istante che perdeva poteva essergli fatale.

Intanto il cerino non aveva più che due altre
anella.

— Voi dunque avete deciso di assassinarmi, diceva D. Gaspare con voce rauca e tremante; ma se io vi dessi tra mezz'ora i mille scudi che mi dimandaste?

— È tardi, non ho che farne, rispondeva il baciliere, sonando sempre il tamburino con le dita.

Don Gaspare diede una svolta al cerino sicchè non avanzò più che un anello.

— E se ve ne offrissi duemila? riprendea Don Gaspare il quale, levatosi in piedi, aveva appoggiate ambo le mani sulla tavola, e guardava fisamente a quel manico di pugnale, che il baciliere lasciava scoverto.

Questi non rispose, e seguitava a canticchiare:

Morti siam come vedete...

Era giunto l'istante opportuno. In un baleno, Don Gaspare dette un soffio vigoroso in sul lume e lo spense; indi avventossi in sulla persona del baciliere, e con indicibile prestezza gli trasse dalla giacca il pugnale, e glielo immerse nella schiena, mentre con la sinistra mano gli tenea fermo l'omero sinistro.

Don Aniello gittò un urlo di tigre ferito. L'azione era stata così violenta, così impensata che la sorpresa e la rabbia vincevano in lui il dolore della mortal ferita.

Egli fece per levarsi, ma un altro colpo più violento gli fu vibrato alla gola: afferrò il braccio del suo nemico e lo avrebbe senz'altro atterrato, se a questo non fosse riuscito di svincolarsi tosto e d'appiattarsi nelle tenebre di quella stanza.

Un orribile giuoco ebbe luogo allora: quei due giocavano ad una spaventevole gatta cieca: voleva fortuna che ogni qualvolta il baciliere si accostava a Don Gaspare, questi vibravagli un colpo e scappava come scoiattolo. Le più orrende bestemmie accompagnavano l'agonia del brigante.

Di repente, Don Gaspare udì un rumor sordo e cupo: il baciliere era stramazzato a terra.

Allora Don Gaspare, ridendo d'un riso infernale, esclamava:

— Ho guadagnato quattrocento scudi per la *scucitura d'un guscio di materassa*.

Un'atroce bestemmia del moriente accolse queste parole, che risuonarono alle sue orecchie come la voce di quella Eterna Giustizia, che adegua la pena al delitto.

— *QUI GLADIO FERIT, GLADIO PERIT*, soggiungeva Don Gaspare, mentre accorreva a destare tutta la famiglia del Sì-Angiolo, e dar loro la novella ch'egli aveva ucciso Aniello il baciliere per consegnarlo morto al domani nelle mani della giustizia.

La notizia fu accolta da quella famiglia con estremo sbigottimento e paura: tutti si vestirono in fretta, accesero i lumi, e si precipitarono giù per le scale nella prima stanza terrena, dove l'orrendo fatto era accaduto.

Don Gaspare gli avea preceduti, e si era affrettato ad aprire una banda dell'uscio della bettola.

La fioca e sinistra luce dell'alba rischiarò lo insanguinato cadavere di Aniello il baciliere.

FINE DELL'EPOCA PRIMA E DEL VOLUME SECONDO.

MATTEO L'IDIOTA

PER

FRANCESCO MASTRIANI

Seconda edizione

Ne dixeris: Peccavi, et quid mihi accidit triste? ALTISSIMUS ENIM EST PATIENS REDDITOR.
ECCL. Cap. 5. v. 4.

VOLUME TERZO

NAPOLI
Giosuè Rondinella editore
Strada Trinità Maggiore n.º 12 e 27.
1866

Proprietà letteraria.

TIP. DELL'ANCORA.

EPOCA SECONDA

L'ETÀ DELL'ORO

1850.

PARTE QUARTA

I.

Il Conte di Montenero e la sua famiglia.

La sera del 4 agosto 1835, un secondo appartamento d'uno degli eleganti palagi in sulla via Magnocavallo era splendidamente illuminato per una straordinaria festa che vi si dava in occasione del dì onomastico del figliuol primogenito del Conte di Montenero che vi abitava.

Diciamo *straordinaria* festa, dacchè tutt'i giovedì si riunivano in quella casa più di cento persone d'ambo i sessi, le quali eran periodicamente ivi richiamate da varie tendenze e passioni.

Un vasto campo alle nostre antropologiche osservazioni ci presenta il gran *salone* del Conte di Montenero, dove noi timidamente introdurremo il nostro lettore, e gli additeremo i principali personaggi che si agitano in quel poliorama vivente. Noi gli faremo prendere una occhiata sommaria di questi uomini, riserbandoci, quando l'occasione ci verrà pôrta, di mostrarli in più aperta luce nelle consuetudini della vita familiare e giornaliera.

È nostro dovere di presentare, prima di tutti, il protagonista della periodica commedia che si rappresentava tutt'i giovedì ed altre feste in quella casa; egli è appunto il padrone di casa, il padre di quella famiglia, il signor Conte di Montenero, Don Antonio de Jacellis.

A questo nome immaginiamo già un'esclamazione di sorpresa dei nostri lettori, che hanno già stretta ampia conoscenza colla famiglia de Jacellis del *buon vecchio tempo* del passato secolo. Siffatta sorpresa cesserà quando avrem detto che il signor Conte Don Antonio era figlio di Don Domenico de Jacellis, morto nel 1773, di anni 65.

Non è questo il tempo nè il luogo di riandare sulla immensa lacuna che abbiam lasciato di botto tra l'epoca prima della narrazione e questa dalla quale prendiamo le mosse per riattaccarla agli avvenimenti succeduti quasi un secolo dopo. Avremo agio bastante di rischiarare a quando a quando le oscurità in cui possono abbattersi i nostri lettori, che hanno la pazienza di seguirci in questa istoria che abbraccia due secoli. Noi dal canto nostro, non abbiamo risparmiato alle più minute ricerche e indagini per pôrci sulla via degl'intralciati avvenimenti che abbiam tra mani. Pel momento, noi farem conoscere la società che si riuniva a casa del conte di Montenero, D. Antonio de Jacellis.

Era questi, al 1835, già vecchio d'anni, poichè era vicino a raggiungere la settantina ; ma tuttavia vigoroso e fresco egli era per gli abiti d'attività che avea avuto nel corso di sua vita, divorata da una febbrile ambizione , peggio che nol fosse stato il marchese Giuseppe Arcangelo suo zio paterno. Svelta e pulita era la sua persona; il capo quasi del tutto calvo, e un piccolo mustacchietto ancor bigio gli davano qualche cosa del vecchio militare adusto sui campi di battaglia. Egli aveva sposato una nobil donna calabrese poco prima dei rivolgimenti del 99. La sua pecorina fedeltà al vecchio Ferdinando e l'alacrità onde con tutta la possa avea dichiarato la guerra ai principii ed agli uomini di novelle forme politiche venute di Francia, gli aveano fatto acquistar titol di conte e possedimenti analoghi, senza dire delle grandi dovizie che aveva ereditate da suo padre D. Domenico. Non toccheremo il lato morale del nostro conte , giacchè troveremo sotto le dita molta elasticità di principii. Egli era uno di quegli uomini che, fuori del cerchio della loro passione dominante, sono piuttosto inclinati al bene che al male. Il Conte avrebbe sacrificato anche i suoi figli alla sete d'ingrandimento che il divorava; ma, quando avea raggiunto uno scopo prefisso, quando avea ottenuto un posto agognato, o abbattuto un competitore, le fibre del suo cuore oscillavano talvolta per qualche buon sentimento. Egli non era sordo alle voci della povertà, allorchè pago era l'animo suo e tranquillo; ma laddove impensati ostacoli si fossero frapposti ai suoi desiderii, o alcuna spiacevole contrarietà gli mordeva i nervi , quest'uomo era barbaro, spietato ed anche inumano. Implacabile nemico egli era di chiunque avesse cercato umiliarlo, nè mai perdonava a simili offese. Nel resto, in quanto ai suoi affetti di famiglia, egli era amantissimo padre, ma pòco sollecito della condotta dei proprii figliuoli; egli era stato affezionato marito (gli era morta la moglie nelle vicende politiche del 30). Antonio non si era dato gran pensiero dell'educazione morale e letteraria dei suoi figliuoli, concentrato sempre ne'suoi sogni di ambizione. Ben vero, era stato inesorabile sui principii politici che eran per lui incrollabile fede, e sulle convenienze e cerimenie dell'alta classe nella quale vivea. Un pensiero, un ricordo, una tradizione di famiglia gli dava il più crudele martirio: il conte di Montenero non ignorava che suo padre D. Domenico avea esercitato il mestiero di trippaiuolo, ed avea tenuto bottega in via Carbonara. Egli ciò non ignorava, e sapea che ad altri parimente ciò dovea esser noto; questa era appunto spina crudelissima al cuore dello ambizioso Antonio, siccome era stato al cuore dell'ambizioso Giuseppe Arcangelo.

Il Conte aveva avuto quattro figliuoli, di cui tre gli erano rimasti, a nome Domenico, il primogenito, Ascanio, il *cadetto*, Emilia, nata molti anni dopo dei due suoi fratelli.

Domenico, nell'epoca donde cominciamo questa seconda epoca del nostro racconto, avea circa trentaquattro anni, ed era quel che dicesi un bell'uomo e di un aspetto che si potrebbe dire con moderno vocabolo *distinto*. Alto e ben complesso, con nera e ricca barba, di validissima salute, il contino di Montenero offriva il tipo del più perfetto cavaliere. Comechè suo padre avesse alcun po' trascurato la sua educazione morale e letteraria, ciò nondimeno avea pensato diligen-

temente a quella che chiamasi educazione caval-
leresca ; onde il contino era riuscito il primo
schermitore del paese , e di molti duelli avea
fatti sino a quel tempo della sua vita : la sua
spada era temuta eziandio dai più esperti spa-
daccini napolitani e stranieri, e alla sciabla era
puranche valoroso e rinomato. Egli cavalcava con
grazia e disinvoltura; addestrava i più nobili animali delle paterne scuderie; e conosceva l'arte
dei macchignoni meglio del più esperto fantino
inglese. A queste nobili qualità il contino aggiu-
gneva uno spendere generoso e a larga mano,
virtù che punto non garbava al suo genitore di
animo alcun poco ristretto e servile al denaro.
Un vizio per altro rodeva tutti questi adornamenti, distruggeva ogni seme di virtù in quel-
l'animo, inaridiva ogni buon sentimento in quel
cuore, vizio tremendo che toglie all'uomo le facoltà più nobili del suo intelletto, che mette in
gioco le più vituperevoli passioni, e riduce ogni
giorno agli estremi di vita le disgraziate sue vittime: questo vizio era il giuoco. Il contino aveva cominciato ad abbandonarvisi per mera oziosità, come suole intervenire ai giovani di nobili
famiglie , i quali, sforniti di gusto per le lettere, per le arti o per qualsivoglia altra bella esercitazione dell'intelletto, si dànno a questa mala
consuetudine del giuoco, per bisogno di procacciarsi un'occupazione che dia qualche sussulto
al sangue: nel qual vizio messo una fiata il piede,
egli è assai difficile il ritrarnelo con onore e senza vergogna; vizio maledetto che abbranca un'e-
sistenza d'uomo e la fa palpitare sopra una carta
facendola passare in un momento dal cielo all'inferno , dalle più gradite speranze ai più orribili

timori. E questa vita menava il contino da oltre dieci anni. Era meraviglioso che la sua sanità non ne fosse stata viziata per le scosse nervose a cui questo ignobile esercizio espone l'uomo; ed era eziandio mirabil cosa che non avesse fatto una spaventevol breccia nelle sostanze paterne, benchè il cumulo dei suoi debiti fosse tale che a lungo andare i beni del conte suo padre ne avrebbero patito di molto.

Il conte era istrutto del come il suo primogenito spendesse gran parte delle ore della notte sopra i tavolini di bassetta, di zecchinetto, o ai giuochi della rollina e del *rosso e nero*, quando questi ultimi non erano stati ancora provvidamente inibiti dal governo; sapea questa vita dissipata del suo figliuolo; e, lungi dal condannarla, incoraggiavala, col tenere in sua casa aperto tutti i giovedì, come abbiam detto, numerosi tavolini da giuoco, occupati dalla più dissipata gioventù del paese. L'oro si vedeva ammucchiato su queste tavole, dove al girar d'una carta uno diventava ricco e un altro povero, e dove in così fatte vicende di precipitosa fortuna scorreano le ore notturne insino all'alba. Cento famiglie piagnevano alla domani, cento altre gavazzavano, per trovarsi otto giorni appresso in opposte condizioni.

Eccovi ora a presentarvi il secondo figliuolo di Antonio de Jacellis, a nome Ascanio, poco men di età del fratello maggiore. Questi era l'essere più insignificante che stesse in sulla terra per far numero e peso, per non dire qualche cosa di peggio. Ascanio era cancrenato dal più ignobile dei peccati mortali, l'accidia. Questa creatura parea nata propriamente per non far niente; pas-

sava le intere giornate nell'ozio più stupido ;
sdraiato sovra una poltrona della sua stanza da
letto, egli fumava, fumava, fumava; e tutta quella nobile attività dello spirito che Dio ha rega-
lata all'uomo per le sublimi ricerche del bello
e del vero si esalava in globi di fumo che rav-
volgevano nella loro vaporosa inutilità dei pensieri di quella inetta esistenza. Meccanismo pas-
sivo, tubo digestivo, Ascanio viveva la vita di
una macchina a vapore, colla differenza, che questa dà moto ed attività alle più utili industrie,
mentre egli vegetava come la più selvatica e sozza pianta parassita. Ascanio non tollerava la minor fatica qualsiasi ; un servo dovea spogliarlo
quando andava a letto, e dovea vestirlo quando
si alzava; a tavola, gli rincresceva di stender la
mano per prendere qualche oggetto che gli abbisognava; non usciva quasi mai per fastidio di
muover le gambe fino al portone ; avea dimenticato di leggere e scrivere; ma quello che sommamente gli dava noia e rincrescimento, quello
ch'egli detestava sovra modo era il pensare; a-
vrebbe voluto che nella scatoletta del suo cervello non ci fosse stata quella molesta cosa che
si addimanda il pensiero; e in vero in gran parte
egli era riuscito di uccidere quest'implacabile
nemico del suo ozio, annientando la principal facoltà della mente, la memoria ; per modo che
egli non ricordava nemmeno quello che avea
fatto il giorno innanzi ; e quando diciamo quel
che avea *fatto* è una maniera di dire, giacchè
egli non faceva niente e tutta la sua vita passata
potea compendiarsi in due parole: *avea fumato.*
Quei moralisti che han definito un fumo la vita
dell'uomo, trovavano la più schietta applicazio-

ne del motto nella vita d'Ascanio. Trenta anni o poco meno di fumo perpetuo : egli avea consumato più di mezzo milione di sigari.

Accanto a questi due fratelli, divorati da due così profonde cancrene morali, era un angelo di bontà, di bellezza, di virtù ; la giovinetta Emilia, fiore gentile e olezzante, gittato in un campo di pruni e di sterpi. Ella non avea che ventidue anni, e sarebbe stato l'orgoglio della sua famiglia, se questa avesse avuto il tempo ed il gusto d'accorgersi dell'inapprezzabile tesoro che avevano. Com'è da supporsi, quest'angelo era riserbato ed essere il martire e la vittima di espiazione delle colpe e dei vizii di quella famiglia.

Ci piace d'intrattenerci un po' più a lungo su questa gentil creatura, che incontriamo tra gli spinai del nostro racconto. Disgraziatamente, abbiamo dovuto abbatterci continuamente in tipi di malvagia natura, onde ci è grato il fermarci a vagheggiare un modello di peregrine virtù, tanto più che il troviamo rivestito di leggiadrissime forme e di care sembianze.

Cominceremo dal fare il fisico ritratto della contessina Emilia, giacchè in questo secolo sensuale la virtù stessa non si rende amabile che sotto amabili vesti corporee. Noi non vorremmo che questa Emilia fosse oltremodo bella, dappoichè non vorremmo imitare il solito stile dei narratori e de' poeti, i quali non sanno dipingere una donna, che pigliando a modello le più ideali bellezze ; ma non c'è che fare! Emilia era appunto una di queste creazioni poetiche ; e noi vogliamla presentare tal quale senza aggiungervi nulla della nostra fantasia.

La contessina Emilia aveva una di quelle sta-

ture svelte ed eleganti, che si ravvisano negli
album melanconici di qualche bella oltramonta-
na, una di quelle stature direm quasi *stereoti-
pate* all'inglese, forme di cigno, le quali par che
non tocchino la terra coi piedi, tanta è la svel-
tezza del loro portamento. Una leggerissima in-
curvatura, propria di queste alte complessioni,
dava al suo corpo una grazia ed una bontà modeste, che temperavano la superba bellezza della
sua persona. Ella avea una testa d'un ovale perfetto, ricca d'una capigliatura nera come la più
pura vernice inglese; e questi capelli ella solea
portare agglomerati a grandi masse dietro al collo, per modo che tutto quel fulgido nero faceva
risaltare la bianchezza eccessiva della sua carna-
gione. Lunghe ciglia mitigavano l'elettrica luce
del suo sguardo irresistibile, il quale pel consueto era velato da una nebbia sottile che la stra-
ripante sensibilità del suo cuore solea richiamar-
vi; imperciocchè sovente ella piangeva, perchè
il pianto è bisogno per le anime vergini di affetto, piangeva eziandio per motivi che forse vi
saran noti. Era nel complesso delle fattezze di
questa giovane qualche cosa che ti sforzava subitamente ad un senso di malinconia, mentre
esauriva tutta la forza della tua ammirazione o
della tua simpatia.

Quale anima e qual cuore albergassero in quel
corpo è ben facile immaginare. Povera creatura! Era meglio che fosse nata con altre tendenze, le quali forse le sarebbero state meno fu-
neste nella famiglia e nella società in cui vivea.
Lasciam pensare qual cordoglio dovesse sentire
il suo cuore nel vedere la vita che si menava
nella paterna dimora! I suoi due fratelli aveano

per lei quella naturale antipatia che il vizio ha contro la virtù ; e suo padre , poco espansivo, poco estimatore delle belle doti di sua figlia , sempre immerso nei suoi pensieri d'interessi e d'ambizione , non vedeva in lei che una bella fanciulla , di cui in mente sua si facea lo strumento futuro di qualche nobile alleanza. Siffatta indifferenza ed abbandono della sua famiglia doveano di necessità generare nell'animo di Emilia un gusto per la solitudine e per lo studio. A differenza dell'accidioso suo fratello Ascanio, ella spendea quasi tutte le ore del giorno nella ricca biblioteca di suo padre, che senza di questa assidua leggitrice sarebbe rimasta vergine di lettori. Sovente ella interrompea la lettura per immergersi in una di quelle vaghe meditazioni indefinite, in cui l'anima, presaga di un avvenire di dolore , par che ne vada cercando misteriosamente le cagioni ed il fine. Sovente, abbandonato il libro in sulle ginocchia , ella si piaceva di contemplare, a traverso i cristalli della finestra, il passaggio della bionda nuvoletta che attraversava i campi dell'aria, o si fermava a sentire il monotono batter della pioggia.

Nelle periodiche feste che si davano a casa , la povera fanciulla , perciocchè era costretta di comparirvi, si teneva in disparte il più che potea, e, sotto il pretesto di dover badare a ricever bene le dame che v'intervenivano, ella ricusava con bel garbo di prender parte al ballo. Rarissime volte, e quando la società era più ristretta, quando gli uomini sparivano traendo nelle sale da giuoco, e nel gran salone rimaneano soltanto le dame , ella si arrischiava a far sentire la sua voce accompagnandosi col pianoforte.

Dopo aver dato questo ritratto fotografico della famiglia del conte di Montenero, è uopo che mettiamo in rilievo i principali personaggi che frequentavano le sue periodiche riunioni, e che avranno più o meno una parte importante in questa narrazione.

E primamente, un certo D. Mario Postieri che era il lobo dritto del cuore del conte di Montenero, e sul quale questi avea fatto disegno per un collocamento della sua figliuola Emilia. Chi era codesto Don Mario? Figuratevi un corpaccio spropositato, che attestava un vigoroso campione di pranzi e di cene, una facciaccia quadrata e rossa con due piccoli occhi color vino asciutto alla cima, e con pochi peli al mento, rassomiglianti i bargigli del gallo. Era questi uno di quegli esseri, per cui la vita non ha che una sola poesia, *le delizie del palato*; tutto il rimanente di color sbiadato, languido, freddo. Don Mario era giovine di età, perciocchè forse ei non contava più di cinque lustri, ma era vecchio sotto il peso di una continua *assimilazione*, come dicono i fisiologi, per intendere il lavoro digestivo pel quale il *chilo* diventa *carne*: egli avea mangiato quanto un altro mangerebbe discretamente nello spazio di quarant'anni. Ma Don Mario Postieri avea una qualità che per sè sola bastava ad attirarsi l'amore e le preferenze non pur del padron di casa, ma di quanti adorano il vitello d'oro in questa bella età dell'oro in cui viviamo: egli era straricco. Suo padre, morto cinque anni addietro, lo avea lasciato padrone assoluto d'una eredità che si faceva ascendere a circa seicentomila ducati, i quali il giovane erede si proponea di ridurre a sostanze

mangiabili. Ad onta della spoetante sua persona,
Don Mario era il sospiro delle madri, che aveano delle figliuole da marito; ed era il beniami-
no delle vedove, che volevano trovare in un altro matrimonio l'agio di distrarsi dal dolore della
perdita dei primo marito. S'ignoravano le sorgenti di tante ricchezze; non si sapea con precisione il mestiero o la professione che eserci-
tasse il padre di questo bufalone; ma correa la
voce che l'autore de' suoi giorni avesse un cognome poco onorevole, comune a tutt' i trovatelli, e che molto gli fosse costato l'ottenere il
mutamento del cognome *Esposito* in quello di *Postieri*, che menava a sospettare fossero state le
prenditorie di lotto quelle che avevano arricchito
l'avventurato trovatello. Ad ogni modo, quando
un figliuol d'Adamo è ricco, egli non è che figlio di Adamo, ciò val dire che nessuno s'incarica di quello che fossero i suoi genitori, per
ammetterlo nella propria casa e usargli tutti i
riguardi e le cerimonie, salvo a pettinarlo da
tergo, come si costuma in questo incivilito consorzio umano. D. Mario adunque non solamente era immancabile in tutt' i giovedì ed in altre
straordinarie feste in casa del conte di Montenero, ma quasi tutte le sere ei vi si recava
per far la partita di *mediatore*, giuoco che era
la sua passione appresso a' suoi maccheroni colla
salsa di pomidoro ed al guazzetto di maiale imbottito. Il cameriere e i servidori del conte, male
lingue come tutt' i servi, avevano appiccato a
Don Mario il soprannome di *carnevale*, alludendo alla sua persona grascia e panciuta ed alla
sua faccia ignocca e beata. Compiremo l'articolo
concernente Don Mario Postieri col dire che egli

era l'unico *amico*, col quale Ascanio de Jacellis si piacesse di scambiare qualche rara parola.

Appresso a questo individuo, porremo immediatamente il Baroncino del Mirto, *amico intrinseco e inseparabile* del contino di Montenero. Ne faremo il ritratto a brevi pennellate: trent'anni all'incirca o poco meno: aspetto sinistro e cipiglioso, occhi di dissoluto, portamento stanco e rotto dalla più sfrenata libidine, parola lenta e molle, che cadea da due baffi incerati col cannello, chioma lunga, liscia, profumata, dipinta, imperciocchè il genere di vita che il nostro Baroncino avea menata gli avea imbiancata innanzi tempo la zazzera. Egli vestiva con una ricercatezza effeminata; le anella di che portava carche le falangi delle dita erano ricche di pietre preziose; ed un lunghissimo laccio d'oro gli pendeva a triplice giro dal collo insino al taschino dell'oriuolo. Si dicea che gli mutasse di biancheria tre o quattro volte al giorno: portava le unghie lunghissime e ben levigate. Il Baroncino era l'*ombra* del contino: non si vedea questo senza veder quello. In quanto a'suoi genitori, mistero; in quanto a'suoi beni, mistero. Due volte in settimana solamente il baroncino si allontanava dal suo *amico*, e spendea la serata altrove, senza che questi avesse mai potuto sapere dove propriamente quegli si recasse. Il fatto è che il baroncino Eduardo avea sempre il suo portamonete ben guernito. A primo sguardo impertanto si giudicava che quest'uomo non era felice. Egli non rideva giammai!

Presentiamo in terzo luogo il signor Don Cristofaro Lesina, mortale di quarant'anni ben pesati: viso spelato e liscio (si radea la barba tut-

t' i giorni) occhi appuntati e immobili, sorriso
ufficiale, fronte compressa, accento leccese, capelli ancor neri e ruvidi come crini di spazzo-
la; andatura grave e guardinga, acconciatura ir-
reprensibile, ma sempre arretrata di moda. Questo Don Cristofaro esercitava, diceasi, la professione di avvocato, ma tutti giuravano di non a-
verlo mai veduto in tribunale. Don Cristofaro era
il solito *quarto* al tavolino serale di mediatore,
al quale prendean parte D. Mario Postieri, il
vecchio Conte di Montenero, e Donna Severina
marchesa Pizzigati, vedova di 35 anni, inquilina
del primo piano dello stesso palazzo ov' era il
conte di Montenero. Volevano i critici da salotto
che ella fosse l'amante abbandonata del contino,
il quale a capo delle sue virtù non avea certamente la costanza. La marchesa era una bella
donna, alta, ben conformata, con due grandi occhi vivaci e irrequieti: si volea ricca per le larghe donazioni fattele dal defunto suo marito, trapassato in un accesso di collera gelosa, come
buccinavano i maligni comentatori delle virtù della
marchesa sua consorte. Ella puranche era immancabile alle serate del conte di Montenero; e
i cianciatori da salotto, gli eleganti calunniatori,
gli spiritosi buffoni in guanti gialli pretendeano
che ella aspirasse o a sedurre il padre dopo a-
ver sedotto il figliuolo, e ciò nello scopo di diventar la seconda moglie del vecchio conte, o cat-
tivarsi le buone grazie di Don Mario Postieri,
il quale parea che la guardasse con una certa
amorosa deferenza. La marchesa si vantava di
esser donna di spirito e letterata; avea divorato
tutt' i romanzi di Walter Scott e della signora
Cottin; avea il suo palco al teatro de'Fiorentini

e al teatro Nuovo; dormiva fino all'una pomeridiana, e mangiava troppo bene per una dama
che legge i romanzi di d'Arlincourt e di Cottin.

Questi erano i principali personaggi della società del conte, quelli insomma che erano i più
intrinseci e familiari. Ci avverrà forse in prosieguo di averne qualche altro tra le mani ; e
noi ci riserberemo di fargli stringere immediatamente conoscenza col nostro lettore. Per ora,
le lumiere sono accese, i tavolini da giuoco sono
apparecchiati, la sala da ballo è in ordine; i domestici in livrea sono al loro posto. Andiamo ;
noi pure siamo invitati alla festa del 4 agosto ,
giorno onomastico del contino D. Domenico.

II.

La bassetta.

Più di duecento persone invadono le sale del
conte di Montenero. Tre grandi lumiere rischia-
rano la sala da ballo messa nel centro del vasto
appartamento, e dove si raccoglie la folla elegante di dame e di cavalieri. Le sale contigue sono
ingombre da tavolini di giuoco, su i quali vedi
rilucere mucchi d'oro e piramidi di piastre. La
bassetta, il zecchinetto, il *lansquenet*, la primiera, il mediatore, trovano ciascuno valorosi cam-
pioni. Noi ci confondiamo fra tanto splendore di
lumi , fra tanti concenti d'orchestra , fra tanto
bagliore di diamanti , e non sappiamo dove di-
rigere di preferenza i nostri passi. Troviamo da
pertutto facce sorridenti, amabili sorrisi, occhiate
assassine ; troviamo un'espansione di cuore nel
padron di casa che t'innamora, una cortesia squi-

sita nel contino suo figlio; troviamo insomma la felicità e la gioia dipinte su tutte le sembianze; e non possiam persuaderci, come quella gioventù fresca e leggiadra, ricca di tutti i doni della natura e della società, possa esser soggetta, come gli altri poveri figli della creta, alle miserie e ai dolori dell'uomo.

Accostiamci ad un tavolino da giuoco. Ecco quattro volti amabilissimi, dove a prima giunta non puoi scorgere chi vinca e chi perda; un sorriso officiale è su quelle labbra; si gioca alle primiera; e l'invito non è meno d'un napoleone: due dame sono sedute dappresso a due dei giuocatori. Che eleganza di acconciature! che leggiadrie di sorrisi! Con che indifferenza l'oro di quei giuocatori passa innanzi agli altri due che non sono onorati della compagnia d'una dama! Con che amabilità una di quelle due dame scommette contro al cavaliere vicino al quale è seduta e vince la sua scommessa, che questi paga, si direbbe, con un piacere che non ha mai provato l'eguale in sua vita.

Ferve il ballo nella gran sala; il valzer francese, ossia il valzer scapigliato, emottoico, fa ansare come cani le coppie eleganti, le quali fanno tale incredibil fatica, che si estimerebbe un barbaro quel padrone che la comandasse ad un branco di suoi schiavi, per semplice suo divertimento. Onde noi ci allontaneremo da tanto capogiro e ci accosteremo alla gran tavola ovale dove quaranta e più individui d'ambo i sessi sono occupati al giuoco della bassetta. Un signore che noi non conosciamo fa il banco: un uomo di un 33 anni... Il banco è di mille napoleoni. Metà dei puntatori sono seduti; metà all'impiedi; tutte

le carte son ripiene a piedi e a capo di muc-
chietti d'oro e soprattutto ai due *poli*, *piccole*
e *figure*. Il banco è in vincita; e ciò osservereste
non tanto dai colmi sacchetti schierati avanti al
tagliatore, quanto alle facce pallide dei *puntatori*, i quali non dissimulano il dolore della perdita, al pari degli altri seduti ad altri giuochi.

Un ometto smilzo e col volto interamente raso
era stato per qualche tempo muto spettatore del
giuoco, quasi del tutto inosservato dagli altri, i
quali, intenti alla carta rispettivamente puntata,
non si brigavano che dei lor proprii interessi. Quest'ometto aveva la cera di chi vede fare qualche cosa che non capisce; e soltanto parea che
prendesse sollazzo a vedere le strane sembianze,
che facevano quelli a cui la sorte non era favorevole.

Un'ora circa questo ometto era stato a guardare il giuoco, con le mani gittate penzoloni alla
schiena, senza dare alcun segno di noia. Ad un
tratto, rivoltosi ad uno che gli stava vicino, gli
domandò che nome si avesse quel giuoco. Otte-
nuta risposta, seguitò a domandare se si giuocava sul serio o da scherzo, giacchè impossibile
gli sembrava che tutto quell'oro passasse così
rapidamente da una mano all'altra; e tornava
a domandare perchè quell'uomo che avea le carte
in mano si pigliava il denaro ch'ora messo sulle
carte schierate dinanzi a lui. Quindi, domandò
se a tutti era lecito di mettere qualche moneta
sovr'una di quelle carte messe in fila. Al che
rispostogli affermativamente, egli non trasse dalla
tasca che una grossa moneta di cinque grana,
e timidamente domandò se poteva arrischiarla
su quella carta che rappresentava il *due*.

Gli astanti trattennero a stento il riso veggendo la moneta di rame che il piccolo uomo volea porre sulla carta indicata. Ma, quasi per farsi beffe di lui, dissero che avesse pur posto la moneta, e ammiccarono al tagliatore, quasi che avessero voluto dirgli di permettere quell'infimo giuoco. Il tagliatore sorrise, e fece un atto di condiscendenza ironica e beffarda. Il *due* venne a dritta del tagliatore e fu annunziata la perdita a quell'ometto, il quale rise stupidamente come se non avesse capito di aver perduto le cinque grana. Il tagliatore, volendo farla da generoso e da gran signore, sdegnando di prender quella vil moneta, la gittò con disprezzo in un piattino ch'era consacrato a ricevere le piccole monete d'argento o di rame destinate ai servi.

L'ometto non parve che si fosse offeso di tal procedimento; ma, messa di bel nuovo la mano in tasca, ne cavava un'altra grossa moneta di cinque grana che tornò a porre sul *due* disgraziato. Dopo qualche minuto il *due* compariva novellamente alla destra del tagliatore, a la *cinque grana* del quidam andava ad accrescere il piattino dei servi. Non si scorò l'ometto, e, ridendo sempre di quel suo riso a colpetti, pose un'altra cinque grana sul *due* malaugurato. Suole avvenire nei grandi tavolini da giuoco che ad un uomo si affibii prestamente la qualità di jettatore; onde tutti quelli che aveano perduto il lor denaro sul *due*, guardavano con cipiglio a quell'*infelice*; e nessuno *puntò* più sulla carta nemica. Questa volta il quarto *due* venne a sinistra; ed il tagliatore, non avendo dinanzi a sè monete di rame per pagare le solite cinque grana, gittò un tarì, contentissimo di non avere a

pagare altro sul *due,* dal quale tutti i *puntatori*
si erano ritratti.

Seguitò il giuoco in su questo andare. Di tempo in tempo quell'ometto arrischiava una piccola
moneta, che pel consueto era perduta. Poscia-
chè per qualche tempo egli era stato il zimbello
di quei giuocatori, nessuno più badò a lui, as-
sorto ciascheduno nelle proprie speranze e timori. Eransi fatti altri tre *tagli,* seguitando la prospera fortuna del tagliatore, il quale non mostrava la minima alterazione nelle sue sembianze per
la straordinaria vincita che avea fatto. Quasi tutti
i puntatori avean deposto innanzi a lui quello che
aveano nelle loro tasche, per modo che il tagliatore veduto diminuire il numero dei puntatori, annunziò l'ultimo taglio.

—Fate grazia, disse l'ometto sporgendo il naso tra due barbuti giuocatori, che erano in piedi
rimpetto al tagliatore; è egli permesso a tutti di
alzare?

Si sentì qualche sbruffo di risa nella brigata;
e qualcuno disse:

—Sì, sì, però che questo è l'ultimo *taglio*
facciamo *alzare* a questo signore. Chi sa! forse
la carta ci sarà favorevole. Bisogna mutar la mano che alza.

Tutti assentirono chi colla voce chi col capo;
e il tagliatore, dopo aver mischiato ben bene il
mazzo di carte, il pose avanti a quell'ometto, il
quale si fece largo innanzi al tavolo, la cui elevatezza era appena soverchiata dalla sua testa;
sporse il braccio dritto, e con molta pacatezza
alzò una decina di carte.

Cominciato il taglio, egli seguitò a *puntare*
inalterabilmente i suoi pezzi di cinque grana, di

cui la maggior parte andavano ad accrescere la
cassetta dei servi. Il taglio non prometteva di
esser più favorevole a'*puntatori*, di quel che fossero stati gli altri precedenti. Non avanzavano
più di altre dieci o dodici carte, ossia altre cinque o sei *sfogliate*. Il tagliatore si apprestava a
voltar la carta, quando l'ometto gli fe' cenno
colla mano che avesse aspettato.

— Un momento, signore! egli esclamò.

Indi, rivoltosi a quello de'giuocatori che faceva
il così detto *mazzetto*, ossia che con un altro
mazzo di carte schierava alla vista dei *puntatori* le carte che si erano vinte e quelle che
si erano perdute, e ciò per loro norma, affin
che avessero saputo quali altre carte rimaneano
a far giuoco,

— Fatemi grazie, ei dimandò, ci sono più
donne?

— Ce n'è un'altra, quegli rispose.

— Ebbene, aspettate; *banco* per me contro
donna.

E ciò dicendo, cavava un portafogli di pelle
verde, ne estraeva parecchie *fedi di credito*,
che depose sotto la carta che rappresentava la
donna.

Quelle parole *banco per me* significavano che
egli scommetteva contro la *donna* una somma
eguale a quella che era sul *banco*, ossia dinanzi
al tagliatore. Quella somma poteva ascendere ad
un quattromila napoleoni, cioè a quindici mila
ducati.

Si credè dapprima che l'ometto avesse voluto
fare uno scherzo, e che quelle carte cavate fuori
del portafogli tutt'altro fossero che *fedi di credito*. Laonde, il tagliatore con un sorriso beffardo

toglievale nelle proprie mani e attentamente esaminavale.

— Non dubitate, diceva l'ometto, son tre *fedi di credito* di cinque mila ducati ognuna, in testa mia. Io credo che il vostro banco non supèri i quindicimila ducati. Ad ogni modo se li superasse, ci ho nel mio portafogli altre polizze.

— E voi siete...

— Il conte di Acquasalsa, Diego Giuditti.

— E volete seriamente far *banco per voi?*

— Seriamente.

— Contro la *donna?*

— Contro la *donna.*

La faccia vermiglia del tagliatore si scolorò subitamente come se un colpo di pennello la avesse di botto imbiancata. Gli astanti si guardarono l'un l'altro con maraviglia estrema, e poscia affisavano gli occhi sullo strano ometto, le cui sembianze erano rimaste impassibili.

Il tagliatore stringea convulsivamente tra le dita della destra mano le carte che doveano ancora far giuoco; quella mano si vedea tremare; e parea che non sapesse decidersi a voltar la carta che potea di repente o raddoppiargli il *banco*, o sbancarlo del tutto.

Lo stupore, e l'ansietà erano su tutte le facce.

— Ebbene, che si aspetta? *O Marco piglia Turco o Turco piglia Marco*, disse l'ometto.

E si pose a ridere con quel suo risolino sforzato e teatrale.

— Si può? dimandò il tagliatore, gittando attorno uno sguardo smarrito.

— Potete, rispose il piccolo conte di Acquasalsa.

La carta su cui premeansi le convulsive dita

2*

del tagliatore fu scoperta e posata sul mazzettino a dritta.

Era la *donna!* La *donna* perdeva, e per conseguenza, guadagnava chi avea scommesso *contro*.

La faccia del tagliatore divenne livida; i suoi occhi fecero un giro convulsivo nelle loro orbite.

I sacchetti di napoleoni che erano dinanzi a lui passarono nelle mani dell'ometto, che ridea sempre di quel suo riso sardonico, mentre riponea le *fedi* nel portafogli.

— Felice notte, signori, disse indi facendo una gran riverenza a tutta quella brigata; par che questo giuoco della *bassetta* non mi abbia portato male. Vi ringrazio di avermelo insegnato a giuocare.

E il piccolo conte d'Acquasalsa si accingeva a partire di quella casa, recando seco i sacchetti d'oro: avea abbandonato le sale da giuoco, aveva attraversato il gran salone da ballo, ed era quasi per raggiungere l'uscio di scala, quando un vecchio che l'avea seguito, da lui inosservato, il chiamò per nome, ed il pregò di accordagli un minuto di udienza.

Questo vecchio era MATTEO L'IDIOTA.

III.

Matteo.

Chi era cotesto Matteo? Ecco la naturale interrogazione che ci aspettiamo dai nostri leggitori.

Matteo era un vecchio, anzi un vecchione, che da qualche anno frequentava la casa del conte di Montenero, al quale per un caso strano e bizzarro egli avea salvato la vita.

Non sapremmo dire con precisione chi fosse quest'uomo, il quale rare volte mancava la sera a casa del conte, trattenendosi per lo più o con qualche altro anziano che non pigliava parte a nessun tavolino da giuoco, o coi servi coi quali non isdegnava di dimorarsi (gli uomini grossolani gli erano più cari), e spesso colla signorina Emilia, cui egli si mostrava grandemente affezionato.

Perchè quest'uomo veniva contrassegnato col poco onorevole epiteto d'*idiota?* Perchè uno stupido sorriso era sempre sulle sue labbra; perchè nell'aria semplice ed ingenua del suo volto era qualche cosa d'infantile che scendeva al rimbambito, e perchè egli stesso, con un riso di compiacenza, avea cura di dire a tutti che quello era il suo *cognome;* alla qual cosa si credea tanto più facilmente quanto ignoravasi del tutto qual si fosse l'origine di questo vecchio. Il quale, a quanto parea, vivea mercè i sussidii e la carità del conte di Montenero e di qualche altro patrizio napolitano.

Nè il dare a vivere a Don Matteo costava moltissimo, giacchè egli mangiava così frugalmente, che la quantità del suo pasto non oltrepassava mai le dieci once di roba; non bevea vino nè liquori fermentati di nessuna specie. E, se talvolta il conte lo avea costretto a far parte del suo desinare, Don Matteo non mutava per questo il suo sistema. Ma della vita e delle consuetudini di quest'uomo avremo agio di occuparci in appresso. Per ora, più nell'animo ne piace il farvi a brevi tocchi il ritratto di questo vecchio, il quale ormai viene a rappresentare una parte importante nel nostro racconto.

Ci sarebbe difficile indovinare la precisa età di Don Matteo: dicevasi ch'egli era assai vecchio; che avea veduto molti rivolgimenti di uomini e di cose; alcuni asserivano ch'ei fosse stato in altri tempi così vigoroso di mente, siccome ora appariva ed era vigoroso di membra; giacchè ei medesimo dicea che, in fatto di sanità corporale, appena d'una sola malattia la fortuna l'avea fatto dolente in sua vita. Era singolar cosa il vedere ancora il color della giovinezza tra i suoi capelli ed una mirabile vivacità nei suoi occhi. Egli era di giusta statura, nè la estrema vecchiezza gli avea piegato il dorso. Camminava senza bastone; e la sua vista erasi conservata perfettamente. Soltanto, i suoi abiti serbavano tuttavia le fogge del passato secolo.

Don Matteo adunque avea fermato il conte d'Acquasalsa nell'incamminarsi che questi facea verso l'uscio di scale per isvignarsela, coi suoi sacchetti d'oro, dalla casa del conte di Montenero.

— Mi conoscete voi, signore? disse D. Matteo al conte di Acquasalsa.

— Chi siete? rispose questi guardando in cagnesco il vecchio che lo tratteneva.

— Non è necessario ch'io Le dica chi mi son io; qui e altrove mi chiamano D. Matteo; ciò vi basti; ma io conosco Lei da qualche tempo.

— Dove? Quando?

— In una certa casa dov'ella bazzica di frequente. Non siete voi l'amico sviscerato del baroncino del Mirto?

L'ometto gittò una torva occhiata su Matteo.

— Ma sì; avanti, che cosa avete a dirmi? sbrigatevi.

E l'ometto traeva innanzi, pigliando sempre la via dell'uscio. Il vecchio il fermò pel braccio.

— Perdonate, non posso permettervi che usciate di qui senza che abbiamo discorso insieme intorno ad una faccenda assai dilicata. Forse vi è noto ch'io sono amico di casa del conte di Montenero, a cui ebbi il piacere di salvar la vita in una funesta emergenza. I suoi interessi però mi son cari non meno che quelli degli amici che qui vengon la sera.

— E che però? chiese con turbamento l'Acquasalsa.

— Voi avete guadagnato sta sera la enorme somma di circa quindicimila ducati.

— Ebbene?

— Ebbene, in confidenza, signor conte d'Acquasalsa, che nessuno ne ascolti; voi avete *rubato* questa somma al tagliatore.

— Vecchiaccio insolente, voi osate...

E la mano dell'ometto si alzava per colpir la guancia di Don Matteo, ma questi la ritenne.

— Giù le mani, signore; qui siamo in casa del conte di Montenero, nell'attigua sala d'ingresso sono i servi; onde ad un mio grido tutta la *società* accorrerebbe, e voi correreste il cattivo rischio di essere da me svergognato in pubblico. Vi dico e vi ripeto che voi avete *rubato* il tagliatore, e voi sapete ch'io dico il vero.

— Tu sei un imbecille, un matto, lasciami andare, non ho tempo da perdere.

— E nè io tanto meno ho tempo da perdere;

ma voi avrete la bontà di ascoltare un imbecille, un matto.

— Vanne al diavolo.

E, svincolatosi dalla mano che stringeva il suo braccio, il piccolo Acquasalsa si precipitò nell'attigua sala, dov'erano i servi.

Matteo corse appresso a lui, e sottovoce gli disse:

— Se darete un altro passo, vi faccio arrestare come ladro.

— Ma, insomma, che volete da me?

— Ritorniamo nel salotto di passaggio.

Entrambi rientrarono pacatamente come due buoni amici.

— Accomodatevi, dissegli Matteo additandogli una sedia.

— Non fa caso, rispose l'ometto — ne' cui occhi si leggevano l'ira e la paura.

— A vostro bell'agio. Or, veniamo a noi — Indi abbassando la voce, ripigliò pian piano — È inutile, signor d'Acquasalsa, ch'io vi provi come voi avete *rubato* il tagliatore. Voi avete finto l'*ingenuo*, avete dato a credere di non conoscere il giuoco della *bassetta*, sulla quale invece avete fatto tanti studii *profondi*; avete perduto con bel garbo i vostri pezzi di cinque grana; e quando vi è parso opportuno il momento, cioè a dire, all'ultimo taglio, avete chiesto di *alzar* le carte. Coll'occhio esperto da lunga pratica, voi avete contato il numero delle carte che avete alzate; avete dato un rapido sguardo all'ultima carta di quella porzione del mazzo che doveva covrire l'altra porzione da voi alzata; onde voi conoscevate che voi avevate alzato nove carte, e sapevate che la decima era la *donna*, che voi avevate già veduta e che dovea naturalmente essere discoperta a dritta del tagliatore, cioè, dovea *perdersi*, quindi, voi signor mio, avete scommesso a colpo sicuro *contro* la *donna*, e vi avete beccato il banco intero intero dal tagliatore, che niun sospetto ha avuto della vostra diabolica furfanteria. Ma non è la prima volta che ho discoperto le vostre magagne... In casa della signora marchesa del Gabbio, dove il martedì e il sabato voi vi riunite, e dove interviene quell'altra perla del baroncino del Mirto, una sera io vi ho veduto *alzare* le carte alla bassetta, e con inaudita destrezza aggiungere in cima al mazzo una quarantunesima carta, che era per conseguenza la prima ad uscire, e *contro* la quale voi scommetteste una somma considerabile che il *messere* del tagliatore pagò esattamente. E quella sera era un nuovo merlotto, un inglese che vi capitò per la prima volta invitato dal vostro baroncino. Naturalmente, la carta esuberante non apparì che alla fine del *taglio*, e quando più non si potea ritornare sul già fatto, e quando già gran tempo era scorso dalla vostra vincita fatta al principio del *taglio*. È davvero un bel mestiero cotesto al quale vi siete appigliato, signor d'Acquasalsa; è una magnifica via per giungere rapidissimamente al tempio della fortuna; ma qualche piccolo impensato ostacolo si trova talvolta in sul cammino, qualche ciottolino fa cadere e rompersi una gamba; e voi, per esempio, signor conte garbatissimo, non avreste potuto prevedere di trovare un *idiota*, un *matto* che vi avesse attraversato il sentiero. Ma così avviene delle cose di questo mondo; gli ostacoli s'incontrano dove meno si pensa; e gli uomini che noi giudichiamo inetti e dappoco sono precisamente quelli che ci obbligano a curvar la testa.

Ci sarebbe difficile il descrivere le strane contorsioni e le smarrite guardature che facea il piccolo d'Acquasalsa al parlare dell'idiota Matteo; la sorpresa, la paura, il livore, la vergogna (e questa in piccole proporzioni) si dipingevano a muta o tutte assieme sulla faccia pocanzi impassibile dell'ometto, che si sentiva la voglia di cader morto di subito. Ciò nondimeno, ei bisognava non trasveder la propria posizione, non perdersi d'animo, e, soprattutto, non darsi per vinto.

— Tu farnetichi, vecchio imbelle; dissegli l'audace scroccone; lasciami libero il passo o ch'io...

— Tu non uscirai di qui, ti ripeto, replicavagli con risolutezza Don Matteo, che gli si era parato avanti.

— Io uscirò a tuo marcio dispetto, soggiunse l'ometto, e gli dava una spinta per farsi una via.

Matteo gli afferrò il braccio con una forza superiore alla sua età; e, accostandosegli vie più all'orecchio, dissegli:

— Fermati, Giacomo il galeotto, o ch'io ti scopro al cospetto di tutta questa *società*.

Queste parole fecero l'effetto della testa di Medusa sull'ometto, che dovè appoggiarsi contro una mensola per non piombare a terra. Egli guardava il vecchio come smemorato e fuor di sè.

— Rinfrancatevi, gli disse Matteo; per ora questo è un segreto che rimarrà tra noi due, come parimente vi prometto di non istrombettare il vostro segreto di questa sera, ad un patto,

— E quale? Parlate; tutto son pronto a fare, purchè abbiate pietà di me..., ebbe appena la forza di mormorare il piccolo galeotto con voce fioca e tremante.

— Quanto avete guadagnato questa sera?

— Ah!... questi due... sacchetti che qui vedete...

— Cioè, come ho sentito a dire, la somma di circa quindicimila ducati. . . . Eh! non ci è male!... un bel bocconcino tracannato colla rapidità del baleno, al volgersi d'una *donna* di cartone alla mano dritta d'un merlotto, preso leggiadramente all'amo!... Voi dovete avere una vista di lince, mio caro signor conte d'Acquasalsa! Cospetto! contare il numero delle carte alzate; così, misurandone coll'occhio l'altezza, è cosa mirabile! E questa sorprendente facilità non avete potuto acquistarla che dietro molti anni di *pratica* e di *esercizii*, n'è vero? Chi sa quanti merlotti ci sono capitati! E voi naturalmente avete dovuto *lucrarvi* de' bei quattrini, *onestamente* lucrati; onde, mio caro signor... d'Acquasalsa, quindicimila ducati di più o di meno non debbono farvi caso; però voi mi consegnerete codesti sacchetti d'oro, i quali potrebbero i ladri rubarvi per la strada a quest'ora sì tarda... Venite qua, caro signore, consegnateli a me; e tutto sarà pel vostro meglio; e Matteo l'*idiota* dimenticherà *per ora* Giacomo il galeotto, il caffettiere di Avellino, che uccise la moglie soffocandola sotto le materasse...

— Per carità; signore....

— Non temete, io parlo a bassa voce, e non ci è paura che possano udirci.

— Voi dunque volete...

— Codesti due sacchetti d'oro... Vedete che non dimando propriamente nulla del vostro ; vedete che io vi lascio intatte quelle fedi di credito che avete nel portafogli.

— Ma... almeno... dividiamoli, un per ciascuno, dicea con voce piagnolente l'ometto, gittando un'occhiata di rammarico su i due sacchetti...

— No, no, mio caro, ho bisogno di tutti e due.

— Ebbene, eccoli.

L'oro passò nelle mani di Matteo.

— Or potete andare in pace...

E soggiunse alzando la voce.

— Buona notte, signor conte, a' vostri comandi.

L'ometto scese in fretta le scale, si precipitò per la strada Magnocavallo, attraversò la via di Toledo, infilzò il vico Campane, e andò a battere ad un uscio al quarto piano.

Matteo l'idiota ritornò nelle stanze del conte di Montenero, e si cacciò propriamente nella camera della signorina Emilia, dove trovò costei immersa nel pianto, abbandonata sul suo letticciuolo.

IV.

Emilia.

Emilia non vide entrare il vecchio, giacchè il suo capo era interamente perduto tra i guanciali del letto. La massa de' suoi capelli d'ebano era quasi tutta spiegata in su le spalle in gran disordine, come suole avvenire nei momenti di massimo dolore. Singolar contrasto faceano la veste da ballo ch'ella indossava, e la ghirlanda di fiori che riposava sul letto da lei gittatavi. Ella piangeva a singhiozzi.

Matteo si fermò all'uscio della stanza. La vista di quella sofferenza così viva in quella sì gentil giovinezza chiamò una lagrima sugli antichi suoi occhi, la quale egli asciugò prestamente col dorso della mano, sorpreso in qualche modo ch'e la sorgente delle lagrime non fosse in lui del tutto disseccata.

Emilia era solita di veder Matteo entrare nella sua stanza da letto. La squisita bontà di questo vecchio; l'infinita sensibilità che traspirava attraverso la sua supposta idiotaggine, l'ingenuità del suo parlare, e da ultimo l'affezione grandissima ch'egli le avea addimostrata, gli davano in qualche modo il dritto d'una dimestichezza di cui pertanto ei non abusava. Questa volta un possente motivo induceva Matteo a vedere in segreto la contessina; ed egli fu contentissimo di trovarla sola nella sua camera senza la presenza di alcun testimone; la qual cosa non era rara, giacchè, all'infuora della sua cameriera, Emilia non aveva altre persone, con cui facilmente potea ritrovarsi.

Matteo si avvicinò alla giovinetta, e dolcemente la chiamò a nome.

Emilia alzò subitamente il capo maravigliata che alcuno venisse a disturbarla nello sfogo del suo dolore. Quella faccia era pallidissima, e solcata da rivi di pianto. Ella riconobbe il vecchio; levossi a ricomporre tosto la sua persona, che l'elegante abbigliamento da ballo e il disordine del suo dolore avevano lasciata esposta ad un leggiero obblio delle severe leggi della modestia.

— Perdonate, signorina, se, abusando di quella confidente dimestichezza di cui mi onorate da qualche tempo, ho osato entrare in questa camera, di cui l'uscio era a metà aperto, e dove io non credea trovarvi in questo stato di affanno e di dolore. Non è guari vi ho veduto sorridente nel gran salone da ballo, e parmi, se non erro, che avete preso parte in una quadriglia.

Mentre che Matteo dicea queste parole, Emilia erasi gittato uno scialletto in sulle spalle, erasi asciugato le lagrime e riordinato alla meglio il gran volume de' suoi capelli.

— Sedetevi, Matteo; voi siete giunto opportunamente, ho qualche cosa a dirvi.

— Ed io non venni a caso, signorina; anch'io ho d'uopo di parlarvi.

Matteo pose sovra un cassettone dappresso al letto i due sacchetti, a' quali Emilia non avea fatto attenzione, e si sedè sur un piccolo sofà, rimpetto al quale Emilia si gittò sovra uno storto e bislungo seggiolone a bracciuoli, di quelli che la pigra società nostra, con vocabolo accattato di peso agli eleganti della Senna, ha addimandato *dormeuse*. Emilia avea chiuso a chiave l'uscio della sua stanza.

Nel gittarsi a sedere su quel seggiolone, Emilia, cui forse un dolore acerbissimo rodeva il cuore, ruppe novellamente in copiose lagrime e in singhiozzi, senza che la piena di questo inesplicabile cordoglio fosse stata rattenuta dalla presenza di Matteo, che sembrava profondamente commosso. Nè egli si arrischiò di calmare o raffrenare quell'impeto di pianto sapendo che ai cuori ulcerati dolcissimo è lo sfogo delle lagrime.

Qualche tempo scorse in silenzio, dopo di che Matteo mormorò :

— Fatevi cuore, buona fanciulla; Iddio non abbandona le anime giuste; abbiate in lui fidanza; le vie della sua provvidenza sono così varie ed impensate, che spesso Egli suol cambiare il pianto in riso e il dolore in contentezza. So che voi non siete la più felice creatura di questa terra; ma siete pura e virtuosa, e non può mancarvi l'aiuto del cielo. Io sono assai vecchio, signorina; ho visitato molti afflitti e ho veduto molti dolori su questa misera terra; ed ho sempre sperimentato che nessun afflitto, quando non è reo, è rimasto lungo tempo nella sua afflizione; e nessun dolore, quando non è accompagnato da colpe, è rimasto a lungo senza la sua consolazione. Retaggio dell'uomo è il pianto; ma i cuori buoni e compassionevoli non sono rari in questo mondo, e la dolce rugiada non manca di rinfrescare la zolla adusta da'raggi del sole. Fatevi animo; i grandi dolori, al pari delle grandi tempeste che agitano la natura, non sono di lunga durata, e servono a far gustare più dolcemente la calma che lor siegue. Voi mi avete onorato della vostra confidenza, ed io ne sono lieto e superbo. Comechè anni moltissimi pesino in sulle mie spalle, io mi sento ancor giovine e vigoroso per giovare al mio simile, e soprattutto *PER PUNIRE QUALCHE BIRBANTE.* Un giorno forse, buona Emilia, vi sarà nota la mia storia; un giorno forse comprenderete che l'*idiota* Matteo non era poi così idiota come si credeva; un giorno forse avrò qualche piccolo dritto alla vostra stima e alla vostra affezione. Per ora, confidatemi il vostro affanno; e forse entrambi troveremo la via di consolarvi.

Emilia, senza dir motto, distese la sua destra a Matteo, che vi stampò sopra un rispettoso bacio.

— Da quanto tempo non vedete il signor Raffaele? le dimandò di botto il vecchio.

A questo nome balzò la giovanetta; la sua faccia, che era bianchissima, si accese di rossore; ed ella affisò su Matteo i suoi grandi occhi velati di lagrime.

— Che! voi sapete!... ella esclamò in atto di grande maraviglia.

— So tutto; parlate, Emilia, vi supplico; abbiate in me intera confidenza.

La giovinetta abbassò il capo e parve che s'immergesse ne'suoi pensieri. La sua mano riposava ancora in quelle del vecchio.

— Ebbene, Matteo, poichè voi sapete parte del mio dolore, è mestieri che tutta ne sappiate l'estensione e l'intensità; dopo Dio, io non ho altro amico che voi, buon Matteo, voi che già salvaste i giorni di mio padre, e che spero salverete la figliuola dal baratro della disperazione.

— Confidiamo nell'altissimo Dio.

— Ascoltate, Matteo, ascoltate fin dove giunge la mia sventura. Pocanzi io era nel salotto da ballo, e vi era soltanto per obbedienza al padre mio. Io non so come ho potuto far forza a me stessa per mostrarmi sorridente con tanti motivi di tristezza e di amaritudine nell'anima. Vi giuro, Matteo, che avrei preferito la solitudine più disperante a quella folla gioconda e insipida che mi circondava. Ho dovuto ballare per convenienza; non ricordo con chi ho ballato e che cosa

ho ballato ; mi sentiva il capo vuoto, stordito ;
mi si volgea il discorso senza che io avessi compreso ciò che mi si dicea ; l'anima mia era ben
lungi da quel teatro di frastuono, di levità, d'inganno. L'immagine di Raffaele, dell'angiolo mio
era a me presente ; io non vedeva che lui, non
udiva che lui ; tutti quegli uomini ch' io vedea
raggirarmisi attorno mi sembravano squallide
larve a paragone di quel sole di bellezza e di
virtù. Ed io, buon Matteo, io era trista da che
sono ormai due giorni che nol veggo, due lunghissimi giorni che mi son paruti due secoli.
Avea terminato, io credo, di ballare una quadriglia, quando mio fratello Domenico, chiamatami in disparte, ha voluto ch' io l'avessi seguitato ; e tutti e due siamo entrati quì, in questa
mia stanza, dov' egli si è seduto là dove siete
or voi. O mio Dio, egli era pallido com' io non
l' ho veduto giammai! I suoi occhi torbidi, smarriti, che non osavano guardarmi in sul viso, mi
hanno agghiacciato il sangue nelle vene.

« — Ebbene, fratel mio, gli ho detto, che hai
tu a dirmi ?

« — Ho a dirti ch' io sono ruinato, irrimediabilmente ruinato. Ho tra quattro giorni a pagare al Baroncino del Mirto la somma di cinquantamila piastre, che ho perduta al maledetto *lansquenet*.

« — O! Dio! ho esclamato, e non sono morta
sul colpo per vero prodigio del cielo.

« — Il Baroncino del Mirto, ha seguitato mio
fratello, non si è contentato della mia parola e
de' testimonii che circondavano la nostra tavola
da giuoco : egli mi ha fatto firmare una cambiale al dì otto di agosto corrente...

«—Come! egli si dicea tuo sviscerato amico!

«— Amico! Oh egli lo è sempre! ha soggiunto il povero mio fratello col più funesto ed inesplicabile accecamento.

«— E come farai? ho detto colla massima angoscia; dove troverai tu cotesta enorme somma? oh povero vecchio di nostro padre!...

«— Ci è modo di salvarmi, Emilia; un modo di nasconder tutto a nostro padre e senza pagare un sol quattrino.

«— Possibile! ho esclamato con trasporto di gioia; parla, fratel mio; qual' è mai codesto mezzo di salvamento?

«— Sei tu stessa, egli ha risposto, abbassando lo sguardo bieco e sinistro.

«Un gelo di morte mi è piombato sul cuore; ho sentito costringermi la gola; un orribile presentimento ha invaso l'anima mia.

«— Spiegati, fratello, gli ho detto tremando.

«Domenico sembrava titubasse a parlare: egli ha chinato il capo su ambe le mani ed ha nascosto il suo volto, di cui non appariva che la foltissima e nera barba. Oh cielo, mi è sembrato che i suoi capelli si fossero di repente imbiancati; qualche minuto è passato in silenzio; poscia, senza levare il capo, egli ha detto a bassa e lenta voce:

«— Emilia, so che tu mi ami, so che ami l'onore della famiglia e l'incolumità del casato de Jacellis; è questo il momento di darmi una pruova solenne del tuo amore per noi tutti. Eduardo, il mio amico, il Baroncino del Mirto, dopo che si è fatta da me firmare la cambiale, ha osato propormi....

« — Ebbene ? ho interrotto col cuore che mi batteva in modo da soffocarmi.

« — Ebbene ; egli ha osato propormi che a-vrebbe immantinente lacerato la cambiale e dichiarato saldato il mio debito, purchè avesse ottenuto... l'amor tuo !

« Non ho potuto reprimere un grido d'orrore. Egli ha soggiunto subitamente :

« — Egli vuole legittimamente sposarti.

« — Io sua moglie ! ho esclamato in modo da far persuaso mio fratello che sarebbe stato più facile ottenere la mia morte.

« È passato tra noi qualche momento di silenzio.

« Io non so dirvi, mio buon Matteo , quello che in me avvenisse dopo queste parole di mio fratello. Io vedeva il disonore piombare sulla mia famiglia, l'angoscia sedere opprimente sulla calva fronte del mio genitore, la disperazione afferrare il crine del fratel mio. Io poteva allontanare questa tempesta ; ma , oh Dio , a che prezzo ! Al prezzo del sacrifizio di me stessa , del mio avvenire, della mia felicità, dell'amor mio , della mia vita, giacchè io non potrei sopravvivere al sacrificio del mio amore... Oh non è possibile !... Raffaele, o mio Raffaele !...

Qui la giovinetta ruppe novellamente in copiose lagrime. Matteo estremamente commosso non profferiva parola. Dato questo novello sfogo alla pienezza del suo affanno, Emilia riprese :

« Il primo movimento che si levò nell'animo mio, il primo sentimento che provò il mio cuore, fu un sentimento di avversione per quest'uomo che osava porre il mio affetto a così vil transazione. Questo mio sentimento dovette, io cre-

do, tradursi immantinente in un atto tale di orrore, che Domenico mi lanciò una di quelle occhiate di disperazione che mi fe' fremere e raccapricciare.

« — Comprendo la tua ripugnanza, sorella,
egli mi ha detto; so che tu hai mostrato sempre antipatia e avversione pel mio amico Eduardo; ma so eziandio che egli ti ama da lunga
pezza, benchè non siasi ardito giammai di fartene
il minimo cenno o di farti in qualche modo intendere il suo amore, scoraggiato forse dalla
freddezza agghiacciata che avesti sempre per lui.
Ma debbo dirti, sorella mia, che Eduardo non
è poi così indegno dell'amor tuo siccome tu credi, Eduardo è nobile, ricco, giovine, elegante,
istruito; forse non ha quella poesia del sentimento, di che siete così vaghe voi altre donne;
forse il suo aspetto non attira subitamente la
simpatia e la confidenza; ma è impossibile il
trovare un marito perfetto in tutto; ed egli troverebbe in te in abbondanza quelle virtù che in
lui mancano. Ma, sopra tutte queste considera-
zioni, tu avrai pietà del mio caso, buona Emilia; tu mi salverai dal baratro nel quale la mia
stolta imprudenza mi ha precipitato. Parla, dimmi una parola di speranza, egli è là che aspetta.

« — Chi mai? ho dimandato con ispavento.

« — Il tuo innammorato, il mio amico Eduardo, egli ha risposto senza discomporsi alla mia
sorpresa.

« — Oh... non mai! non mai! ho esclamato,
alzandomi per un movimento involontario.

« Un'occhiata terribile di mio fratello ha dato
altra subitanea piega ai miei pensieri; onde presto ho soggiunto:

« — Per carità, fratello mio, fa che egli non entri in questa camera... Oh Dio! in questo momento! Io sono così commossa, così agitata!

« — Ebbene, egli non entrerà qui, ha ripigliato Domenico; ma è d'uopo che io gli rechi una tua parola, la quale sarà per me la vita o la morte.

« Di nuovo io caddi su questa poltrona, covrendomi il volto colle mani. Da un canto l'immagine del mio Raffaele mi si levò innanzi alla mente terribile e minacciosa; dall'altro, l'immagine della disperazione di mio fratello. Per uno slancio repentino del cuore volsi a Dio il mio pensiero, e ne implorai l'ispirazione in tal solenne momento. Ed in fatti, ebbi tosto un'idea.

« — Ebbene, ho detto, a domani, fratel mio, a domani la manifestazione della mia risoluzione... In questo momento... ho la mente così sconvolta, così disordinata!

« — E dovrò vivere fino a domani in questa infernale incertezza, ha mormorato cupamente Domenico, e gli ho veduto tremare, come ad un vecchio, la mano ond' egli accarezzava la lunga sua barba.

« — Oh! per ora, è impossibile, fratel mio, gli ho detto, è impossibile che io mi decida... La commozione che mi assale... Va, Domenico, lasciami respirare... A domani, a domani.

« Io mi sentiva una voglia sfrenata di piangere; sentiva le lagrime affluirmi in gran copia alle ciglia. Comechè a niente io mi fossi ancora decisa, pareami che avessi già trafitto l'animo del mio Raffaele. Domenico si alzò, gittò su me una lunga occhiata e mi disse, stringendomi la mano con una certa dolorosa affettuosità:

« — Emilia, buona sorella, pensa che domani aspetto da te la mia sentenza.

« Ciò detto mi lasciò sola, e nell' aprire l'uscio della mia stanza, i suoni dell'orchestra mi fecero accorta che in casa tutti si abbandonavano alla gioia ed all' allegria, mentre io, la figliuola del conte di Montenero, avea l' inferno nel cuore!

« Non sì tosto allontanato mio fratello, io mi gittai sul letto, dove mi avete testè trovata, e mi abbandonai all' eccesso del mio dolore ; implorando dal cielo, a grazia particolare, la morte che sola può tormi alla orribile situazione in che mi veggo, e che è mille volte preferibile ad una unione con quell' uomo, con quel Baroncino del Mirto, pel quale io sento una ripugnanza invincibile.

Matteo avea ascoltato la giovinetta nel più profondo silenzio ; la sua commozione era estrema ; un leggiero tremore faceva oscillare le sue labbra.

— Iddio vi ha ispirato, buona fanciulla , egli le disse, a non dare sul momento una risposta a vostro fratello. Avete fatto benissimo a rimettere a domani una decisione di tanta importanza. Per Giove Capitolino, il vostro cuore di angiolo non debbe esser torturato ; il vostro nobile affetto pel giovine Raffaele non debbe esser sacrificato ; la vostra vita non debbe esser preda di uno scellerato libertino. Domani voi rifiuterete.

— Rifiuterò? esclamò la fanciulla ; e mio fratello chi lo salverà dalle unghie di quell' uomo?

— Vostro fratello ha meritato una giusta punizione ; le ostinate e ree passioni non si correggono che nelle sciagure alle quali esse conducono. Anche quando voi faceste il sacrificio dell'intera vostra vita, il contino Domenico non si ravvedrebbe però; doman l'altro ei si troverebbe nel medesimo pericolo. Il giuoco è una passione che non si corregge che nella ruina. Ciò non pertanto, per questa sola volta, noi lo salveremo dalli artigli del leone.

— Ah! lo salveremo! E come, signor Matteo?

Il viso della giovinetta raggiò di gioia.

— È questo il mio segreto, buona fanciulla. Domani a buon'ora io vedrò vostro fratello, e tutto sarà aggiustato.

Emilia guardò con maraviglia estrema il vecchio Matteo. Alla celeste speranza che avea soffuso di gioia il suo volto tenne dietro lo scoramento, imperocchè ella credè scorgere nelle sembianze del vecchio un ritorno di mattezza.

Matteo indovinò subitamente il pensiero della giovinetta.

— Non temete, Emilia; scacciate ogni affanno dal vostro cuore; io vi parlo nel miglior senno del mondo; io non sono nè matto nè idiota. Vi dico che salverò, per questa volta sola, il fratel vostro della ruina; ve lo giuro.

Era tanta serenità, tanta nobile sicurezza, tanta lucidità di mente sulle venerande sembianze di quel patriarca, che non poteasi apprendere il minimo dubbio sulla realtà di quanto egli asseriva, nè poteva sospettarsi il difetto di ragione in quell'uomo. Ad onta di ciò, la giovinetta titubava ancora di abbandonarsi alla gioia che quella speranza le metteva nel cuore. E, per vero, quello che il vecchio le avea detto non era cosa agevolmente fattevole. Come avrebbe egli distrutto una cambiale di cinquantamila piastre scadibile fra quattro giorni? Come avrebbe egli sciolto un problema di così ardua soluzione? E in che altro modo avrebbe potuto, com'ei diceva, salvarle il fratello?

Tali e così fatte dubbiezze si aggiravano per la mente di Emilia, la quale non ristava dall'affisare il sereno e sorridente viso del vecchio, su cui avrebbe voluto leggere la certezza delle sue parole.

Matteo trasse dalla tasca del suo giubbone una enorme tabacchiera di osso; sorbì una presa di quella grossa polvere nera che con vocabolo francese vien domandata *rapè*; sorrise alle incertezze che leggea sulle sembianze della giovinetta, e le disse:

—È ben giusto che sospettiate delle mie parole. Posso io disporre di cinquantamila piastre? Ma i vecchi non sono vecchi per niente; e non si arriva quasi a toccare il secolo senza conoscere molte cose, le quali valgono più del denaro contante.

La fanciulla si alzò per un moto di estrema sorpresa.

—Che! voi siete per toccare il secolo?

—Precisamente, bella signorina. Oggi siamo al 4 agosto 1835, ed io sono nato il 7 aprile dell'anno 1740; onde vedete che ho novantacinque anni meno pochi mesi.

Emilia il guardava come si guarda una rarità.

—Possibile! Io non vi avrei dato che sessant'anni.

— Aggiungeteci, vi prego, disse ridendo il vecchio, aggiungeteci questi piccoli trentacinque anni che sono passati dacchè è nato il secolo decimonono. Vi auguro di vivere quanto me, bella fanciulla, e allora molte impossibilità spariranno. Sapete che gl'inglesi dicono *Il tempo è moneta;* quindi io sono ricco, assai ricco, n'è vero?

Matteo seguitò a ridere con quel suo riso che molto assomigliava a quello dell'idiota, e che molto avea contribuito a fargli appiccare questo ignobile aggiunto.

— Or veniamo a noi, soggiunse dopo di aver sorbito giocondamente un'altra presa di tabacco; non perdiamo tempo, giacchè a me è troppo caro il tempo; sapete che poco altro me ne avanza, e non vorrei sciuparne una bricciola; comprenderete che debbo esserne avaro, tanto più che non vorrei si chiudesse il volume della mia storia senz'avere effettuato un disegnetto che ho in mente... da oltre ottant'anni.

Queste strane parole del vecchio rituffarono Emilia nell'oceano delle sue dubbiezze e de'suoi timori intorno alla sanità della mente di lui, epperò tornò ad affisarlo con un senso d'inquietudine e di tema.

— Tocchiamo il tasto per lo quale io mi sono ardito di entrare in questa camera e disturbarvi. Questa mattina ho veduto il vostro Raffaele.

— L'avete veduto?

Gli occhi di Emilia sfavillarono.

— E dove?

— In sua casa.

— Siete stato a trovarlo?

— Per lo appunto.

— Voi dunque il conoscete?

— No, cara mia.

— E dunque?

— Sono andato a vederlo, perchè il so sventurato; e tutti gli sventurati sono miei figliuoli. Non vi nasconderò lo stato deplorabile in cui l'ho trovato... Lo squallore, la miseria... Povero giovine! Trista condizione delle lettere!... con un sì bello ingegno, con un aspetto sì gentile, con un cuore così nobile e sensitivo!.. Ma per Giove Capitolino (*era questa la consueta esclamazione del vecchio Matteo*), la cosa non andrà così : I VECCHI NON SONO VECCHI PER NIENTE, e si troverà il rimedio anche a questo.

Le lagrime rifluirono novellamente agli occhi di Emilia, innanzi alla cui mente si parò la immagine della trista sorte del suo diletto.

— Voi dicevate adunque, Matteo, che l'avete trovato in uno stato deplorabile?..

— Deplorabilissimo... Non dico per affliggervi, ma a stento ho pescato una sedia per sedermi; e, per Giove Capitolino, i vecchi non possono stare all'impiedi, soprattutto quando hanno salito cento e sei scalini, chè tanti son quelli che menano al tugurio del signor Raffaele... L'ho trovato che stava scrivendo... Non ho voluto commettere l'indiscrezione di domandargli che cosa scrivea; ma scommetterei, e vi prego di credere che non ho mai perduto le mie scommesse, scommetterei, ripeto, che il giovin poeta stesse scrivendo un componimento poetico.... per voi.

Emilia sorrise malinconicamente; un lievissimo incarnato colorì le sue pallide gote; ella abbassò le lunghe sue ciglia.

Matteo riprese:

— Raffaele non ha mostrato la minima sorpresa nel vedermi apparire nel suo tugurio, del quale avea trovato l'usciolino aperto. Egli era talmente immerso nel suo componimento, che mi ha guardato in aria astratta. Forse ha dovuto

supporre ch' io fossi una specie di mendico, giacchè il mio vestimento non indicava gran cosa.
Io l'ho chiamalo per nome; e, senza cerimonie,
tolta l'unica sedia ch'era in quella stanza, mi
son seduto accanto a lui.

— Chi siete voi, buon' uomo ? ha dimandato
senza mostrare spiacimento o collera per averlo
io disturbato nella sua occupazione.

« — Io sono, ho risposto, un amico della contessina Emilia de Jacellis.

A questo nome quella faccia, ch'era bianca
come la carta, è divenuta un incendio; gli occhi han mandato un fulgore inesprimibile.

« — La contessina Emilia ! ha esclamato: voi
dunque venite da parte sua, propriamente da lei?

« — Propriamente da lei no ; ma son sicuro
che la visita ch'io vi fo le dovrà far piacere,
ho risposto sorridendo a quella passione che con
tanta ingenuità gli balenava da tutta la persona.

« — Siete dunque un amico di casa ?

« — Precisamente. Il mio nome è Matteo ; e
sogliono chiamarmi *Matteo l'idiota*.

Raffaele ha sorriso d'incredulità; mi ha affisato con uno sguardo di amabile compiacenza,
e mi ha detto :

« — Chiunque voi siate, sentomi attratto verso
voi da un sentimento d'inesplicabile simpatia.
Parlate, parlate. In che può esservi utile un povero orfano come me, da tutti abbandonato e
malveduto come suol essere la povertà ?

« — Io non venni, ho risposto, per richiedervi
d'alcun favore; ma invece per rendervi qualche
servigio. Mi è noto il vostro bello ingegno e la
impareggiabile modestia che lo adorna. Voi non
siete felice; ma è meglio talvolta meritar la for-

tuna anzi che averla; imperciocchè quelli che la posseggono spesso non ne son degni. Voi avete fatto un componimento poetico che mi è molto piaciuto; avete scritto un sonetto che ho letto in una strenna di quest'anno: ho letto altresì parecchie altre vostre poesie nelle *Ore solitarie;* e vi assicuro che il vostro verseggiare m'innamora. Voi avete una bell'anima; non vi avvilite; giacchè lassù è una Provvidenza che veglia sugl'infelici, e prepara loro qualche giorno di contento. Un signore di mia conoscenza mi ha incaricato di pregarvi di scrivere in versi sopra un avvenimento strano e bizzarro accaduto verso la metà del passato secolo: trattasi della morte di un fanciullo di undeci anni avvelenato dal suo precettore ed aio, per secondare il disegno di alcuni parenti di esso fanciullo avidi delle costui sostanze. Questa dovrebbe essere la prima parte del poemetto commesso alla vostra penna. Io sono incaricato di darvi tutt'i ragguagli e gli schiarimenti di che avrete bisogno.

— Probabilmente voi avete conosciuto il fanciullo e i parenti, osservò Emilia.

— Sì, cara fanciulla, e l'uno e gli altri ho conosciuto, rispose Matteo col suo risolino ingenuo ed ameno.

— Quale esecranda perfidia! sclamò la giovinetta; ed era bello il fanciullo, n'è vero?

— Non si parla della sua bellezza in paragone dell'altissimo ingegno che aveva.

— E Raffaele ha accettato la vostra commissione?

— Con tutto il piacere, tanto più che per incuorarlo a lavorarvi su con alacrità, gli ho recato dieci once d'oro in anticipazione dell'opera.

Emilia non potè a meno di stringere la mano del vecchio, ed esclamare:

— Buon Matteo! voi siete la stessa bontà.

— Non me dovete ringraziare, ma Colui che veglia su tutte le sue creature e specialmente su le anime giuste...

— Io mi sono congedato da Raffaele, soggiunse il vecchio, promettendogli che domani o doman l'altro sarei tornato da lui per dargli le notizie che gli sarebbero abbisognate. Intanto domani io gli recherò non solamente gli storici particolari bisognevoli alla storietta ch'ei dovrà mettere in versi, ma gli porterò eziandio que' due sacchetti d'oro che vedete lì su quel cassettone.

Queste parole furono dette da Matteo con così placida indifferenza, che Emilia stimò questo uno scherzo del vecchio; onde sorrise nel gittar lo sguardo su i due sacchetti, in cui tutt'altro suppose che oro.

Il vecchio si alzò, prese l'uno de' due sacchetti, e tutto il vuotò sovra un deschetto che era a fianco della giovinetta.

— Possibile! ella esclamò cogli occhi sfavillanti di gioia. Oro! E quest'oro è pel povero Raffaele! Ma voi siete l'uomo de' prodigi! Io non vi comprendo... Per carità, chi siete voi dunque?

— Matteo l'*idiota*, rispose questi col suo solito risolino.

È indicibile con che stupore la giovinetta guardasse quello strano e maraviglioso personaggio. Un pensiero le balenò per la mente che quegli non fosse un qualche principe travestito o altro elevatissimo gran signore, tanto più che ella non avea mai potuto saperne il cognome. E questa persuasione dovette entrarle sì addentro nell'animo, ch'ella non sapea d'ora innanzi con qual titolo rivolgergli il discorso.

Matteo non fece alcun caso dello stupore della giovine, e, sorbendo un'altra presa del suo *rapè*, proseguì:

— Questi due sacchetti d'oro compongono la somma di circa quindicimila ducati.

— Quindicimila ducati! Ma questa è immensa fortuna pel povero Raffaele!... Ma dite, signore, per carità, ditemi se questo non è un amaro scherzo.

— Scherzo!.. Ma voi avete ragione di dubitare, bella fanciulla; per altro i vostri dubbii saranno dissipati allorchè domani sera vi farò leggere i polizzini d'iscrizione di rendite sul Gran Libro, ne' quali quest'oro sarà convertito in favore del vostro Raffaele: una settantina di ducati di rendita al mese non ci è male per un poeta che si è avvezzo per parecchi anni alla vita degli stenti e delle privazioni... Ma questo non è che un'inezia; penseremo pel signor Raffaele in un modo più conveniente al suo ingegno.

Sempre più crescevano la maraviglia e la gioia della povera Emilia. Le parole del vecchio, e soprattutto quella maniera di adoperare il verbo in plurale, come sogliono i grandi; quel *penseremo* pronunziato come da chi è sicuro del fatto suo, sempre più ribadivano nell'animo della fanciulla la sicurezza che Matteo altri non fosse che un personaggio di grandissima levatura travestito. Ella ricordava che Matteo, poco appresso di essere entrato nella stanza di lei, le avea detto che un giorno forse a lei sarebbe stata nota la sua storia, e ch'egli avrebbe avuto un dritto alla stima ed all'affezione di lei.

— Pel momento, ho d'uopo, cara giovinetta, seguitò il vecchio, ho d'uopo dell'opera vostra per far le cose con somma delicatezza e prudenza.

— Dell'opera mia! sclamò Emilia... Ma dite, signore, quest'oro, questa somma di quindicimila ducati... perdonate l'indiscrezione...

— Comprendo quel che volete dirmi, carina; non dubitate, quest'oro, questa somma... È MIA.

— Voi dunque... siete... assai ricco?

Matteo si pose a ridere come solea, e presa tabacco:

— Per Giove Capitolino! io ricco! sappiate, figlia mia, che *per ora* io non ho nulla, precisamente nulla, appena quanto mi basta per prendere le mie dieci once di minestra al giorno ed empir di *rapè* la mia scatola, l'unica voluttà che ho procurato a' miei sensi durante la mia vita. Ma or non si tratta di questo. Io vi diceva dunque che ho d'uopo dell'opera vostra, ed ecco di che si tratta. Io conosco il vostro Raffaele meglio forse di quel che voi stessa il conoscete. Egli è povero, ma non accetterebbe mai un'elemosina di quindicimila ducati. Bisogna dunque pensare al modo come fargli accettare questa sommetta, senza che il suo amor proprio ne abbia a soffrire. Se io gli dicessi che questo è il prezzo del lavoro poetico di che è stato, per mio mezzo, incaricato, prescindendo ch'ei non crederebbe valere il suo lavoro questo enorme prezzo, non vorrebbe accettarlo anticipatamente. Onde voi vedete, contessina, che questi poveri quindicimila ducati avrebbero la mortificazione di essere rifiutati, il che sarebbe un vero peccato,

visto lo stato finanziario del giovine poeta : voi
dunque avrete la bontà di scrivergli due righe,
che io medesimo gli recherò.

— E che dovrò dirgli ?

Matteo, senza rispondere a questa interrogazione della giovinetta, alzossi e pose sul deschetto
accanto a lei l'occorrente da scrivere.

— Ecco quì carta, calamaio e penna... Compiacetevi di scrivere quello ch'io vi andrò det-
tando.

La giovinetta parea che titubasse; ma questa
sua titubanza non durò che un attimo; imperocchè, ad onta dello inesplicabile ch'era nella condotta di Matteo, le sue sembianze franche, sorridenti e serene fugavano la diffidenza.

— Son pronta, disse con risolutezza Emilia
pigliando la penna, e senza guardare alle convenienze che poteano essere lese nell'essere lei
la prima a scrivere al suo amante. D'altra parte, ella comprese che trattandosi di fare una bel-
l'azione, bisognava non far caso di qualsivoglia
convenienza.

Matteo dettò :

« Dilettissimo Raffaele — Il porgitore, mio a-
« mico, vi consegnerà alquanti polizzini d'iscri-
« zione sul Gran Libro in testa vostra. Questo
« denaro è mio; ma, per alcune mie ragioni
« particolari e di famiglia, ho dovuto farne iscri-
« vere la rendita a favore di un altro. E di chi
« poteva io meglio fidarmi che di voi, l'unico
« scelto dal cuor mio, e che forse mi appar-
« terrà pel più legittimo e caro nodo ?

A queste parole Emilia ristette dallo scrivere
e guardò attonita il vecchio.

— Scrivete, buona fanciulla; secondate i voti del vostro cuore; non abbiate paura.

E Matteo seguitò a dettare :

« Conservate questi polizzini fino al giorno che « io vi pregherò di girarli in testa mia. Matteo « vi dirà il resto a voce. Addio, mio Raffaele, « addio. »

— Firmatevi.

Emilia appose la sua firma alla carta , che piegò e consegnò a Matteo.

— Tutto va bene! sclamò questi. Domani sarà per me una giornata di affari.

— Signore, salvatemi il fratello ! disse la giovinetta colle mani giunte.

— Ei sarà salvo, riposate in pace, e Dio sia con voi , figlia mia.

Matteo si avvicinò alla giovinetta e la baciò in fronte.

— Vi lascio i due sacchetti d' oro, giacchè è notte avanzata. Domani li riprenderò.

Il vecchio uscì. La giovinetta avea provato le più vive commozioni che avesse mai provato in sua vita.

V.

Il Baroncino del Mirto.

Il Baroncino del Mirto abitava nell' albergo... in una stanza a terreno. Era sua consuetudine di mutare alloggio quasi ogni mese; pagava con la massima puntualità; non ricevea che pochissime persone di quella classe che vien qualificata coll' aggiunto di distinta; e non parlava che raramente colla gente dell' albergo.

Soleva egli ritirarsi ogni giorno allo spuntar
dell' alba; le notti passava sempre fuori dell'albergo; dormiva, o almeno era in letto insino
all'una pomeridiana.

E la mattina del 5 agosto, vale a dire, il
giorno appresso a quello in cui accaddero a sera
le cose da noi narrate ne' precedenti capitoli, e-
rano circa le otto del mattino, quando Matteo si
presentò all'albergo, e domandò del signor Baroncino del Mirto.

— Egli si è messo a letto da qualche ora, gli
fu risposto; potete andarvene e ritornare, se vi
piace, verso l'una o le due.

— Non fa niente, rispose Matteo con quel suo
sorriso mezzo beffardo voi avrete la bontà di
svegliarlo.

Il servo dell'albergo ruppe in un riso smodato.

— Svegliarlo! Non ci mancherebbe altro per
essere gittato giù dalla finestra!

— Ah! egli vi gitterebbe giù dalla finestra se
voi ardiste di svegliarlo a quest'ora?

— Immancabilmente.

— Ebbene? siate sicuro che quando gli avrete
detto da parte di chi io vengo a parlargli, il
vostro baroncino non sarà più adirato contro di
voi, e mi riceverà immediatamente.

Il servo guardò il vecchio, il quale avea pronunziato queste parole nella massima serietà.

— È giusto, non ci avea pensato, osservò il
domestico con ironia.

— Or dunque; fatemi il favore di andarlo a
svegliare ed ad annunziarmi.

— Cominciate a straccare la mia pazienza,
vecchierello mio, disse il servo con mal cipiglio;
vi pregherei di pigliar la via donde siete venuto.

— Io non posso andarmene, brav' uomo, ripigliò Matteo — ho a dire qualche cosa di premura al signor Baroncino, e non ho tempo da perdere... Ecco, prendete pel vostro fastidio.

Matteo pose un pezzo d' oro nelle mani dell' attonito servo, che guardava or la moneta ora il vecchio.

— È per me questa moneta?

— Per voi, propriamente per voi; or vedete se potete svegliare il baroncino.

— Voi siete così cortese, mio signore, ch' io vorrei servirvi; ma vi assicuro che mi metto ad un rischio.

— Via, via, fatemi il favore.

— Come debbo annunziarvi al baroncino?

— Gli direte che *Matteo l'idiota* desidera di parlargli di premura da parte del signor Brunacci. Badate bene di non istorpiare questo cognome... Ricordatevi bene *Brunacci*.

— Matteo l' idiota?

— Precisamente, da parte del signor Brunacci.

— Aspettate un poco.

Il servo trasse alla volta della camera del baroncino.

Dieci minuti all'incirca passarono.

Il servo tornò e disse:

— Il signorino è andato su tutte le furie quando io l' ho svegliato: ma allorchè gli ho detto che voi desideravate parlargli da parte del signor Brunacci, ha fatto un balzo come se io gli avessi nominato il più brutto fra i diavoli dell'inferno; ha voluto ch'io avessi ripetuto questo nome, ed io l'ho inteso borbottare alcune parole che non sono giunto ad afferrare; indi è saltato dal letto, e mi ha detto: Fate subito entrare quel vecchio.

— Bravo! sclamò Matteo; questo si chiama propriamente *far dell'effetto*. Accompagnatemi da lui, brav'uomo.

Matteo seguitò il domestico che lo introdusse nella camera del baroncino.

Costui era avvolto in un'ampia veste da camera; avea ficcato il piede in un paio di pianelle turche: le sue sembianze pallide e smunte, senza essere *ritoccate* dall'arte dell'acconciatura, attestavano a prima giunta l'uomo delle dissolutezze.

Il baroncino non ricordava che assai vagamente di aver veduto il personaggio che ora gli si presentava. Confuso nella moltitudine delle persone che frequentavano la casa del conte Montenero, e rincantucciato in qualche angolo buio, Matteo dovea di necessità sfuggire alla corta vista del signorotto, il favore delle cui languide occhiate era serbato solo alle gentili damine. Annebbiata la vista dal breve sonno che avea fatto, essendosi, secondo il consueto, coricato quasi allo spuntar dell'alba, egli appuntò gli occhi con perplessa e paurosa curiosità sull'uomo che entrava nella sua camera, temendo di rivedere in persona il Brunacci, da parte del quale Matteo avea fatto annunziare di dovergli parlare.

— Chi siete? donde venite? dimandò vivamente il baroncino.

— Permettete, rispose pacatamente Matteo sdraiandosi sovra una delle poltroncine che erano in quella stanza. Sapete che i vecchi sono come i fanciulli; è uopo dispensarli dalle cerimonie.

— Vi ho dimandato chi siete? tornò a dire

il signorotto con un visibile tremore di labbra.

— E non ve l'ha detto il vostro domestico? Non mi ha annunziato col nome di *Matteo l'idiota?*

— Matteo l'idiota! ripetè il baroncino come chi cerchi d'indovinare il senso ascoso d'un motto, o di richiamare alla memoria una incerta ricordanza,

— Questo è il nome con cui mi onorano, ripigliò Matteo dando tre o quattro colpetti del suo riso sardonico.

— E come, e quando, e dove avete voi conosciuto il *!* . . . . personaggio, da parte del quale voi dite di dovermi parlare?

—Adagio, adagio, signor baroncino; sapete che i vecchi non sono come i giovani; non fanno le cose in fretta; non è vero, signor baroncino?

E si fregò le mani, e rise un altro poco, e cacciò la sua scatola di tabacco.

Il signorotto fremeva d'impazienza.

—E così? parlate o non parlate? il mio tempo è prezioso.

—Non mai quanto il mio, signor baroncino. Se sapeste quante cose ho a fare questa mattina! Ecco perchè mi son preso licenza di farvi svegliare a quest'ora, mentre so che la vostra mattina non incomincia che a sera. Ma ei bisogna che abbiate pazienza; i vecchi sono vecchi, e i giovani sono giovani. . . Quand'io era della vostra età...

— Corpo del diavolo, vi sbrigherete, vecchio imbecille? . . .

— Non vi riscaldate il sangue, signor baroncino; ricordo il precetto di Galeno che dice...

— Insomma? gridò il baroncino alzandosi nell'eccesso della collera.

— Eccomi a voi, rispose compostamente Matteo; e, invece di parlare, ricacciò il suo scatolone di *rapè*, e sorbì novellamente la sua grossa polvere.

— Mi avete mai veduto a casa del conte di Montenero, signor baroncino?

— Parmi... Avanti.

— Vi dico ciò per farvi intendere ch'io sono amico del conte, ed anche del contino suo figlio, che sarebbe riuscito un giovine eccellente senza la compagnia di certa gente...

È indicibile il furore che guizzava dagli occhi di quella vizza creatura.

— Avanti... per Satana!

— Non bestemmiate, signor baroncino, o, tutto al più, avvezzatevi ad esclamare come me *per Giove Capitolino!*

E si pose a ridere questa volta di vero cuore.

— Farò un eccesso, borbottò quegli.

— Eccomi a voi; non voglio che usciate di pazienza, illustre signor baroncino. Veniamo al *quatenus.* Ieri sera voi avete guadagnato cinquantamila piastre al contino Montenero non è vero?

— Avanti.

— Le avete guadagnato al *lansquenet*; non è vero?

— Maledette interrrogazioni!

— Senza entrare nel merito dell'azione, giacchè, *entre nous,* sia detto in confidenza, voi non siete novello nell'arte di far *saltare* le carte...

— Miserabile! esclamò cogli occhi di tigre il baroncino.

— Senza collera, vi prego; noi parliamo accademicamente. Vi ripeto adunque che voi non siete novello in quest'arte ; e son pronto a dimostrarvi la verità della mia assertiva sempre che vorrete. Ma ora non si tratta di questo; Or si tratta semplicemente che dovete consegnarmi la cambiale firmata ieri sera dal contino e scadibile fra tre giorni.

— Consegnare a voi quella cambiale! a che oggetto ?

— Pel semplice oggetto di restituirla al contino.

Il baroncino rise in modo che facea supporre tutt'altro in lui che ilarità; guardò in modo maravigliato il vecchio Matteo credendolo uscito di senno, e gli disse :

— Voi siete venuto evidentemente perchè io vi faccia gittare da una finestra.

— Meno male che siamo al pian terreno, disse ridendo Matteo, non c'è paura che mi faccia male. Io vi dico in tutto senno che dovete consegnarmi la detta cambiale. Ve ne prega anche il signor Brunacci.

— Come conoscete voi quest'uomo? dimandò fremendo il baroncino.

— Questa faccenda non vi riguarda, signor mio.

Matteo ricacciò la sua scatola, rimpizzò le narici colla grossa polvere del suo *rapè*, e soggiunse:

— Il signor Brunacci adunque vi prega di consegnare nelle mie mani la cambiale del contino di Montenero, e vi aggiugne che, quando trovaste la minima difficoltà a ciò fare, egli vi ricorda il patto stabilito fra voi due la sera del 4 dicembre 1828.

Il baroncino surse dalla sua sedia come belva ferita: in un baleno si avventò contro il vecchio

4'

Matteo, e l'afferrò per la bianca cravatta che questi solea portare.

— Per tutto l'inferno! Tu mi dirai come hai conosciuto il Brunacci, e che sai tu del patto del 4 dicembre 1828.

— Ah! ah! non facciamo violenze, egregio signor baroncino, giacchè qui non istiamo nei boschi. Per grazia del cielo, ci troviamo in un pubblico albergo, in una strada popolosa. D'altra parte, parmi somma viltà il pigliarvela con un povero vecchio come me, che non entro nelle vostre faccende, e che vengo soltanto per la premura che ho di non vedervi alle galere.

Il baroncino tenea sempre stretta nel suo pugno la cravatta del vecchio. La paura, lo sdegno, la codardia dell'animo gli avevano allividito la faccia in guisa che parea trasformata.

— Tu dunque ti ostini a non dirmi come conoscesti il Brunacci e che sai dei nostri affari.

— Lasciatemi, ch'io vi dirò tutto; giacchè, se mi stringete a questo modo, io non potrei profferir parola.

Il baroncino il lasciò. Matteo si ritrasse indietro; con rapidità cavò dalla tasca del suo giubbone una pistola, e, puntandola verso il signorotto, gli disse:

— Ah! ah! signor baroncino, se voi siete uso alle violenze, io non sono così idiota da non antivederle, e provvedere alla mia difesa. Or se voi movete un passo, io vi caccio due pallini di piombo nello stomaco. E siate sicuro che quando vi avrò ucciso non sarò impiccato, e nè andrò alle galere, perchè saprò provare, che vi ho ucciso per difendere la mia vita dalle violenze di un ladro. E un ladro voi siete, signor Eduardo Poulet, poichè rubaste assieme col signor Brunacci vostro compagno la cassa del negoziante inglese, nel cui studio eravate impiegati. Al Brunacci toccò la prigione; a voi, più scaltro, toccò la lieta ventura di scappare al rigore della giustizia. La sera del 4 dicembre 1828, temendo le denunzie del vostro complice, voi compraste il suo silenzio col promettergli, che qualunque cosa egli vi avesse chiesto, sarebbe stata da voi immantinenti esaudita. Da qual tempo, coverto da un titolo tolto in fitto, allucidato dal denaro involato dalla cassa dell'inglese, voi vi gittaste in mezzo agli eletti cerchi dell'aristocrazia, che ignorava la ignominia della vostra vita precedente, come ignora la ignominia della origine di certe notabilità che pure risplendono in mezzo ad essa. Son circa sette anni che vi godete la impunità procuratavi dal silenzio del vostro complice, sette anni passati nelle più sozze crapule e dissolutezze; sette anni che son costati lagrime di sangue a tante sciagurate vittime della vostra scostumatezza. E, siccome a nudrire i vostri vizi eccessivi non son bastate le somme involate, voi avete immaginato un bel mezzo da empire d'oro le vostre tasche, lo scrocco nel giuoco.

« Io conosco tutt' i vostri valorosi compagni, e tra gli altri quel caro Conte di Acquasalsa, che ieri sera ha guadagnato quindicimila ducati alla *bassetta*... Ieri fu una bella serata per tutti e due. Per Giove Capitolino, cinquantamila piastre e quindicimila ducati; ecco due bocconcini da dama; non ci è che il vostro ingegno che sia capace di tanto.

« Ma veniamo a noi: queste sono faccende che

non mi riguardano; ed io non voglio entrare nei fatti altrui. Il signor Brunacci, che da sette anni vi ha lasciato godere in pace il frutto della vostra ruberia, e nè ha mai profittato del patto del 4 dicembre, oggi vi prega per mezzo mio di consegnargli quella cambialetta che ieri sera il Contino di Montenero ebbe la debolezza di firmare e porre nelle vostre mani.

« Or dunque, stupefatto signor Baroncino del Mirto, o, se volete piuttosto essere appellato coi vostri veri nome e cognome, Eduardo Poulet, voi mi farete il favore di mettere nelle mie mani quel pezzettino di carta; e spero che ciò farete con bel garbo, senza violenza alcuna, giacchè, come vedete, io sono apparecchiato a ribattere con quest'arma qualsivoglia inopportuna irruenza. Ho detto.

Lasciamo che i nostri lettori immaginino da per sè lo stato dell'anima del Baroncino durante questo parlare di Matteo. Egli si credea soggiogato da un sogno funesto, e guardava il vecchio a quel modo che affisato avrebbe un fantasma notturno.

Qualche tempo scorse nel più assoluto silenzio.

Matteo sembrava godere dello sbalordimento del Baroncino; non lasciava pertanto la sua pistola, e aspettava che il signorotto si fosse deciso a qualche cosa.

Il Baroncino era atterrato. Erano ormai due quelli che conoscevano il suo orribil segreto, e tra poco forse tutta la città ne sarebbe stata ripiena: la sua vergogna, la sua ruina erano certe: quell'uomo che gli stava dinanzi, quel vecchio aveva in pugno il suo avvenire, la sua vita. Il primo pensiero che gli si affacciò alla mente fu di slanciarsi su lui e affogarlo; ma quella pistola gli mettea paura. D'altra parte, l'assassinio avrebbe forse accomodato le sue faccende ? Ma quell'uomo, quel Matteo, quel vecchio era forse il demonio ? Brunacci l'avea forse tradito ?

Tali pensamenti si affollavano nel capo del ribaldo, e il mantenevano immobile a fronte di quell'essere sbucato dagl'Inferni per sua dannazione.

— Mi spiace dirle, signor Baroncino del Mirto, disse Matteo, che premurose faccende mi chiamano altrove; quindi non ho tempo da perdere, e, perciocchè ella non vuol consegnarmi la cambiale del contino di Montenero, dirò al signor Brunacci che può regolarsi a modo suo. La saluto.

E facea per partire.

— Un momento, mormorò quegli.

— Mi avete chiamato ? interrogò Matteo con aria beffarda.

— Dite. . . . se io vi regalassi un migliaio di piastre. . .

— Per far che ?

— Per vostro incomodo.

— Per mio incomodo ?

— Intendo . . . pel favore che mi fareste di persuadere il Brunacci a rinunziare a quella tale cambiale.

— Oh ! capisco. . . . Ma. . . . ecco quà, Ella prende un granchio a secco, magnanimo signore; io forse mi sarò male spiegato. . . Ho detto che il signor Brunacci aggiungea le sue preghiere alle mie; ma son io che ho bisogno della cambiale, io, propriamente io. . .

— E voi vorreste la cambiale. . .

— Per consegnarla nelle mani del Contino di Montenero mio amico. . .

— Ma vi fo riflettere che, come io ho guadagnato la somma di cinquantamila piastre, avrei parimente potuto perderla.

— Perderla! Impossibile. . . . Col vostro modo di giuocare, voi avete la certezza di vincere.

— Ad ogni modo, questo deuaro è mio, e impossessarsene colla violenza. . .

— Io non vi faccio alcuna violenza. . . Io non posso che pregarvi... anche da parte del signor Brunacci.

— Maledetto questo nome!

— Scusate, non ci ho colpa io, se questo nome è maledetto.

— Non sarebbe meglio per voi, se, invece di ostinarvi a farmi consegnare questa cambiale, voi vi contentaste d'insaccare un paio di migliaia di piastre. . . ?

— Duemila piastre! . .

— Che vi darei tra un'ora.

— Eh! non ci sarebbe male! ma, mi dispiace di non poter accettare le vostre offerte: ho assolutamente bisogno della cambiale.

— Ve ne offro tremila.

— Veramente sono mortificato che debbo rinunziare a sì bel guadagno; ma ho bisogno della cambiale.

— Quattromila.

— Grazie, grazie, mio buon signore; è impossibile; vi ripeto che ho bisogno della cambiale.

— Ma, consegnandovi la cambiale del contino, mi giurate voi che...

— Che cosa?

— Che non rivelerete ad anima viva il fatto

della cassa del negoziante inglese, nel quale io fui barbaramente calunniato.

— Vi prometto solo che *per ora* non parlerò.

— Giuratelo.

— Non giuro, signor baroncino. In tutto il corso della mia lunghissima vita non ho fatto che un sol giuramento, che spero mantenere.

— Egli è dunque impossibile ottenere nulla da voi?

— E che cosa può offrirvi un povero vecchio come me? volete una presa del mio *rapè?*

— Sarò almeno sicuro che il contino nulla saprà di questa scena che è avvenuta fra noi, e soprattutto la contessina Emilia?

— Il contino e la contessina non sapranno altro fuori che, di vostra spontanea libertà metteste nelle mie mani la cambiale, non permettendo l'*amicizia* che avete per lui che aveste presa in sul serio una perdita così enorme.

— Mi promettete di dir questo almeno?

— Ve lo prometto.

Poco stante, la cambiale firmata dal contino di Montenero era nella tasca di Matteo l'idiota.

Eran le nove della stessa mattina quando Matteo si fece condurre in carrozza a Magnocavallo a casa del conte di Montenero.

Il contino era ancora a letto.

Matteo andò a ritrovare Emilia, cui gli avvenimenti della sera precedente non avean fatto riposare.

— Eccovi la cambiale di vostro fratello, disse il vecchio entrando nella stanza di lei.

Emilia mise un grido di gioia, e corse a divorar di baci la mano di quell'uomo dei prodigi.

— Ah! signore; per carità, ditemi chi siete voi che operate di questi portenti?

— Io sono *Matteo l'idiota,* sispose il vecchio col suo solito risolino, indi soggiunse:

— Vi lascio, Emilia; questa è una giornata di *affari* per me... Datemi i due sacchetti d'oro che vi lasciai ieri sera.

— Andrete dal mio Raffaele?

— Da lui propriamente.

— Ah signore!..

— Comprendo, bella mia, quello che vuoi dirmi... Non dubitare... Affidati a Dio e a Matteo.

Il vecchio uscì co' sacchetti d'oro. Emilia rimase come immersa in un sogno beato. Ella guardava con occhi di stupida la cambiale di suo fratello.

FINE DELLA PARTE QUARTA.

PARTE QUINTA

I.

Raffaele.

L' intelligenza ha stampato i suoi immortali caratteri sulla fronte di alcuni esseri privilegiati : a vederli, son giudicati uomini superiori all'universale: un raggio di Dio brilla negli occhi loro; e le lor labbra sembrano consacrate a muoversi soltanto per rivelare alla stupida folla i segreti dì un mondo assai più bello di questo meschino abituro della polve e de' vermi.

L' intelligenza ! Dono sublime, ma funesto! Noi non sappiamo se è più da invidiare che da compiangere l'essere al quale Iddio accorda la scintilla della intelligenza. Abbiamo detto in altra nostra narrazione : *L'intelligenza non s'innalza che sulle ruine della propria creta* (1), e siamo costretti di richiamare alla mente de'nostri lettori questa terribile ma incontrastabile verità.

La natura, la società, le proprie tendenze organiche fanno la guerra alla intelligenza , invi-

(1) Il mio cadavere vol. 2.

diose della nobile superiorità di questa: la stolta materia, le moltitudini grossolane, i bisogni della carne si arrovellano contro il pensiero e vorrebbero schiacciarlo, annientarlo, per regnare con assoluto imperio sull'uomo bruto; ma il pensiero sorge vittorioso da questa lotta accanita; e, vincendo gli ostacoli infiniti che gli sorgon d'intorno, rivela la divina sua origine , nobilitando l'uomo all'occhio dell'uomo.

Due forze diametralmente opposte combattono in noi, la materia che tende alla terra , donde ha origine, lo spirito che tende al cielo , donde ha parimente origine. Nella maggior parte degli esseri che popolano la terra la lotta di queste due forze è cessata dopo la piena vittoria della prima : il trionfo della materia si rivela nella floridezza della organica vegetazione di questi uomini animali , nella inalterabile sanità de' loro corpi lusingati in tutte le loro tendenze: il mondo materiale che li circonda sorride loro , dacchè ritrova in essi le sue creature, la sua *pasta*, per dir così, la sua famiglia: tutti gli allettamenti del senso sono per essi, tutt'i piaceri , tutte le lusinghe. L'opposto hassi a dire degli uomini in cui trionfa lo spirito: la lotta non cessa mai ; e tutta la lor vita è una continua battaglia con sè stessi e col mondo esterno che li circonda.

Vecchia e comune è la lagnanza che muovono le mezzanità contro il così detto *destino della intelligenza*, arrabbiandosi che la società non ricompensa l'ingegno. Questo è un disconoscere del tutto le leggi provvidenziali che regolano il mondo.

Raffaele era una di queste creature, le quali

non sapremmo se addimandare avventurate o infelici, una di queste creature che vivono in un doppio mondo, quello creato dalla loro fantasia, ed è il più bello, e quello in cui vivono materialmente co'loro corpi e che fa loro la più aspra guerra.

Raffaele aveva uno stupendo ingegno poetico, una mirabile facilità di verseggiare, una fantasia benedetta dal raggio dell'ispirazione: il verso gli era quasi più agevole e spontaneo della prosa; ed ei sarebbe riuscito un improvisatore maraviglioso, se avesse voluto abbandonarsi a questa sorta di prostituzione del genio ; però che portiamo opinione essere, l'improvisatore rispetto al vero poeta quello che il saltambanco è rispetto al vero artista drammatico. A queste felici disposizioni della sua mente il giovin poeta accoppiava le più belle doti dell'animo e del cuore e gli studi più severi e profondi. Dante era il suo maestro, la sua norma, il suo faro ; erasi addentrato nelle infinite bellezze del cantor dell'Inferno; ne aveva scolpito nel pensiero le terribili sentenze : la sublime concisione delle più essenziali verità morali, l'arte inarrivabile di concitar gli affetti sublimando lo spirito; la dizione franca, ardita, sgovernata d'ogni bassa imitazione, imperante sulla servile pedanteria; questi e gli altri pregi innumerevoli del più originale poeta del mondo non potevano che fare la più profonda impressioue sopra una mente come quella del giovine Raffaele. Le effemeridi napolitane erano spesso infiorate di bei componimeuti, onde questi disfogava quella febbrile attività del pensiero, che per le anime come la sua è fuoco ardentissimo e divoratore che consuma giorno per giorno il fragile involucro di creta nel quale è nascosto.

È mestieri di appagare di presente la giusta curiosità dei nostri leggitori ; i quali domanderanno per certo qualche cosa sul giovin poeta di cui facciam parola.

Raffaele era un giovine napolitano, orfano da qualche anno. Suo padre, subalterno ufficiale di una pubblica amministrazione, lo aveva lasciato poverissimo, raccomandandone l'esistenza ad un suo fratello, impiegato in casa del conte di Montenero. Rimasto senza tetto e senza terra, alla età di diciotto anni, il povero giovanetto abbracciò con animo veramente cristiano la croce che Dio gli mandava, e trasse innanzi la vita mettendosi a copiar carte appresso allo zio, che per qualche mese il raccolse in sua casa e lo alimentò del suo. Ma Raffaele aveva ricevuto dal cielo una di quelle anime timide e vergognose per quanto nobili e belle, per le quali la suggezione è gran peso e grandissima noia : onde, acconciandosi a vivere da sè colla scarsa mercede di sei ducati mensuali che suo zio alcun tempo appresso gli aveva fatto ottenere dal conte di Montenero, aveva tolto in fitto una grama stanzetta sotto una tettoia, dove appunto Matteo era ito a trovarlo, e dove il giovine letterato, che aveva già con tanta delizia sorbito il dolce tossico dell'albero proibito della scienza, abbandonavasi a quella voluttà dello studio, la quale è ignota a nove decimi dei meccanici figli del mondo. La passione per lo studio, per la lettura, pe' libri nasce gradatamente al pari di tutte le altre passioni e divien gigante e grandeggia soverchiando ogni altro affetto ed ogni altra tendenza. Nove decimi del genere umano la chiamano *follia*; ma è certo questa la più bella delle umane follie.

Un altro libro era quello che Raffaele solea legger sempre, e dal quale attingeva le più nobili e sublimi verità, il Vangelo; e i suoi componimenti, ispirati da questa luce divina, rifulgeano per pensieri di una elevatezza che nulla aveva dello strambo e del nebuloso, qual si osserva nelle poesie de' presenti facitori di versi alla foggia alemanna. Raffaele odiava la letteratura straniera, e nè leggeva mai nessun libro che originale non fosse di qualche città d'Italia; bensì nutriva un culto ed un affetto pe' classici greci e latini, i quali ei riguardava come padri delle italiane lettere.

Non parleremo delle virtù del suo cuore. Egli era così umile come il vuole la legge cristiana; e questa umiltà di cuore gli faceva guardar con disprezzo il suo proprio ingegno; e quando altri il lodava, il suo volto diventava di fuoco, e la confusione che vi appariva chiaramente addimostrava ch' ei sentiva di non meritare quelle lodi. I suoi amici doveano fargli dolce violenza per indurlo a pubblicare qualche suo componimento, e talvolta doveano di soppiatto involarglielo. Nè dava il suo consentimento a mettere in istampa un parto della sua fantasia che a patto di non apporre a pie' del componimento che soltanto il suo nome RAFFAELE senza verun cognome. Laonde egli è rimasto pressochè oscuro ed ignorato nel mondo letterario, nonostante i grandissimi elogi che i suoi scritti gli procacciavano dappertutto. E, per offrire un altro argomento della sua profonda umiltà, diremo che sopra

una grande cartella, in cui teneva conservate le
sue scritture, leggevansi segnate le seguenti sentenze d'un aureo libro, l'unico che portasse in
fronte un nome straniero e che si trovasse in su
la sua scrivania (1). Quelle sentenze di profon-
dissima verità morale diceano:

« *In verità, i sublimi ragionamenti non fanno l'uomo santo nè giusto, ma sì il vivere virtuoso lo fa caro a Dio.*

« *Egli è in verità migliore l'umile contadino
che serve a Dio, del superbo filosofo, il quale,
dimenticata la cura di sè medesimo, specola il
corso del cielo.*

« *Fa che tu ti rattempri della troppa cupidigia di sapere, perchè ivi si trova assai distrazione ed inganno.*

« *Quanto più e meglio tu sai, tanto sarai più
strettamente giudicato, ove tu non sia vissuto con
più santità.*

« *Il non tener di sè verun conto, e degli altri sempre bene ed onorevolmente sentire, è gran
sapienza e perfezione.*

« *Che giova mai il gran sofisticare di cose ar-
cane ed oscure, delle quali, per non averle sa-
pute non saremo condannati nel dì del giudizio!
Grande stoltezza è che noi, trascurate le cose
utili o necessarie, a bella posta attendiamo alle
curiose e dannose.*

« *L'umile conoscimento di te ti è strada a Dio
più sicura della profonda investigazione della
scienza.*

« *Ma perchè i più maggior pena si danno del
sapere che del ben vivere, perciò assai volte sono*

(1) Della imitazione di Cristo, di Tommaso da Kempis.

traviati e portano picciolo frutto o quasi nessuno.

« *In verità, venuto il dì del giudizio, noi non saremo domandati di quello che avremo letto, ma sì di quello che avremo fatto; nè quanto leggiadramente parlato, ma quanto religiosamente vivuto.* »

Eran queste le massime, appresso alle quali ei modellava i suoi sentimenti, e che erano saldamente scolpite nel suo cuore più che sulla faccia esterna della sua cartella.

Abbiamo detto che Raffaele, la mercè delle raccomandazioni di suo zio, avea ottenuto un modestissimo impiego in casa del conte di Montenero. Tanto era il basso sentire di sè del costumato giovine, che nissuno erasi mai avveduto del ferace ingegno e della vasta erudizione del povero amanuense che, rincantucciato in un angolo del gran camerone dove erano gl'impiegati dell'amministrazione del conte, non muovea la testa dal fatto suo, e nè profferiva parola estranea al suo officio.

Straordinariamente per quel che suole intervenire agli uomini d'ingegno, Raffaele avea una bella scrittura che poteva servire di modello di calligrafia; e questo era pregio grandissimo, per lo quale soltanto egli avea ottenuto il largo stipendio di sei ducati al mese! tanto la società valuta e compensa l'ingegno!

Era più di un mese, che Raffaele scriveva in casa del conte di Montenero, quando i suoi occhi s'incontrarono la prima volta con quelli della giovine Emilia, la quale era venuta nello studio per dìr qualche cosa da parte di suo padre all'amministratore. Fu per caso che lo sguardo di Emilia cadde sul giovine amanuense, che, quasi elettrizzato da quella voce di angiolo che avea udita, levato avea gli occhi per assicurarsi che non fosse illusione della sua mente.

Emilia e Raffaele si guardarono con estrema sorpresa e compiacimento. Il bel viso di Raffaele si soffuse di una fiamma che rivelò, come lampo, tutto il candore di quell'anima.

Quel giorno Emilia entrò parecchie volte nello studio di amministrazione di suo padre. Ultimamente, si accostò al tavolo del giovine amanuense, e gittò gli occhi su quello che questi scrivea. Per la prima volta, la scrittura di Raffaele fu storta e poco intelligibile : questa volta una pallidezza mortale copriva le sue sembianze, e un battito crudele opprimevagli il cuore.

Nel susseguente mese, lo stipendio di Raffaele fu di ducati dodici. Emilia avea ottenuto da suo padre questo leggiero aumento nella paga del commesso.

Un altro giorno, la figliuola del conte entrò nello studio di amministrazione: ella avea nelle mani il giornale l'*Omnibus*. Colla faccia coperta da vivo rossore, ella si avvicinò a Raffaele, che si alzò per un moto involontario, e la cui fronte si bagnò di sudore nel vedere nelle mani di quell'angiolo il periodico in cui egli avea pubblicato qualche sua poesia.

— È vostro codesto sonetto, signore?

— È mio, balbettò il giovine che si sentiva venir manco.

— Ma questo è un capolavoro! soggiunse la giovinetta per dare agli astanti un'alta idea dello ingegno del giovine amanuense che tutti teneano in concetto di macchina scribente.

La sorpresa degli astanti fu eguale alla confusione ed al rossore del modesto poeta, che non seppe rispondere che con qualche parola tronca e smozzicata.

— Oh! oh! sclamò un panciuto, egli scrive sonetti!

— Si legga, si legga, esclamò l'amministratore, levandosi gli occhiali dal naso, e con quell'aria d'importanza onde un magnanimo mecenate si appresta a proteggere un neofita delle lettere.

Un'occhiata di supplicazione di Raffaele fu immantinente compresa da Emilia.

— No, è inutile che voi altri lo leggiate, diss'ella pacatamente; non ne capireste niente.

La mortificazione fu terribile. L'amministratore si fece un incendio in volto; gli altri abbassarono il capo umiliati; e tutti gittarono una occhiata feroce sul povero innocente amanuense. Da questo momento, una guerra a morte gli fu dichiarata da que' penniferi.

Emilia, contentissima di avere umiliato quei tracotanti, non badò più a loro nè punto nè poco, e, voltato loro le spalle, con amabile sorriso rivolse il discorso al giovine:

— È ben felice colei che ha potuto ispirarvi questi versi ammirabili!

— Signorina, voi siete la bontà stessa!... Io sono estremamente confuso...

— Sedetevi, signor Raffaele... Ditemi: è tanto bella questa donna quanto voi la descrivete?...

— Oh, signorina, ella è più bella, più bella assai di quel che i miei deboli versi han potuto dipingerla.

Emilia sorrise, e ripetea rileggendo il sonetto:

. . . .

Oh quanto bella sei, se ad un sorriso
Movi le labbra con gentil pudore!

— Da molto tempo soggiunse la giovine, io
leggeva ed ammirava nelle strenne e ne' giornali
le vostre cose, e ignorava di avere il piacere
che l'autore stesse così vicino a noi.

— Oh quanto in questo momento ringrazio Dio
di quel poco d'ingegno che mi ha dato, se le
mie povere cose han potuto richiamare la vostra attenzione!

Raffaele si sentiva appieno felice! Davvero per
la prima volta egli benediceva il cielo di avergli
conceduto quel raggio d'ispirazione poetica.

— Potrei sperare che verrete qualche sera alle
nostre riunioni? dimandò la giovine con lieve
emozione di voce. Voglio presentarvi alla nostra
celebre poetessa Taddei che onora i nostri giovedì, e che sarà compiaciutissima di fare la vostra conoscenza.

— Oh! sarebbe questo un onore immenso per
me, signorina; ma temerei di far cosa pochissimo grata al conte vostro padre, il quale forse
è appena informato della mia esistenza, e che
a ragione si adonterebbe di vedere ne' suoi salotti un misero suo amanuense con dodici ducati al mese.

— Mio padre imparerà a stimarvi; e siate sicuro che verrete accolto con que' riguardi che
vi si debbono.

— Signorina, gradite i sensi della mia viva ed
eterna riconoscenza, che...

Egli non avea finito di pronunziare queste parole, che l'amministratore, per vendicarsi su

ambo i giovani e specialmente su Raffaele del-
l'affronto ricevuto, si avvicinò al costui tavolino con una carta in mano , e

— Permettete, signorina, disse; e, volgendosi
con disprezzo all' amanuense ,

— Copiate subito questa carta , e badate di
non commetterci errori di ortografia.

Il più nobile sdegno divampò sulle sembianze
di Emilia, mentre un'angelica rassegnazione fece
nobilmente abbassare lo sguardo di Raffaele, nel
cui petto non si levò nessun sentimento di sdegno o di vendetta.

Emilia strappò la carta di mano all' amministratore , e lacerolla in mille pezzi.

— Voi siete un asino superbo , signore , ella
gli ditse; e questo giovine può insegnarvi a leggere.

Due giorni appresso , Raffaele era licenziato
dallo studio del conte di Montenero.

Questo avverso colpo non turbò l'animo sereno e confidente del virtuoso Raffaele, che affi-
dò interamente a Dio la cura del suo avvenire.
Ciò nonpertanto, egli sentiva un dolore infinito
di non poter più rimirare quell' angiolo di bellezza e di bontà, quella creatura sì cara, sì dolce, sì buona, che gli avea fatto provare le più
soavi ad un tempo e violente commozioni, quella
donna, la cui incantevole immagine si presentava oggimai in tutte le creazioni della sua fantasia , in tutt'i sogni delle sue notti , e che l'accompagnava dovunque ei portasse lo sguardo e
il pensiero.

Certamente , nel corso di questo nostro mondano esilio, nel tristo cammino che facciamo at-

traverso gli spinai di questa valle, uno de' periodi più dolci e dilettosi si è quello in cui noi sospiriamo la prima volta per gli occhi di una cara donnina. Anche quando la grama esperienza degli uomini e delle cose ha fugato le più belle illusioni della primavera della vita, si sente battere il cuore alle rimembranze dei primi amori. Oh! se la vita è lungo sogno, perchè mai sì rapidi sono gl'istanti in che sogniamo di amare?

L'ultima cosa a cui pensò Raffaele quando venne licenziato dallo studio del conte di Montenero fu che al domani si sarebbe trovato sprovveduto d'ogni mezzo di vita. Il primo pensiero a cui subito ricorse la sua mente fu che forse ei non avrebbe più avuto il piacere di rivedere quel volto che gli era apparso come una celeste visione; e questo pensiero trasse dolorose lagrime dagli occhi suoi. Ritirato nel suo squallido stanzino, lunghe ore egli rimase immerso in tutte quelle tenere ad un tempo e strazianti ricordanze de' pochi momenti ch'egli avea goduto dello aspetto di quell'angiolo.

Non entrava nel suo cuore sentimento veruno di odio o di vendetta; onde ei perdonò a quelli che aveano brigato presso il conte per allontanarlo. Raffaele non avrebbe sentito sì al vivo la sua disgrazia, se nel momento di partirsi e forse per sempre da quella casa, avesse potuto rivedere per l'estrema volta quella fanciulla! Quanto poco basta talvolta ad appagare questo povero umano cuore, ed a mitigare l'amarezza de'suoi dolori! Uno sguardo, una parola basta talune fiate a sedare le più violente procelle dell'animo!

Appresso che il tapino ebbe per un buon pezzo pensato e ripensato alla contessina Emilia, ei fu costretto a volgere uno sguardo atterrito intorno a sè per riconoscre pacatamente la sua tremenda posizione, e avvisare a' mezzi onde provvedere al suo giornaliero sostentamento. L'anima del giovine amante e poeta precipitava da' suoi sogni celesti nel vil fango de' bisogni del corpo.

Siccome soleva in tutte le tristi emergenze della sua vita, Raffaele aprì il suo aureo libro che abbiamo più su mentovato, e sotto gli occhi gli vennero le seguenti parole:

« *Signore Iddio mio, non ti dilungare da me: Dio mio. ti volgi al mio aiuto; poichè mi si sono levate contro varie immaginazioni e grandi paure, le quali affannano l'anima mia. Or come ne uscirò io salvo?* »

Cogli occhi bagnati di lagrime, Raffaele meditava su queste parole, quando il campanello dell'uscio da scala risuonò con violenza.

Un servo del conte di Montenero gli presentò una lettera da parte della contessina Emilia.

Al sentir pronunziare questo nome, il cuore di Raffaele baizò in modo che la commozione gli rese cadaverico il viso. Egli divorò le seguenti parole:

« Signore — La bassezza, l'ignoranza, la malvagità han creduto di trionfare ottenendo la perdita del vostro impiego, del quale pertanto io stessa vergognavo per voi, che dovevate umiliarvi a così vile occupazione, e per mio padre, che, sconoscendo forse involontariamente il vostro alto merito, dava sì meschina mercede ad uno de' più belli ingegni del nostro paese. Sono contentissima di aver prostrato l'asinesca tracotanza del nostro amministratore, il quale fortemente si è doluto con mio padre dell'oltraggio che io gli feci al cospetto de'suoi ignobili commessi. Ho avuto un grandissimo alterco col mio genitore per aver pigliato le vostre parti ; ma egli travede pel suo amministratore ; onde infruttuose sono riuscite le mie parole; e voi siete stato allontanato. Ma è stato questo un gran favore del cielo. Desiderosa di emendare l'ingiustizia del padre mio, non meno che di confondere la stolta gioia de'vostri nemici, ho ottenuto un altro impiego per voi, un poco più onorevole e vantaggioso ; quello di segretario appo la duchessa di C..., amicissima della mia povera madre. Non vi dirò quanto ho fatto per ottenere questo favore dalla superba duchessa. Il vostro stipendio è fissato a 30 ducati al mese. Sono oltremodo felice di essere riuscita a riparare al torto che mio padre vi ha fatto. Venite questa mattina da me alle due pomeridiane, giacchè a voce dirovvi altre cose risguardanti il vostro novello impiego. Vi aspetto senza meno — Venite, ve ne prego — La vostra sincera amica ed ammiratrice — EMILIA DI MONTENERO. »

Nessun'altra cosa avrebbe prodotto nel cuore del giovin poeta quella gioia che vi produsse la lettera di Emilia. Senza badare al messo che era ancora presente, egli baciò cento volte quella carta, e la rilesse cento altre volte in sino a tanto che quegli, uscito di pazienza per lo aspettare che facea, il domandò parecchie volte qual risposta avesse a recare alla signorina. Al qual nome, scosso come per virtù di elettrico scatto, Raffaele si avvide che il servo era tuttavia presente.

— Ah ! perdonate, disse confuso il giovine — è tale il piacere che questa lettera mi cagiona che io non sono propriamente più in me. Direte alla contessina ch' io volerò a gittarmi a' suoi piedi: le direte, ma no... questo glielo dirò io stesso.

Il messo andossene a recare la risposta del giovine Raffaele, il quale non si saziava di meditare su ciascuna parola di quella dolcissima lettera. Non gli parea vero che quell' angelo gli avesse scritto!

Egli possedeva gli adorati caratteri di Emilia! Tanta felicità gli era conceduta dal cielo!

Rimaso solo colla cara lettera, egli si die' a gustare la voluttà che gli derivava da ciascuna parola. Emilia si era occupata di lui, avea pensato a lui, avea parlato di lui con suo padre, col quale aveva avuto un alterco vivissimo; quindi avea dovuto recarsi dalla duchessa di C.... per ottenere da questa signora il posto di segretario. Ma quello che gli empiva il cuore di gioia si era che Emilia gli permetteva, anzi il pregava di recarsi da lei alle due pomeridiane. Quelle carissime parole *Venite, ve ne prego* facevano impazzare il povero Raffaele, il quale scorgea in quella frase la espressione di una premura affettuosa. Una sorella non avrebbe scritto in altra guisa al fratello.

Raffaele si sentiva felice, compiutamente felice; laddove pochi momenti innanzi egli si estimava la creatura più derelitta del mondo. I suoi occhi ricorsero per caso al libro di da Kempis, sul quale egli meditava qualche istante prima di ricevere la lettera della contessina, e rilesse quel paragrafo:

« *Signore Iddio mio, non ti dilungare da me. Dio mio, ti volgi al mio aiuto; poichè mi si sono levate varie immaginazioni e grandi paure, le quali affannano l'anima mia. Or come ne uscirò io salvo? Come saprò dissiparle?*

Ed ecco, che la celeste Provvidenza dissipava tutti gli affanni e le paure che aveano agitato l'anima sua, colmava di gioia il suo cuore, e gli schiudea davanti un avvenire meno tristo e nebbioso.

Quelle ore che il dividevano dalle due pomeridiane gli sembrarono eterne! Non mai Raffaele avea messa tanta cura nella sua modesta acconciatura, quanta ne pose al presente. Per la prima volta guardatosi in un pezzo di specchio che si trovava nel suo cassettone, si accorse, con un sentimento di compiacenza, che bello era il suo viso comechè pallido e smunto.

Egli non potè occuparsi di niente nel frattempo che doveva aspettare per recarsi dall'angiolo suo. Un'agitazione nervosa non gli permettea neppure di starsene seduto; onde, si die' a sprolungare di gran passi quella sua stanza, pronunziando tra sè il seguente monologo:

— Oh mio Dio, sarebbe egli mai vero! No, non posso credere a me stesso, non debbo, non voglio... Ma pure, è impossibile ch'io cerchi d'illudermi... Io l'amo! Io l'amo! Oh cielo! Ma questa è follia bella e buona! Ebbene, Dante, Petrarca e Tasso non amarono? Oh! io sento una compiuta trasformazione nel mio essere, sento una vita novella agitarmi le fibre! Fosse pure una follia, non è dessa forse quella che ha partorito i divini sonetti del poeta di Valchiusa? Non è dessa cui il mondo è debitore dalla *Divina Commedia?* Ebbene, io amerò quell'angiolo fino all'ora estrema della mia vita; e chiuderò quest'amore nel più profondo del mio cuore:

questo sarà per me un tesoro che io nasconderò
gelosamente; un tesoro tutto mio, giacchè nessun uomo al mondo potrà amarla quanto io l'a-
mo. E questa mattina avrò il supremo bene di
rivederla, di trattenermi con lei forse da solo a
solo, senza importuni testimoni; avrò il piacere
di contemplare quel viso dolcissimo, d'inebbriar-
mi in quello sguardo che mi affascina, di udir
quella voce che fa balzare fino al cielo il mio
cuore. O Dio, e come avrò la forza di non morire a'suoi piedi? Ah se io fossi ricco!... Ah!
i ricchi son pur felici!... Un ricco forse otterrà
la sua mano!... Chi sa s'ella forse non l'amerà?.,, Stolto che sono! L'amerà? Ma certo...
quel nobil cuore amerà un uomo degno di lei,
della sua nascita, delle sue eminenti qualità. Me
infelice! Ed io non avrei nulla, nulla ad offrire,
tranne un amore purissimo, impareggiabile, e un
cuore.... Follia! Se ella potesse penetrare questi miei pensieri, ella ne riderebbe; ed io diver-
rei suo scherno. No, se ella non può amarmi,
non mi disprezzi almeno.

L'ora designata dalla lettera di Emilia suonò
finalmente. Raffaele, uscito verso l'una, l'aveva
affrettata col più vivo desiderio e spiata su tutti
i pubblici orologi della città.

Alle due meno un quarto egli toccava, con
violento battito di cuore, il campanello della casa
di Montenero.

Questa volta egli non si era diretto all'uscio
a sinistra, che mettea nello studio, siccome solea tutt'i giorni, ma sibbene a quello a destra,
che mettea nello appartamento del conte.

Per buona ventura, venne ad aprirgli l'uscio

quel servo medesimo che gli avea recato la lettera della contessina.

— Entrate, signore; la signorina vi aspetta nel salottino da tè.

Il servo lo precedè, e lo introdusse nel mentovato salottino.

Emilia era sola. Mai più graziosa semplicità non era stata nella sua acconciatura ; mai più bella non era sembrata agli occhi del povero poeta, che, immobile dappresso all' uscio, col cappello in mano, era rimasto estatico un pezzo a guardarla.

— Ben venuto, amico mio, le disse con amabil sorriso la dea di quel tempio di profumi.

Emilia lasciò il lavoro, cui stava occupata, si alzò dalla sua poltroncina, si avanzò verso Raffaele, e gli stese la destra, che questi osò appena toccare colla sua, che tremava per fortissima commozione.

— Vi ringrazio, signor Raffaele, del fastidio che vi siete dato; ma io avea bisogno di vederdi... di parlarvi direttamente.

— Signorina, voi mi vedete nella maggior confusione... È tale la pienezza della mia riconoscenza, ch' io non oso credere a tanta felicità.

— Sedete, signor Raffaele.

Entrambi sedettero, Emilia sulla sua poltroncina di raso granato, e il giovine su modesta sedia rimpetto a lei.

— Non vi so dire quanto ho sofferto per la ingiuria che mio padre vi ha fatta, per le insinuazioni di quelle vili creature.

— Il signor conte vostro padre non mi ha fatta nessuna ingiuria, signorina; ed io gli sono sempre tenutissimo di quel che ha fatto per me dopo la perdita del padre mio.

— Voi avete un cuor nobilissimo, signor Raffaele, e meritate una sorte migliore. Spero che l'occupazione da me proccuratavi appo la duchessa di C.... sia per voi meno sterile ed umiliante.

— Qualunque la sia, ne andrò superbissimo, signorina, se per mezzo vostro la ottenni.

— È d'uopo che vi rechiate questa sera da lei per ringraziarla; l'ho di ciò avvertita, e fin da domani potete mettervi in possesso del vostro ufficio. Debbo anticiparvi che troverete in questa donna una soverchia alterigia, ma ella è giusta in pari tempo e sa onorare il merito.

— Adempirò con estrema scrupoiosità a' miei doveri, e farò di meritarmi la sua benevoglienza.

— Eccovi il suo indirizzo.

Raffaele gittò gli occhi sovra un pezzettino di carta porcellana, dov'era scritto a lettere d'oro *Giuditta Benger, vedova Duchessa di C... Chiatamone N.° 212.*

— A che ora debbo recarmi da lei?

— Sta sera alle nove. Or parliamo d'altro. Questo tenue servizio ch'io vi ho renduto, signor Raffaele, non è del tutto disinteressato. Debbo chiedervi un favore.

— Possibile ch'io sia tanto felice, signorina, da esservi valevole a qualche cosa! Possibile che vi degniate pensare a me!

Una sovrumana gioia sfavillava negli occhi di Raffaele; queste non erano parole dettate per semplice convenienza o cortesia; erano la più candida e verace espressione di quell'anima, in cui l'amore vestiva le sembianze della riconoscenza.

— Voi siete così buono, signor Raffaele! Ecco di che si tratta. Io ho scritto de' versi...

— Voi, contessina!

— Vi sorprende, ed è giusto...

— Oh cielo! contessina; la mia sorpresa è figlia dell'impensato piacere di scoprire in voi una sì peregrina e nobil facoltà. Contessina, voi siete ciò che è di più adorabile sulla terra.

Emilia arrossì e abbassò gli occhi. Raffaele diventò una fiamma di confusione: quelle parole erano divampate come scintille da' più ardenti recessi del suo cuore.

Qualche minuto passò in silenzio. Quando Emilia ritornò a parlare, la sua voce, il suo accento erano mutati; una invincibile commozione vi traspariva; ed ella non si arrischiò di più levar gli occhi sul volto del giovine.

— Non crediate pertanto che sia tutt'oro quello che luce, ella soggiunse con amabile modestia; io fo de' versi, ma non compongo, non son poetessa.

— Come a dire, contessina?

— Vale a dire ch' io non son capace di creare; bensì traduco, imito. Ho tentato di fare qualche traduzione del Byron, ma ne fui così scontenta, che lacerai le mie versioni.

— Peccato! sclamò Raffaele; sarebbe stato il solo modo di adorar Byron e la letteratura straniera.

— Che! voi non amate le lettere straniere?

— Fino a questo momento io non le ho amate, forse perchè poce le ho conosciute, ma dacchè veggo che un angelo presta loro sì bel culto, non posso che anch'io diventarne innamorato.

— Ragioneremo intorno a ciò un'altra volta, signor Raffaele; e forse avrò il piacere di farvi ricredere su i vostri pregiudizii contro le lettere transalpine. La poesia inglese, signor Raffaele, è grande, è sublime quanto l'italiana; Shakespeare vale Alfieri, Milton vale Tasso, Byron Leopardi; una grande affinità è nelle anime di costoro; e si direbbe ch'essi si sieno intese e abbracciate attraverso lo spazio ed il tempo.

— Ed oh come ora le ombre de' vostri poeti di Albione debbono gioire di trovare sulle vostre labbra una schietta ammirazione!

— Sempre poeta, signor Raffaele!

— Credete, contessina....

— So quello che debbo credere de' vostri complimenti. Veniamo a noi. Io dunque vi dicea che ho scritto de' versi: e questa volta non è un poeta inglese: trattasi ora semplicemente d'una poesia francese, che ho cercato d'imitare. Io vi farò sentire il mio componimento a patto che vorrete farmi il favore di correggere quei versi che francamente giudicherete difettosi o languidi.

— Sono sicuro che li torrò tutti a modello.

— Il titolo del componimento è la *Povera Mendica.*

Raffaele aveva ascoltato in estasi Emilia recitare con tenero sentimento i versi da lei medesima composti; e quand'ella ebbe finito, egli la guardava ancora con estrema compiacenza, e i suoi occhi esprimeano quel che l'animo suo sentiva.

La conversazione di questi due giovani durò circa due ore. Erano state queste le più belle ore nella vita d'entrambe queste care creature, che si amavano senza osare comunicarsi colla voce la vergine fiamma che ardeva ne'loro cuori. Benchè la malvagia e stolta fortuna avesse posto tra loro una insormontabile barriera, ciò nondimeno Iddio che spesso agguaglia gli uomini mercè le loro passioni avea ravvicinati questi due giovani, le cui anime offrivano tanti punti di contatto.

Al domani, Raffaele recossi dalla duchessa di C... per mettersi nel suo novello ufficio.

Ma nulla di più difficile agli alti ingegni che il saper metter le mani nelle pratiche de'negozi ed interessi. Passò un mese senza che il giovin poeta avesse compreso una iota di que' libroni che la duchessa gli avea posto davanti, e di quegli scartafacci che ingombravano la sua scrivania. Raffaele non sapea distendere un contratto di fitto, non sapea formolare la girata d'una polizza, nè scrivere una minuta di lettera risguardante pagamenti arretrati, nè tenere in registro le carte, i conti; non sapea fare i calcoli *d'interessi a scalare*, e tante altre di queste pratiche di affari, per le quali tanto si fan valere le mezzanità, e che addimostrano sempre sterilità di cuore e picciolezza di mente in quelli che vi si addicono esclusivamente. Perchè la Duchessa, che in sul principio avea tollerata l'*ignoranza* del suo segretario, in considerazione dell'amicizia che avea per la famiglia del conte di Montenero, non credè dover più oltre usar riguardi quando si avvide che i suoi *interessi* for-

temente venivano danneggiati per la insufficienza
di Raffaele.

Il segretario fu licenziato!

Inutilità dello ingegno! Raffaele pianse a calde lagrime non tanto per la disperata posizione
in cui tra poco si sarebbe trovato, quanto per
l'umiliazione che avrebbe sofferto agli occhi di
Emilia, cui questa novella sua disgrazia non potea rimanere occulta. Ma il giovine educato ai
cristiani sentimenti asciugò ben presto le lagrime che irrigavano i suoi occhi; le riprovò nel
suo cuore come figlie di superbia e di vanità,
e abbracciò con rassegnazione l'amarezza onde
veniva abbeverato.

Emilia provò tanto dolore per questo avvenimento quanto ne provò il povero giovine. Ella
gli scrisse una lettera per condolersi della condotta della Duchessa di C... verso di entrambi:
in pari tempo, servendosi della più dilicata pe-
rifrasi, ella il pregava di valersi di lei, come
d'una tenerissima amica, in ogni trista emergenza, chè ella sarebbesi tenuta la più avventurata donna nel potergli prestare alcun servigio:
la lettera finiva col pregarlo di andare spesso a
trovarla il mattino, nelle ore due appresso il mezzodì, ora in cui ella solea pel consueto abbandonarsi a'suoi letterarii lavori.

Raffaele fermò in cuor suo di vivere una vita
grama e di stenti anzi che sottoporsi novellamente all'onta cui era soggiaciuto; si raccomandò
ad un suo amico avvocato per fargli copiar *memorie* ed altro; al che questi accondiscese di
buon garbo, però che Raffaele avea la più bella
e nitida scrittura del mondo. In oltre, i suoi lavori letterarii cominciavano già a procacciargli

quel poco che le modeste condizioni delle lettere posson dare, massimamente ad un giovine che non ha raggiunto una fama grandissima.

Eppure il giovin poeta si sentiva felicissimo di vivere a sè, nella propria sua camera, senza essere costretto ad arrossare al cospetto di un servitor tracotante. Scarso cibo egli prendea tutt'i giorni; di meschine vesti copriva la persona; di privazioni e di stenti vivea; eppure egli reputavasi il più felice degli uomini, perciò che ogni giorno, dopo aver tranquillamente lavorato per circa sei ore nel suo tugurio, eragli dato di bearsi negli sguardi e nella favella della sua Emilia, che era ormai divenuta la più cara parte del suo cuore, per modo che gli sarebbe stato impossibile di vivere senza vederla.

Questi due cari giovani si amavano già con tanta passione sì pura e sì nobile, ch'eglino non aveano bisogno di esprimersela scambievolmente, dappoi che l'uno vivea sicuro dell'amore dell'altra. Di quale speme si nudriva un tale amore? Dimanda oziosa. Nessun innamorato ha mai fatto questa dimanda a sè stesso; e, dov'egli se la faccia, o non è innamorato o ha cessato di esserlo.

Eglino erano contenti di vedersi ogni dì, nè cercavano di più, nè d'altro erano ambiziosi; e soltanto la tema affligeali di perdere questa felicità alla quale si abbandonavano con quella dilettazione e con quella spensieratezza, che sono i due principali caratteri dell'amore.

Nè andò guari, e quel vago timore di che erano compresi i due amanti di vedersi disgiunti si avverò. Nell'ora in cui Raffaele ed Emilia si ritrovavano, in casa del Conte di Montenero non erano altre persone di famiglia, oltre de'camerieri e de'domestici, che il solo Ascanio, fratello di E- milia, della cui insuperabile e vergognosa acci- dia abbiamo discorso nei primi capitoli di que- st' epoca seconda.

Ascanio non usciva di casa che rarissime vol- te: il doversi spogliare e vestire, ancorchè que- sto facessero per lui i suoi servi, eragli orrenda fatica: onde in quasi tutte le ore del giorno stan- do seduto o andando a zonzo sempre colla pipa o col sigaro in bocca, avea l'agio di osservare tutto quello che avveniva in casa. Comechè poco gli calesse della sorella, alla quale non volgeva la parola che per sola necessità, ciò nondimeno pel natural talento di far male, ch' è sempre una specie di piacevole occupazione per gli uomini della sua tempera, avea scorto una volta il gio- vine Raffaele entrar nel salottino dov' era pel consueto Emilia; notò che quegli non era ve- stito secondochè richiedeva la più stretta legge della moda; seppe inoltre che il visitatore s'in- tratteneva parecchie ore colla sorella. Subitamente il malvagio riferì ciò al genitore, il quale, in- formatosi del fatto, e per un altro motivo di cui parleremo qui appresso, ne rimproverò aspra- mente la figliuola, e le proibì di più ricevere quel pezzente; dette ordine ai servi di non farlo più entrare nell' appartamento della Contessina.

Questa proibizione, invece di soffocare ed e- stinguere la fiamma di che ardevano que' due cuori, vieppiù gli accese, siccome suole avve- nire per questa passione dell' amore che più si stizza ed infiamma per traversie ed ostacoli che incontra.

Materialmente separati l' un dall'altro, Raffaele

ed Emilia non poteano più a lungo tenersi celata la vergine passione, che nata in anime come loro doveva necessariamente irrompere e av-
vampare. Fu affidata alla carta la rivelazione di
questo scambievole amore. Bisogna pertanto dire
ad onor del vero che Raffaele, trincerato nel misero stato di vita in cui ritrovavasi, faceva ogni
sua possa per persuadere il cuore di Emilia a
disamarlo, mettendole innanzi agli occhi la impossibilità d'una unione, la cui sola speranza
sarebbe potuto domandarsi follia. Ma quanto più
il virtuoso giovine faceva di distruggere per via
d'argomentazioni la pericolosa impressione che
egli aveva prodotto nell'animo della figlia del
Conte, tanto più costei si esaltava al pensiero
della singolare virtù di lui e della delicatezza
della sua condotta.

Non potendo più vedersi e comunicarsi a voce
i loro pensieri, queste due care creature confi-
davano alla carta gli animi loro; ed un servo,
ben pagato dalla signorina, era il solo deposita-
rio del segreto che egli avea troppo interesse a
conservare.

Così passò alcun tempo, quando ad accrescere
le pruove e gli affanni di questi due giovani vennero a farsi apertamente palesi le intenzioni del
Conte, il quale sperava di congiungere la figliuola
in nodo coniugale col signor D. Mario Postieri,
personaggio che abbiamo avuto l'onore di presentare a' nostri lettori, e che vedeva piuttosto
la fanciulla con alquanta indifferenza, giacchè la
nobile alterigia del contegno di lei e la squisita
elevatezza de' suoi sentimenti non poteano che
offendere la crassa ignoranza e la materialità di
un succido crapulone, il quale si tenea da più

del resto degli uomini, sol perchè si sentiva ballare in saccoccia due scudi.

Dicemmo altrove che D. Mario Postieri era il solo *amico* col quale Ascanio de Jacellis si piacesse tal volta d'intrattenersi. Spesso era stato subbietto delle loro conversazioni il degno collocamento della giovine Emilia; la quale non avevasi a sacrificare a qualcuno che non avesse lo scrigno ben fornito.

E qui D. Mario Postieri si dava certe arie da gran signore da fare intendere che soltanto con lui la fanciulla sarebbe stata degnamente situata; e, senza pronunziarsi apertamente, accennava alla intenzione di torla a consorte, qualora impertanto gli fosse nato il pensiere di ammogliarsi; la qual cosa era tuttora assai lontana da' suoi pensamenti. E quella malvagia tartaruga di Ascanio, senza por mente alle convenienze, spiattellatamente gli metteva sotto al muso le belle qualità della sorella, e dicea lui non poter di meglio trovare in tutto l'universo mondo.

Ciò nulladimanco, il panciuto D. Mario in tutta serietà addimandava ad Ascanio se, fra le belle qualità che ornavano la signorina Emilia, eraci quella eziandio di saper fare saporosi intingoli e salse al modo forastiero; al che Ascanio rispondea, che, se non sapeva fare, avrebbe imparato, sendo codeste cose di assoluta necessità per una fanciulla da marito. Però Don Mario Postieri, massime alla presenza di Emilia, si dava un contegno, un sussiego, un arieggiare da fidanzato che sa il fatto suo e non è sicuro di quello della promessa sposa. Onde un giorno con la gravità di un dottore ex-cattedra che interroga il suo cancelliere, dimandò alla giovinetta se sapea fare il guazzetto in tutte le regole dell'arte culinaria. Per la prima volta in sua vita Emilia ruppe in tali sfrenate risa, che il povero D. Mario rimase sconcertato ; e vieppiù si accrebbe l'odio suo per quella donna che gli mostrava il più aperto disprezzo.

D. Mario avea giurato di osteggiare tutte le inclinazioni della superba Emilia ; per la qual cosa, senza dare formalmente la parola al conte di Montenero, gli faceva accogliere le maggiori speranze di averlo per genero, ma solamente nello scopo di esercitare una certa padronanza sulla giovine e poterla tiranneggiare a sua voglia. Il conte non sognava per sua figlia che le ricchezze di Don Mario Postieri: qualunque altra proposta di matrimonio pareagli dispregevole: ed in questo rincontro la vanità del nobile tacea soggiogata dalla sua avarizia.

Ben di leggieri immagineranno i nostri lettori come dovesse gongolar di gioia il Don Mario, quando da Ascanio gli venne detto che la sorella Emilia ricevea da qualche giorno uno studenticchio emaciato, con certi abiti addosso da venderli al cenciaiuolo per una manata di lupini. Non volle sentire altro il Don Mario per credere che lo studenticchio si fosse un innamorato della signorina ; e andò a levarne alte doglianze col signor Conte, il quale permetteva di simiglianti vituperii in sua casa; ed aggiunse che egli Don Mario Postieri non avrebbe più rimesso il piede in quella casa, fin quando non si desse il bando a quel temerario. Il conte, cui tutto questo era stato palesato da Ascanio, rimprocciò alla figlia con duri modi di non pensare al decoro della famiglia, ricevendo persone ignobili e plebee; volle

assolutamente sapere chi era lo studenticchio che
ella ammetteva ogni giorno in sua conversazione; e, quando la meschina gli ebbe detto il nome di colui, il conte andò su tutte le furie, che
ella aveva accolto in segreto *l'amanuense* ch'egli
avea *scacciato* dal suo studio. Ordini severi furon dati ai servi di non permettere più che quel
pezzente varcasse la soglia di quella case; ordini,
che già precedentemente erano stati comunicati
a' servi dal figlio Ascanio.

Lasciamo pensare in che grave malinconia vivesse la povera Emilia, cui non era più concesso
il rivedere il suo Raffaele. Ad accrescere la qual
noia vennero le sguaiate leziosaggini di Don Mario, il quale, per torturare sempre più la sua
vittima, la molestava continuamente colla sua
presenza, dicendole tante insipidezze, che, fino
ad un certo punto, divertivano la giovinetta, pro-
muovendone le risa. Ciò non pertanto, ella non
s'infingeva con lui, nè gli nascondea l'avversione, o per dir meglio il disprezzo che sentiva per
lui. Il che non si apprendea dall'omaccio, il cui
adiposo amor proprio era ferito dall'immensa superiorità che quella fanciulla gli mostrava.

Noi siamo di credere che Don Mario Postieri
si sarebbe veramente indotto a sposar la figliuola
del Conte, non per altro motivo che per pigliar
di lei vendetta, sacrificandola per tutta la sua
vita; ma era troppa la ripugnanza che quell'alta
intelligenza e quel nobil sentire gli metteano nel
cuore. D'altra parte, egli era sicuro che la figliuola del Conte lo avrebbe rifiutato, anche a
costo di morire; epperò non voleva andare incontro ad una simile umiliazione. Con tutto ciò,
egli avea giurato tra sè che avrebbe avversato

sempre qualunque inclinazione di lei e perseguitato chiunque si fosse pronunziato suo amante ; avea subornato parecchi de' servi i quali gli doveano riferire, se il cascante passava soltanto per quella strada di Magnocavallo.

A queste erano ridotte le cose, quando avvennero i fatti che aabiamo narrato nella sera del 4 agosto , in occasione dell' onomastico del Contino Domenico. I nostri lettori già sanno i terribili momenti che la povera Emilia ebbe a soffrire nell' alternativa di veder disonorata la famiglia o cader nelle unghie dell' odiato Baroncino del Mirto; è nota la scena tra il Conte d'Acquasalsa e Matteo l'idiota, come anche la parte benefica da costui spiegata a pro de' due amanti, é specialmente a favore di Raffaele, il quale egli strappava agli stenti ed alla miseria, regalandogli con estrema delicatezza i quindicimila ducati, frutto delle soverchierie del Conte di Acquasalsa commesse al giuoco della bassetta. Sappiamo il modo tenuto da Matteo l'idiota per impossessarsi di questo denaro, siccome per distruggere il credito di cinquantamila piastre che il Baroncino del Mirto avea *scroccato* al suo *intrinseco amico* il Contino di Montenero.

Era pur d'uopo di presentare il personaggio di Raffaele a' nostri lettori, e far loro conoscere la costui vita antecedente al tempo in cui abbiamo stretto conoscenza con lui. Or riprendiamo il filo della nostra narrazione al punto in cui l'abbiamo lasciata alla fine della parte quarta.

II.

Il romanzo di Raffaele.

Sono passati parecchi mesi dagli avvenimenti che abbiamo narrati.

Per qualche tempo il Baroncino del Mirto non era più apparso ne' salotti del Conte di Montenero. Diceasi che egli si fosse recato all'estero.

Parimente il Conte d'Acquasalsa non si era lasciato più vedere.

I giovedì seguitavano brillantissimi dal Conte di Montenero. I soliti *amici* ed altri novelli si vedeano aggirarsi per le sale da ballo e da giuoco.

Don Mario Postieri non avea cessato dal perseguitare la povera Emilia, la quale, a dispetto di tutti gli arghi; avea trovato il modo di veder qualche volta il suo Raffaele, benchè rarissimamente, essendo costui giorno e notte occupato in sull'opera, di che era stato incaricato da Matteo l'idiota.

Raffaele più non viveva in quelle angustie in cui per lo addietro era vivuto. Co' modi più dilicati Matteo era giunto a fargli accettare la rendita de' quindicimila ducati iscritti in suo nome sul Gran Libro. Benchè il giovin poeta sapesse che questa rendita si apparteneva alla giovine Contessina di Montenero, pure Matteo lo avea persuaso a fruire di quel denaro a titolo di compenso per l'opera, di cui egli aveagli dato incumbenza; e, per togliere ogni dubbiezza dall'animo di lui, gli avea fatto scrivere un'altra lettera da Emilia, nella quale costei il pregava, in nome del loro amore, a seguitare in tutto i consigli del vecchio Matteo.

Raffaele dovè cedere e obbedire. Intanto, per corrispondere da parte sua alle inattese largizioni ond'egli veniva allietato, lavorava a tutt'uomo, e fino a notte più avanzata, sulla storia di che Matteo gli forniva la tela. Il romanzo era intitolato L'EREDITA' — CRONACA DEL SECOLO DECIMOTTAVO. In due mesi Raffaele scrisse il primo volume, e in altri due mesi il secondo.

Matteo rivedeva il lavoro del giovine romanziere per la sola parte che risguardava il subbietto, giacchè la storia che ivi era narrata egli sembrava conoscerla in tutt'i suoi particolari. Lo stile dell'opera era ammirabile per forbitezza e buon gusto, e rivelava nell'autore già maturo studio su i classici.

Matteo facea stampare il romanzo a seconda che usciva dalla penna del giovine scrittore; di maniera che sei mesi non erano ancora scorsi dal giorno che dato egli ne avea l'incarico a Raffaele, e l'opera fu annunziata presso tutt'i librai della città e su tutte le cantonate.

Il romanzo fu letto avidamente e levato a cielo per l'*interesse* dello intrigo, per le veneri dello stile, per la purezza della lingua. Molto il lodarono i giornali napolitani; e in tutte le private riunioni non si parlava d'altro che del romanzo del giovine Raffaele, il cui nome si sparse in un baleno per tutta la città.

Raffaele avea tolto in fitto due decenti camerette nella stessa via Magnocavallo, dove abitava la sua Emilia. Quelle due stanzette, di cui l'una era un salottino vezzosamente addobbato, e l'altra, una camera da letto, rispondeano entrambe sovra una terrazza donde si godea la più gradevole vista di Napoli. Raffaele avea comperato abiti nuovi ; avea tolto seco un fanticello che lo serviva e che facea puranco l'ufficio di cuoco : la massima nettezza e decenza era in quel quartierino.

Raffaele si estimava il più felice di tutti gli uomini : le benedizioni alla Provvidenza erano sempre sulle sue labbra. Non è a dire con quale occhio di amoroso figliuolo ei riguardasse il suo benefattore, il vecchio Matteo: non mai più rispettoso, più obbediente, più cieco amore nutrì un figlio pel padre suo, di quel che il giovine letterato nutrisse per quell'uomo, ch'egli considerava come un messo della celeste provvidenza. Ormai, una parola di Matteo era più che legge per lui; ed egli si sarebbe cacciato nelle ardenti fiamme, se avesse creduto poter essere di qualche lieve utilità a quel venerando vegliardo, che gli arrecava la felicità.

Erano scorsi una quindicina di giorni dacchè il romanzo di Raffaele era venuto a luce.

Una mattina, verso le undici , Raffaele stava lavorando nella sua camera da letto, che gli serviva pure da stanza di studio, quando il suo piccolo servo entrò precipitosamente da lui, e gli disse che era salito uno de'servi del Conte di Montenero per domandare se il signor Raffaele era in casa, giacchè il suo padrone, che aspettava nella sua carrozza giù in istrada , avea da dirgli qualche cosa.

— Il Conte di Montenero ! sclamò Raffaele alzandosi dalla sua scrivania. Che dici mai ! Il Conte ? il vecchio ?

— Così sembra , signorino.

E Raffaele fu d' un salto all' uscio dov' era il domestico del Conte.

— Il signor Conte è laggiù ?

— Sì, signore, e salirà da voi.

— Ciò non sarà mai ; scenderò io stesso per risparmiargli la pena di salire questi cento gradini.

— No , signor Raffaele ; pare che sua eccellenza abbia da intrattenersi a lungo con voi ; onde farete meglio ad aspettarlo.

— Ma sua eccellenza avrebbe potuto mandarmi un suo comando , ed io mi sarei affrettato di recarmi da lui.

— Non vi saprei dire altro: corro ad avvisare sua Eccellenza che voi lo aspettate.

Il servo partì.

Raffaele rimase ad aspettare il Conte con indicibile battito di cuore. In quel minuto di aspettazione , il suo cervello balestrava in aria per indovinare qual potesse essere il motivo che induceva l' altero vecchio Conte di Montenero a porre il piede nella sua modesta dimora.

Raffaele andò a ricevere il Conte nel mezzo delle scale, e gli diresse umili ma dignitose parole sull' onore che gli facea. Il vecchio non rispose che qualche fredda parola.

Entrato in casa del giovine letterato, il Conte si sdraiò sovra un gentile piccolo sofà che era nel salottino. Per dispregio o per dimenticanza, ei non si era levato il cappello.

Raffaele si sedè rimpetto a lui sovra umil sedia di paglia.

Il vecchio non parlava, ma figgea il severo sguardo a terra, e parea tutto compreso dai suoi pensieri, la cui indole poco benigna si traducea nel lieve raggrottamento delle bianche sopracciglia.

Il giovine divinò che il motivo della visita del Conte non era lusinghiero per lui, e tremò che ei non avesse discoperto la clandestina corrispondenza che era tra lui e la giovinetta Emilia: si apprese puranche all'animo suo il timore che si trattasse delle rendite della Contessina, che erano registrate in suo nome. Che che fosse, Raffaele non si perdè d'animo, attinse forza e coraggio nella rettitudine della propria coscienza, e con dolce e timida voce arrischiossi a dire:

— Posso sperare che il signor Conte si benigni manifestarmi la cagione che mi procura l'alto onore d'una sua visita?

— Siete voi, disse il Conte levando un'occhiata insolente sulle sembianze del timido giovine, siete propriamente voi che avete scritto un romanzetto intitolato L'EREDITA'?

— Son io, signor Conte, rispose Raffaele abbassando le belle ciglia, com'era solito di fare quando altri il toccava su i suoi lavori.

Il Conte sorrise in modo beffardo, e disse:

— Cioè l'avete copiato, n'è vero? Parmi che il vostro mestiero sia semplicemente quello di copiar carte; ed avete in fatti un bel caratterino *bastardo*, non è vero?

Queste insolenti parole avrebbero avvampato di sdegno il cuore di qualunque altro che non fosse stato Raffaele, il quale, arrossato un poco nel viso alla barbara e ingiusta ironia, che era in quella parola *bastardo*, si contentò di rispondere colla maggior mitezza e con amabil sorriso:

— Egli è vero che *finora* il mio mestiero è stato quello di copiar carte, ma ho cercato sempre di coltivare quel poco d'ingegno che Iddio mi ha dato; ed ho composto qualche cosarella che è stata compatita da' buoni amici; e il romanzo dell'EREDITA' è stato *composto* e non già *copiato* da me.

— Ah! voi l'avete composto! Ci ho piacere davvero!.. Voi dunque chiamate *composizioni* le *traduzioni*, non è vero?

— Le traduzioni! sclamò con sorpresa il giovine autore.

— Si, sì, fatemi l'indiano, caro signore, come se non ci fosse anche del merito in una buona traduzione.

— Le ripeto, signor Conte, che questo romanzo è stato scritto da me originalmente.

— E così tutti han creduto per qualche tempo, benchè, a dirla schietta, io non ci ho mai creduto, non potendo persuadermi che un *amanuense* potesse riuscir di botto un romanziere di merito.

— E che cosa, signor Conte, ha potuto indurre la gente a credere diversamente, che cioè io fossi non altro che un traduttore?

— Con quale ingenuità mi fate questa domanda!

— Signor Conte, io non sono uso a mentire, nè sono sceso mai a cotanta codardia. Le dico e le ripeto che il romanzo L'EREDITA' è stato da me originalmente composto e non già tradotto o copiato. Se le piace di credere alle mie parole, moltissimo le ne sarò grato: se no, mi spiace, ma non aggiungerò più motto su questa faccenda.

— E farete benissimo, rispose il Conte irritato

dalla fredda placidezza di Raffaele, giacchè innanzi alla evidenza non avreste che dire!

— Alla evidenza! Ma chi può asserire una somigliante menzogna?

Il Conte trasse di tasca un giornale piegato, lo aprì, e, indicandogli l'alto di una colonna del foglio:

— Ecco chi ha discoperto la vostra letteraria furberia.

Raffaele lesse con estremo stupore il seguente articolo stampato a carattere più rilevato:

Scoperta importante — *Un nostro vecchio letterato che ha passato due terzi della sua vita nella lettura, e che ricorda la maggior parte dei libri che ha letti, ci assicura che il romanzo venuto a luce non è guari in Napoli, col titolo L'Eredità, cronaca del secolo decimottavo, e che ha fatto un certo rumore in questo paese, non è che la letterale traduzione d'un romanzo francese collo stesso titolo L'héritage, pubblicato a Parigi verso la metà del passato secolo. Il solo mutamento fattovi dal traduttore, per dar colore di originalità al suo furto letterario, è stato quello de' luoghi avendo fatto accadere in Napoli l'azione che nell'originale accade a Parigi!*

Possiamo asserire che la sola maraviglia fu il sentimento da cui fu compreso l'animo di Raffaele nel leggere questa impudente calunnia. Il suo animo, educato a tutta la sublimità de' sentimenti cristiani, compatì allo sciagurato, chiunque si fosse, che avea voluto così vilmente denigrarlo, e accettò di buon grado la ingiusta e crudele umiliazione che il cielo gli facea provare.

Egli rimase col giornale in mano, senza poter trovare una parola: ma, per non far credere al

Conte che il suo silenzio fosse figlio della umiliazione che gli cagionava quella scoperta, levò securo lo sguardo e disse :

— Signor Conte, è ben da compiangere chi, per semplice mal talento, per invidia o per gelosia, si fa con tanta impudenza a denigrare la fama d'un povero giovine, che comincia appena a gustare i frutti de' suoi lunghi sudori. Io potrei portare innanzi alle autorità competenti questo infame libello, e costringere l'autore di questo articolo a presentare il preteso *originale* del mio romanzo; ma io, signor Conte, non ho messo il mio cognome in fronte al mio libro; e ciò vuol dire che ho rinunziato a quel poco di gloria che forse potea derivarmene; onde, poco a me cale di queste ignobili insidie che mi si fanno; Iddio farà giustizia dell'opera mia.

Il Conte sorrise in quella sua maniera insolente e beffarda.

— Ecco un bel *tratto* poetico che fa onore alla vostra musa, ma non vi discolpa del furto letterario di che vi accusano.

— Le ripeto, signor Conte, che io non bramo discolparmi, giacchè disprezzo l'accusa e compiango l'accusatore. Ho letto, signor Conte, in un libro che dovrebbe essere nel cuore di tutti: *Perciocchè io frequentemente e gravemente ho peccato, ogni creatura si leva debitamente contro di me; a me dunque di ragione è dovuta la confusione e il dispregio.*

Quest'angelica rassegnazione del giovine Raffaele sconcertava tutt'i calcoli dello altero Conte di Montenero.

— Ben fate nel rassegnarvi, mio garzone, alla vostra sorte: nel caso presente non avreste a fare di meglio. La rassegnazione è la virtù di quelli che hanno torto; però vi dovete acconciar l'animo a sopportar con pazienza, che questo articolo sia riprodotto in tutt'i giornali di Napoli e delle altre città d'Italia. Non è giusto, signor mio, che voi vi attribuiate l'onore che ad altri è dovuto: *unicuique suum.* Comechè io non mi intrametta in cose letterarie, pure non posso tollerare che uno ritenga per sè quel che altrui spetta.

— Signor Conte, ben mi avveggo ch'Ella è assai mal disposta a mio riguardo: io non so in che avessi potuto aver la sventura di offenderla; ma egli è certo che ho in Lei un possente nemico. Ella mi minaccia di fare strombettare questo mio preteso furto letterario. Le dico soltanto che la verità presto o tardi si fa innanzi, a grande scorno e confusione di chi cercò annebbiarla agli occhi del mondo. Tutto quaggiù viene a luce.

Il Conte si fece in volto una fiamma di rossore; i suoi occhi schizzavano per furore; l'ira gli balenava sulla corrugata fronte.

— Che intendete voi dire? gridò con fulminea voce... Ah!... codesta vostra parola mi rivela assai... Or bene, signorino, se voi, come dite, non avete tradotto il vostro romanzetto, voi mi direte in quale *cronaca* avete attinto i fatti che narrate.

— Perdoni, signor Conte, ma io non credo aver l'obbligo di giustificarmi con Lei. Le ripeto che non mi curo della vile accusa che mi han fatta; ma, qualora io pensassi di difendermi e scolparmi, so ben io quali modi terrei.

— Insolente! sclamò il vecchio mettendo il suo bastone in atto di offesa.

— Io nol sono, signor Conte.

— Tu lo sei, ed io t'insegnerò bene il modo di parlare col Conte di Montenero.

— Non credo aver mancato di riguardi e di rispetto verso il Conte di Montenero.

— Temerario! Non rispondere, intendi?

Raffaele alzò lo sguardo al cielo in atto di offerirgli questa novella pruova di pazienza.

— È inutile che mi facci il pinzochero e il buon figliuolo; tu sei un birbaccione insolente dammeno del verme ch'io calpesto; e, se io mi sono abbassato in sino a lordare il mio piede nella tua sozza dimora, è perchè non avrei mai permesso che tu avessi infangato la soglia della mia abitazione. Nè credi che un vano motivo o una lieve cagione mi abbia spinto a bruttar le mie scarpe in questo luogo. Io ho bisogno di sapere, assolutamente bisogno di sapere in quale cronaca, in qual libro, o in quale altro canale hai pescato le tante favolette e corbellerie di che è tessuto il tuo *aureo* libro. Tu mi dirai tutto ciò; capisci? giacchè a me importa assolutamente saperlo.

La estrema sorpresa era quella che prevalea nell'animo di Raffaele, il quale non potea comprendere qual premura si avesse il Conte a voler conoscere la provvenienza de' fatti ch'egli avea narrati nel suo romanzo. Raffaele avea solennemente promesso a Matteo di non rivelare a chicchessia da chi egli era stato incaricato di scrivere il romanzo e chi gliene avea dettato quella ch'ei credea la favola o l'intrigo. Oltre di ciò, la burbanzosa e villana tracotanza del vecchio Conte incominciava a far vacillare la sua pazienza.

Ciò nondimeno, Raffaele rispose con molta pacatezza :

— Come posso darle i ragguagli che ella mi dimanda, quando io, secondo che Ella dice, non ho fatto altro che *copiare* o *tradurre* il mio romanzo ?

L'obbiezione era terribile. Il Conte si sentì dare un tuffo di sangue al cervello. La fredda placidezza di quel giovine gli dava la tortura. Rimase il nobile per alcun tempo imbarazzato, non si sapendo che rispondere a quella formidabile argomentazione : ei si sentiva soggiogato dalle sue armi stesse.

— È inutile che tergiversi, disse poscia alteramente, a guisa del lupo che, esaurito ogni vano pretesto, più non celava la sua feroce voglia di assannare l'agnello: sia traduzione, sia copia, sia quello che vuoi, emmi d'uopo che tu mi palesi donde hai cavate le pappolate messe in sulla carta e spacciate al gonzo pubblico. Pensa ch'io sono il Conte di Montenero, e che posso annientarti con un *fiat*.

Raffaele non potè frenarsi dal ridere a questa ridevolissima rodomontata dal vecchio: ma il giovine, che avea nobili principii e sentimenti, tosto pentitosi di quest'atto di scortesia, benchè a fronte di un uomo che niuna civiltà comandava, riprese con serietà:

— Solo all'onnipotente Autore della natura è dato il creare e il distruggere con un *fiat*: l'uomo non può nè creare nè distruggere un atomo.

— Ed io distruggerò te, bestione ipocrita.

Nel colmo del furore, il vecchio si alzò, afferrò per un braccio il giovine scrittore, e, con occhi fulminei, con voce altisonante, gridò:

— Dimmi, furfante, in qual libro hai trovato scritto il soggetto del tuo romanzo? Chi te lo ha rivelato?

— MATTEO L'IDIOTA, rispose una terza voce che si fece udire dietro al Conte.

Il quale si voltò con prestezza, e vide stargli accanto il vecchio Matteo.

III.

La cronaca vivente.

Accennammo altrove che Matteo era ammesso e bene accolto in casa del Conte di Montenero, per avere renduto a costui il più importante e inapprezzabile servigio che un uomo possa rendere ad un altro uomo, quello cioè di avergli salva la vita. Diremo il come.

Non sappiamo se per vaghezza di diporto, per sue particolari faccende o per altro motivo, il Conte si trovava un giorno a passeggiare per que' solitarii viottoli di campagna, che s'incontrano in sulla dritta della strada maestra che mena al campo, e che oggidì fiancheggiano il lugubre sito del camposanto cholerico. Erano circa le quattro e mezzo d'un fosco giorno d'inverno. Il Conte andave solo e a piedi, quando dal muro di cinta d'un poderetto lanciossi un cane di smisurata grandezza, che, fisse le torve occhiate sul passeggiero, cominciò a ringhiare in quella maniera feroce, che sogliono i cani guardiani quando pigliano sospetto di alcuno. Il Conte pensò di appaurare la bestia, affin di farla retrocedere, onde, perciocchè iva armato di pistoletta, si avvisò di scaricare un colpo in aria. L'effetto di questo cattivo consiglio fu interamente contrario a quello che egli aspettavasi. Il cane, presò da fierina stizza, si precipitò verso l'avversario, il quale si era dato alla fuga e gridava al soccorso; ma, la tarda sua età impedendogli di correre con tanta prestezza da superare la velocità della bestia, era finito per lui, se un'archibugiata partita dal balcone di una casa di campagna in quelle circostanze non avesse disteso a terra il cane privo di vita. Il Conte non credeva a tanto prodigio, e, balestrando gli occhi anziosi all'intorno, cercava del suo salvatore, che si ascondeva alla sua riconoscenza, allorchè, poco stante se gli fece innanzi Matteo, vestito meschinamente e con modi e favella piuttosto rozzi e volgari, disse al Conte, che egli era contentissimo di aver ucciso quel cane che facea pigliar tanta paura a certi suoi *nipotini*. Il Conte, deposta la sua naturale alterigia, afferrò le mani del vecchio suo liberatore, e gli disse con vera espansione d'animo: — Uomo eccellente, chiunque voi siate, abbiatevi la mia eterna gratitudine, a contrassegno della quale accetterete questo lievissimo fiore — Detto ciò, cavò la sua borsa, e ne trasse quattro monete d'oro, e volea porle nelle mani di Matteo, il quale con be' modi si ricusò. Così fatto straordinario disinteresse colpì di maraviglia l'avaro Conte, il quale credea che le azioni degli uomini, anche quelle più nobili e virtuose, non potessero avere altro scopo che quello del danaro. Sovrammodo sorpreso significò a Matteo la sua ammirazione per tanta dilicata condotta, e gli chiese del suo nome: — Mi chiamo *Matteo lo scemo* (1) — rispose questi col suo risolino che appoggiava e giustificava la qualificazione che gli si era data. Maggiormente maravigliossi il nobile nel sentir ciò, chè in mente sua non poteano insieme accordarsi quel dilicato disinteresse e quella rozza e grossolana apparenza. Ad ogni modo, il Conte trasse da un dorato taccuino una cartellina di visita adornata delle sue armi gentilizie, e mettendola nelle mani di Matteo, dissegli: — La casa del Conte di Montenero è ormai aperta al suo liberatore — Non si potrebbe descrivere l'impressione che queste parole fecero sul vecchio Matteo. I suoi occhi, le sue fattezze balenarono di una gioia sovrumana come se gli fosse stato annunziato il ritorno in vita del padre suo. Questa volta fu egli che afferrò le braccia del Conte; il guardò fiso, gli addimandò cento volte se egli era propriamente il Conte di Montenero, Antonio de Jacellis, figlio di Domenico de Jacellis. E quando quegli, non men maravigliato della maraviglia del rustico, lo assicurò che egli era propriamente il Conte, de Jacellis in persona, Matteo saltò dalla gioia, si pose a ballare e a ridere sgangheratamente e a fare tali e tante altre follie, che il Conte si convinse pienamente esser quegli non altro che un matto o un idiota, siccome lo addimandavasi.

Indarno il Conte domandò a Matteo la ragione di quelle straordinarie dimostrazioni di gioia; costui non facea che ridere e battere le mani l'una contro l'altra; e fu impossibile di strappargli una parola sul proposito. Soltanto, quando il Conte si dispose a congedarsi dal suo rozzo libe-

(1) Parola del dialetto napoletano che significa idiota.

ratore, questi lo assicurò che sarebbe andato a
fargli visita e subito.

E mantenne la sua parola. Scorsero pochi
giorni da questo avvenimento, e Matteo si presentò a casa del Conte di Montenero, il quale
gli fece la più cordiale accoglienza, ed il presentò alla famiglia ed agli amici, ai quali avea
già raccontato il modo ond' era stato quasi pro-
digiosamente salvo da morte, per l'opera di quel
vecchio, che, in mezzo a quegli eletti crocchi non
lasciò il suo stupido sorriso. Le monche e roz-
ze parole con cui rispondeva alle interrogazioni
che gli si faceano, davano chiaramente a divedere, ché quell'uomo non godesse il pieno esercizio delle sue facoltà mentali. E, dappoichè la
famiglia e gli amici del Conte s'intrattennero per
qualche tempo a ragionare del fatto del cane e
del signor Matteo, ciascheduno ritornò a' fatti
suoi, più non occupandosi di quel vecchio rimbambito.

Matteo ritornò quasi tutte le sere in casa del
Conte, ed in ispecialtà i giovedì. Egli portava
sempre lo stesso vestito, che consisteva in un
giubbone color marrone, il cui taglio ricordava
il passato secolo, in un corpetto di seta nera,
in calzoni corti, in scarpe con fibbie. Bellissimi
erano i suoi capelli bianchi come la neve, i quali gli cadevano in lunga zazzera quasi in sulle
spalle...

Matteo, rincantucciato in un angolo del salotto
principale, si divertiva a pigliar tabacco. Pel
consueto si addormentava o fingea di addormen-
tarsi per essere lasciato più tranquillo nelle sue
osservazioni e meditazioni. Spesso ei s'intratte-
nea ne' salotti da giuoco a guardare le vicende

di fortuna; il suo divertimento era quello di collocarsi accanto o addietro a quelli, tra i giuocatori, i quali aveano la debolezza di credere alla *jettatura*. Impassibile al suo posto, egli non si smuovea nè per rabbuffi nè per torve e minacciose guardature che gli si faceano.

L'unica persona colla quale venne in grandissima dimestichezza si fu la figliuola del Conte, Emilia, che, con quel sagace intentimento che possedea, scoprì nel cuore di Matteo un fondo di angelica bontà, sotto quella ruvida e grossolana apparenza, una mente scaltra e profonda, e sotto quella infinta idiotaggine un'anima forte nobile e altera.

Matteo non si aprì di botto alla figlia del Conte; ma a poco a poco, e poscia ch'ebbe scorto in lei quelle rare virtù e quello squisito sentimento che sappiamo. Benchè molta dimestichezza fosse tra loro, pur nondimeno Matteo serbò il mistero sulla sua propria entità, ne rivelò di sè alla fanciulla più di quello che noi sappiamo. Sapea con arte eludere le domande di lei ogni qual volta essa alcuna gliene facea, su che egli avea fermo serbar l'arcano. Con tutto ciò, la fanciulla si era lasciata a poco a poco cavar di corpo tutt'i suoi piccoli segreti, da'quali il vecchio avea appreso esser lei vittima di quella scioperata famiglia; volerla il padre sacrificar forse ad un ignobile matrimonio per la sola avidità dell'oro; essere quel bestione di Don Mario Postieri prescelto a tanto bene; ultimamente, esser lei innamorata corrisposta d'un giovine letterato a nome Raffaele, di cui gli vennero raccontate la storia e le sventure. Con quella sperienza degli uomini e del mondo che si acquista con lunga etade, Matteo indovinò nel giovine Raffaele quelle virtù e quell'ingegno, di che gli facea calda e appassionata testimonianza la giovinetta; fermò quindi conoscerlo più davvicino; e, quando si fosse accertato esser colui tale quale il dipingea la innamorata donna, e quale ei stesso desiderava di trovarlo, giovargli a segno da trar lui dalle angustie in cui vivea e forse riavvicinar le sorti di due creature sì degne di amarsi e di congiungersi.

Ebbe il vecchio Matteo agio e occasione di estimare l'alto insegno di Raffaele, leggendo i suoi componimenti, siccome dalle informazioni raccolte su lui ebbesi il campo di conoscere il cuore angelico del giovine poeta.

Matteo pensò a Raffaele per un altro scopo cui mirava: era in mente sua farlo strumento dei suoi disegni, e questo anche nello intento di esercitare su lui con somma dilicatezza l'opera di beneficenza che dovea fargli mutar fortuna. L'opera di che Matteo incaricò il giovane scrittore non era solamente un mezzo da giovare a questo disgraziato orfano; ma pur anco di mettere a piena luce del giorno un fatto memorabile accaduto verso la metà del passato secolo, la pubblicità del quale, sebbene sotto altri nomi, era sempre un fulmine per le famiglie de' principali attori del turpe dramma.

Il romanzo l'*Eredità* svelava minutamente, con altri nomi fittizii, gli avvenimenti che abbiamo narrati nella prima epoca di questo racconto: narrava le dissenzioni d'una famiglia napolitana surte per la ingusta distribuzione del paterno retaggio spettato quasi tutto al primogenito; onde gli altri due fratelli venivano cacciati in sulla pubblica via a vivere di arti meschine e ignobili: narrava l'ambizione di quel primogenito congiunta all'amore per un unico figliuoletto che si avea, di maschia e robusta intelligenza, non meno che di vaghissime e care sembianze: la risoluzione de' due diseredati fratelli, di vendicarsi del germano ricco ed ambizioso, togliendogli l'unico amore ch'ei si avea sulla terra, il caro figliuolo, la cui morte assicurava loro eziandio l'ambita eredità: la diabolica esecuzione che diede a tal disegno una scaltra e ipocrita femmina, alla quale era stata promessa, riuscendo, una parte del guadagno: l'avvelenamento e la morte del fanciullo per mezzo d'un succido aio proposto dalla malvagia donna; il ritiro dal mondo del desolato padre, consigliato a ciò da due furbi mandatarii de' complici, e la disposizione ch'egli fè dei suoi bene a pro' de' suoi fratelli, i quali, raggiunto finalmente il desiato scopo de' loro desiderii, stabilivano le lore famiglie sovra basi di grandezza da ecclissare la loro passata trambasciosa oscurità.

I severi moralisti trovavano una gran pecca in questo romanzo, ed era che il delitto trionfasse; ma eglino non aveano posto mente ad una piccola nota che l'autore avea messa a pie' dell'ultima pagina del suo lavoro, e nella quale era detto che avrebbe fatto seguito a questo romanzo una *seconda epoca*, in cui sarebbero state ripiene tutte le lacune lasciate nel primo libro, e dove l'autore si proponeva dimostrare che se TARDA è talvolta la GIUSTIZIA DI DIO, essa è IMMANCABILE, e che se talvolta NON COLPISCE APPARENTEMENTE GLI AUTORI DEL MALE, COLPISCE SOVENTE I FIGLI O I NEPOTI. Innanzi agli occhi di Dio un secolo è uguale ad un giorno.

Premesso tutto ciò, che era pure indispensabile conoscersi da' nostri lettori, ritorniamo nel salottino di Raffaele, dove, abbiam lasciato il Conte di Montenero sorpreso nel sentir dietro a sè la voce del vecchio Matteo, che dicea sè aver fornito al giovine romanziere l'intrigo e la tela del romanzo l'*Eredità*.

Estrema fu la maraviglia del Conte nel sentir quelle parole e nel veder quel vecchio.

— L'idiota! egli esclamò.

— L'idiota! ripetè Matteo sorridendo siccome solea, in quel suo modo tutto particolare.

La faccia di Raffaele sfolgorò di gioia nello scorgere il suo benefattore, e, per un naturale movimento, si strinse dappresso a lui, quasi implorandone le difese.

— Che vuol dir questo? dimandò il Conte, cui le parole del vecchio aveano fatto l'effetto della più inesplicabile sciarada.

— Vuol dire semplicemente che io, il vecchio Matteo l'idiota, ho rivelato a questo giovine il soggetto del suo romanzo.

— È questa una burla? dimandò l'attonito Conte, il quale non sapea rendersi piena ragione delle parole che aveano colpito il suo orecchio.

— Burla? No, signor Conte, mi guarderei bene dal celiar con Lei. Questo che ho detto non è che il vero.

Il Conte guardava alternativamente or l'uno or l'altro de' due, come uomo che voglia sulle altrui sembianze cercar di comprendere ciò ch'ei non ha virtù di comprendere da sè. I suoi occhi balenavano come quelli di vecchia tigre ferita, che appunti la feroce pupilla per iscoprir

7*

di lungi l'ardito avversario che le ha colpito il fianco.

— Domando una spiegazione delle tue parole, vecchio Mattèo.

— Non è questo il luogo, signor Conte, nè il tempo di venire a spiegazioni sovra un fatto che io credo non debba minimamente calère alla signoria vostra.

— A me cale più di quello che tu ti pensi; dappoichè io so che il nesso di questo romanzaccio non è *ideale* o *inventato*.

— Ricordi, signor Conte, che questo non è che una *traduzione*, disse con maligno sorriso il vecchio, il quale sembrava che godesse dell'agitazione e del furore che si leggevano scolpiti sulla corrugata e pallida fronte del Conte.

Le sembianze di costui presero ad un tratto una espressione che mal sapremmo definire. Egli più non disse un motto, ma confisse un'occhiata pertinace sulla faccia impassibile di Matteo, e sembrò che qualche cosa di straordinario avvenisse nell'animo suo.

— Qual luce rischiara la mia mente! esclamò. Or che ricordo la tua sorpresa nel giorno che ci vedemmo per la prima volta in que' viottoli di campagna, la tua maraviglia e la tua gioia nel sentire il mio nome; or che penso al mistero di che ti sei sempre circondato, alle tue strane parole... Vecchio, giù la maschera... Dimmi chi sei tu?

— MATTEO L'IDIOTA, rispose questi colla sua solita gioviale impassibilità.

— Non più, disse furibondo il nobile; io non tollero più a lungo che ti facci beffe di me. Tu mi dirai sul momento chi tu sei e ch'io mi scorderò del servigio che tu mi rendèsti col liberarmi da quel cane maledetto.

— Io non vi ho renduto nessun servigio, signor Conte, non fu il mio braccio che vi salvò, ma bensì il Cielo che vi serbava in vita per certi suoi fini, siccome ha serbato me in vita fino a questa lontanissima età di novantacinque anni.

— Novantacinque anni !! esclamarono in pari tempo il Conte e Raffaele, compreso ciascheduno da diversi sentimenti.

— Diciannove lustri ben sonati, rispose Matteo; mi seggo tra due secoli, come il Napoleone di Manzoni.

— Tu hai 95 anni ! sclamava pallidissimo il Conte; tu conti 25 anni più di me ! Tu dunque . . .

E afferrò le braccia del vecchio.

— Tu dunque sei stato quasi testimone della storia esposta in quel libro?

— Altro che testimone!.. Vedete, signor Conte, io ho conosciuto uno per uno personalmente tutt' i personaggi di che si fa parola nel romanzo l' *Eredità*.

— Tu hai conosciuto. . . anche il Marchese. . .

— De Lacilejs, disse sorridendo Matteo.

Questo cognome *De Lacilejs* era quello che figurava nel romanzo di Raffaele; era l'anagramma del cognome *De Jacellis*.

— E per conseguenza... anche i suoi fratelli Don Michele e Don Domenico?

— Per conseguenza, rispose Matteo freddamente.

La maraviglia e la paura sembravano contrastarsi l'impero dell'animo del Conte; egli comprendea di trovarsi alla presenza di un personaggio che conoscea tutta la storia della sua famiglia, storia terribile che a lui, Antonio de Jacellis, era nota; giacchè Don Gaspare Scorpione, straziato in sua vecchiezza da crudeli rimorsi e dalle più spaventevoli paure di coscienza, avea fatto, sul letto di morte, una intera e precisa narrazione della storia de' de Jacellis a lui Antonio, figliuolo di Don Domenico, che lo avea preceduto nella tomba, divorato dalla più schifosa e lurida malattia.

— E per conseguenza hai conosciuto anche il figlio di Don Domenico? disse il Conte con occhi ardenti.

— In quanto a costui, non l' ho conosciuto personalmente che da poco tempo a questa parte, e propriamente in quel giorno in cui ebbi l'onore di salvar Lei, signor Conte, da' morsi di quel mastino indemoniato.

Non ci era più dubbio alcuno. Il romanzo di Raffaele era la terribile storia de' de Jacellis, e colui che l' avea rivelata era Matteo, CRONACA VIVENTE, anacronismo parlante, testimone d'un secolo fa.

— Questo figlio di Don Domenico, quest'uomo che tu hai conosciuto il giorno in cui mi salvasti dal cane arrabbiato, costui ti dice ora che vendicherà l'oltraggio fatto alla sua famiglia, alla famiglia de' de Jacellis, il cui rispettabil cognome tu anagrammasti col fattizio *de Lacilejs*.

— Vendicarsi! esclamò Matteo con un sogghigno inesplicabile; *non è ancor tempo!!*

— Fuori mascherate! tornò a dire il Conte, senza fare attenzione all'accento ond' erano state pronunziate queste ultime parole di Matteo. Io sono il Conte di Montenero, Antonio de Jacellis, figlio di quel Domenico di cui tu hai infamato la memoria, narrando non so quali storielle di avvelenamento e di altro. Tu mi darai conto e ragione di quanto hai esposto o fatto esporre nel libro che vuolsi scritto da questo scimunito (*e additò Raffaele*). E, primamente, mi dirai chi tu sei, e quali relazioni sono passate tra te e i de Jacellis.

— Ed io sono pronto ad appagarvi, signor Conte; e, quando vi avrò rischiarato su certi fatti che forse anche a voi saranno rimasti ignoti, quando avrò colmate le lacune che si osservano nel romanzo di questo valoroso giovine, che voi onorate dell'appellativo di *scimunito*, quando vi avrò messo a nudo tutte le infamie della vostra famiglia, allora vi dirò chi mi son io, che ho salvato voi dalla morte e il Contino vostro figlio dal disonore. Uditemi, vi prego senza interrompermi. Udite anche voi, virtuoso giovine. Voi signor Conte, avete letto la *storia scritta;* udite ora la *cronaca vivente e parlante.*

Detto ciò, Matteo tolse nelle mani un esemplare del romanzo di Raffaele, lo aprì a pagina 106 del volume primo e lesse:

» Don Francesco avea tre figliuoli maschi, » Don Giuseppe Arcangelo, che fu poi il marchese *de Lacilejs*, D. Michele e Don Domenico. Verremo di questi tre rampolli *de Lacilejs* occupandoci distesamente, i quali molta parte hannosi avuta nella storia che abbiamo tra mani. Al presente ci terremo paghi nel dire che di questi tre figliuoli il so-

» lo che ereditò quasi tutte le sostanze pater-
» ne si fu Don Giuseppe... Le leggi del secolo
» in cui vivea Don Francesco davano siffatta
» facoltà ad un padre , leggi che la civiltà
» de' tempi posteriori ha corrette, distribuendo
» in eguale porzioni il paterno retaggio.

.... » Un tozzo di pane fu gittato per mi-
» sericordia agli altri due fratelli Don Michele
» e Don Domenico, i quali, in quella forma che
» se non fossero usciti del medesimo ceppo,
» venivano gittati in mezzo della strada in fan-
» ciullesca etade e con pessimi semi di vizii nel
» cuore. E, giacchè la sorte inimica li bistrat-
» tava , in quello stesso modo si accordarono
» entrambi per provvedere allo stato loro , ed
» avvisarono a'mezzi che desser loro da vivere
» senza grandi stenti e fatiche, dacchè l'avari-
» zia li avea fatti crescere senza lettere e senza
» coltura di nessuna ragione; sicchè per lungo
» volger di tempo andarono pascendo il loro a-
» nimo di quelle male intenzioni, le quali frut-
» tarono appresso le tristizie che narreremo. »

— Avanti , avanti , gridò con impazienza il
Conte di Montenero; qui non venni a riascoltare
la lettura di questo pessimo romanzo.

— Abbiate pazienza, rispose pacatamente Matteo. Se bramate conoscere chi io mi sia e quali
relazioni sono passate tra me e i de Jacellis
(*de Lacilejs*) , è mestieri ch' io ricordi rapidamente i punti principali di questo romanzo che
voi ben dite *pessimo*, imperocchè turpi e nefan-
di ne sono i fatti. Abbiate però la sopportazione
di continuare ad ascoltare l'elogio del padre
vostro e del rispettabile signor zio Don Michele.

— Temerario ! esclamò il Conte.

E si contenne, chè fortemente gli ardeva il cuore la curiosità di sapere qual si fosse l'uomo che di presente gli dava sì cruda tortura.

Matteo seguitò:

» Ora, in quello che il giovine Don Giuseppe Arcangelo *de Lacilejs* trafficava per carpire un titolo di nobiltà..... Don Michele
» e Don Domenico *de Lacilejs*, in astio dell'arricchito fratetto, brigavansi di cancellare anche il *Don* da loro nomi, e si buttavano a lucrar quattrini ne' bassi traffichi de' giornalieri..... Pertanto, quei due in sulla via di
» S. Giovanni a Carbonara (che era in quei tempi la più nobile strada della città) avevano aperte due pubbliche botteghe, l'una di vinaio, l'altra di trippaiuolo, con due enormi insegne dove a lettere cubitali si leggevano i loro nomi e cognome. »

— Basta così! sclamò furibondo il Conte a queste ricordanze che gli facevano avvampar di rossore la fronte corrugata.

— Il vinaio era Don Michele, vostro zio, soggiunse Matteo senza darsi pensiero del furore del Conte, e il trippaiuolo...

— Taci, insolente! gridò il Conte levandosi con via estrema.

— Avete ragione; è inutile il rammentarlo. Tiriamo innanzi:

« Rodevasi di rabbia internamente il signorotto (*e quì Matteo diede una beffarda occhiata al Conte*)... Ed è a figurarsi il rossore che copriva la sua fronte, (*un'altra occhiata pietosa*) qualora altri il domandasse di qualcuno de' suoi germani ».

Matteo saltò qualche pagina, e continuò:

» Alla età di circa quarantacinque anni, il
» marchese Don Giuseppe Arcangelo pensò di
» ammogliarsi; a capo di tutt'i motivi che lo in-
» ducevano a menar moglie era quello di ave-
» re una discendenza a cui lasciare i suoi be-
» ni, i quali, dov'egli fosse morto senza ere-
» di leggittimi e discendenti, sarebbero toccati
» a'due fratelli.

.... « Pertanto, una cagione che ci è rima-
» sta ignota, dal dì che il Marchese avea tolto
» moglie ed era ito ad abitare nella destra bran-
» ca del palazzo del principe di Tarsia, i due
» fratelli del nobile parea che non gli dessero
» più tanta molestia. Anzi, un bel dì, a gran-
» dissima compiacenza e soddisfazione del mar-
» chese, le due botteghe si chiusero e le due
» orribili insegne sparirono ».

— Ed ora, signor Conte, seguitò Matteo, ora
io supplirò alla lacuna che la discretezza del
romanziere ha qui lasciata, e vi dirò la *cagione*
di questo fatto, che forse a voi pure è rimasta *ignota*. Udite.

Il Conte si prestava ad ascoltare soltanto per
lo ardente desiderio che avea di conoscere fin
dove si estendesse la orribile conoscenza che il
vecchio possedea della storia de' de Jacellis; come altresì di sapere finalmente chi costui si
fosse, che sembrava un giudice inesorabile sorto dal sepolcro per iscagliare i suoi fulmini contro i figli e i nepoti de'malfattari.

Il giovine Raffaele pendeva immobile dalle
labbra del suo benefattore, pur dando a divedere, colla tristezza del suo volto, quanto fortemente gl'increscessero le umane turpitudini;
per le quali, eziandio dopo lo spazio di un se-

colo, può la vergogna far rosso il viso de' figli e de' nepoti.

La *Cronaca vivente* continuò:

— Io dunque vi dirò la cagione per cui quelle due botteghe si chiusero, e quelle due orribili insegne sparirono. Don Michele e Don Domenico non erano uomini che poteano tenersi contenti a'modici guadagni che le loro industrie procuravano loro; imperocchè essi avevano quella pessima sete d'oro che fa che l'uomo si ponga sotto a' piedi quanto di più sacro è nel mondo, e conculchi, se fa d'uopo, anche il capo del padre suo. Un bel giorno adunque, raccolto quel tanto che avean messo da banda nello esercizio de'loro traffichi, fecero tra loro un'associazione d'interessi, e fermarono di appigliarsi alla nobile industria d'*impegnatori*. Sloggiati dalla via di S. Giovanni a Carbonara, dov' eglino non si aveano certamente acquistato un grido d'integrità, si andarono a stabilire in un quartieruccio nella contrada di S. Caterina a Formiello, in un portoncino dov' era un altro solo piano occupato da una donna che faceva ex-professo il mestiero di tenere studenti a dozzine. Qui adunque i due spettabili fratelli incominciarono ad esercitare sottilmente la loro proficua industria, scorticando gl' infelici, spolpando i morti, suggendo il sangue da'più miseri. È questa, illustre signor Conte, o presso a poco qualche altra esercitazione somigliante a questa, la ordinaria e quasi comune origine di tutte le ricchezze esorbitanti, di tutte le *fortune* che abbagliano gli uomini: le lagrime degl' infelici le han fecondate, e le maledizioni del cielo le han prosperate, giacchè sovente felicita il cielo coloro che riserba a'fini della sua incomprensibile giustizia. In pochi anni, vostro padre D. Domenico e vostro zio Don Michele cominciarono ad assaporare quelle ammaliatrici dilettazioni che procura la vista dell' oro accumulato; e, perciocchè così è formata questa sozza passione dell' oro, che quanto più se ne possiede, tanto più vorrebbesi possederne, i due *impegnatori* che, a guisa di vampiri, aveano succhiato il sangue di tutta la povera gente, pensarono di aggiungere a quest' arte quella eziandio *nobilissima* di *usurai*. Le *belle arti* si dàn la mano tra loro. Per esercitare questa duplice industria, gli uffcii furono fraternamente divisi; onde, Don Michele, che era il più grande, recossi nelle province affin di mettersi a'più lucroso negozio dove, stirando un poco la coscienza che è per sè stessa di una mirabile elasticità, potesse adunghiare qualche buon migliaretto; e D. Domenico rimase a S. Caterina a Formiello, nel mezzo de' suoi avventori, menando la più faticosa vita del mondo, pel grandissimo numero di faccende che gli piovevano addosso da ogni parte per *oneste* prestanze. Immersi fino al gorgozzole in questi studii di arricchirsi, i due fratelli non si dettero più oltre pensiero del marchese loro germano maggiore; pur nutrendo nell' intimo degli animi loro un astio che aspettava il tempo e il luogo per iscoppiare. E questa, signor Conte, si fu la ragione per cui i due fratelli del nobile non gli dettero più apparentemente molestia alcuna. Ora, se non vi spiace, ripigliamo il filo della narrazione al punto in cui l'abbiamo interrotta.

Matteo riaprì il libro e lesse:

« Da questo tempo incominciò veramente la

» felicità di Don Giuseppe Arcangelo , il quale
» si vedeva alla fine libero di quello incubo ter-
» ribile che gli toglieva il respiro : incominciò
» a nutricar la speranza che i suoi due fratelli
» fossero morti ; nel qual caso , ove si fosse
» verificato, pel contento che ne avrebbe pro-
» vato , avrebbe fatto larghissime elemosine in
» suffragio delle loro anime.

» Ad accrescere la contentezza del marchese,
» dopo un anno di matrimonio , la marchesa
» Donna Giulia sua moglie pose al mondo un
» bel fanciullo che tutto rassomigliava alla ma-
» dre, che era assai bella e gentile di volto...

... « Il sospirato figliuolo erede de'titoli e delle
» sostanze paterne venne a luce il dì 7 aprile
» dell'anno 1740 ; e gli furono messi i nomi di
» Marco-Vincenzo-Giulio.

Il Conte scoppiava d'ira e d'impazienza. Matteo era freddo; la sua voce era chiara e sonora.

Egli seguitò a leggere :

» Ma la felicità non è duratura su questa ter-
» ra! Il marchese de Lacilejs, al colmo di ogni
» umana contentezza, ebbe il dolore di perdere
» l'amatissima consorte e con essa la speranza
» di un altro erede; giacchè la poveretta morì
» incinta di pochi mesi , vittima del maligno
» vaiuolo.

» Qual si fosse il dolore del marchese per
» questa perdita quasi improvvisa ei non è a
» dire... E, quantunque fosse rimasto vedovo
» in età non guari avanzata, giammai non volle
» più in appresso sentir parlare di altro matri-
» monio, concentrando tutto il suo affetto sul-
» l'unico figliuolo che gli ricordava le care sem-
» bianze della madre....

» L'educazione del suo carissimo piccolo Mar-
» co gli stava a cuore : su questo articolo il
» marchese non intendea transigere co' principii
» della più stretta morale. Onde, allorchè il fan-
» ciullo crebbe a quell'età in cui è mestieri prov-
» vedere alla sua istruzione, il marchese stimò
» non potersi meglio rivolgere per la scelta di
» un istitutore che a quella *pia* donna detta I-
» sabella Milone, a cui ricorrevano i più note-
» voli signori, allorchè di qualche proba per-
» sona aveano mestieri per ufficii di simil fatta».

A questo punto Matteo lasciò per poco il libro, e, come se avesse fatto una osservazione
di mera oziosità, disse al Conte :

— Vostro padre fu molto ingrato verso di questa donna, signor Conte.

— Che intendi tu dire ? chiese questi, nel cui
animo combattevano a muta la sorpresa e la
rabbia.

— Sì signore, Don Domenico vostro padre fu
ingratissimo verso l'Isabella Milone, siccome il
fu parimente vostro zio Don Michele. Imperocchè, quando, la mercè degl' infernali rargiri di
questa donna, eglino si furono messi in possedimento delle opimi sostanze del marchese, invece
di darle il promesso guiderdone, indussero sottilmente Padre Rocco a smascherare la ipocrisia
di questa donna, rivelandogli alcune di lei se-
grete turpitudini, di che quelli due aveano a-
vuto l'agio di mettersi a giorno. Il buon Padre
Rocco da qualche tempo sentiva estollere le mi-
rabilia della Milone, soprattutto sul non prendere essa nudrimento veruno ; e, come quegli
che sennato ed avveduto si era, stavasi in molta
dubbiezza sulla verità di così fatte cose; spesso a

tal proposito fu udito a dire nel dialetto napolitano: *Li muorte so chillo che nun magnano: li vive,
si nun magnano, morono*. Già aveva il dabbenuomo fermato in mente sua di andarle a fare una
visita, affin di chiarirsi di qualche cosa, allorchè
gli vennero all'orecchio le accuse mosse da' due
fratelli *de Lacilejs*. Padre Rocco pensò al modo che
aveva a tenere per ismascherar sul fatto la ipocrita femmina; e, come avea saputo che la Milone aveva una estrema vanità e tenerezza pel
piede, il quale ella calzava con sommo studio
e appariscenza, nello entrar che fece in casa di
lei, le dette una pedata sulla bianca scarpa (essendo ella andata a riceverlo fin sull'uscio di
scala). Tra pel dispiacere di vedere il suo scar-
pino tutto infangato e malconcio, e tra pel dolore che sentì del pesto piede, rabbiosamente
ella invei contro il visitatore, scaricandogli addosso imprecazioni e villanie. Il quale, senza smar-
rire la sua consueta pacatezza e mansuetudine,
dolcemente rimprocciolla di quelle irruenze, dis-
dicevoli a donna *così esemplare*. Questo fatto fu
il preludio del processo che venne ordito contro lei, e pel quale, chiarite la maggior parte
delle sue furberie, tranne quella onde si erano
arricchiti i due fratelli del marchese, ella fu
condannata a perpetuo carcere in una stanza nel-
l'ospedale degl'Incurabili, dove miseramente finì
i suoi giorni. Alcun tempo innanzi di esser pro-
cessata, ed anche prima che i due fratelli del
marchese fossero giunti a ghermire la loro preda,
ella ebbe una cattiva giornata con un brigante
a nome Aniello il baciliere, il quale volle vendicarsi di essere stato da lei ingannato; e andato a ritrovarla, fece di soffocarla, e l'avrebbe

senz'altro finita, se la furba non si fosse data
a credere morta. Or, accordatevi a dir meco,
signor Conte, che vostro padre e Don Michele
vostro zio furono la stessa ingratitudine, per non
dir di peggio, nel formar la ruina di questa
donna che era stata la fabbra della loro *fortuna*. Io mi penso che questi fatti sono pur troppo
a voi noti; ma mi sono proposto di riempir le
lacune del racconto del signor Raffaele, e, quando
mi cade acconcio un chiarimento, non il lascio
dormire nella mia memoria.

— Ma qual si è dunque il tuo proponimento?
gridò il Conte; vuoi tu tenermi qui fino a domani?

— Io non vi trattengo, signor Conte, rispose
Matteo, ma voi ci resterete con sommo vostro
piacimento; giacchè son sicuro che la curiosità
vi morde i nervi di sapere chi mi son io, e
quali relazioni hommi avute colla vostra famiglia. Ma, se ciò vi preme di sapere, è mestieri
che affoghiate un poco quegli spiriti bollenti che
veggo rilucervi nello sguardo infiammato, e che
abbiate un tantinello di pazienza per convincer-
vi che il romanzo del mio amico Raffaele non è
tradotto, come dice codesto caro giornale da voi
comprato, ma bensì un romanzo ch'io Matteo
l'idiota, ho ritratto dal vero, e che questo giovine ha scritto sotto i miei auspicii. Voi vedete,
signor Conte, che nessuna particolarità mi sfug-
ge, e ch'io so rendere conto dell'opera mia.
Potrete giudicare, signor Conte, di quale importanza dovrà essere la *seconda epoca* di questo
lavoro.

— La *seconda epoca!* sclamò il Conte pallido
e attonito.

— Sissignore , quella appunto dove la morale del romanzo sarà giustificata colla *punizione de'rei*.

— La punizione de' rei ! ripetè il Conte fuori di sè ; e non son tutti estinti costoro ?

— Sì , rispose con occhio sfavillante di gioia il vecchio Matteo, ma i figli, i nipoti son vivi, e le partite saranno tra poco aggiustate! Di presente , continuiamo la nostra lettura , giacchè moltissime altre cose mi rimangono a sviluppare.

Il libro fu novellamente aperto, e Matteo seguitò a leggere con sì chiara pronunzia e sì robusta voce , che chi lo avesse udito senza vederlo , avrebbe giurato essere un giovine quegli che leggeva.

— Volete, signor Conte , sentire il ritratto del piccolo Marco, del figliuolo di vostro zio il Marchese , di quel vostro cugino, la cui morte fu di sgabello alla fortuna di vostro padre e per conseguenza alla vostra ? Sì , signor Conte, è pur d'uopo che io richiami la vostra cortese attenzione su questo fanciullo immolato a undici anni, vittima innocente del più profondo intrigo. Badate bene a questa parola, signor Conte; il piccolo Marco fu immolato vittima innocente per la giustizia del padre suo. Voi vedete dunque che la giustizia del cielo, quando non colpisce nelle loro persone gli autori di un delitto, li percuote sovente ne' figliuoli.

Uno strano pallore coprì le sembianze del Conte ; il quale da una forza irresistibile era tenuto inchiodato sulla sua sedia. Quell'uomo, quel vecchio esercitava su lui un fascino inesprimibile : qualche cosa di soprannaturale era nel volto di lui che costringeva al rispetto ; e comandava la suggezione.

— Udite, signor Conte, udite il ritratto del piccolo Marco:

« Egli è davvero quello che dicesi un bel fan-
» ciullo: la sua gentil testolina è coperta di lun-
» ghi capelli color marrone che leggiadramente
» inanellati gli cascano su gli omeri; pieni di
» vivacità e d'intelligenza sono i suoi occhi ne-
» ri, che traducono ingenuamente tutte le pic-
» cole gioie ed i piccoli dispiaceri che sente quel
» vergine cuore, benedetto da Dio con un te-
» soro di squisita sensibilità. La più bell'anima
» congiunta alla sanità perfetta; ecco in due pa-
» role quello che era il piccolo Marco all'età di
» dieci anni ».

— E quest'angioletto, signor Conte, soggiunse Matteo, il cui accento pareva gradatamente infiammarsi a seconda che parlava, e il cui sguardo parea fulminante; e quest'angioletto cadde nelle unghie di un succido precettore, che aveva avuto l'incarico di estinguerlo a furia di sferzate, e la mercè di un lento veleno che ogni dì gli somministrava; e quest'angioletto dovette immolarsi alla vendetta ed alla cupidigia di Don Domenico e di Don Michele de Jacellis; una vita di tante speranze dovè troncarsi in sull'alba per far gozzovigliare due uomini che aveano già varcato la maggior parte degli anni loro; e un'anima bellissima e candida dovè sloggiare da questa terra per maggior comodo di due malvagi, la cui esistenza era stata contrassegnata da ignominiose azioni; e quel bel corpo di fanciullo, che promettea di vivere cento anni, dovè, per Giove Capitolino, andarne al sepolcro per fare ingrassare due animali maledetti da Dio e dagli uomini.

Il Conte di Montenero mise un ringhio di fu-

rore ; si alzò per avventarsi contro il vecchio
Matteo , ma tosto ripiombò come fulminato sulla
sua sedia ; e il capo gli cadde sul petto come
quello del gladiatore ferito. Per un moto involontario , Raffaele si era levato in pari tempo
che il Conte , quasi volendo porsi a difesa del
suo maestro e benefattore.

Matteo , ricalmatosi, riprese il libro, e seguitò
a leggere :

« Marcuccio , come prima apparò a leggere,
» sembrò preso dalla smania della lettura; per-
» chè con avidità leggeva tutto ciò che gli ca-
» dea sotto gli occhi ; e, sdegnando i consueti
» trastulli della infanzia, passava le sue giornate
» a intrattenersi con que'pochi libri che suo pa-
» dre gli avea permesso di leggere, tra i quali
» la Sacra Bibbia ; che egli amava assaissimo,
» e i cui fatti principali avea mandato a memo-
» ria. Felicissimo era l'ingegno di questo fan-
» ciullo, e SOPRATTUTTO ALACRISSIMA LA SUA ME-
» MORIA ».

— Vi prego, signor Conte , di badar bene a
queste ultime parole, disse Matteo , sulle quali
avrò forse motivo di richiamare la vostra attenzione. Or passiam sopra ad alcune particolarità
di poco interesse , e veniamo un poco più allo
stringimento del nodo. Solamente , verrò spigo-
lando e notando quà e là, come crederò necessario, qualche minutezza che è bene di richiamare alla mente pel proposito che ho in animo.

Matteo svolse parecchie pagine del libro, ar-
restandosi collo sguardo or sull'un punto or sul-
l'altro ; e, quando estimava dover riferire qualche passo , ad alta voce il leggea.

« La cameretta di Marco era attigua al pic-

» colo appartamento del maestro, affinchè que-
» sti avesse potuto aver sotto occhio continua-
» mente il fanciullo affidato alle sue cure ».

— E questa disposizione di stanze, osservò
Matteo, doveva così bene rispondere e servire
a' fini scellerati della Milone e di Don Gaspare..
Or, signor Conte, notate la seguente particolarità che mi accingo a leggere, e sulla quale e-
ziandio richiamerò più tardi la vostra benigna
attenzione:

« Fornita la lezione di latino, era permesso
» al fanciullo di sollazzarsi un' oretta, conces-
» sione della quale Marco si valea sul principio
» per abbandonarsi alla lettura de' suoi libri fa-
» voriti, che erano tra gli altri la *Gerusalemme*
» *liberata* di Torquato Tasso, i drammi di Me-
» tastasio e un LIBRICINO CHE EGLI LEGGEA DI
» NASCOSTO, E CHE EGLI AMAVA SU TUTTI, *le*
» *rivelazioni di un centinario...* In questo opu-
» scolo l'autore esponeva... il metodo di vita
» semplice, parco e laborioso, ond' era giunto
» a toccare la bella età di oltre a cento anni,
» CONSERVANDO COSÌ INTATTE LE SUE FACOLTÀ
» MENTALI DA POTER LUCIDAMENTE SCRIVERE I
» PARTICOLARI DELLA LUNGA SUA VITA ».

Queste parole erano state lette così pianamente
e così calcate che il Conte fu scosso da un pensiero che gli attraversò la mente guizzandovi come orrenda saetta. Egli conficcò un'occhiata secca
e ardente sulle sembianze di Matteo; e un tremore gli assalse le membra. Una grandissima
confusione pareva esser succeduta nella sua mente
a quel guizzo di pensiero; sicchè egli balbettò:

— E tu... e voi.. avete.. letto anche voi codesto opuscolo?

Matteo non rispose che con un misterioso sorriso, cacciò una mano nel tascone della sua giub-
ba., ne cavò un libricino in carta pecora che
sembrava tutto logoro dall'uso e dagli anni, e,
mostrandolo all'attonito Conte :

—Eccolo, gli disse, ecco *le rivelazioni di un
centenario*, che Marco salvò dal rogo a cui il barbaro Don Gaspare condannò i libri del suo allievo.

—E come codesto libro si trova nelle tue mani ? chiese il Conte nella massima stupefazione.

—Tra poco il saprete. Perora, proseguiamo.
Avrete letto, io mi penso, quel fattarello della
passeggiata in carrozza di Don Gaspare col suo
allievo inverso la Sanità, quando, quel briccone
di maestro comandò al cocchiere di far suonare
la frusta su alcuni poverelli che si erano fatti
dappresso al maestoso cocchio, per implorare
dalla pietà di quel rustico una moneta. Or, non
sarà inutile rammentare che:

« Siffatta brutalità fece avvampar di sdegno il
» nobil cuore del giovanetto, che, levatosi in-
» contanente, fermò il braccio del cocchiere, co-
» mandandogli, in nome del suo genitore, di non
» toccar più avanti quegl'infelici. In pari tem-
» po, preso da irresistibile slancio di generosa
» compassione, e volendo umiliare e confondere
» la superba alterigia del suo aio, si tolse dal
» dito un anello al quale era incastonata un'a-
» matista di gran valore, e il mise nelle mani
» di un fanciulletto di circa sei anni, il quale
» gittava al cielo gli strilli più acuti per un colpo
» di frusta sull'occhio che quel barbaro del coc-
» chiere gli avea dato. Quell'anello era un re-
» galo che il marchese avea fatto a suo figlio
» in occasione del suo giorno onomastico ».

— E questo anello, signor Conte, questo a-
nello sul quale erano le iniziali del nome e cognome del fanciullo, questa magnifica amatista,
la cui donazione fu il primo atto di giustizia e-
seguito dal piccolo Marco; questo anello, signor
Conte, il vedete ora al mio dito.

Ciò dicendo, Matteo mostrò al Conte la gemma che riluceva sull' anulare della sua mano sinistra.

Il Conte, sempre più stupefatto, confisse lo
lo sguardo sull' anello; riconobbe le iniziali M.
de I., e rimase qual trasognato. Egli non sapea
trovare una parola, tanta era la confusione delle
sue idee; ma di botto un pensiero gli si affacciò
alla mente, che gli parve la soluzione del problema ch' ei cercava; onde, col volto acceso:

— Ah! finalmente, esclamò, finalmente indovino chi tu sei! Cotesto anello mi dice tutto: tu
sei lo stesso a cui il piccolo Marco regalò la sua
gemma; tu sei quel fanciullino or fatto sì vecchio.

— V'ingannate, signor Conte; fallaci sono le
vostre supposizioni. Quel fanciullino si chiamava
Luigi Fiori; era figlio di un povero custode del
piccolo tempio di S. Marco a' *Lanzieri*, ed è
morto or son molti anni nelle vicinanze medesime di quel sito dov' io ebbi l'onore di salvare
la signoria vostra da' furori di quel mastino che
voi ricordate benissimo.

— Ma per tutto l'inferno dal quale tu sembri
sbucato, disse il Conte, uomo o demonio, chi
sei tu dunque? Lo saprò una volta, o ch'io mi
danno. Parla, vecchio infernale; chè se più in-
dugi a parlare, io sento che la mia ragione va-
cilla. Or vedi ch' io scendo a pregarti, per le

visceri di tua madre , scendo a supplicarti di non tenermi più a lungo sugli ardenti carboni. Dimmi chi sei, a che intendi, che vuoi da me, a che mena codesta istoria. Parla, o ch'io morrò qui di crepacuore. Parla, chi sei tu dunque?

— Ve l'ho detto, signor Conte, rispose pacatamente il vecchio con quel suo solito sogghigno diabolico; ve l'ho detto, e vel ripeto, io non sono che *Matteo l'Idiota.*

Il Conte mise un urlo disperato.

IV.

Aspettate.

Senza mostrare alterazione veruna, Matteo diè di piglio alla seconda parte del romanzo di Raffaele, sorbì una buona presa del suo tabacco , soffiossi il naso, e, aperto il libro disse:

— È necessario , signor Conte , ch' io insista sulle particolarità che risguardano il piccolo Marco , per alcune ragioni che vi sarà agevole comprendere tra poco. Saltiamo tutto ciò che vi è noto riguardo al concertato tra la Isabella Milone e il maestro, sul modo di attossicare il fanciullo o d'*istupidirlo*, come dicea la furba donna per far del maestro un cieco istrumento delle sue perfide mire. Istupidirlo ! E ci sarebbon riusciti coloro , se la morte avesse risparmiato quella creatura.. Ascoltate, signor Conte, ascoltate:

« Per via di particolar contrassegno di affe-
» zione, l'aio voleva ogni mattina arrecare egli
» stesso il caffè al piccolo Marco; il quale, sic-
» come nessun altro al mondo, non avrebbe po-

» tuto sospettare che unitamente allo zucchero
» stesse in quella pozione un mezzo cucchiari-
» no d'una certa miscela di dannosissimo effetto ».

— E sapete, signor Conte, di quali sostanze
si componea il lento veleno somministrato al povero fanciullo? Oh, nulla mi è sfuggito di questo
orribile dramma, nulla. Ebbene, signor Conte,
se bramate conoscere di quali sostanze si ser-
visse l'infame Dottor Letale per corrispondere
a' comandi della Milone e servire a' disegni dei
fratelli de Jacellis, vi dirò che quella polvere
era una miscela di aconito, di belladonna, di
oppio e di qualche altra velenosa materia. Vi
dirò, signor Conte, che questa miscela, se non
avesse ucciso il fanciullo, scopo principale al
quale si mirava, lo avrebbe senz'altro renduto
idiota... idiota, signor Conte! Capite voi quello
che significa una tale parola? Distruggere l'intelligenza, il supremo dono di Dio, distruggere
il senno che è la sola cosa su cui l'uomo non
può portare la scellerata sua mano! Era questo il *non plus ultra* della umana malvagità!

« Una decina di giorni non erano ancora scorsi
» dalla somministrazione del nuovo caffè, che
» un orribile mutamento era avvenuto nel fisico
» e nel morale del garzoncello; al qual muta-
» mento molto eziandio avea contribuito l'umi-
» liazione delle battiture colle quali veniva or
» castigato ».

— Le battiture! Per Giove Capitolino! Oh l'e-
secrabile cosa che agguaglia la condizione del-
l'uomo a quella del bruto!

« Marco era divenuto malinconico come un
» giorno senza sole; i colori eran caduti dal suo
» bel viso che erasi fatto assai magro e picci-

» no: e quel sorriso di spensierata giocondità
» che è il più bel tesoro della fanciullezza era
» sparito sotto una fosca e cupa taciturnità.
» Strano a dirsi! Marco non trovava nè manco
» più diletto nelle sue letture clandestine; ogni
» maniera di libro gli era addivenuto odioso,
» però che i libri gli menavano a mente la
» stolta ferocia del suo precettore. Una svoglia-
» tezza indicibile, un abbandono di forze morali,
» una novella codardia d'animo, erano i più
» manifesti contrassegni della trasformazione che
» in lui operavasi.

» . . . . Per serbarsi al tutto fedele a' co-
» mandamenti della Isabella, il malvagio pre-
» cettore avea puranche incominciato a speri-
» mentare sul fanciullo i piccoli saggi di not-
» turni spauracchi.

» . . . . E la mattina, quando a stento e feb-
» bricitante, Marco si levava dalle sue veglie
» di morte, era una pietà a vederlo! Nè tam-
» poco il tapinello si arrischiava a palesare al
» genitore i notturni spaventi che lo assediava-
» no; imperocchè sospettava, quando era luce
» di giorno, che l'occorsogli nelle tenebre della
» notte fosse stato un pessimo sogno e non al-
» tro che lo avea conturbato.

» Intanto, l'IDIOTISMO del fanciullo e il depe-
» rimento della sua sanità camminavano a passi
» giganteschi. . . »

—Due scellerati cuori esultavano di gioia nel
sentir che il figlio dell'abborrito fratello si muo-
ria lentamente; e vostro padre, vostro padre in
ispecie ardì fare un sacrilego voto pel dì in cui
gli sarebbe giunta la novella della morte del
piccolo Marco! E a questo voto, signor Conte,

voi siete debitore della vostra esistenza ; però
che Don Domenico de Jacellis, fin allora nemico
acerrimo del matrimonio e delle donne, fè voto
che, non sì tosto ghermite le sostanze del *caro
marchese*, avrebbe menato a moglie una donzella povera, ma onesta. E questa fu l'unica
buon'azione che egli fece in tutto il corso della
sua vita. Il Marchese, come vi è noto, finì i
suoi giorni nel ritiro di S. Severino. . . . lasciando tutte le sue sostanze a' due perfidi fratelli.. Egli moriva cinque anni dopo la morte
del diletto suo figliuolo, moriva contrito, rasse-
gnato, da ottimo cristiano. Que'cinque anni erano stati per lui cinque anni di lagrime e di lutto;
egli non potea consolarsi della perdita del suo
caro Marco, il quale egli credè sempre che fosse
morto di morte naturale. Pover uomo! Que'cinque anni furono per lui cinque anni di espiazione, di penitenza, di sospiri e di lagrime : non
era più riconoscibile ; era divenuto la larva di
sè stesso, tanto era pallido.

Strana cosa! Matteo fu costretto ad asciugarsi
una lagrima che gli era spuntata negli occhi. Una
grande commozione avea fatto tremargli le parole sul labbro. Scorsero pochi momenti di silenzio, appresso ai quali riprese con ferma voce:

— Il Marchese D. Giuseppe Arcangelo de Jacellis, vostro zio, spirava nell'anno 1756, epperò in questo anno medesimo i suoi due fratelli entrarono in possesso dell'agognata eredità,
per la quale si erano commesse tante scelleraggini. Intanto, nonostante il voto che avea formato Don Domenico, vostro padre differiva sempre il dì in che dovea compìerlo, menando a
moglie una donzella povera. L'odio che quell'uo-

mo nutriva pel matrimonio, per le donne, e soprattutto pe' fanciulli, la cui vista gli ricordava
e rimprocciava il suo delitto, era pressochè invincibile, per modo, che, sette anni erano scorsi
dalla morte del Marchese, quando vostro padre,
già nell' avanzata età di 55 anni, pensò di com-
piere il suo voto. Egli non fu felice nel suo matrimonio, perocchè di sei figliuoli ch' ebbe dalla
sua donna, un solo rimasegli vivo, e questi siete
voi, signor Conte, cui il cielo conservava i giorni
per gli alti suoi fini... Ma, riprendiamo il nostro racconto.

Matteo saltò moltissime pagine, e lesse:

« Il piccolo Marco si trovava in uno stato di
» transizione tra la vita e la morte; il morbo
» parea che avesse sospeso alquanto la sua fe-
» rita, per lasciare qualche ora di riposo al mi-
» serello. Due medici curanti erano al suo ca-
» pezzale; e l'addolorato genitore non si partì
» di quella camera, dove ormai eran tutto il suo
» cuore e la sua vita.

« Aspettavasi al dì vegnente una crisi saluta-
» re... Alla dimane, fu una gioia per tutta quella
» casa il veder desto il giovanetto quasi da lun-
» go sonno. La sua guarigione pareva essersi
» operata in modo prodigioso: egli spalancò gli
» occhi, sorrise alle carezze ed a' baci del pa-
» dre, parve riconoscere l'un per uno tutt'i servi
» e famigliari, strinse la mano d'uno de'medici
» che gli erano dappresso, come avesse voluto
» ringraziarlo delle cure e dell'assistenza appre-
» statagli... Ma, in un baleno, la serenità e, di-
» remmo, la gioia che sfolgoravano sulle maci-
» lenti sembianze del fanciullo sparirono ad un
» tratto, e le sue sopracciglia s'incresparono cu-

» pamente , e le sue labbra imbiancarono per
» morte. I suoi occhi si erano imbattuti su Don
» Gaspare!! È impossibile di ritrarre l'espres-
» sione di quel lungo sguardo onde l'egro gio-
» vanetto fulminò il codardo suo precettore ».

— Nel quale, signor Conte, il piccolo Marco
aveva indovinato il suo carnefice, il suo uccisore, e al quale con esempio di generosità inaudita a quella età, ei forse perdonava il suo delitto, il cui scopo per altro il fanciullo non comprendea.

Queste parole produssero il più strano effetto
sull'animo del Conte.

— E come sapesti tu, sclamò questi, ciò che
avveniva nell'animo del moribondo giovanetto ?
Che fandonie sono codeste che tu conti ora ?
Che sai tu che egli perdonava al suo uccisore ?
Forse che il *piccolo cugino* è risorto dall'avello
per farti di somiglianti confidenze ?

— Forse!... sclamò Matteo con un ghigno
misterioso che fe' raccapricciare il Conte. — Ma
affrettiamoci di giunger colà dov'è mestieri che
giungiamo, soggiunse il vecchio; e, senza badare a quel che provava il Conte, dette un'altra
svoltata al libro, e seguitò la lettura:

« Oh, come son cieche le umane menti, e co-
» me tenebroso è il mistero nel quale avvilup-
» pasi il principio di questa nostra pallida vita !
» Come ascose sono agli occhi della scienza più
» chiaroveggente le occulte cagioni de'mali che
» disfanno la stupenda fabbrica del corpo uma-
» no ! Miseria delle nostre sorti ! Tanto Iddio ha
» voluto nell'altissima disposizione delle sue leggi
» di providenziale equilibrio ! L'uomo, la subli-
» me delle create cose, vede infragnere la sua

» stolta superbia dappresso al letto di un mo-
» ribondo. Ivi piace a Dio di ricordargli che la
» scienza è benanche una delle più grandi uma-
» ne vanità!

» . . . Il giovanetto si battea contro un vio-
» lento assalto nervoso... Plumbeo e cadaverico
» era il colore del suo volto, gelate le mani e
» i piedi. . . cadevangli i capelli dal capo... corto
» e rantoloso era il respiro.... Due ore passa-
» rono.

« Una voce di pianto risuonò all'orecchio del
» desolato genitore e gli annunziò che il diletto
» figliuolo più non era!

« . . . Il giovanetto Marco de *Lacilejs*, l'e-
» rede delle sostanze del dovizioso Marchese,
» era ito a raggiunger sua madre; e quel leg-
» giadro corpo, dove un prodigio d'ingegno pro-
» metteva di accogliersi, andava tra poco a nu-
» tricare una famiglia di vermi luridi e inno-
» minati!

« Intanto, un'ora appresso, un messo partiva
» dal palagio di Tarsia e s'incamminava inverso
» la dimora di madre Isabella, latore d'una let-
» tera di D. Gaspare che le annunziava la morte
» del giovanetto allievo.

« La malvagità trionfava? ASPETTATE».

— Avrete notata questa parola, signor Conte,
questa parola che chiude la seconda parte del romanzo? Questa parola dice tutto, giustifica tutto, equilibra tutto. A noi dunque; vediamo che
cosa promette questa parola, che è pur quella che
pende sempre sul capo de'malvagi felici.

V.

Scoprimento.

Matteo parve raccogliere intorno alla sua mente le sue rimembranze; rimase per qualche tempo pensoso e tristo; indi, chiuso e gittato il libro sovra una mensoletta che gli era allato, levò uno sguardo franco e terribile sul conte' di Montenero, e riprese:

— Or qui finisce la storia di Marco de Jacellis nel romanzo del mio amico Raffaele; ma la storia del figliuol del marchese non finì colla sua morte.

La sorpresa del conte a queste misteriose parole fu eguale a quella che provò lo stesso giovine Raffaele, comechè diversissimi sentimenti una tal sorpresa dovesse ingenerare negli animi loro.

— Uditemi, uditemi attentamente, signor conte, riprese il vecchio; or debbo a voce narrarvi una storia incredibile, che è pur sempre una storia vera, verissima *come l'esistenza mia*. Riserbate il vostro stupore per quello che mi accingo a raccontarvi, e che il mio amico Raffaele pubblicherà nell'*epoca seconda* del suo romanzo. Per Giove Capitolino, io sono sicuro che questa *epoca seconda* sarà aspettata con premura da' lettori che han seguito attentamente la prima. A noi dunque.

Matteo prese fiato, sorbì il suo solito tabacco, si coprì la fronte colla sinistra rugosa mano, e ripigliò lentamente:

— Il giovanetto Marco de Jacellis, morto alle

due pomeridiane del dì 6 luglio 1751, venne
trasportato nella chiesetta di S. Marco a' Lanzieri, al cader della sera di quel giorno medesimo. Fu il suo venerabile maestro D. Gaspare
Scorpione quegli che affrettò lo allontanamento
del piccolo cadavere. Forse la presenza della
sua *vittima* in casa per quella notte gli avrebbe
tronco il sonno; o forse questa fu la suggestio-
ne che ricevette dalla sua signora e padrona
Donna Isabella Milone. Il marchese, immerso in
un dolore che gli toglieva pressochè l'uso dei
sensi e della ragione, ignorò fino al domani che
il cadavere del suo diletto figliuolo era stato menato così presto al suo ultimo asilo; di che do-
lutosi fortemente, gli venne risposto che le care
spoglie del giovinetto sarebbono rimaste per ventiquattr'ore esposte nel tempietto di S. Marco,
dove un magnifico catafalco era stato ordinato,
pria di essere portate nella nicchia della *terra
santa*.

« Il cadavere del piccolo Marco, accompagnato
da' servi del marchese, che piangevano di cuore
la perdita di sì caro padroncino, venne co' più
splendidi onori menato nella chiesetta di S. Marco; dove, accesi di molti torchi attorno al catafalco, ei venne deposto in sulla bara scoperta,
per rimanervi tutta notte; giacchè era stato ordinato, siccome ho detto, che al domani, in
sulle prime ore del mattino, gli si sarebbe dato
seppellimento. Il marchese avea disposto che il
dì vegnente i suoi servi sarebbero tornati a prendere la chiave della nicchia, in cui era messo
il cadavere del suo diletto figliuolo, pel quale
intendea far celebrare splendidissimi funerali.

« Poscia che alle debite cerimonie fu adem-

pinto, i servi del marchese, rigato novellamente
di lagrime il volto dell'estinto amato giovanetto,
si ritrassero, come pure gli altri curiosi che
erano venuti nel tempio, le cui porte si chiusero, rimanendo a guardia del cadavere soltanto
il custode Gennaro Fiori, padre di quel fanciullo,
a cui Marco avea, alquanti mesi innanzi, regalato l'anello che sapete.

« Qualche quarto d'ora era passato dacchè il
tempio si era chiuso, quando il custode, che
andava rassettando le disordinate panche occupate poco prima dalla gente ivi adunata, udì
battere alla porta; onde, dato di piglio alle pe-
santi chiavi, fecesi a dischiuderla; e introdusse
il suo figliuoletto Luigi, il quale era stato ivi
mandato dalla madre sua per arrecare a Gennaro qualche ristoro per la notte, ch'ei dovea
passar tutta quanta a custodia del cadavere.

« Il fanciullo ebbe la natural vaghezza di vedere il morto; per lo che, il padre, sollevatolo
nelle sue braccia, il pose all'altezza del catafalco
per cavargli così fatta curiosità. Come appena
il fanciullo ebbe guardata la faccia del piccolo
morto, gittò un grido, chè subito avea riconosciuto in esso il nobile giovanetto dell'anello,
di cui le bellissime sembianze gli erano rimaste
vivamente scolpite nel cuore. Di quel grido maravigliossi il custode; e, chiestane la ragione, il
figliuoletto sì gli disse, con sembiante di vero
dolore, che quel giovanetto estinto era pur quello
che regalato gli avea la ricca gemma. La quale,
il custode, benchè poverissimo, non avea giammai voluto vendere, tenendola come cosa assai
cara, e come l'unica eredità che avrebbe lasciato
al suo amatissimo Luigi.

« E quì è d'uopo dirvi, signor conte, che questa famiglia Fiori, composta semplicemente del padre, della madre, d'una zia e del fanciullo Luigi, era una famiglia d'angioli, la virtù, la bontà stessa, i costumi più esemplari, la rassegnazione più nobile alle sventure e alle calamità che gli aveano afflitti. La povertà gli avea spesso costretti a mendicare; e quel giorno che Luigi, chiedendo la limosina, avea ricevuto quel colpo di frusta dal barbaro D. Gasparo e poscia l'anello da Marco, quel giorno era il domani d'un giorno senza pane, e Gennaro erasi partito col suo figliuolo dal suo quartiere per trarre in un altro dove non era conosciuto e dove meno avrebbe arrossato nello stendere la mano al suo simile.

« Qnanta fosse la maraviglia di Gennaro nel sentire che l'estinto era il donatore del prezioso anello, si comprenderà di leggieri. Egli sapea che il morto fanciullo si nomava Marco de Jacellis, epperò incontanente ricordò che le iniziali di questo nome e cognome erano propriamente quelle che si leggeano incise sull'amatista dell'anello; perchè, più non era a dubitare che quello si fosse appunto il cadavere di quel generoso e ricco signorino che avea con tanta nobiltà fatto ammenda della crudeltà del suo precettore.

« Il fanciullo Luigi chiese in lagrime a suo padre che gli avesse permesso di passare anch'egli tutta la notte a guardare il suo morto *signorino* che era così bello, così bello, che gli angioli forse sarebbero scesi dal cielo per rubarselo. Non ci potettero persuasioni per indurre il fanciullo a ritornare dalla madre sua; sicchè Gennaro, che avea sua dimora in una casetta poco discosta dalla chiesa di s. Marco, fu costretto di mandare un monello di quei dintorni ad avvertir la moglie che Luigi sarebbe seco rimasto per quella notte.

« Per ventura, sendo il mese di luglio, le notti eran brevi; onde Gennaro, che sapea ben leggere, aperto un *uffizio de'morti*, si pose a recitare que'salmi, che malamente ripetea il fanciullo, cui giugnea stramba e novella quella lingua latina.

« In questa occupazione, erano venuti circa alle ore quattro della notte, vuol dire, alla mezzanotte. Il fanciullo Luigi, allettato al sonno dalla monotona lettura de'salmi, erasi profondamente addormentato in su una panca; e Gennaro, fornito l'uffizio, era anch'egli in quelle disposizioni di sonno, in che gli occhi si chiudono involontariamente, allorchè udì o gli parve di udire un fioco gemito in sul catafalco dov'era il cadavere. Scosso, credè illusione della mente quel gemito, e novellamente ricomponea gli occhi al sonno, quando, a suo grande spavento, vide, al chiarore de' quattro torchi, rizzarsi sul catafalco il cadavere del giovanetto, i cui occhi spalancati si volgeano d'intorno come quelli d'un piccolo spettro. Non appena la spaventevole vista colpì gli occhi assonnati del custode, questi, benchè coraggioso e forte di animo si fosse, fece risuonar di grida le volte della chiesa; e volea fuggire, ma le gambe negarongli il loro solito ufficio; ed egli rimaneva immobile, gelato, cogli occhi fissi sul prodigioso risorgimento, pur sempre credendolo un'allucinazione del suo spirito, estenuato dalla fatica e dal magro cibo.

«Ma bentosto non fu più luogo a dubitare della miracolosa realtà. Il giovanetto, creduto morto, atterrito del sito in che si trovava, e de'lugubri apparecchi che il circondavano, facea pur egli risuonar di grida quel tempio, credendo in sua spaventata fantasia che quell'uomo fosse un demone e ch'ei si trovasse nello inferno. »

A questo punto del racconto di Matteo, levossi ritto il conte di Montenero, e

— Basta, gridò, sono stanco di sentire di simili fandonie ch'ei sarebbe assai meglio imbeccare a'bimbi. Or che vuoi tu darmi a credere, a'morti risuscitati, agli spiriti ambulanti, al *monacello?* Or mi avveggo che tu hai stranamente abusato della mia sofferenza. Sta a vedere adesso che Marco non morì allora in tutte le debite forme, e che tu me lo farai morire qualche cinque o sei anni appresso.

— Abbiate la degnazione, illustre signor conte, d'ascoltare fino al termine questa ch'io narro *incredibile* storia, e che è pertanto vera, verissima come la mia esistenza. Marco de Jacellis vostro cugino non morì, signor conte; e mi aspetterò lo scoppio della vostra maraviglia e della vostra incredulità, quando vi dirò che questo vostro cugino, l'unico figlio del marchese, l'*odio* di vostro padre e di vostro zio, Marco de Jacellis NON È MORTO ANCORA, E CHE QUESTI SON IO !

Il conte di Montenero ebbe come un colpo di mazza sul capo; i suoi occhi fecero due giri convulsivi, e ricadde, privo di sentimenti, in sulla sedia.

Un quarto d'ora dopo di questa scena, il conte di Montenero venne trasportato nel suo palagio in uno stato che dava i più serii timori per la sua vita. Matteo gli fu prodigo delle più affettuose cure.

Al pari del conte, il giovine Raffaele era rimasto sbalordito dalla inattesa rivelazione del vecchio, il quale pertanto gli avea rinnovato i sentimenti della sua benevola amicizia, e gli avea rivelato il disegno che avevasi in mente.

Alle interrogazioni del giovine, il quale bramava conoscere in che modo egli avea potuto nascondersi per tanto tempo sotto il finto nome di *Matteo*, questi rispose che : Illuminato da una ispirazione superiore, alla quale ei parea che obbedisse senza saper propriamente quel che si facesse, ei si gittò in quella memorabil notte ai piedi del custode Gennaro Fiori, implorando che di quel suo ridestarsi alla vita avesse fatto a tutti un mistero, lasciando correr la voce della sua morte. Pria che albeggiasse, egli fu menato dal Fiori nella costui modesta dimora, dalla quale più non uscì pel volgere di circa quindici anni, e quando le sembianze del piccolo Marco erano sparite sotto quelle dell'uomo adulto. — Al domani, la chiave della nicchia, dove si supponea stesse il cadavere del fanciullo, fu consegnata al Marchese, il quale avea fatto scolpire in testa del monumento queste umili parole:

Qui aspetta
La risurrezione de'morti
Marco de Jacellis
Estinto a undici anni e tre mesi.

Questa sepolcrale iscrizione, che si ravvisava sovra una tomba vuota dell'ospite suo, parea che avesse quasi prognosticato il prodigioso rinascimento del quale il cielo avea fatto dono ad esso Marco, serbandolo agli alti suoi fini. Ritornato

in breve tempo nella sua pristina sanità, Marco,
che si era dato a credere nipote di Gennaro e
che avea tolto il nome di Matteo, comprese a
poco a poco, la mercè de'lumi della propria intelligenza, tutta la orribile trama di che era stato
vittima innocente, e fe' solenne giuro in cuor suo
di farsi istrumento della Giustizia di Dio, soffo-
cando ogni passione nel giovanile suo cuore;
meditò lungo tempo su la parte che avrebbe dovuto rappresentare per ripiombare in mezzo ai
suoi nemici qual fantasma terribile e inaspettato.
La lettura delle Sacre Pagine e quella delle *Rivelazioni di un centenario* (libro che egli con
infinita pazienza era riuscito a riavere dalla casa
paterna, mercè l'affetto del suo secondo padre
Gennaro Fiori), gli posero nell'animo la inaudita
idea di *aggiustar le partite* non su gli uomini
che lo aveano tratto miseramente a morire, ma
su i figli o su i nipoti di costoro; e, giacchè
egli Marco de Jacellis *innocente* avea sofferto
pe'falli del padre, or ei pensava esser giusto che
i figliuoli de'suoi carnefici avessero sofferto per
costoro. Il terribile aggiunto di PATIENS onde
nelle Sacre Carte vien qualificato l'Altissimo re-
tribuitore e punitore, avea colpito la poetica mente
del giovine, che volle anch'egli aspettare *con pazienza*. Matteo si fe' credere *idiota* per meglio
allontanare da sè i sospetti del suo essere antico;
conformò la sua vita a quella del *Centenario* di
cui avea studiato le rivelazioni, visse con estrema regola e sobrietà; passava i suoi giorni metà
nello studio metà a lavorare pel suo secondo padre, a cui prestò la più tenera e filiale assistenza insino alla costui ora estrema. Matteo divenne l'amico sviscerato, anzi il fratello di Luigi

Fiori, il figlio del custode ormai fatto adulto : abitavano sotto il medesimo tetto , si sedevano alla medesima mensa, lavoravano assieme. Luigi si ammogliò ed allevò una numerosa famiglia: i suoi figliuoli erano amati da Metteo come suoi propri figli. Al letto di morte del suo caro Luigi, Matteo giurò che sarebbe stato secondo padre di quelle creature: abitavano allora in quel sito dove fu dato a Matteo di salvar la vita di suo cugino Antonio de Jacellis, conte di Montenero, da' furori del cane che spaventava i suoi *nipotini*, com'egli solea chiamare i figli di Luigi. Dal momento che Marco erasi introdotto in casa del conte di Montenero, cominciò la sottile investigazione di tutto e di tutti, per menare a compimento il disegno che da oltre ottant' anni avea maturato nell'animo suo.

VI.

Don Mario Postieri.

Dobbiamo al presente rischiarare i nostri lettori su parecchie cose, rimaste alquanto buie in questo nostro racconto, alla cui fine, la Dio mercè, siam pervenuti.

Il giorno della grande espiazione era incominciato coll' alba del domani di quel giorno in cui il vecchio Marco de Jacellis erasi dato a conoscere.

In un baleno, tutta la famiglia Montenero , tutti gli amici, tutto il paese fu ripieno dello straordinario avvenimento. La riapparizione di un essere , cancellato da ottantaquattr' anni dal registro de' vivi, era sì novella cosa, che la curiosità fu eccitata in tutti di conoscerlo ed avvicinarglisi.

In un baleno, tutto il paese fu pieno di questa riapparizione dell'*eroe* del romanzo l'*Eredità*. L'*avvelenato* erede risorgeva dalle sue ceneri per gittar lo spavento nelle famiglie discendenti de' suoi assassini.

Dopo aver legalmente e debitamente comprovata la sua entità, Marco de Jacellis si diresse primamente ad una certa casa nel vico Campane a Toledo, dove i nostri lettori ricorderanno essersi recato il Conte d'Acquasalsa quella sera che fu smascherato da Matteo.

Al quarto piano di quel palazzo abitava la marchesa del Gabbio, donna sulla cui condotta correvano le più sinistre voci.

Era un martedì sera. Riuniti in quella casa erano quella sera la marchesa del Gabbio, il Conte d'Acquasalsa, il Contino Domenico de Jacellis col suo indivisibile amico il Baroncino del Mirto, ritornato alle sue antiche relazioni, Don Cristofaro Lesina *avvocato* da noi presentato in sul principio dell'*Epoca Seconda*, e che fu discoperto come usuraio de' più raffinati e vampirici, la marchesa Donna Severina Pezzigati, ed altri molti gentiluomini e gentili donne.

Si giocava.

L'apparizione del vecchio *Matteo l'idiota* in quella casa, a quell'ora della sera, fece impallidire molte facce.

Marco de Jacellis non si era presentato solo.

I principali attori di quella commedia immorale che ogni martedì e sabato si rappresentava in quella casa furono tradotti innanzi alle competenti autorità.

La giustizia procedè a smascherare ed a punire.

Il giorno appresso, Marco de Jacellis suonava il campanello d'una casa in via Monteoliveto, in sull'uscio della quale una piastra di ottone additava il nome di *Mario Postieri*.

Erano le dieci del mattino, e lo spettabile consumatore di pranzi e di cene era tuttavia in letto, dove pel consueto solea rimanere insino a giorno avanzato, specialmente quando la sera innanzi avea dovuto sostenere la grande prova d'una cena nel camerino d'un tortaio, che era propriamente il luogo di sua massima predilezione.

Marco si fece annunziare come *Marco de Jacellis*.

» Marco de Jacellis! ripetè tra sè la bestia sfregandosi gli occhi cisposi — affè mia, che non ho mai sentito a nominare un Marco nella famiglia de Jacellis! Fosse mai un cugino della cara Emilia! Per bacco, sì, ei sarà questi un cugino novellamente uscito di collegio, pretendente della mano della mia bella; il quale vorrà forse aver da far con me! Oh sangue di porco! io non ho voglia di farmi ammazzare per quella scipita nè cedergliela.

Sì parlando tra sè Don Carnevale, andavasi componendo in sulla persona le vesti da casa; dopo di che, messosi in faccia ad uno specchio, si die' a governare le discriminature de' suoi molli capegli e i pochi peli da cappone che gli spaccavano il mento.

Data questa botta superficiale alla sua acconciatura; trasse nel salotto, dove Marco lo stava aspettando da oltre mezz'ora.

Laddove egli attendeasi a vedere un giovanotto, pensate se rimanesse maravigliato nel gittare i due piccoli suoi occhietti sul vecchio, le cui sembianze gli erano note per averlo veduto parecchie volte in casa del Conte di Montenero.

— In che debbo servirvi? chiese Don Mario con un certo malumore per essere stato costretto a levarsi di letto per quello stupidaccio, siccome egli estimava che fosse Don Matteo.

E rimase all'impiedi, grattandosi il capo come soglion fare questi maleducati, allorchè poco pensiero si danno delle persone avanti a cui si trovano.

— Si accomodi, signore, gli disse Marco, additandogli il sofà.

Don Mario si buttò su quel morbido seggio che a tanta gravezza minacciò l'estrema ruina.

— Voi vi chiamate Don Mario Postieri, non è vero? chiese il vecchio.

— A proposito di nomi, disse Don Mario, voi non vi chiamate *Don Matteo l'id...,*?

— Sì signore, fino all'altro ieri mi han chiamato Matteo l'idiota; ma io mi chiamo Marco de Jacellis; e sono il *cuginetto* del signor Conte di Montenero Don Antonio Jacellis.

Don Mario ruppe in una risata procellosa a quella parola di *cuginetto*, di cui non poteva comprendere la mordace e terribile ironia.

Cessata la strepitosa ilarità, che avea fatto della faccia di Don Mario un mascherone da fontana:

— E che vuol dire codesta cosa mò? egli dimandò. Come vi siete di botto scoperto *cuginetto* del Conte?

E qui un'altra bufera di risa che minacciò inondare il volto del vecchio.

— Vi spiegherò questo più tardi; non preme il saperlo, giacchè l'han saputo quelli che doveano saperlo. Or qui mi chiama qualche cosa che debbe premere a Lei un poco più.

— Che cosa? disse il bestione con uno sbadiglio voraginoso.

— Faccia la grazia di rispondere categoricamente alle mie interrogazioni.

— Ci sono, rispose Don Mario, a cni quei parosismi d'ilarità avean dato il buon umore.

— Che nome aveva il vostro signor padre? dimandò Marco.

— Teodoro, rispose il crapulone.

Marco cavò di tasca un taccuino, donde estrasse alcune carte, sull'una delle quali, gittato gli occhi;

— Ed è morto, ei disse, nell'anno 1830, n'è vero?

— Precisamente nel mese di agosto hanno fatto cinque anni.

— E conoscete voi il nome dell'avo? disse Marco con sorriso.

— Del mio avo? No, a dir vero, non mi son dato mai il pensiero di ricercarlo.

— Le vostre ricerche sarebbero state infruttuose, mio ottimo amico, disse con freddezza il vecchio, giacchè il vostro signor padre Don Teodoro, come forse ignorate, era un trovatello, un figlio... dell'Annunziata.

Il rossore montò sulla rotonda faccia del giovine, il quale incominciava pertanto a fastidiarsi di quelle strane domande.

— Resti servita, disse il vecchio offrendogli la sua scatola di *rapè*, nella quale egli stesso pizzicò abbondantemente.

— Grazie, rispose Don Mario, divenuto una vampa e per la vergogna e per l'impazienza.

— Dunque, riprese il vecchio con impassibilità, il vostro signor padre Don Teodoro era un trovatello, e, come tutt'i trovatelli, avea cognome *Esposito*. Questo io mi penso che già il sappiate; ma ho a dirvi qualche cosa che certamente voi non sapete.

— Ma, signor mio . . . . .

— Un poco di pazienza, mio caro Signor Don Mario; i vecchi sono flemmatici e importuni, e bisogna compatirli. D'altra parte, vi ho detto che quanto debbo dirvi non è senza una certa importanza per voi; onde pregovi che mi prestiate la vostra gentile attenzione.

Don Mario Postieri cominciava a provare una certa vaga inquietudine. Ora, i suoi piccoli occhi si eran fissati sul vecchiotto.

— È una breve storiella quella che debbo raccontarvi, mio caro signore, e dirovvela in poche parole. Vostro padre venne raccolto alla età di sei in sette anni nell'ospizio de' trovatelli da un signore che, a quanto narra la cronaca, aveva la medesima vostra corporatura, e si chiamava Don Berardino di Salvi: questo signore era ricco, straricco, dappoichè aveva ereditato le grandi ricchezze del signor Don Michele de Jacellis, che non si ammogliò mai e che se lo era adottato qual figlio.

— Don Michele de Jacellis! ripetè stupefatto Don Mario.

— Don Michele de Jacellis per lo appunto, zio del conte di Montenero Don Antonio de Jacellis.

— Possibile! sclamava Don Mario, contentissimo di trovarsi così ravvicinato alla illustre famiglia del Conte.

— Possibilissimo. Vostro padre fu raccolto da questo signor Don Berardino di Salvi, il quale era stato egli stesso raccolto nel collegio della Pietà de' Turchini, per la squisita dolcezza della sua voce di *soprano*. Don Berardino era divenuto ricchissimo, non solamente per l'eredità del suo padre adottivo, ma eziandio come mercante *musico* del Teatro S. Carlo, dov'era riuscito a scalzare lo stesso famoso Cafarelli, la mercè degl'intrighi d'una pessima donna a nome Isabella, che gli scroccava di be' quattrini. Don Berardino, arricchitosi, e, non potendo tor moglie per la sua fisica imperfezione, pensò di allevare un figlio dell'Annunziata; e la scelta cadde su vostro padre. Molti anni pria di morire, egli avea fatto testamento, lasciando tutte le sue sostanze a Teodoro Esposito, il quale, benchè egli si fosse allevato ed amasse qual figlio, mai non volle propriamente adottarsi. Don Berardino morì nell'anno 1803, nella vecchia età di settantasette anni; e gli ultimi anni di sua vita furono una continua infermità; il grascio lo avea ridotto ad una immobilità assoluta e finì col soffocarlo: egli non era più un essere della specie umana, ma un maiale.

Uno sguardo troppo significativo di Marco fece comprendere all'attonito suo uditore la somiglianza che un giorno la sua sorte avrebbe avuta con quella del *musico*.

Marco riprese:

— Alla morte di Don Berardino di Salvi, Teodoro vostro padre rimasto assai ricco dimenticò quel poco d'istruzione che Don Berardino gli avea fatto dare, e si abbandonò alla crapula, all'ozio, alla dissolutezza; e voi che avete ereditato circa seicentomila ducati, ne avreste certamente ereditato un milione, se i vinai, le donne e le prenditorie non avessero divorato il resto; giacchè vostro padre Don Teodoro era un furioso giuocatore di lotto. Molto gli costò l'ottenere che il suo avviliente cognome *Esposito* venisse cancellato e invece sostituito quello di *Postieri*, che addimostrava il suo profondo amore pel lotto, e che egli ha avuto il bene di far passare sulla vostra degna persona. Siffatto mutamento di cognome egli ottenne qualche anno innanzi di tor moglie, cosa alla quale fu consigliato più dall'avarizia che dalla naturale sua inclinazione; e dico *avarizia*, imperocchè era stato fino a quel tempo ben bene spiumato dal genere di donne che egli frequentava.

— Or dunque, mio caro signore, riprese Marco, vostro padre Esposito divenne ricco po' beni lasciatigli dal *soprano* Don Berardino; e questi era divenuto ricco per l'eredità raccolta dal suo pedre adottivo Don Michele de Jacellis; e questi non sarebbe stato ricchissimo, se non avesse ereditato le sostanze del Marchese de Jacellis suo fratello, per la morte del costui figliuolo. Avete capito, signor mio?

— Ho capito benissimo; e vi ringrazio di

avermi dato de' lumi sulla provvenienza delle
mie ricchezze. Ma compiacetevi dirmi a che
mena il vostro sermone?

— Ecco a che mena. Da quanto ho detto
avete compreso, che se il figliuolo del Marchese de Jacellis non fosse morto, voi non sareste ricco.

— Perfettamente.

— Ebbene, caro amico, ecco appunto il caso.

— Cioè a dire?

— Che il marchesino Marco de Jacellis, creduto estinto, è vivo ancora.

— E voi sareste?

— Marco de Jacellis a servirvi.

Don Mario dette in uno de' suoi soliti accessi d'ilarità.

— Questa è curiosa davvero! egli esclamava ridendo strepitosamente; ecco una novella
spiece di mattezza! Oh pover uomo!

E nn senso di compassione si mischiava alla
giocondità del bufalone.

— È oramai finito il tempo di ridere, mio
caro signore. Ora pel meglio della vostra sanità, penseremo a mettervi ad una dieta regolare.
Ci rivedremo da quì a qualche giorno.

Marco passava la soglia dell'uscio del salotto, e quel bestione rideva ancora della *follia*
del vecchio.

RIEPILOGO

I.

Innanzi di riepilogare la conclusione della storia che abbiam narrata, ne incumbe il debito di dire che, quantunque il vecchio Marco avesse primamente incaricato il giovine Raffaele di scrivere un *poema* su gli strani avvenimenti che abbiamo trattati, pur, meglio avvisandosi, avea voluto che se ne fosse scritto un *romanzo* in prosa per non alterare la semplicità de' fatti.

Marco non fece stampare che pochissime copie di questo lavoro, una delle quali egli introdusse sottilmente in casa del conte di Montenero, principale *interessato* negli esposti fatti. La lettura di questo libro avea ripieno di maraviglia e di sdegno il Conte, che fu indotto a comperar la penna di un giornalista, per far dichiarare *tradotto* il romanzo, siccome abbiamo esposto in uno de' precedenti capitoli.

Un'altra giustificazione dobbiamo presentare a' nostri lettori. In che modo il vecchio Marco era a conoscenza della faccenda di Eduardo Poulet, conosciuto sotto il nome di Baroncino del Mirto, e della sua complicità col ladro Brunacci? Una parola basterà a rischiarare questo fatto. Nel tempo in cui il ladro Brunacci iva fuggiasco, dopo il commesso furto alla cassa del negoziante inglese, per involarsi al rigore della giustizia, ei passò una notte, e la notte del 5

dicembre 1828 , in casa del vecchio Matteo ,
al quale avea chiesto un rifugio.

Quella notte il Brunacci la passò a scrivere
lunghe lettere alla sua famiglia : in sull' alba
egli si addormentò profondamente. Una di quelle lettere fu smarrita dal Brunacci nell' abituro
di Matteo , ed era la più importante , quella
appunto in cui era narrato il patto stabilito ,
la sera precedente , tra lui e il suo complice
Eduardo Poulet, patto onde questi , temendo le
denunzie del suo fuggiasco compagno , promet-
teagli solennemente che qualunque cosa avesse
chiesta, sarebbe da lui stata incontanente esaudita. Non sappiamo poi dire il modo onde al-
l' occhio scrutatore di Matteo venisse dato scoprire che l' elegante Baroncino del Mirto, *amicissimo* del Contino di Montenero, fosse non
altri che Eduardo Poulet, il ladro complice del
Brunacci, che da circa sette anni era caduto in
potere della giustizia , e che avea con raro esempio serbato il silenzio sul reato del Poulet.

11,

Marco de Jacellis non avea giammai perduto
di vista gli *eredi* de' suoi assassini. Benchè personalmente non li conoscesse , era minutamente
informato di tutto ciò che gli premeva di sapere. Tutto ei notava accuratamente nel suo
taccuino.

Il fatto per cui egli venne in salvamento dei
giorni del Conte di Montenero , da lui non conosciuto personalmente , gli sembrò un volere
del cielo , che giunto oramai fosse il tempo di

dar compimento al disegno che da tanti anni
si avea nell'animo.

Un sol giuramento egli avea fatto nel corso
della sua lunghissima vita; e l'ora si avvicina-
va in cui questo giuro aveva a compiersi.

La permanenza di circa un anno che *Matteo
l'idiota* avea fatto in casa di suo cugino Antonio de Jacellis, Conte di Montenero, dove
traeva eziandio quasi tutte le sere l'altro *erede*
Don Mario Postieri, era stata per lui feconda
di tante e sì minute osservazioni da potersi oramai lui regolare con senno e prudenza.

III.

È ormai tempo di far nota a'nostri lettori una
particolarità sulla quale abbiamo sempre serbato
il silenzio, per non distruggere il *maraviglioso*
del nostro racconto.

Marco de Jacellis non era stato sì gonzo da
non tutelare e porre in salvo i suoi dritti a tempo opportuno, e pria che le prescrizioni avvisate
dalla legge gli avessero distrutti; bensì erasi com-
portato in guisa che, serbando illese le sue ragioni ed azioni giudiziarie, avess'egli potuto continuare a tenersi nascosto per tutto quel tempo
che gli sarebbe piaciuto. Vaghe voci erano corse
di tempo in tempo sulla esistenza del figliuolo
del Marchese de Jacellis, voci che eran poscia
rimaste assopite dalla *inerzia* del *preteso* erede.
Il conte di Montenero in particolar modo avea
avuto sempre un vago sospetto di questa straordinaria esistenza, che pertanto ei si piacca

d'immaginarsi assai lontana e girovaga in estranei paesi. E per si fatta ragione, l'apparizione del romanzo del giovine Raffaele aveagli desto tanto timore; e tanta premura egli addimostrava di conoscere donde la narrazione di quei fatti provvenisse.

Grandissimo studio, grandissima pazienza e soprattutto la fissazione perpetua del suo disegno aveano soltanto potuto operare un fatto sì notevole ed unico, qual si è quello di garentire per sì lungo tempo i proprii dritti serbando l'incognito. Pochi suoi amici conoscevano il suo segreto, e costoro gli aveano solennemente giurato di mantenerlo.

La sua esistenza, la sua vera entità, da lunghissimo tempo non erano più un mistero per quegli uomini di legge, de' quali egli avea d'uopo, allorchè parso gli sarebbe opportuno il giorno della rivindica.

IV.

E questo giorno solenne era arrivato. Non ostante la strepitosa causa fattagli dal Conte di Montenero e da Don Mario Postieri, la legge fu loro contraria; imperocchè gli atti giudiziarii fatti a tempo debito dal VERO EREDE distruggeano tutte le ragioni messe innanzi dagli avvocati del Conte e di Don Mario.

Ed a proposito di costui, è da notarsi che l'esistenza di Marco de Jacellis era stata in gran *sospetto* nell'animo di Teodoro Postieri, padre di Mario, per effetto degli atti legali che camminavano in piena regola da parte del *morto redivivo*; ma Teodoro Postieri, immerso in continua ubbriachezza e roso dalle sue dissolutezze, era passato all'altro mondo senza mettere il figlio a conoscenza de' *sospetti* e delle *inquietudini* che avea riguardo al legittimo possedimento dei suoi beni.

Marco de Jacellis avea sempre significato la sua espressa volontà che *per ora* gl'illegittimi possessori de' suoi beni non venissero disturbati, riserbandosi egli di *agire* quando gli sarebbe parso opportuno.

La sua prima grandiosa idea era quella di *affacciarsi dalla tomba* al toccar lui il secolo; ma gli avvenimenti che si erano succeduti gli sembrarono che voler del cielo si fosse di non più indugiare.

Il figlio dell'*avvelenatore* Domenico de Jacellis, Antonio de Jacellis, Conte di Montenero, *ambizioso* e *superbo*, fu UMILIATO!...

Marco de Jacellis gli gittò per generosità un tozzo di amarissimo pane.

Il primo figlio di Antonio, Domenico de Jacellis, Contino di Montenero, nipote dell'*avvelenatore*, giuocatore sfrenato che ponea sopra una carta l'onore e la felicità della sorella, il *distinto cavaliere* dovè accettare la limosina che gli fu fatta da Marco de Jacellis.

L'altro figliuolo di Antonio, Ascanio de Jacellis, al quale ere insopportabil fastidio lo stender la mano per prendere il suo pranzo, Ascanio l'*accidioso* dovè LAVORARE per vivere, accettando un modesto impiego offertogli da Marco de Jacellis.

La figliuola di Antonio, la *buona e virtuosa Emilia* ebbe una splendida dote per isposare il suo Raffaele, che divenne ricco, la mercè di larghe donazioni fattegli dal suo benefattore che lo adottò qual figlio. L'*umiliato* fu *esaltato*.

Mario Postieri, figlio di Teodoro, erede dell' *avvelenatore* Michele de Jacellis, Don Mario il *Crapulone*, dovè contentarsi di quel tanto all'anno che per lo addietro egli mangiavasi in una sola settimana.

Così Marco de Jacellis compiva moralmente la parte seconda del romanzo di Raffaele; a tal modo ei giustificava la solenne VERITA', che

Se TARDA è talvolta la Giustizia di Dio, ella è IMMANCABILE; e che se talvolta non colpisce apparentemente gli autori del male, COLPISCE SOVENTE I FIGLI O I NIPOTI.

Non sono molti anni che Marco de Jacellis più non è tra i viventi.

Ritiratosi in casa di suo figlio adottivo Raffaele, marito di Emilia de Jacellis, egli era spirato nelle loro braccia, colla calma e col sorriso del giusto.

Egli avea dichiarato suoi unici eredi i suoi *cari figli* Raffaele ed Emilia.

Nel suo testamento non avea dimenticato i suoi *cari nipotini*, cioè i figli di Luigi Fiori che era stato per tanti anni l'unico suo *amico*.

Sulla sua modesta tomba leggesi la seguente curiosa iscrizione:

Questa volta
Aspetta DAVVERO
La risurrezione dei morti
Marco de Jacellis
ovvero
Matteo l' idiota
Vivuto anni cento, sei mesi e tre giorni
Vivi altrettanto, o passeggiero.

FINE.

Lightning Source UK Ltd.
Milton Keynes UK
UKHW030932040621
384928UK00007BA/368